W0211904

Diederichs bei Heyne

Frederik Hetmann

DIE REISE IN DIE ANDERSWELT

Feengeschichten und
Feenglaube in Irland

WILHELM HEYNE VERLAG
MÜNCHEN

HEYNE ALLGEMEINE REIHE
Nr. 01/10161

Umwelthinweis:
Dieses Buch wurde auf
chlor- und säurefreiem Papier gedruckt.

Genehmigte Lizenzausgabe 1996
Wilhelm Heyne Verlag GmbH & Co. KG, München
Printed in Germany 1996
Umschlaggestaltung: init. Büro für Gestaltung, Bielefeld
Umschlagabbildung: Archiv für Kunst und Geschichte, Berlin
Gesamtherstellung: Ebner Ulm

ISBN 3-453-11991-1

MIDHIRS LIED VON DER ANDERSWELT

Ach, schöne Frau, willst du mir folgen in ein wunderbares Land, wo immer Musik erklingt? Das Haar derer, die dort wohnen, gleicht den Blütenblättern von Pfingstrosen und ihre Leiber haben die Farbe von Schnee.

Es gibt dort weder ›mein‹ noch ›dein‹, weiß sind die Zähne dort und schwarz die Aufbrauen, ein Fest für das Auge ist die Zahl unserer Gäste, ihre Wangen haben die Farbe der Fuchsien.

Und der Kamm jedes Moors ist purpurn; eine Freude fürs Auge sind auch die zahlreichen Drosseleier. Mögen die Ebenen Irlands schön dich dünken, so kommen sie dir vor wie eine Wüste, kennst du die Ebene der Anderswelt.

Gut mundet das Bier in Irland, aber das Bier des Großen Landes schmeckt viel köstlicher, ein Wunderland ist das Land, von dem ich rede. Es sterben dort nicht wie hier die Jungen vor den Alten. Niemand dort stirbt.

Bäche mit weichem, wohlriechendem Wasser fließen durch dieses Land und du hast Met oder Wein, ganz nach Belieben, zahllos sind die Leute, deren Schönheit ohne Makel. Empfangen sind sie ohne Sünde und leben ohne Schuld.

Wir sehen nach allen Seiten hin, aber niemand sieht uns. Es ist die Dunkelheit, der sich Adam entzog, die uns davor verbirgt, gezählt zu werden.

Weib, wenn du mir folgst zu meinem mächtigen Volk, will ich dich mit einer Krone aus Gold schmücken, Honig, Wein, Bier, frische schäumende Milch – alles ist dort in Hülle und Fülle, du meine Schöne!

unbekannter irischer Autor des 9. Jahrhunderts

»Eine Frage an dich, sagte Columcille zu seinem seltsamen Besucher aus der anderen Welt. Was war dieser See, auf den wir jetzt schauen, in alter Zeit? Ich weiß es, antwortete der junge Mann. Er war gelb. Er war blühend. Er war grün. Er war hüglig. Er war ein Ort, an dem man trank. Es hatte Silber darin. Dort standen Streitwagen. Ich lief hindurch, als ich ein Rehbock war, als ich ein Lachs war, als ich ein wilder Hund war. Als ich ein Mensch war, badete ich darin. Ich führte ein gelbes Segel und ein grünes Segel. Ich kenne nicht Vater noch Mutter. Ich spreche mit den Lebenden und den Toten.«

Legenden des Columcille

»Die Grenzen unseres Bewußtseins sind fließend. Viele Vorstellungen können sich in ihm miteinander verweben und eine einzelne Vorstellung kann sich so herstellen, eine bestimmte Energie.«

William Butler Yeats

EINLADUNG

ZU EINER REISE IN DIE ANDERSWELT

Es gibt in der Folklore Irlands* eine erstaunliche Vielzahl von Mythen, Märchen und Sagen, die alle auf ein Reich verweisen, das man vergeblich auf einer Landkarte sucht.
Es heißt englisch »Otherworld«, übersetzt: »Anderswelt«*. In den verschiedenen Texten taucht es unter der Bezeichnung »Land der Ewigen Jugend«, »Land hinter den Wellen«, »Insel der Seligen«, »Land der Frauen«, »Welt der Hoffnung«, »Reich des Versprechens« auf.
Bewohnt wird die Anderswelt von den Feen: dem Lepracaun, dem Pooka, dem Cluricaun, der Banshee, den Merrows, Brownies, Hobgoblins, dem Nicht Nocht Naethin, der Nenam, dem Nuckelavee und wie die verschiedenen Geschöpfe unter dem »kleinen Volk« noch alle heißen. Es gibt Bäume in dieser anderen Welt, die Zauberbäume sind und an deren Namen geheimes Wissen geknüpft ist: Eiche und Esche, Apfelbaum und Haselnußstrauch, Stechpalme und Weide, Erle und Buche. Tiere trifft man dort, die es nirgendwo anders gibt: den Cu Sith, ein fürchterliches Geschöpf, der gern als Wachhund gehalten wird, Wasserpferde, Elfenkälber; den Afanc, der einem riesigen Biber gleicht, den Boobrie, einen übergroßen Wasservogel, schneeweiße Hunde mit roten Ohren, Forellen mit silbernen Schuppen, Lachse, mit deren Genuß man die Weisheit der Anderswelt in sich aufnimmt.
Es ist keine Welt des Müßiggangs und der Tagträume. Sterbliche, die einen Feenhügel betraten und nach Jahr und Tag den Weg zurück in unsere Welt fanden, wußten zu berichten, daß sich die Feen mit ganz ähnlichen Beschäftigungen abgeben wie die Menschen. Die Frauen spinnen und weben, backen und kochen, die Männer schlafen, tanzen, reißen Witze, fiedeln und spielen den Dudelsack. Feen gelten als geschickte Bootsbauer, manche wissen um verborgene Schätze, von anderen ist nicht mehr und nicht weniger zu erwarten, als daß sie die Küche putzen und den Herd scheuern.
Zwischen den Sterblichen und den Feen, zwischen der realen und der Anderswelt bestanden und bestehen enge Beziehungen.
Nicht nur der des Büffelns und Lernens überdrüssige Mönchsschüler Elidor gelangte hinüber in die Anderswelt und, mit einem goldenen Ball, auch wieder zurück.

Da ist Thomas Rymour von Erceldoune, der an einem Maitag sich im Wald im Gras ausstreckte und in die Wipfel der Bäume und auf die drüber hinziehenden Wolken blickte.
Einer schönen Frau begegnet er. Sie reitet auf einer milchweißen Stute. Am Zaumzeug hängen kleine Glöckchen. Erst hält er die Dame für die Himmelskönigin. Aber sie weist ihn zurecht. Dieser Name komme ihr nicht zu. Die Königin des »fair elfland«, des Feenlandes, sei sie. Bewundernd starrt Thomas sie an. Sie läßt sich von ihm küssen. Sie verführt ihn dazu, mit ihr zu schlafen. Er wird in grünes Tuch gekleidet. Er bekommt ein Paar Schuhe aus grünem Samt. Er steigt hinter ihr aufs Pferd. Fort geht's in die Anderswelt. »And till seven years were past and gone« (und bis auf Erden nicht sieben Jahre vergangen), heißt es in einer Ballade aus dem 14. Jahrhundert, »true Thomas on earth was never seen« (ward der wahre Thomas auf Erden nicht mehr gesehen).
Ein irischer Spielmann, ein Dudelsackpfeifer, folgt den Feen in einen ihrer Hügel und spielt ihnen auf. Als Dank befreien sie ihn von seinem scheußlichen Buckel. Aber ein anderer Buckliger, der ebenfalls sein Glück in der Anderswelt und bei den Feen versuchen will, kommt mit gleich zwei Höckern auf dem Rücken wieder zurück.
Der Wanderarbeiter Rhys, der sich mit seinem Freund Llewellyn auf dem Heimweg befindet und am Rand eines Feenringes vorbeikommt, hört Musik und Tanzschritte. Es zuckt und juckt ihn unter den Fußsohlen. Er ist sich der Gefahr durchaus bewußt. Er kann nicht widerstehen. Er muß hin, mittanzen. Für seinen Freund und Kameraden löst er sich in Dunst auf. Llewellyn gerät in der Welt der Menschen in den Verdacht, Rhys ermordet zu haben. Nach einem Jahr und einem Tag schleicht er sich in den Feenring. Mit allerlei Bannzauber und Gewalt holt er den Freund zurück ... und der vermeint, nicht länger als fünf Minuten bei den Feen getanzt zu haben.
Doch für die meisten Sterblichen, sie mögen kurz oder lang im Feenreich gewesen sein, enden solche Aufenthalte in der Anderswelt tödlich. Wenn sie zurückkommen, legt sich das Gewicht all der Zeit, die im Diesseits verstrichen ist, auf ihre Schultern, und sie zerfallen zu Staub oder Asche.

Feen sind klein, winzig. Deswegen heißen sie in manchen Gegenden auch »das kleine Volk«.
Feen sind riesig, übermächtig, größer als Menschen.
So gehen die Meinungen auseinander.
Feen sind gefallene Engel. Feen sind Tote. Feen sind Hausgeister. Feen sind Quellgeister. All diese Erklärungen kann man hören. Aber sind damit die Feen und ihr Land, die Anderswelt, wirklich erklärt?
Feen jagen, reiten, festen, halten Hof, treiben Sport. Glanz ist um sie, aber auch Schrecken und Chaos. Unter den Feen gibt es Individualisten, wie unter den Menschen, weibliche und männliche Feenwesen, die stets allein auftauchen. Einzelgänger.
Feen fürchten sich vor Eisen, sind andererseits aber manchmal auch recht geschickte Schmiede. Feen umgibt die Aura des Todes, der Modergeruch eines Totenreiches. Aber Feen sind es auch, die Fischer vor der Westküste Irlands vor Sturmfluten warnen und so diesen Männern das Leben retten.
Die Aussagen zum Wesen und zur Eigenart der Feen sind voller Widersprüche.
Gegen Feen kann man sich schützen. Mit Eberesche und Weißdorn. Aber warum gerade damit?
Feen kann man sehen. O gewiß doch. Aber wann und wo, das sind Fragen, zu denen es viele Antworten und noch mehr Geschichten gibt.
Als relativ sicheres Mittel gilt der Besitz eines vierblättrigen Kleeblattes. Oder man muß sich Feenbalsam auf die Auglider träufeln.
Wer sich mit Feen befaßt, steht am Ende immer wieder vor einem neuen Geheimnis.
Immer stehen die Feen gerade im Begriff, sich zu entziehen.
Schon zu Chaucers Zeiten klagt die gute Frau aus Bath darüber, die Feen hätten sich bereits zu König Arthurs Tagen entschlossen, der Welt für immer den Rücken zu kehren.
Im 17. Jahrhundert dichtet ein englischer Bischof:

But since of late Elizabeth
And later James came in,
They never danced on any heath
As when the time have been.

Aber im 20. Jahrhundert, noch vor zehn Jahren, kommen aus einer bestimmten Gegend des Nordwestens der Irischen Republik, nämlich aus Donegal, Nachrichten, die einen an das Verschwinden, das nun schon fast so lange währt wie unsere Zeitrechnung, doch nicht recht glauben lassen will.

Und einmal so gefragt: Was ist verloren, wenn die Feen endgültig verschwunden sind?

Seit dem 18. und 19. Jahrhundert bevölkern die Feen vor allem die Literatur.

Bei William Blake, bei Scott und freilich bei Robert Burns wimmelt es nur so von Feen! Ist dies alles noch Echo auf die berühmteste Feengeschichte der englischen Literatur, auf William Shakespeares »Ein Sommernachtstraum«?

Folkloristen sammelten Feengeschichten und Feengestalten wie die Species von Schmetterlingen. Manche kamen dazu wie Jeremiah Curtin aus der Neuen Welt nach Irland, das wohl immer schon der Feenort par excellence war, Mittelpunkt aller Reiche der Anderswelt.

Mit Rudyard Kipling nähern wir uns schon der Moderne. Dieser Autor, dem europäischen Realismus verbunden, aber doch auch von indischer Mystik beeindruckt, der Verfasser des »Kim« und der von Brecht teilweise adaptierten »Balladen aus dem Biwak«, schrieb eine Feengeschichte »Puck von Buchsberg«.

»›Außerdem, was du -sie- nennst, ist lauter ausgedachtes Zeug, von dem das Volk in den Hügeln nichts weiß... kleine artige Summfliegen mit Schmetterlingsflügeln, Unterröcken aus Tüll, blitzende Sterne im Haar und einen Zauberstab, der große Ähnlichkeit mit jenem Rohrstock hat, mit dem ein Schulmeister die unartigen Jungen versohlt und die Guten belohnt. Das kenne ich!‹

›Wir meinen nicht diese Sorte‹, sagte Dan, ›die hassen wir auch.‹

›Genau‹, sagte Puck, ›wen wundert es, daß das kleine Volk aus dem Hügel nicht mit diesen kitschigen Nachahmungen verwechselt werden will! Ich habe Sir Huon und einen Trupp seiner Leute gesehen, wie sie von Tintagel Castle nach Hy. Brasil aufbrachen, den Südwestwind zwischen den Zähnen. Schaum flog über das ganze Schloß und die Pferde vom Hügel scheuten.

Herauskamen sie bei einer Flaute, kreischend wie Seemöwen und mußten zurück, fünf Meilen landeinwärts, ehe sie ankonnten gegen den Wind. Schmetterlingsflügel! Daß ich nicht lache. Das war Magie. Magie so schwarz wie nur Merlin sie machen konnte, und die ganze See war ein grünes Feuer und weiß von Schaum, mit singenden Nixen darin. Die Pferde vom Hügel suchten in Sprüngen von Welle zu Welle ihren Weg. Das war wie Blitzzucken. So ging's zu in den alten Tagen.‹«

Aber mit Kipling ist nun schon eine Zeit angebrochen, in der es gilt, zwischen dem wahren Feenvolk und jenen Verniedlichungen zu unterscheiden, die zu dem von den viktorianischen Moralisten zu einer Idylle stilisierten Bild von Kindheit gehören.

Endgültig vollstreckt hat die Rache an den Viktorianern T. H. White in seinem herrlichen Kinder-Nichtkinderbuch »Schloß Malplaquet«, das nun wiederum ohne Jonathan Swifts »Andersland«, auf das es zitierend und paraphrasierend verweist, nicht denkbar wäre.

Plötzlich kommt bei der Anderswelt die Relevanz gesellschaftlich-politischer Probleme ins Blickfeld. Also nicht Eskapismus? Wäre es möglich, daß die Anderswelt uns auch wegen dererlei beschäftigt? Oder: Feengeschichten als Spiegelung unsrer Neurosen? Moderner Neurosen. Auch davon wird noch zu reden sein.

Im letzten Viertel des 20. Jahrhunderts scheinen mehr Menschen denn je dazu bereit, sich mit imaginären Welten, ja mit ganzen »Anders-Kosmologien« die Zeit vertreiben zu lassen.

Oder geht es vielleicht in Büchern wie denen von Tolkien, Lem, T. H. White, H. P. Lovecraft, Alan Garner, Evangelin Walton und George MacDonald, die ja alle, wenn auch auf verschiedene Weise, eine Art von Anderswelt voraussetzen, noch um mehr und anderes als nur um phantasievollen Zeitvertreib? Fragen über Fragen. Fragen an die Anderswelt!

Das vorliegende Buch handelt ausschließlich von Feen. Es versucht, die Entstehung, die Bedingungen und die Entwicklung des Feenglaubens zu beschreiben.

Es lädt ein zu einer Reise durch die Anderswelt. Der Autor setzt sich dabei über die Grenzen von Raum und Zeit hinweg, wofür er nur die Erklärung anzubieten vermag, daß solche Grenzen in der Anderswelt zwar bestehen, aber auch jederzeit aufgehoben werden

können, ja, daß die Möglichkeit solcher Überwindung und Aufhebung der Dimensionen von Zeit und Raum eine der speziellen Attraktionen der Anderswelt darstellt.
Der Autor will die Geschichten von der Anderswelt nicht nur zur Unterhaltung und zum Vergnügen des Lesers erzählen.
Er ist – und hoffentlich teilt der Leser dieses Interesse – auch auf Erkenntnis aus.
Bei allen Wundern, die einem bei einer solchen Reise in und durch die Anderswelt begegnen, will er sich nicht von der Frage abbringen lassen, die ihn selbst seit langem beschäftigt:
Was ist das – die Anderswelt?
Ist sie nur Hirngespinst, Phantasmagorie, ein Nichts?
Ist sie Chiffre, Metapher und wenn ja, wofür?
Ist die Anderswelt ein Totenreich oder ein Zaubergarten? Schlaraffenland gegenüber der Monotonie grauen Alltags? Raum der Utopie? Welt, in der das Wünschen noch hilft?
Ist sie verschüttete Erinnerung an eine versunkene Welt, an ein frühgeschichtliches Bewußtsein der Menschheit? Oder was sonst?
Die Antwort treibt in den Bildern der Geschichten wie Goldstaub im Sand der Flüsse.

Nomborn/Westerwald St. Brigit's Night 1981

I. KAPITEL

WORIN DIE FRÜHESTEN ZEUGNISSE ÜBER DIE ANDERSWELT VERSAMMELT SIND, AN HAND DERER DER WEG IN DIE ANDERSWELT GEWIESEN WIRD

». . . and the short cut of the rosses
is the road to fairie-land.«
Irisches Volkslied

Die ältesten irischen Manuskripte sind in Latein abgefaßt. Es handelt sich um Kopien von Psalmen und Evangelien. Das früheste dieser lateinischen Manuskripte, das noch existiert, ist der Katechismus von St. Columba. Er stammt aus dem Ende des 6. Jahrhunderts.
Die epischen Berichte der Frühzeit, vier Saga-Zyklen, unter ihnen auch das »Buch der Invasion«, sind enthalten in den großen Pergament-Foliobänden aus dem 12. Jahrhundert. Drei dieser Handschriften sind im Zusammenhang mit unserem Thema besonders wichtig: das »Buch von Noughaval«, besser bekannt unter der Bezeichnung »Book of Leinster«, das im Trinity College in Dublin aufbewahrt wird; das »Book of the Dun Cow« in der Königlichen Akademie in Dublin und ein Manuskript, bei dem die Titelseite verlorengegangen ist; es befindet sich in der Bodlean Library in Oxford und wird dort unter der Bezeichnung Rawlinson B 502 geführt.
Von Bedeutung ist weiterhin das »Yellow Book of Lecan« aus dem 14. Jahrhundert.*
All diese Bücher sind mit Sicherheit Abschriften früherer Manuskripte, denn die Sprache der Texte läßt sich durch Vergleich mit Gedichten und Rechtsurkunden, die erhalten geblieben sind, auf das 9. Jahrhundert datieren.
Die Ereignisse, von denen diese Texte berichten, liegen aber noch viel weiter zurück. Sie dürften sich in den Jahrhunderten kurz vor oder kurz nach der Zeitenwende abgespielt haben. Man hat sich also vorzustellen, daß all diese Geschichten sehr lange in mündlicher Form überliefert wurden. Dabei haben sich die Erzähler, jene teils an den Höfen der Kleinkönige ansässigen, teils im Land umherwandernden Barden, mit der Zeit von der historischen Wirklichkeit mehr und mehr entfernt.
Es ging ihnen bei ihrem Erzählen um Verherrlichung ihrer adligen Gönner bzw. deren Geschlechter und um Unterhaltung durch die Beschwörung von Wundern.
Die Handlung solcher Geschichten in bezug auf die Historie darf nicht wörtlich genommen werden, sie enthalten aber gleichwohl Erinnerungen an historische Ereignisse. So auch an jenes, das für die Entstehung der

Vorstellung einer Anderswelt von besonderer Bedeutung ist: die Landung der keltischen Stämme in Irland und die Unterwerfung jener Völkerschaften, die sie auf den britischen Inseln vorfanden.

DIE LANDUNG* DER TUATHA DE DANAAN

Es ist nicht bekannt, wie lange die Tuatha de Danaan unbestritten über Irland herrschten. Muß wohl eine lange Zeit gewesen sein. Aber einmal ist jede Zeit herum.

Es geschah bei Inver Slane im Norden von Leinster, daß die Söhne des Gaedhal mit der Leuchtenden Rüstung, die später die Söhne des Gael genannt wurden, einen ersten Versuch unternahmen, in Irland zu landen. Sie wollten Ith rächen, einen aus ihrem Volk, der zuvor dorthin gekommen war und den Tod erlitten hatte.

Ihre Anführer waren die Söhne des Miled. Sie kamen von Süden, und ihre Druiden hatten ihnen erklärt, es werde sich kein Land finden, um auszuruhen und sich niederzulassen, bis sie zu jener Insel im Westen kämen. »Und wenn ihr sie noch nicht besitzen werdet«, hatten sie gesagt, »so werden sie doch eure Kinder in Besitz nehmen.«

Als nun die Tuatha de Danaan die Schiffe kommen sahen, liefen sie am Strand zusammen und mit Zauber brachten sie es zustande, daß eine Wolke die ganze Insel einhüllte. Die Söhne des Miled waren verwirrt. Alles, was sie erkennen konnten, war etwas, das aussah wie ein Schwein.

Da sie nun an der Landung durch Zauber gehindert worden waren, fuhren sie weiter an der Küste entlang, bis nach Inver Sceine, im Westen von Munster. Dort endlich gingen sie an Land. Sie marschierten in guter Ordnung bis nach Slieve Mis. Dort kam ihnen eine Königin der Tuatha de Danaan entgegen und bei ihr waren viele schöne Frauen und ihre Druiden und Berater. Amergin, einer der Söhne des Miled, redete die Königin an, fragte sie nach ihrem Namen und sie antwortete, sie sei Bamba, Frau des Mac Cuil, Sohn des Hasel.

Sie zogen dann weiter und kamen nach Slieve Eibhline und dort trafen sie eine andere Königin der Tuatha de Danaan mit ihren

Frauen und ihren Beratern, und als sie auch diese nach ihrem Namen fragten, sagte sie ihnen, sie heiße Fodhla, Frau des Mac Cecht, Sohn des Pfluges.
Sie marschierten weiter, bis sie zu dem Hügel von Uisnech gelangten, wo sie zum dritten Mal einer Königin begegneten. Und ein Wunder geschah während sie sie anschauten, nämlich einen Augenblick war sie eine schöne Frau mit strahlenden Augen und im nächsten Augenblick eine grauweiße Krähe mit einem scharfen Schnabel. Sie trat zu Remon, einem der Söhne des Miled heran, und als er sie fragte, wer sie sei, erwiderte sie:
»Ich bin Eriu, Frau des Mac Greine, Sohn der Sonne.«
Die Söhne des Gael zogen weiter nach Teamhair*, wo sich die drei Söhne von Cermait Honigmund, Sohn des Dagda, zu dieser Zeit aufhielten, und zu dritt hielten sie die Königsschaft. Aber sie stritten sich um die Schätze, die ihr Vater ihnen hinterlassen hatte, und so heftig war ihr Streit, daß es so aussah, als werde es unter ihnen zu einer Schlacht kommen.
Die Söhne des Gael wunderten sich über diesen Streit. Hatten sie nicht fruchtbares Land auf dieser Insel? Die Sonne war nicht zu heiß, die Kälte nicht zu groß. Die Luft sauber und wohlriechend. Und gab es nicht Honig in Hülle und Fülle, Bucheckern, Milch und Fisch, und war nicht genug Land da, um alle Menschen zu ernähren?
Zusammen mit ihren Druiden lebten die drei Söhne des Cermait Honigmund in Saus und Braus in ihrem Palast zu Teamhair.
Amergin ging zu ihnen und forderte sie auf, das Königsamt freiwillig abzugeben, oder man werde in einer Schlacht darum kämpfen. Und er sagte auch, dies sei die Rache für den Tod des Ith aus dem Stamm der Gael, der vor geraumer Zeit an diesen Hof gekommen und auf heimtückische Art und Weise ermordet worden sei.
Als die Söhne des Cermait Honigmund Amergins wilde Worte hörten, wunderten sie sich und antworteten, sie seien jetzt nicht willens zu kämpfen, denn ihre Armeen seien nicht gerüstet.
»Mach uns ein Angebot«, sprachen sie, »denn wir haben wohl gemerkt, du hast Verstand und gutes Urteilsvermögen. Aber wenn dein Vorschlag nicht gerecht ist, werden wir dich mit unserem Zauber vernichten.«

Darauf schickte Amergin einige seiner Männer nach Inver Sceine zurück und hieß sie dort eilig die Schiffe besteigen und mit dem Rest der Söhne des Gael neun Längen einer Welle vom Land fort auf das Meer hinausrudern.
Darauf machte er den Tuatha de Danaan das Angebot. Wenn es ihnen gelänge, seine Männer an der Landung auf der Insel zu hindern, versprach er, mit allen Schiffen fortzufahren in das Land, aus dem sie gekommen waren und nie mehr zurückzukehren. Gelänge es aber den Söhnen des Gael, ihren Fuß an die Küste Irlands zu setzen, dann sollten die Tuatha de Danaan die Königschaft abgeben und sich unterwerfen.
Den Tuatha de Danaan gefiel dieser Vorschlag, denn sie sagten sich, dank ihrer Zauberkraft, die ihnen Herrschaft verlieh über Wind und Wogen, werde es ihnen nicht schwerfallen, die Landung abermals zu verhindern.
Darauf kehrte auch Amergin an die Küste zurück, ließ den Anker lichten und segelte hin zu den anderen Schiffen, die in einer Entfernung von neun Wellenlängen vor der Küste lagen.
Als die Männer von Dea sahen, daß die Fremden auf See waren, zauberten sie. Da erhob sich ein großer Wind und verstreute die Schiffe der Fremden.
Amergin erkannte, daß dies kein natürlicher Sturm war, und Arranan, Sohn des Miled, wußte es auch. Er trat an den Mast seines Schiffes und sah sich um. Da kam eine Windboe und warf ihn zu Boden, und er starb im Augenblick. Unter den Söhnen des Gael herrschte große Verwirrung. Ihre Schiffe wurden hilflos hin und her geworfen. Das Schiff des Donn, Sohn des Miled, der das Kommando hatte, wurde von den anderen getrennt und zerbrach. Er ertrank und mit ihm die gesamte Besatzung, vierundzwanzig Frauen und Männer. Und Ir, Sohn des Miled, kam auf dieselbe Weise zu Tode, und sein Körper wurde an Land gespült und begraben auf einer kleinen Insel, die heißt heute Sceilig Michill*. Ir war ein tapferer Mann, der den Söhnen des Gael bei jeder Schlacht vorangezogen, der ihnen Mut zu machen gewußt hatte und dessen Name allein die Feinde erzittern ließ.
Und Heremon, ein anderer unter den Söhnen des Miled, wurde mit seinem Schiff gegen die Insel hin getrieben. Und nach großen

Schwierigkeiten landete er an einem Ort, der heißt Inver Colpa, weil Colpa vom Schwert, ein weiterer Mann aus der Schar der Söhne des Miled, dort ertrunken war bei dem Versuch, sich an Land zu retten. Fünf der Söhne des Miled kamen um in dem Sturm, den die Männer von Dea entfesselt hatten mit Zauberei, aber drei überlebten doch, nämlich Heber, Heremon und Amergin. Und einer von ihnen, nämlich Donn, rief aus, ehe ihn die See verschlang:
»Verdammt, warum können unsere Männer, die zu zaubern verstehen, diesen Sturm nicht besänftigen?«
»Zu Schanden werden soll der Verrat!« rief Amergin, sein Bruder; er richtete sich stolz auf, und was für Zauber er auch immer tat gegen Wind und See, dies waren die Worte, die er dabei sprach:
»Jene, die umhertreiben in der stürmischen See, sollen jetzt sicher und gesund das Land erreichen. Sie sollen einen Platz finden auf jenen Ebenen, in jenen Gebirgen und seinen Tälern, in den Wäldern, die voller Nüsse und voller anderer Früchte sind, an den Flüssen, Strömen und großen Gewässern.
Und ein König aus unserem Volk soll herrschen in Teamhair.
Dieses Land liegt jetzt unter einer großen Dunkelheit. Es soll unser Land werden, und unsere Häuptlinge und unsere weisen Frauen sollen der edlen Frau, der großen Eriu, kundtun, daß wir kommen.«
Und als er so gesprochen hatte, legte sich der Wind und die See war auf der Stelle glatt wie das Tuch über einem Schläfer, der angenehme Träume hat, und jene von den Söhnen des Miled und den Söhnen des Gael, die überlebt hatten, landeten bei Inver Sceine.
Und Amergin setzte als erster seinen Fuß auf festen Boden, und als er an der Küste Irlands stand, sprach er dies:

> Ich bin der Wind auf der See;*
> Ich bin eine Welle auf der See;
> Ich bin der Stier der sieben Schlachten;
> Ich bin der Adler auf dem Fels;
> Ich bin ein Strahl aus der Sonne;
> Ich bin die Schönste der Pflanzen;
> Ich bin ein starker, wilder Eber;
> Ich bin der Lachs im Wasser;
> Ich bin ein See in der Ebene;

Ich bin ein Wort Weisheit;
Ich bin eine Speerspitze in der Schlacht;
Ich bin ein Gott, der Feuer wirft ins Gehirn;
Wer verbreitet Licht über dem Hügel?
Wer kennt die Phasen des Mondes?
Wer kennt den Platz, an dem die Sonne ausruht?

DIE SCHLACHT VON TAILLTIN

Und drei Tage nach der Landung der Gaelen wurden diese von Eriu, dem Weib des Mac Greine, Sohn der Sonne, angegriffen, und sie hatten ein gut Teil Männer mit sich. Sie kämpften eine wilde Schlacht und viele Menschen starben auf beiden Seiten.
Dies war die erste Schlacht, die ausgetragen wurde zwischen den Söhnen des Gael und den Männern von Dea um die Königschaft in Irland.
Und Eriu wurde zurückgeschlagen nach Tailltin und nahm mit sich soviel Männer, wie mit ihr Schritt halten konnten, und als sie dort ankam, erzählte sie den Leuten, daß sie besiegt worden sei und die besten ihrer Männer gefallen waren. Aber die Gaelen blieben auf dem Schlachtfeld und begruben ihre Toten, und es gab ein würdevolles Begräbnis für zwei ihrer Druiden, Aer und Eithis, die in der Schlacht gefallen waren.
Nachdem die Gaelen eine Weile gerastet hatten, zogen sie nach Inver Colpe in Leinster, und Heremon mit seinen Männern stieß dort zu ihnen. Und sie sandten Unterhändler an die drei Söhne des Cermait Honigmund und forderten sie zu einer Schlacht heraus und dabei sollte entschieden werden, wem das Land gehören werde für immer.
Und diese kamen nach Tailltin, und die besten Kämpfer der Tuatha de Danaan mit ihnen. Die Söhne des Gael gedachten des Todes von Ith. Da wurde ihr Zorn angestachelt, und sie fielen über die Männer von Dea her, um sich an ihnen zu rächen. Eine wilde Schlacht begann. Lange gewann keines der Heere die Oberhand, aber schließlich durchbrachen die Gaelen die Reihen der Männer von Dea, da wandten sich diese zur Flucht. Auf dem Rückzug

fanden nicht nur die drei Könige den Tod, sondern auch die drei Königinnen über Irland, die da heißen Eriu, Fodhla und Bamba*.
Als die Tuatha de Danaan gewahr wurden, daß all ihre edlen Männer und Frauen gefallen waren, leisteten sie kaum noch Widerstand, und die Söhne des Gael setzten ihnen nach.
Bei der Verfolgung verloren sie zwar auch zwei ihrer besten Heerführer, aber dadurch ließen sie sich nicht beeindrucken, sondern bedrängten die Männer von Dea weiter so heftig, daß sich deren Armee nicht mehr sammeln konnte, sondern sich endgültig geschlagen geben mußte. So fiel das Land an die Gaelen.
Die Söhne des Miled teilten die Provinzen Irlands zwischen sich auf. Heber nahm die zwei Provinzen von Munster und gab einen Teil dieses Gebiets an Amergin; Heremon bekam Leinster und Connacht als seinen Besitz, und Ulster wurde aufgeteilt zwischen Eimhir, Sohn des Ir, Sohn des Miled und einige andere Häuptlinge. Und es sind die Söhne des Eimhir, die man die Kinder von Rudraighe nannte, von denen einige der besten Männer Irlands abstammen: Fergus, Sohn von Rogh, war einer von ihnen, und Conall Cearnach von dem Roten Zweig in Ulster. Und von den Söhnen des Ith kam der erste aus dem Stamm der Gaelen in Irland zu Tode, ihm folgte nach Fathadh Canaan, der über die ganze Welt herrschte, von Sonnenaufgang bis Sonnenuntergang, und er nahm Geiseln von allen Flüssen und den Vögeln und Völkern aller Sprachen.
Und dies ist es, was die Dichter Irlands behaupten, daß nämlich ein tapferer Mann, ein guter Kämpfer und ein jeder, der kühn handelt und nicht viel Aufhebens davon macht, ein Nachkomme der Gaelen ist, und daß jeder musisch begabte Mensch, der Musik macht und sich mit heimlichen Zauber auskennt, von den Tuatha de Danaan abstammt.

BODB DEARG

Aber die Tuatha de Danaan, als sie nun geschlagen waren, wollten sich nicht der Herrschaft der Söhne des Miled unterwerfen. Also zogen sie fort. Und da Manannan, Sohn des Lir, allen Zauber verstand, überließen sie es ihm, Orte zu finden, an denen sie vor ihren Feinden sicher zu sein hofften. Also wählte er die schönsten unter den Hügeln und Tälern von Irland aus, und er zog Mauern um sie, über die konnte keiner hinwegsetzen und durch die konnte keiner hindurchschauen. Sie aber sahen hindurch und gingen dort aus und ein. Und Manannan setzte das Fest des Lebens für sie ein, an dem sie ein Getränk ausschenkten, das Goibniu, der Schmied, gebraut hatte, und wer es trank, der alterte nicht, wurde nicht krank und es bewahrte ihn vor dem Tode. Und als Nahrung für dieses Fest gab er ihnen eines seiner eigenen Schweine. Wenn man es schlachtete und das Fleisch aufaß, war es doch am nächsten Tag wieder lebendig und konnte am Tag danach abermals geschlachtet und verspeist werden und so immer weiter fort, ohne Ende.

Nach einiger Zeit sprachen sie untereinander: »Es wäre besser für uns, es regierte uns ein Herrscher, statt daß wir über das ganze Land ohne von einander zu wissen in der Verstreuung wohnen.«

Im höchsten Ansehen stand zu dieser Zeit Bodb Dearg, Sohn des Dagda* und Ilbrech von Ess Ruadh und Lir von Sidhe Fionnachaidh, dem Hügel des Weißen Feldes auf Slieve Fuad und Midhir der Stolze von Bri Leith und Angus Og, Sohn des Dagda. Aber keiner mochte König werden. Und also versammelten sich alle Häuptlinge außer diesen fünf Männern zu einer Beratung. Sie einigten sich auf Bodb Dearg, wegen seines Vaters, denn er war der Älteste unter den Söhnen des Dagda und selbst auch ein tüchtiger Mann.

Er lebte in Sidhe Femen und legte Zauber um seinen Wohnsitz. Cliach, der Harfner des Königs von den drei Rossen in Connacht, kam und freite um Bodb Deargs Tochter. Ein Jahr stand er vor dem verzauberten Haus, spielte auf seinem Instrument, ohne daß es ihm gelang, sich Bodb und dessen Tochter zu nähern. Er spielte, bis ein See unter seinem Fuß hervortrat, und dieser See liegt auf der Höhe eines Gebirges und heißt Loch Bel Sead.

Und Bodbs Schweinehirte ging zu der Schenke Da Derga und sein quietschendes Schwein trug er bei sich. In dieser Nacht nun starb Conair, der Hochkönig vor Irland, und seither geht das Wort, wann immer ein Schweinehirt ein Fest besucht, gibt es einen Toten. Bodb hatte drei Söhne: Angus, Artrach und Aedh. In jener Zeit lebten sie

häufig unter den Sterblichen. Artrach besaß ein Haus mit sieben Türen, und jeder war dort als Gast gern gesehen.
Zu Angus pflegte des Königs Sohn zu kommen, um bei ihm zu lernen, wie man den Speer wirft und das Wurfpfeilspiel spielt. Zu Aedh aber, dem Umgänglichsten, kamen ganze Scharen von Barden und Sängern, und deshalb wurde der Platz, an dem er lebte, der Rath von Aedh mit den Dichtern genannt. *(Rath, irisch dún oder ráith = ein Ring aus Erdwällen, in dem sich meist Holzgebäude befanden; daneben lag eine Weidefläche für das Vieh.)*
Und wahrlich, es war ein schöner Rath, mit goldgelben Äpfeln und scharlachroten Nüssen in dem Wald nahebei. Alle drei Brüder schlossen sich der Fianna an, und als sie nicht mehr bestand, kehrten sie zurück zu den Tuatha de Danaan.
Und Bodb Dearg lebte aber nicht immer dort, sondern manchmal auch bei Angus in Brugh na Boinne.
Drei Söhne des Lugaidh Menn, des Königs von Irland mit Namen Eochaid, Fiacha und Ruide gingen einmal dorthin, denn ihr Vater weigerte sich, ihnen Land zu geben. Er sagte zu ihnen: »Gewinnt euch doch selbst einen Besitz!« Und als er so zu ihnen gesprochen, gingen sie in den Wald um Brugh na Boinne und warteten dort, bis sich die Tuatha de Danaan wieder einmal unter den Sterblichen zeigten, in der Hoffnung, von ihnen einen guten Rat zu bekommen.
Sie waren noch nicht lange dort, da sahen sie einen jungen Mann, ruhig und von angenehmem Äußeren auf sie zukommen. Er wünschte ihnen gute Gesundheit, und sie fragten ihn:
»Wo kommst du her?«
»Aus dem Hügel dort drüben«, erwiderte er, »aus dem Hügel, in dem die vielen Lichter schimmern. Ich heiße Bodb Dearg und bin der Sohn des Dagda. Warum kommt ihr nicht mit mir in meinen unterirdischen Palast?«
Sie nahmen die Einladung an. Drinnen wurde ihnen eine Mahlzeit aufgetragen, aber sie rührten nichts an.
»Unser Vater weigert sich, uns Land zu geben«, erzählten sie, »nun leben ja in Irland Menschen aus zwei Völkern: die Söhne des Gael und die Männer von Dea, und da uns die einen Land verweigern, haben wir gedacht, versuchen wir es doch bei den anderen!«

Die Männer von Dea berieten miteinander. Der Häuptling unter ihnen war Midhir mit dem Gelben Haar, und dies war es was er sprach:
»Laßt uns jedem dieser drei Männer eine Frau geben, denn je nachdem, ob man eine Frau besitzt oder nicht, ist man vermögend oder arm.«
Man kam überein, daß Midhirs drei Töchter, Doirenn, Aife und Aillbhe sie heiraten sollten.
Da fragte Midhir Bodb, welche Mitgift man den Mädchen geben solle. Und Bodb erwiderte:
»Das will ich dir sagen. Wir sind dreimal fünfzig Söhne von Königen in diesem Hügel. Jeder Sohn eines Königs soll dreimal fünfzig Unzen von rotem Gold geben. Und ich will außerdem dreimal fünfzig Kleider aus Stoff in allen Farben dazulegen.«
»Ich gebe ihnen auch ein Geschenk«, rief ein junger Mann unter den Tuatha de Danaan aus Rachlain im Meer, »ein Horn sollen sie bekommen und ein Faß. Das Faß braucht man lediglich mit sauberem Wasser zu füllen, und sofort verwandelt sich das Wasser in Met, der ausgezeichnet schmeckt und stark genug ist, um betrunken zu machen. Und in das Horn«, fuhr er fort, »braucht man nur Salzwasser aus dem Meer zu schütten und sofort hat man Wein.«
»Auch von mir bekommen sie ein Geschenk«, rief Angus, Sohn des Dagda, »einen unterirdischen Palast und eine gute Stadt mit festen Mauern und großen sonnigen Häusern, gelegen zwischen dem Rath Chobtaine und Teamhair, wo immer es ihnen gefällt.«
»Mein Geschenk an sie soll sein«, sprach da Aine, die Tochter des Modharn, »eine Köchin, auf der ruht eine Verpflichtung, daß sie niemandem Essen verweigern darf, und während sie austeilt, füllt sich ihr Kessel wieder.«
»Von mir müssen sie schließlich auch etwas bekommen«, sagte Bodb Dearg, »ich schenke euch einen guten Musikanten. Er heißt Fertuinne, Sohn des Trogain, und mag auch eine Frau bei der Geburt eines Kindes die ärgsten Schmerzen leiden, mag ein Verwundeter, der sich durch den Wald rettet, durch die Dornen und Zweige, die an seinen Wunden scheuern, von Fieber geplagt werden: sobald sie die Musik dieses Mannes hören, wird deren Süße sie ihre Schmerzen vergessen machen und sie werden in einen

heilenden Schlaf verfallen. Und noch eine wunderbare Eigenschaft besitzt dieser Musikant. Wo immer er unter einem Dach spielt, hören es nicht nur die Leute im Haus, sondern auch alle, die im Land ringsum wohnen.«

Also blieben die Sterblichen in Brugh na Boinne drei Tage und drei Nächte, und als sie fortzogen, hieß sie Angus aus dem Wald drei Apfelbäume* mitnehmen, einen in voller Blüte, einen, der gerade seine Blüten verlor und einen, der reife Früchte trug.

Sie zogen darauf zu ihren Behausungen, und es waren gute Plätze, die sie nun besaßen, und ein Trupp junger Männer war bei ihnen. Sie besaßen auch eine Koppel Pferde und Windhunde; und drei Arten von Musik, die jeder König mag, konnte man dort vernehmen: Harfenmusik, Flötenmusik und den Gesang von Trogains Sohn. Und drei Geräusche hörte man aus den Auen um die Behausungen: das Wiehern der Rennpferde, das Stampfen und Wiederkäuen der Rinder und das Grunzen guter Schweine mit viel Speck auf den Knochen, dazu die Stimmen der Leute, die auf dem Rasen spazierten und die jener anderen, die unter dem Dach zechten. Und von Eochaid hieß es, er sei niemals vor jemandem zurückgewichen, nie sei in seinem Haus die Musik verstummt und immer habe es unter seinem Dach etwas zu trinken gegeben. Von Fiacha wurde gesagt, nie sei ein Mann zu dieser Zeit so tapfer gewesen wie er, und er habe nie auch nur ein Wort zuviel gesagt. Und von Ruide sagte man, daß er keinem etwas verweigere und von niemand etwas fordere.

Als die Spanne eines Lebens bei den Sterblichen vorbei war, kehrten sie zu den Tuatha de Danaan zurück, denn nun gehörten sie ja zu ihnen durch ihre Frauen, und dort blieben sie dann für alle Zeit. Nun hatte Bodb Dearg eine Tochter, die hieß »Blume der Helligkeit«. Sie schenkte ihre Liebe Caoilte in der Zeit der Fianna. Sie wurden getrennt und sahen einander erst wieder, als Caoilte alt und grau geworden war. Sie trat zu ihm aus der Höhle von Cruachan und bat ihn um den Brautpreis, den er ihr früher einmal versprochen hatte. Er erklärte ihr, er habe einfach nicht eher kommen können. Jetzt aber ging Caoilte zu einem cairn (Grabkammer) in der Nähe, und diese war voller Gold, das Conal Maol verdient und dort versteckt hatte, und Caoilte gab das Gold Bodb

Deargs Tochter. Die Leute, die dort waren, wunderten sich, daß die Braut so jung und der Bräutigam so grau, gebeugt und alt war. »Das ist kein Wunder«, erklärte ihnen Caoilte, »denn ich bin einer der Söhne von Miled. Ich bin ein Sterblicher, aber sie ist eine von den Tuatha de Danaan, die nie altern und nie sterben müssen.«

DER DAGDA

Und es war in Brugh na Boinne, wo der Dagda, der Rote Mann alles Wissens, sein Haus hatte. Und die bewunderungswürdigen Dinge dort waren die Halle der Morrigu, das Bett des Dagda, der Geburtsort des Cermait Honigmund und der Stall des Grauen von Mache, der später Cuchulains Pferd wurde.

Nun gab es einen kleinen Hügel nahe dem Haus, der hieß Kamm und Kästchen von Dagdas Weib. Eine andere Erhebung hieß Hügel des Dabilla, das war ein kleiner Hund. Und das Tal der Mata befand sich dort, jener Seeschildkröte, die einen Mann in voller Rüstung verschlucken konnte.

Einmal fertigte der Dagda für Aintge, seine Tochter, ein großes Faß, aber sie war nicht damit zufrieden, denn es tropfte, wenn an der Meeresküste Flut war und verlor nicht einen Tropfen bei Ebbe. Also sammelte sie sich Zweige und machte daraus ein neues Faß, aber Gaible, Sohn von Nuada mit der Silberhand, stahl es ihr und schleuderte es fort. Und an der Stelle, an der es niederfiel, wuchs ein prächtiger Wald auf, der heißt Gaibles Gehölz. Und es war ein guter Harfenspieler in diesem Haushalt, nämlich Corann. Und eines Tages lockte er mit seinem Harfenspiel Cailcheir, eines der Schweine des Debrann an. Es rannte nach Norden, so rasch wie seine Beine es trugen, und die Recken von Connacht folgten ihm und rannten so schnell wie sie konnten und ihre Hunde waren bei ihnen. Sie kamen bis nach Ceis Corain, und dort gaben alle auf, außer Niall, der die Spur des Schweines weiter verfolgte, bis er in den Eichenwald von Tarba gelangte. Dann floh das Tier über die Ebene von Ai und durch einen See. Immer noch setzte Niall mit seinen Hunden ihm nach, aber im See ertranken sie. Der Dagda aber gab Corann ein Stück Land, weil er durch sein Spiel so viel

bewirkt und so vielen Leuten zu einer Unterhaltung verholfen hatte.
Wie prächtig das Haus des Dagda auch war, Angus nahm es ihm am Ende fort. Es half ihm dabei Manannan, Sohn des Lir. Dieser riet nämlich Angus, seinen Vater um die Zeit eines Tages und die einer Nacht in diesem Haus zu bitten. Durch Zauber lähmte er des Vaters Willenskraft. So brachte dieser es nicht fertig, etwas zu verweigern. Als nun der Dagda das Haus zurückhaben wollte, erklärte Angus, es sei ihm für immer geschenkt, denn aus was anderem bestehe wohl Zeit als aus Tag und Nacht, die aufeinander folgen.
Darauf zog der Dagda fort mit seinen Leuten und seinem ganzen Haushalt, denn Manannan hatte sie alle verzaubert.
Nur Dichu, der Hofmeister, war zu dieser Zeit fort, und sein Weib und sein Sohn mit ihm, denn sie hatten Proviant für ein Fest holen sollen. Als sie nun zurückkehrten und sahen, daß ihr Herr nicht mehr da war, traten sie in Angus' Dienste. Und dieser blieb in Brugh na Boinne, und manche sagen, er lebt auch noch heute dort hinter den dicken Mauern. Da sitzt er und trinkt Goibnius' Bier und ißt von den Schweinen, die immer wiedergeboren werden, wenn ihr Fleisch gegessen worden ist.
Was nun den Dagda angeht, so nahm er keine Rache, auch wenn er als sehr rachsüchtig galt und als jähzornig dazu.
Wenn man auch nicht weiß, wo er wohnte, das große Unglück, welches nun über ihn kam, wußte ihn doch zu finden.
Der Zufall wollte es, daß einmal Corrgenn, ein mächtiger Mann aus Connacht, ihn besuchen kam, und dessen Frau war auch dabei. Während sie sich nun dort aufhielten, entdeckte Corrgenn, daß seine Frau ihn mit Aedh, einem der Söhne des Dagda, betrog. So groß waren seine Wut und seine Eifersucht, daß er den jungen Mann vor den Augen seines Vaters tötete.
Jeder erwartete nun, daß der Dagda Corrgenn das Leben nehmen werde. Aber das tat er nicht. Er sagte, sein Sohn sei schuldig. Corrgenn kam also davon, aber damit gewann er nicht viel. Der Dagda verhängte nämlich über ihn den Strafspruch, die Leiche des jungen Mannes auf den Rücken zu nehmen und sie solange zu tragen, bis er an einen Stein komme, der genau so lang und so breit wie die

Leiche sei, und erst wenn er einen solchen Stein gefunden habe, dürfe er den Toten auf dem nächsten Hügel begraben.
Was blieb Corrgenn anderes übrig, als zu gehorchen. Er lud sich den Toten also auf den Rücken und brach mit dieser Last auf, aber es dauerte sehr lange, bis er den passenden Stein entdeckte. Bis an das Ufer des Loch Feabhail mußte er laufen. Und dort schleppte er den Toten auf einen Hügel, richtete den Stein auf, grub das Grab, beerdigte den Sohn des Dagda und brach darauf selbst tot zusammen.
Der Dagda aber brachte zwei Baumeister, Garbhan und Imheall, an diesen Ort und hieß sie, eine Mauer rund um das Grab zu ziehen. Es war Garbhan, der die Steine zuhaute und Imheall, der sie setzte, und als die Mauer fertig war, verschloß er den Grabbau, indem er einen großen Deckstein darauflegen ließ. Der Ort aber hieß von da an Hügel des Aileac oder Hügel der Seufzer, denn dort weinte der Dagda blutige Tränen ob des Todes seines Sohnes.

ANGUS OG

Was nun Angus Og, den Sohn des Dagda betrifft, so kam er manchmal aus dem Inneren des Brugh na Boinne hervor und ließ sich unter den Sterblichen auf der Erde sehen.
Es war lange nach dem Eintreffen der Gaelen, daß Cormac, König von Teamhair, ihm begegnete, und so lautet der Bericht, den er davon gab:
Einmal saß er in der Halle der Rechtssprechung, wo er in den Gesetzessammlungen zu lesen pflegte und darüber nachdachte, wie sich die Gesetze am besten anwenden ließen. Da sah er plötzlich einen Fremden, einen artigen jungen Mann, am Ende der Halle. Im Augenblick wußte er, daß dies Angus Og war, denn er hatte die Leute oft von ihm reden hören, aber immer nicht glauben wollen, daß solch ein Wesen aus der Anderswelt sich tatsächlich Sterblichen zeige. Als seine Leute danach zu ihm in die Halle traten, erzählte er ihnen, wie er nun Angus mit eigenen Augen gesehen, ja, sogar mit ihm gesprochen habe. Angus hatte ihn mit Namen angeredet und ihm vorhergesagt, was in Zukunft geschehen werde.

»Und es war ein stattlicher junger Mann«, erzählte er weiter, »freundlich sein Blick und eindrucksvoll seine ganze Erscheinung. Auf seinen Kleidern waren goldene Zeichen gestickt. In der Hand hielt er eine silberne Harfe mit Saiten aus rotem Gold, und die Musik war süßer als jedes andere Geräusch unter dem Himmel. Über der Harfe schwebten zwei Vögel, die auf dem Instrument zu spielen schienen. Er setzte sich neben mich, und die Musik war so schön und beruhigend, und Dinge sagte er mir, die mich ganz betrunken werden ließen.«

Die Vögel aber, die um die Harfe schwebten, waren vier Küsse, die Angus in Vögel verwandelt hatte. Sie kamen zu den jungen Männern in Irland und riefen nach ihnen. »Kommt, kommt«, riefen zwei. »Ich geh, ich geh«, riefen die beiden anderen. Es war schwer, ihnen zu widerstehen.

Was Angus angeht, so wurde er schon, als er noch jung war, Störenfried genannt. Alle Pfluggespanne der Welt brachen aus, alles Vieh, welches sich die Menschen gezähmt hatten, rannte voller Angst und Schrecken davon, sobald er sich sehen ließ.

Einmal erschien er in der Gestalt eines Großgrundbesitzers zwei Männern, die sich nach einem Platz umsahen, um sich niederzulassen. Der erste Flecken, den sie sich ausgesucht hatten, lag nahe Bregia, auf einer Ebene, die Angus gehörte. Er trat zu ihnen, führte ein Pferd bei sich und sagte, hier dürften sie sich nicht niederlassen. Sie erwiderten, ohne Pferde könnten sie unmöglich ihre Habe noch weiter schleppen. Da gab er ihnen sein Pferd und hieß sie alles aufladen. Aber der nächste Fleck, den sie sich ausgesucht hatten, war Magh Find, die »Schöne Ebene«, und dort befand sich der Spielplatz von Angus und Midhir. Diesmal erschien Midhir, gab ihnen ein Pferd, damit sie all ihre Habe nicht selbst schleppen brauchten, und er ging mit ihnen bis Magh Dairbthenn.

Es gab viele Frauen, denen Angus den Kopf verdrehte, und eine war da, Enghi, die Tochter des Elcmair, die liebte ihn, obwohl sie ihn nie gesehen hatte. Und sie ging eines Tages aus, um ihn zu suchen an jenem Ort, da sich das Wild sammelt zwischen Cletech und Sidhe in Broga.

Die Scharen der Hügelbewohner pflegten an jedem Samainabend* dorthin zu kommen, und ein bescheidenes Mahl brachten sie mit, nämlich eine Nuß. Und die Söhne des Derc kamen aus dem Norden, aus dem Hügel Findbrach. Sie gingen unter den jungen Männern und Frauen umher, ohne deren Wissen, und entführten Elcmairs Tochter. Da gab es viel Klagen, und der Platz heißt seither das Nußgehölz der Klagen.

Derbrenn, Eochaid Fedlechs Tochter, war eine andere Frau, die Angus liebte, und sie besaß sechs Ziehkinder, drei Jungen und drei Mädchen. Die Mutter der Knaben, Dalb Garb, die Rauhe, sprach einen Zauber über sie, nachdem sie Nüsse in Caill Ochuid gepflückt hatten und verwandelte sie in Schweine.

Angus aber gab sie Buichet, dem Krankenpfleger von Leinster, zur Fürsorge, und sie blieben ein Jahr bei ihm. Am Ende dieser Zeit überkam das Weib des Buichet ein Verlangen auf Fleisch. Also rief sie hundert bewaffnete Männer, mit denen kamen hundert Hunde, damit man die Schweine einfinge, denn leicht war das nicht. Die Tiere aber entkamen dem großen Aufgebot und liefen nach Brugh na Boinne zu Angus. Der hieß sie willkommen und sie baten ihn um Hilfe. Er aber erwiderte, er könne nichts für sie tun, bis sie den Baum von Tarbga geschüttelt und den Lachs von Inver Umaill gegessen hätten.

Also rannten sie nach Glascarn und verbargen sich ein Jahr bei Derbrenn. Dann schüttelten sie den Baum von Tarbga und rannten weiter nach Inver Umaill. Aber Maeve rief die Männer von Connacht zusammen und hieß sie, auf die Schweine Jagd zu machen. Alle, außer einem, kamen um, und ihre Schädel bestattete man unter einem Steinhaufen, der heißt Duma Selga, der Steinhaufe der Jagd.

Und es war um diese Zeit, da Maeve* regierte in Connacht, daß sich Angus in Caer Ormaith in der Provinz Connacht verliebte und sie entführte nach Brugh na Boinne.

MORRIGU

Was Morrigu, die Große Königin, die Krähe der Schlacht, angeht, so weiß man nicht, wo sie lebte, nachdem die Gaelen gekommen waren, zuvor aber lebte sie in Teamhair. Sie besaß einen großen

Kochspieß, mit dem konnte man drei Sorten von Speisen gleichzeitig zubereiten: ein Stück Fleisch, das roh war, ein Stück paniertes Fleisch und ein Stück, das mit Butter bestrichen war. Das rohe Fleisch wurde gar, das panierte Fleisch verbrannte nicht und die Butter ließ das Fleisch saftig bleiben. Neun Männer, Gesetzlose, gingen einmal zu ihr und baten sie, einen Bratspieß für sie zu fertigen. Sie nahmen ihn mit sich fort, und jeder der Gesetzlosen trug ein Stück davon mit sich herum und am Abend trafen sie sich, setzten die Stücke zusammen und benutzten den Bratspieß gemeinsam. Das war ein Zauberspieß. Manchmal hing er ganz hoch, ein andermal wieder ganz tief über dem Feuer. So, wie es gerade gut war für die Speisen, die man bereitete. Er brach auch nie und nutzte sich nie ab.

Mechi, Sohn der Morrigu, wurde getötet von Mac Cecht bei Magh Mechi, das bis zu dieser Zeit Magh Fertaige geheißen hatte. Drei Herzen besaß er, und sie hätten, weil sie Schlangen glichen, ganz Irland verdorben, wäre Mechi nicht getötet worden.

Mac Cecht verbrannte die drei Herzen auf der Ebene der Asche, und er warf die Asche der Herzen in den Fluß. Dieser hörte auf zu fließen, und jedes Geschöpf, das im Wasser lebte, starb.

Die Morrigu mischte sich oft ein in die Angelegenheiten Irlands in der Zeit des Cuchulain. Sie stachelte die Leute zu Krieg und Streit auf. Als Cuchulain noch ein Knabe war, kam sie zu ihm, und er wäre fast ihrem Zauber verfallen.

»Du hast nicht das Zeug zu einem Helden«, redete sie ihm ein, »du wirst bald zu Füßen der Schatten liegen.«

Da sprang Cuchulain auf und hieb den Kopf des Schattens, der über ihm hing, mit seinem Hurlingschläger ab.

Als nun Conchubar Finched aussandte, um die Männer von Ulster gegen den Stier von Cualgne aufzubieten, bat er sie auch zu dieser Furie zu gehen, damit sie ihnen gegen Cuchulain helfe.

Dieser hatte sie einmal dabei erwischt, als sie versuchte, eine Kuh von dem Hügel von Cruachan zu stehlen. Ein andermal hatte sie Talchinem, einem Druiden im Haushalt des Conaire Mor geholfen, einen Stier zu entführen, auf den seine Frau ein Auge geworfen hatte. Sie stahl häufig Kühe. So half sie auch Adras, die zum Haushalt des Rinderhirten von Cormac Hua Cined gehörte und zu

ihrem Mann mit gestohlenem Vieh unterwegs war. Morrigu nahm ihr aber dann das Vieh fort und brachte es in die Höhle von Cruachan und in den Hügel der Feen. Odras folgte ihr, bis sie der Schlaf überkam in einem Eichenwald, und Morrigu weckte sie, sprach einen Zauber über sie und verwandelte sie in einen Teich.
In der Schlacht von Magh Rath flatterte sie um Congal Claen in der Gestalt eines Vogels und verwirrte ihn, bis er zwischen Freund und Feind nicht mehr zu unterscheiden vermochte. Später, in der Schlacht von Cluantarbh flog sie über den Kopf von Murchadh, Sohn des Brian; sie hatte verschiedene Gestalt. Als Krähe kämpfte sie mit in den Schlachten. Aber nicht Morrigu, sondern Badb war es, die sich in der Schlacht von Dunbolg zeigte, wo die Männer Irlands unter Aedh, Sohn des Niall, kämpften, und Brigit zeigte sich in derselben Schlacht auf der Seite der Männer von Leinster.

AINE

Aine*, so hört man sagen, sei die Tochter des Manannan gewesen. Andere aber erzählen, Morrigu habe einen Stuhl aus Stein besessen, genannt Cathair Aine. Und jeder, der sich auf den Stein setzte, lief Gefahr, den Verstand zu verlieren. Hatte man aber dreimal darauf gesessen, so wurde man für immer wahnsinnig.
Menschen, deren Sinn verwirrt war, kamen zu diesem Stein, und verrückte, tollwütige Hunde aus dem ganzen Land liefen dorthin und dann stürzten sie sich ins Meer, wo Aine auch eine Wohnung haben soll. Aber jene, die sagen, daß man mit Kräutern heilen kann, behaupten, sie habe Macht über den ganzen Körper, und sie verleihe die Gabe des Dichtens und der Musik.
Immer muß man auf der Hut sein, Aine nicht zu vergrämen, denn sie ist sehr rachsüchtig. Oilioll Oluim, ein König in Irland, tötete einmal ihren Bruder. Sie bereitete daraufhin einen Zauber aus Eibenblättern am Fluß Maigh in Luimnech und zauberte einen kleinen Mann, der auf einer Harfe spielte, am Fluß. Als nun der Sohn des Oilioll mit seinem Stiefbruder an diesem Fluß vorbeikam, vernahm er süße Musik. Sie sahen einen Baum, von dem drang die süße Musik zu ihnen herab.

Zuerst stritten sie sich, wer von ihnen den kleinen Wicht bekommen sollte, der da saß und Harfe spielte. Der König sprach den Harfenspieler seinem Sohn zu. Dieser Spruch aber erregte den Unwillen vieler Leute, und es kam zu der Schlacht von Magh Mucruimhe, in der Oilioll und sieben seiner Söhne fielen. So war Aine grausam in ihrer Rache.

AOIBHELL

Aoibhell, eine andere Feenfrau, nahm ihre Wohung in Craig Liath, und zu der Zeit der Schlacht von Cluantarbh verliebte sie sich in einen jungen Mann aus Munster, der hieß Dubhlain ua Artigan und war vom König von Irland in Schande vom Hof verwiesen worden. Aber vor der Schlacht kam er zurück und schloß sich Murchadh, dem Sohn des Königs an, um für die Gaelen zu kämpfen.

Und Aoibhell erschien ihm und hieß ihn, nicht in die Schlacht zu ziehen, aber als er ihr nicht gehorchte, warf sie einen Druidenmantel über ihn, so daß keiner ihn sehen konnte.

Er kam dahin, wo Murchadh kämpfte und schlug mächtig auf die Feinde Irlands ein und warf viele von ihnen nieder.

Und Murchadh sah sich verwundert um und sprach: »Es kommt mir so vor, als hörte ich Dubhlain ua Artigan mit seinem Schwert kräftige Schläge austeilen, aber ich sehe ihn gar nicht.«

Da warf Dubhlain den Druidenmantel von sich und sprach: »Ich mag diesen Zaubermantel nicht tragen, wenn du mich nicht sehen kannst. Aber folge mir jetzt über die Ebene dorthin, wo Aoibhell wartet, denn sie kann uns Kunde über den Ausgang der Schlacht geben.«

Also gingen sie zu ihr, und sie bat sie beide, nicht weiter zu kämpfen, wenn ihnen ihr Leben lieb sei.

Aber Murchadh sagte zu ihr: »Ich will dir eine wahre Geschichte erzählen. Die Angst um mein Leben wird nie so groß sein, daß ich deswegen mein Gesicht verliere. Und fallen wir, so fallen viele Fremde mit uns.

»Bleib doch bei mir, Dubhlain«, bat sie, »hier bei mir kannst du

mindestens zweihundert Jahre glücklich und in Freuden leben.«
»Du glaubst doch nicht etwa, ich würde Murchadh im Stich lassen«, antwortete er, »noch ist mir mein guter Name weder für Gold und Silber, noch für Lebensfrist feil.«
Aoibhell wurde zornig, als er das gesagt hatte, und sie antwortete: »Oh weh dann ... Murchadh wird fallen, und du wirst fallen, und dein stolzes Blut wird morgen die Erde trinken.«
Also kümmerten sie sich nicht um die Weissagung der Feenfrau, kehrten in die Schlacht zurück und fanden den Tod.
Es war auch Aoibhell, die dem Sohn des Meardha eine goldene Harfe schenkte, als er in der Schule der Feen von Connacht in die Lehre ging und vernahm, daß sein Vater vom König von Lochlann getötet worden war. Wer immer diese Harfe hört, der hat danach nicht mehr lange zu leben. Und Meardhas Sohn zog an den Ort, an dem die drei Söhne des Königs von Lochlann wohnten. Er spielte auf der Harfe für sie, wie eben fahrende Sänger vor dem Fürsten und den Hochgestellten zu spielen pflegten. Der König ahnte nichts Schlimmes. Er erfreute sich an der Musik. Plötzlich holte ihn der Tod ein.
Es war auch diese Harfe, die Cuchulain hörte, als sich seine Feinde in Muithemme sammelten. Da wußte er, daß sein Leben sich dem Ende entgegenneigte.

MIDHIR UND ETAIN*

Midhir besaß eine unterirdische Wohnung in einem Hügel für sich allein, und sein Weib Fuamach und seine Tochter Bri waren bei ihm. Leith, Sohn des Celtach von Cuala, war der schönste unter den jungen Feenmännern in Irland zu dieser Zeit, und er liebte Bri, Midhirs Tochter.
Bri ging aus mit ihren Begleiterinnen, um ihn am Grab der Töchter nahe Teamhair zu treffen. Leith kam mit seinem Gefolge daher.
Aber die Liebenden konnten nicht zueinander kommen, weil die Wächter auf Midhirs Hügel soviel Speere nach Leith warfen wie Bienen in der Luft sind an einem schönen Sommertag. Cochlan, Leiths Knecht, wurde verletzt und starb.

Da wandte sich das Mädchen zu Midhirs Hügel zurück. Das Herz brach ihr vor Verlangen nach ihrem Geliebten, und sie starb auch. Leith aber sprach: »Wenn ich schon nicht bis zu diesem Mädchen vorgedrungen bin, so will ich doch wenigstens ihr meinen Namen hinterlassen.«
Und seither heißt der Hügel Bri Leith.
Geraume Zeit später verliebte sich Midhir in Etain Echraide und groß war die Eifersucht von Fuamach. Und als sie nun sah, daß Midhir all seine Liebe Etain gab, rief sie den Druiden Bresal Etarlaim und bat ihn, ihr zu helfen, Etain zu verzaubern. Als nun Etain durch Zauber von Bri Leith vertrieben wurde, nahm Angus Og, Sohn des Dagda, sie in seine Behausung auf, und als Midhir sie zurückverlangte, wollte Angus sie nicht herausgeben, vielmehr nahm er sie überall mit hin, wo er sich zeigte.
Wann immer er rastete, zauberte er ihr ein Haus aus Sonnenstrahlen und stellte süßduftende Blumen hinein, und das Haus hatte unsichtbare Wände. Niemand konnte durch sie hindurchschauen. Die sich darin aufhielten, waren unsichtbar. Sie aber sahen sehr wohl, was draußen vor sich ging.
Nun hörte Fuamach davon, daß es Etain so wohl war und daß Angus sie verwöhnte. Da überkam sie abermals Zorn und Eifersucht, und sie sann lange darüber nach, wie sie Etain verderben könne.
Und so ging sie dabei vor: Sie wußte es so einzurichten, daß Midhir und Angus ihre Behausungen verließen, um sich zu treffen und auszusöhnen. Denn seit Etain bei Angus lebte, hatte Streit zwischen ihnen geherrscht.
Kaum war Angus ausgegangen, da rannte Fuamach nach Brugh na Boinne und traf Etain dort in ihrem Sonnenhaus an. Mit Druidenzauber verwandelte sie Etain in eine Fliege. Sie schickte einen Windstoß, der fuhr durch das Haus und wirbelte die Fliege zum Fenster hinaus. Midhir und Angus nahmen an, Fuamach werde zu ihrem Treffen nachkommen. Als sie aber nicht erschien, ahnte Angus Schlimmes. Er wurde unruhig und eilte endlich nach Brugh na Boinne zurück. Er fand das Sonnenhaus leer. Er suchte nach Fuamach und fand sie im Gespräch mit Etarlaim dem Druiden, bei dem sie sich eben für die Unterweisung in Zauber bedankte.

Angus schlug ihr auf der Stelle den Kopf ab. Über viele Jahre hin wurde Etain als Fliege durch Irland geweht.
Schließlich flog sie in das Haus des Etar von Inver Cechmaine, wo gerade ein großes Fest gefeiert wurde. Sie fiel von einem Balken herab in einen goldenen Becher, der vor Etars Frau stand. Etars Frau trank sie mit dem Wein, und nach neun Monaten wurde Etain wiedergeboren als Etars Tochter. Sie erhielt denselben Namen wie zuvor: Etain, und wuchs auf als des Königs Tochter und man erzog mit ihr zusammen fünfzig andere junge Mädchen, alles Töchter von Prinzen.
Nun geschah es eines Tages, daß Etain und all die anderen jungen Mädchen in der Bucht von Inver Cechmaine badeten. Da sahen sie vom Wasser aus einen Mann von angenehmem Äußeren, der über die Ebene hin auf sie zugeritten kam. Er trug einen langen grünen Mantel und ein Hemd, gewoben aus Fäden von rotem Gold, und eine Brosche aus Gold verschloß den Mantel vor der Schulter. Auf dem Rücken hing ein Schild aus Silber, am Rand mit Gold gefaßt, und in der Hand hielt er einen scharfen Speer mit Ringen aus Gold verziert. Blondes Haar hatte er, und seine Locken wurden zusammengehalten von einem goldenen Band.
Als er näherkam, stieg er vom Pferd, setzte sich auf den Abbruch des Ufers, und dies war es, was er sagte:
»Ach, hier also ist Etain. Unter den kleinen Kindern verbringt sie ihr Leben am Strand von Inver Cechmaine.
Sie war es, die das Auge des Königs heilte. Sie war es, die die Frau des Etar im Wein verschluckt hat.
Viele große Schlachten wird Eochaid von den Feen wegen dir schlagen müssen. Vernichtung wird über die Feen kommen und ein Krieg mit tausend Männern.«
Und als er das gesagte hatte, verschwand er, und keiner wußte, wohin er gegangen war. Und sie wußten auch nicht, daß dieser Mann Midhir von Bri Leith gewesen war.
Als Etain zu einer schönen jungen Frau heranwuchs, sah sie Eochaid Feidlech, der Hochkönig* von Irland, und dies geschah so: Er ging eines Tages über den Rasen auf dem Hügel Leith. Da sah er neben einer Quelle eine Frau mit einem goldenen Kamm, und sie wusch sich in einem silbernen Becken, in dem vier goldene Vögel

saßen. Einen wunderbaren purpurnen Mantel hatte sie an und trug eine goldene Brosche auf einem Kleid aus grüner Seide mit einer langen Kapuze, bestickt mit rotem Gold und schöne Spangen aus Gold und Silber an ihren Brüsten und an den Schultern. Das Sonnenlicht fiel auf sie, und das Gold funkelte und die grüne Seide glänzte.

So stand sie dort. Sie ließ ihr Haar fallen, um es zu waschen. Sie fuhr mit den Händen gerade aus den Ärmellöchern ihres Kleides. Ihre weichen Hände waren so weiß wie der Schnee einer einzigen Nacht. Ihre Augen waren so blau wie jede blaue Blume, und ihre Lippen waren so rot wie die Beeren der Eberesche. Und ihr Körper war weiß wie der Schaum einer Welle. Helles Mondlicht lag auf ihrem Gesicht, stolz sahen ihre Augenbrauen aus. Ein Grübchen hatte sie auf jeder Wange. Ein Ausdruck von Verlangen lag in ihrem Blick, und wenn sie ging, hielt sie sich so gerade, wie es Königinnen tun.

Eochaid befahl seinen Leuten, sie zu ihm zu bringen. Er fragte sie nach ihrem Namen, und sie sagte ihm, sie sei Etain, Tochter des Etar, des Königs der Feenreiter. Eochaid liebte sie und zahlte für sie den Brautpreis und brachte sie heim nach Teamhair als sein Weib und dort wurde sie mit großer Freude willkommen geheißen.

Nach geraumer Zeit nun gab es ein großes Fest in Teamhair, und alle Häuptlinge aus ganz Irland kamen, und das Fest währte zwei Wochen vor Samain bis zwei Wochen danach. Auch Ailell, des Königs Bruder kam zu dem Fest. Als er das Weib seines Bruders sah, verliebte er sich schon im ersten Augenblick in sie und war nur zufrieden, wenn er sie anschauen konnte.

Das bemerkte eine Frau, die Tochter von Luchta Lamdearg von der Roten Hand und sie sprach: »Nach was in der Ferne hältst du Ausschau? Täusche ich mich, wenn ich meine, daß du dich verliebt hast?«

Ailell nahm sich zusammen und sah darauf nicht mehr zu Etain hin.

Aber als das Fest zu Ende war und die Gäste aufbrachen, überkam Ailell solch ein Verlangen und solcher Neid, daß er krank wurde, und sie brachten ihn in ein Haus in Teffia. Und dort blieb er ein ganzes Jahr, und die Krankheit verzehrte ihn, aber er sprach zu keinem über die Ursache.

Am Ende des Jahres kam Eochaid den Bruder besuchen, und er fuhr mit seiner Hand über dessen Brust und Ailell stöhnte auf.
»Was ist dir?« fragte Eochaid. »Verschafft dir das nicht etwas Erleichterung?«
»Auf mein Wort«, sagte Ailell, »es geht mir, wenn ich ehrlich sein soll, Tag für Tag und Nacht für Nacht immer schlechter.«
»Aber was hast du?« fragte Eochaid.
»Das kann ich gerade dir nicht sagen«, antwortete Ailell.
»Ich werde jemanden kommen lassen, um die Ursache deiner Krankheit herauszufinden«, sagte der König. Und er schickte nach Fachtna, seinem Arzt, und als dieser mit der Hand über Ailells Herz fuhr und Ailell wieder aufstöhnte, sagte Fachtna: »An dieser Krankheit wirst du nicht sterben, ich weiß sehr wohl, wovon sie herrührt. Die Ursache ist entweder die Eifersucht oder die Liebe, und daß du keinen Ausweg weißt.« Ailell schämte sich, und er wollte gegenüber dem Arzt nicht zugeben, daß dieser recht hatte. So ging Fachtna wieder fort. Als nun König Eochaid auf eine Rundreise durch die Provinzen Irlands ging, über die er König war, ließ er Etain zurück und sprach zu ihr: »Gute Etain, nimm dich bitte meines Bruders Ailell an, solange er noch lebt. Und sollte er in meiner Abwesenheit sterben, so laß ihn beisetzen und laß einen Säulenstein auf seinem Grab errichten, auf dem sein Name in Oghamschrift* geschrieben steht.«
Darauf reiste er ab.
Eines Tages nun ging Etain in jenes Haus, in dem Ailell krank danieder lag, und sie redeten miteinander, und dann machte sie ein kleines Lied für ihn, und dies war es, was sie sagte:
»Was hast du nur, junger Mann, daß du schon so lange an dieser Krankheit leidest? Es ist nicht das rauhe Wetter, das den Bewegungen deines Körpers die Leichtigkeit stahl.«
Und Ailell antwortete ihr:
»Es gibt guten Grund für meine Krankheit. Die Musik meiner eigenen Harfe gefällt mir nicht. Keine Speise schmeckt mir. Ich sieche dahin.«
Und wieder Etain: »Sag mir, was dir fehlt? Ich bin eine kluge Frau. Gibt es denn nichts, was dich heilen könnte?«
Und Ailell antwortete:

»Oh schöne freundliche Frau, es tut nicht gut, einer Frau ein Geheimnis anzuvertrauen, aber manchmal läßt es sich von den Augen ablesen.«
Und Etain sprach:
»Gewiß ist es besser, Geheimnisse für sich zu behalten, aber über dieses solltest du sprechen, denn wie sonst soll dir geholfen werden?«
Und Ailell:
»Oh, mögest du gesegnet sein, Etain mit den schönen Haaren. Mir ist nicht zu helfen. Mein Verstand ist mir keine Hilfe mehr. Mein Körper lehnt sich auf. Ganz Irland weiß, Königin, daß meine Sinne und mein Körper krank sind.«
Und Etain sprach:
»Wenn es eine Frau unter den schöngesichtigen Weibern Irlands gibt, nach der du dich so verzehrst, dann muß sie hierherkommen, und müßte ich selbst gehen und sie bitten.«
Da sprach Ailell zu ihr:
»Weib, für dich wäre es ein Leichtes, diese Krankheit von mir zu nehmen. Und mein Verlangen ist ein Verlangen so lang wie ein Jahr, aber es ist, als verliebte man sich in das Echo oder verschwende die Empfindung von Trauer auf eine Welle. Ein einsamer Kampf mit einem Schatten: damit läßt sich meine Liebe und mein Verlangen vergleichen.«
Und nun wußte Etain, was die Ursache seiner Krankheit war, und es bekümmerte sie sehr.
Jeden Tag kam sie zu ihm. Sie bereitete ihm Speisen und goß Wasser über seine Hände, kurz sie tat alles, was man für einen Kranken nur tun kann, aber zu ihrem Kummer wurde er immer elender, bis sie schließlich eines Tages sagte:
»Steh auf, Ailell, Königssohn, Mann großer Taten, ich will dich heilen!«
Und er legte die Arme um sie, und sie küßte ihn und sprach dann:
»Komm morgen in der Frühe bei Tagesanbruch in das Haus vor der Hügelfeste. Dort will ich mich dir hingeben.«
In dieser Nacht fand Ailell keinen Schlaf. Als aber die Zeit kam, da er zu ihr hätte gehen sollen, wurde er müde, schlief endlich ein und wachte erst auf, als es schon heller Tag war.

Aber Etain war zu dem Haus außerhalb der Hügelfeste gegangen, und es dauerte nicht lange, da sah sie einen Mann auf sie zukommen, der hatte das Aussehen des kranken und erschöpften Ailell. Doch als er näherkam, sah sie, daß es nicht Ailell war. Er ging fort, und nachdem sie noch eine Weile gewartet hatte, ging sie wieder in die Hügelfeste zurück.

Als Ailell erwachte und feststellte, daß es längst nicht mehr früher Morgen war, wünschte er sich, lieber tot zu sein als zu leben. Und Etain besuchte ihn, und er erzählte ihr, was geschehen war. Da sprach sie: »So komm morgen an denselben Ort.«

Aber am nächsten Tag geschah wieder dasselbe. Und als es sich auch am dritten Morgen wiederholte und wieder sich dieser andere Mann zeigte, sprach Etain zu ihm:

»Ich bin nicht hier, um dich zu treffen. Aber warum kommst du immer hierher? Und was den angeht, mit dem ich hier ein Rendezvous habe, so geschieht es nicht aus Leichtsinn oder Eitelkeit, sondern ich bin nur willens, ihn von dem zu erlösen, was er um meinetwillen gelitten hat.«

Da erwiderte der Mann:

»Es wäre weit passender, wenn du dich mit mir hier treffen würdest als mit dem anderen, denn ich war dein erster Mann überhaupt.«

»Was redest du da«, sagte sie, »wer bist du denn eigentlich?«

»Ich bin Midhir von Bri Leith.«

»Und wer oder was hat uns getrennt, wenn ich einmal deine Frau war?« fragte Etain.

»Es geschah durch Fuamachs böse Eifersucht und durch den Zauber von Bresal Etarlaim, dem Druiden, daß wir getrennt wurden. Kommst du jetzt mit mir?«

Aber Etain sprach: »Ich werde nicht für einen Mann, den ich nicht näher kenne, den Hochkönig von Irland verlassen.«

Und Midhir sprach: »Ich will zugeben: ich war es, der Ailell dieses große Verlangen nach dir eingab. Ich war es aber auch, der verhinderte, daß ihr euch hier treffen konntet, weil ich wollte, daß du deinen guten Namen behältst.«

Als sie nun Ailell besuchen ging, fand sie, daß seine Krankheit von ihm gewichen war und sein Verlangen auch. Sie erzählte ihm alles, was geschehen war, und er sagte:

»Es ist gut ausgegangen für uns beide. Ich bin von meiner Krankheit geheilt, und kein Makel ist auf deinen guten Namen gefallen.«
»Laß uns den Göttern dafür danken«, sagte Etain, »wir wollen damit zufrieden sein.«
Und gerade um diese Zeit kam Eochaid zurück von seiner Reise, und sie erzählten ihm die ganze Geschichte, und er war seinem Weib dankbar für die Freundlichkeit, die sie Ailell erwiesen.
Einige Zeit darauf wurde wiederum ein großes Fest zu Teamhair veranstaltet, und Etain ging aus, um den Spielen und den Rennen zuzuschauen. Sie sah einen Reiter auf sich zukommen. Nur sie sah ihn. Für die anderen war er unsichtbar, und als er näherkam, erkannte sie, daß es eben der Mann war, der mit ihr gesprochen hatte, als sie mit den jungen Mädchen an der See bei Inver Cechmain gebadet hatte. Er trat heran, sang Worte aus, und nur sie konnte sie hören. Und dies war es, was er sagte:
»Schöne Frau, komm mit mir in mein schönes Land. Die Menschen, die dort wohnen, betrachtet man mit Wohlgefallen, denn sie sind ohne Makel, ihr Haar hat die Farbe der Fahnenblume, ihre Leiber sind weiß wie der Schnee, ihre Wangen haben die Farbe von Fuchsien.
Die Jungen werden nie alt. Die Felder und Blumen sind so angenehm anzuschauen wie Drosseleier; warme, süße Bäche voller Met und Wein fließen durch dieses Land. Dort kennt man keinen Kummer, keine Sorge. Wir sehen einander, aber die anderen sehen uns nicht.
Wenn auch die Ebenen Irlands schön sind, so ist dies nur ein Geringes gemessen an der Schönheit unserer großen Ebene; wenn das Ale Irlands trunken macht, so macht das Ale dieses Landes viel rascher trunken und am anderen Morgen hat niemand über Kopfschmerzen zu klagen. Schöne Frau, wenn du mitkommst zu meinem stolzen Volk, sollst du das Fleisch von eben geschlachteten Schweinen* vorgesetzt bekommen. Und Ale und frische Milch kannst du dort trinken. Dort wollen wir miteinander feiern. Wir wollen uns lieben sieben lange Tage und sieben Nächte ohne Scham, daß unser Verlangen für einander so lange nicht endet. Eine Krone aus purem Gold will ich dir dort aufs Haupt setzen. Kommst du mit mir, Etain?«

Aber Etain erwiderte, sie werde Eochaid, den Hochkönig nicht verlassen.
»Wirst du mitkommen, wenn Eoachid dir Urlaub gibt?« fragte da Midhir.
»Das will ich tun«, antwortete sie.
Eines Tages kurz darauf schaut Eoachid, der Großkönig aus dem Fenster seines Palastes in Teamhair. Da sah er einen fremden Mann über die Ebene heranreiten. Gelbes Haar hatte er, und seine blauen Augen glänzten wie die Flamme einer Kerze. Er trug ein purpurnes Gewand und in der Hand einen mit fünf Ringen geschmückten Speer.
Er kam zum König und der entbot ihm den Willkommensgruß.
»Wer bist du?« fragte er, »und was willst du von mir, da du ein Fremder bist?«
»Ich bin dir fremd, aber du bist mir nicht fremd. Ich kenne dich seit langem«, erwiderte der fremde Mann.
»Wie ist dein Name?« fragte der König.
»Er besagt weiter nichts«, antwortete der Fremde, »ich heiße Midhir von Bri Leith.«
»Und was bringt dich her?«
»Ich bin gekommen, um mit dir eine Partie Schach zu spielen«, sagte der Fremde.
»Bist du ein guter Spieler?« fragte der König.
»Versuch es. Du wirst ja sehen.«
»Das Schachbrett steht im Haus der Königin, und sie schläft gerade«, sagte Eochaid.
»Das macht nichts«, antwortete Midhir, »denn ich habe ein Schachbrett mitgebracht, das dem deinen um nichts nachsteht.«
Und er brachte ein Schachbrett hervor, das war aus Silber gefertigt und an den vier Ecken mit kostbaren Steinen geschmückt. Und er stellte Schachfiguren aus Gold auf, die entnahm er einem Beutel, dessen Gewebe aus Goldfäden bestand.
»Nun wollen wir spielen«, sagte Midhir, »aber nicht ohne einen Einsatz.«
»Also, was soll der Einsatz sein?« fragte der König. »Ach was, darüber können wir uns immer noch einigen, wenn das Spiel vorbei ist«, sagte Midhir.

Sie spielten also miteinander, und Midhir wurde geschlagen, und der König ließ sich von ihm fünfzig braune Pferde geben.
Dann spielten sie ein zweites Mal, und wieder verlor Midhir, und der König hieß ihn, vier schwierige Aufgaben ausführen: er mußte eine Straße bauen über Moin Lamraide und Midhe von Steinen säubern. Er mußte im Bezirk von Tethra Gebüsche pflanzen und im Bezirk Darbrech Bäume.
Also holte Midhir seine Leute von Bri Leith herbei, und es war die härteste Arbeit, die sie je ausgeführt hatten. Eochaid sah ihnen zu, und es fiel ihm auf, das das Feenvolk die Ochsen an Hals und Schultern anspannte und ihnen das Geschirr nicht an der Stirn und am Schädel anlegte. Und er hieß seine Leute, es auch so zu tun, und deswegen wurde er später Eochaid Airem, der mit den Pflugscharen, genannt.
Als nun alles ausgeführt war, kam Midhir wieder zu Eochaid. Er sah mager und abgezehrt aus von der harten Arbeit und forderte Eochaid zu einem dritten Schachspiel auf. Der war einverstanden, und sie kamen überein, daß der Gewinner den Einsatz bestimmen solle.
Diesmal war es Midhir, der gewann, und als der König fragte, was er sich nun wünsche, sprach er: »Es ist Etain, deine Frau, die ich mir wünsche!« »Die werde ich dir nicht geben«, sagte der König. »Alles, was ich dann verlange«, sagte Midhir, »ist, sie zu umarmen und sie einmal zu küssen.«
»Dagegen habe ich nichts einzuwenden«, sagte der König, »vorausgesetzt, daß du damit bis zum Ende des Monats wartest.«
Damit war Midhir einverstanden, und er ging fort. Am Ende des Monats war er zur Stelle und stand in der großen Halle zu Teamhair und keiner sah so stattlich aus wie er an diesem Abend. Eochaid aber hatte all seine besten Kämpfer in der Halle versammelt und er schloß alle Türen seines Palasts und dennoch war Midhir hineingelangt. Eochaid aber hatte diesen Befehl gegeben, um zu verhindern, daß Midhir sein Weib doch noch entführe.
»Ich komme, um mir zu holen, was mir versprochen worden ist«, sagte Midhir.
»Ach, daran habe ich gar nicht mehr gedacht«, sagte Eochaid und die Wut stieg in ihm auf.

»Du hast mir Etain, deine Frau, versprochen«, erinnerte ihn Midhir. Und die Röte der Scham kam über Etain, als sie das hörte, und als Midhir dies sah, sagte er:
»Du mußt dich nicht schämen, Etain, denn ein ganzes Jahr lang habe ich um deine Liebe geworben. Ich habe dir alle Schätze und Reichtümer zu Füßen legen wollen. Du hast all das abgelehnt und gesagt, du wolltest nur dann mir folgen, wenn dein Mann dir Urlaub gibt.«
»Es ist wahr, daß ich das gesagt habe«, erwiderte Etain. »Ich werde dir folgen, wenn Eochaid mich dir gibt.«
»Ich gebe dich nicht auf«, sagte Eochaid, »ich habe ihm lediglich versprochen, daß er dich hier umarmen darf.«
»Das werde ich tun«, sagte Midhir.
Und bei diesem Wort nahm er sein Schwert in die linke Hand und legte seinen rechten Arm um Etains Hüfte und küßte sie. Alle bewaffneten Männer in der Halle warfen sich im Augenblick auf ihn, aber er erhob sich in die Luft, Etain im Arm und fuhr durch das Rauchloch hinaus und draußen wurden sie zu zwei goldenen Schwänen, verbunden miteinander durch eine goldene Kette.
Da überkam Eochaid großer Zorn, und er zog aus und suchte nach seinem Weib in ganz Irland, aber er hörte nirgend etwas von ihr, denn sie lebte in einem Feenhügel in Connacht.
Und es war eine Dienerin bei Etain zu dieser Zeit, die hieß Cruachan Croderg, und sie sagte zu Midhir: »Ist dies hier unser Haus?«
»Das ist es nicht«, sagte Midhir, »meine Wohnstatt liegt näher zur aufgehenden Sonne.« Das gefiel ihr nun gar nicht, und Midhir sagte, um sie zu beruhigen:
»Dein Name wird von nun an mit diesem Hügel verbunden sein.«
Und also hieß der Hügel nun Hügel der Cruachan. Darauf zogen sie nach Bri Leith, und Etains Tochter Esa kam zu ihnen und brachte hundert von jeder Art von Vieh* mit sich, und Midhir behielt sie sieben Jahre als Ziehkind.
Während der ganzen Zeit aber wurde Eochaid, der Hochkönig, nicht müde nach seiner Frau zu suchen. Schließlich nahm Codal vier Stecken aus Eibenholz* und schrieb Oghamzeichen darauf und durch diesen Zauber fand er heraus, daß Etain sich bei Midhir in Bri Leith befand.

Also zog Eochaid dorthin und belagerte den Platz neun Jahre lang, ehe Midhir ihn vertrieb. Und endlich begannen seine Leute damit, den Hügel aufzugraben, und als sie nahe an die Stelle kamen, an der Etain sich befand, schickte Midhir dreimal zwanzig herrliche Weiber aus, die alle das Aussehen von Etain hatten, und forderte den König auf, er solle sie unter ihnen herausfinden. Die erste, die er wählte, war aber seine eigene Tochter Esa. Da rief Etain ihn an, und er erkannte sie und brachte sie heim nach Teamhair.
Und Eochaid ließ seine Tochter einen Wohnsitz wählen, und dieser erhielt den Namen Rath Esa. Von ihm aus sah man bis zu drei wichtigen Orten, zum Hügel der Feen in Broga, zum Hügel der Geiseln in Teamhair und bis Din Crimthain auf Bein Edair. Midhir und sein Volk aber erzürnten sich sehr, weil ihr Hügelpalast aufgegraben worden war. Und aus Rache für diese Beleidigung führte er Conaires Tod herbei. Dieser aber war auch Großkönig über Irland und ein Enkel von Eochaid und Etain und starb bei DaDergas Herberge, aber das ist eine andere Geschichte.

KÖNIG CORMAC*

Und man erzählt, daß so mancheiner verlockt wurde von Manannan in die Anderswelt. Und einer, von dem man es ganz genau weiß, war Cormac, der Enkel des Conn, König von Teamhair, und hier wird erzählt, wie es geschah:
Er hielt sich einst in Teamhair auf. Da sah er einen bewaffneten Mann auf sich zukommen. Er hatte graues Haar, ein golddurchwirktes Hemd auf der Haut, breite Schuhe aus weißer Bronze an den Füßen und über der Schulter trug er einen strahlenden Zweig mit neun Äpfeln, die waren aus rotem Gold. Und so wunderbar war das Geräusch, das von dem Zweig ausging, daß keiner auf Erden unter den Sterblichen in seinem Bewußtsein irgendein Bedürfnis oder einen Wunsch hatte, außer dem, diesen Laut zu hören, und wenn einer traurig war und er hörte das Geräusch der Zweige, so wurde er auf der Stelle froh.
Cormac und der Bewaffnete grüßten einander, und Cormac fragte den Fremden, woher er komme.

»Ich komme«, antwortete er, »aus einem Land, wo es nichts gibt als Wahrheit, wo keiner altert, wo nichts dahinwest, wo die Schwermut unbekannt ist, wo niemand zu sagen wüßte, was Traurigkeit ist, oder Eifersucht*, oder Neid oder Stolz.«
»Bei uns ist das nicht so«, sprach Cormac, »und darum würde es mir gefallen, wenn wir Freunde würden.«
»Warum nicht«, sagte der Fremde.
»Gib mir diesen Zweig, als Zeichen der Freundschaft«, bat Cormac.
»Ich will ihn dir geben«, antwortete der Fremde, »wenn auch du mir dafür drei Geschenke versprichst. Wie steht es damit?«
»Einverstanden«, erwiderte Cormac.
Da ließ der fremde Mann den Zweig zurück und ging fort, und Cormac hätte nicht zu sagen gewußt, wohin er gegangen war.
Er selbst lief zurück zu dem königlichen Haus, und alle Menschen, die den Zweig sahen, überkam Staunen. Cormac bewegte den Zweig, und sie verfielen alle in Schlaf von diesem Tag an bis zur selben Stunde eines anderen Tages.
Am Ende des Jahres kam der fremde Mann wieder und forderte das erste jener drei Geschenke ein, die ihm versprochen worden waren.
»Du sollst es haben«, sagte Cormac.
»Also nehme ich heute deine Tochter Aille mit«, sagte der Fremde.
Er führte das Mädchen mit sich fort, und die Weiber von Irland stießen drei laute Schreie der Wehklage aus.
Aber Cormac schüttelte den Zweig, eine wundertätige Melodie erklang und sofort war ihr Kummer vergessen und sie verfielen in tiefen Schlaf.
Auf den Tag genau nach einem Jahr kehrte der Fremde zurück, und diesmal nahm er Cormacs Sohn mit sich.
Da war ein Weinen und Klagen ohne Ende in Teamhair über den Verlust des Jungen, und in dieser Nacht aß keiner und niemand schlief und alle waren sehr bedrückt. Aber Cormac bewegte den Zweig und ihre Sorgen waren verflogen.
Schließlich kam der Fremde ein drittes Mal. Cormac fragte ihn, was er wolle.
»Als wenn du es nicht schon wüßtest«, antwortete der Fremde, »diesmal hole ich deine Frau Ethne.« Und er nahm die Königin mit sich fort.

Aber das konnte Cormac nicht ertragen, und also ging er endlich dem Fremden nach und sein ganzes Volk kam mit ihm. Aber mitten auf der Ebene von Wall kam ein dichter Nebel sehr plötzlich über sie, und als sich der Nebel verzog, befand sich Cormac ganz allein auf der großen Ebene. Er sah eine große Hügelfestung inmitten der Ebene mit einer bronzenen* Mauer um sie herum, und in der Hügelfeste stand ein Haus aus Silber* und zur Hälfte war das Dach gedeckt mit den weißen Schwingen der Vögel.
Ein großer Trupp Reiter der Feen war um das Haus, und alle trugen sie weiße Vogelschwingen auf den Armen, um das Dach damit ganz und gar zu decken. Aber kaum waren sie mit dieser Arbeit zu Ende, da kam ein Windstoß und alles ward wieder zerstört. Dann sah Cormac, wie ein Mann ein Feuer entzündete und einen dicken Eichenstamm hineinlegte. Und als er mit einem zweiten Baum herankam, war der erste schon verbrannt.
»Dir mag ich nicht länger zuschauen«, sagte Cormac, »denn hier ist keiner, der mir deine Geschichte erzählen würde.«
Dann ging er weiter an einen Ort, da stand eine andere Hügelfeste, groß und königlich und wiederum mit einer bronzenen Mauer, die vier Häuser umgab. Er ging hinein und sah das Haus eines Großkönigs mit Balken aus Bronze und Mauern aus Silber, und das Dach war gedeckt mit den Schwingen weißer Vögel. Dann entdeckte er auf dem Rasen eine Quelle, aus der fünf Ströme entsprangen. Die Heere tranken dort, und dort wuchsen auch die neun immerwährenden purpurnen Haselsträucher von Buan. Ihre Nüsse fielen ins Wasser und fünf Lachse fingen sie, knackten sie auf, fraßen die Kerne und ließen ihre Schalen die Ströme hinabtreiben. Das Geräusch des fließenden Wassers war süßer als Musik, die Menschen zu erfinden oder zu singen vermögen.
Darauf ging er in den Palast, und er fand dort einen Mann und eine Frau, die auf ihn warteten. Sie waren sehr groß von Wuchs und trugen Kleider in vielen Farben. Der Mann war schön und sein Gesicht war angenehm zu betrachten, und was die Frau anging, die bei ihm saß, so war sie die schönste unter allen Frauen der Welt. Sie hatte gelbes Haar und trug einen goldenen Helm. Es gab ein Bad dort mit geheizten Steinen* und Cormac badete.
»Erheb dich, Hausherr«, sprach die Frau, »denn wir haben einen

Gast, und wenn du etwas zu essen hast, so befiehl, daß es herbeigeschafft wird.« Der Mann stand auf und sprach:
»Ich besitze sieben Schweine, aber ich könnte die ganze Welt davon sattmachen, denn wenn ich heute ein Schwein schlachten lasse und es gegessen wird, ist es doch morgen wieder am Leben.«
Ein anderer Mann kam ins Haus, und er hielt in der rechten Hand eine Axt und einen Kloben Holz in der Linken und ein Schwein trug er auf dem Rücken.
»Es wird Zeit«, sprach der Hausherr, »denn wir haben heute einen hohen Gast.«
Da tötete der Mann das Schwein, spaltete den Kloben, entfachte ein Feuer und warf das Schwein in einen Kessel.
»Es ist an der Zeit, daß du es wendest«, sagte der Hausherr nach einer Weile.
»Das würde nichts nützen«, antwortete der Mann, »denn niemals würde das Fleisch des Schweines gar werden, bis nicht über jedem Viertel eine Wahrheit gesagt worden ist.«
»Dann erzähle die deine«, sagte der Herr des Hauses.
»Eines Tages«, begann der Mann, »traf ich die Rinder eines anderen auf meinem Land an und trieb sie in meinen Rinderpferch. Der Besitzer des Viehs kam zu mir und versprach mir eine Belohnung, wenn ich sie ihm zurückgäbe. Also gab ich sie ihm zurück, und er gab mir eine Axt, und wenn ein Schwein geschlachtet wird, dann wird es mit dieser Axt getötet und das Holz wird damit gespalten und es gibt immer genug Holz, um das Schweinefleisch gar werden zu lassen. Aber das ist nicht alles, denn am Morgen ist alles Holz wieder vorhanden, das man verbrannt hat. Und von der Gegenwart bis in alle Zukunft wird es immer so sein.«
»Das ist die Wahrheit«, sagte der Hausherr.
Sie wendeten also das Schwein im Kessel und siehe, ein Viertel war gar.
»Laßt uns eine andere wahre Geschichte erzählen«, sprachen sie darauf.
»Jetzt erzähle ich«, sagte der Hausherr. »Die Zeit um zu pflügen war gekommen, und als ich mich aufmachte, um diese Arbeit zu verrichten, war das Feld schon gepflügt, geeggt und Weizen war darauf ausgesät. Als wir dann meinten, jetzt sei es Zeit, den Weizen

zu ernten, war er schon in der Scheuer. Wir haben davon genommen, aber es wird nicht mehr und nicht weniger.«
Dann wendeten sie das Schwein und ein weiteres Viertel war unterdessen gar geworden.
»Nun bin ich an der Reihe«, sagte die Frau.
»Ich habe sieben Kühe«, sprach sie, »und sieben Schafe. Und die Milch von den sieben Kühen wäre genug für alle Männer der Welt, und die Wolle der sieben Schafe reicht hin, um Kleider für alle Menschen im Land der Hoffnung zu weben.« Und nach dieser Rede war das dritte Viertel des Schweines gar.
»Wenn diese Geschichten wahr sind«, sagte Cormac zu dem Hausherrn, »dann bist du Manannan und du bist Manannans Weib, denn keiner besitzt auf der ganzen Welt solche Schätze wie ihr. Und es ist das Land der Hoffnung, in das ich zog, um nach meiner Frau zu suchen.«
Sie forderten Cormac auf, auch etwas zu erzählen. Und also erzählte er, wie er seine Frau, seinen Sohn und seine Tochter verloren hatte, wie er ihnen gefolgt war, bis er an diesen Ort gekommen war.
Jetzt war das Schwein vollends gar, und sie zerteilten es, und man setzte Cormac seine Portion vor.
»Ich bin es nicht gewohnt zu essen«, sprach er, »mit nur zwei Leuten bei mir zur Gesellschaft.« Da begann der Hausherr zu singen, und er sang Cormac in den Schlaf. Und als er wieder aufwachte, siehe, da waren fünfzig bewaffnete Männer, sein Sohn, seine Frau und seine Tochter. Sie schienen alle vergnügt und guten Mutes, und Bier und Speisen wurden ihnen vorgesetzt. Der Herr des Hauses aber hielt einen goldenen Becher* in der Hand, und Cormac wunderte sich, wie kunstvoll der Becher geschmiedet war.
»Es hat eine seltsame Bewandnis damit«, sagte der Mann, »spricht man drei lügnerische Worte, dann zerbricht der Becher in drei Teile, werden aber drei wahre Worte gesprochen, so fügen sich die Teile wieder zusammen.«
Also sprach er drei Lügen, und der Becher zerbrach in drei Teile.
»Jetzt wollen wir ihn mit der Wahrheit wieder zusammenfügen«, fuhr er fort. »Ich gebe dir mein Wort, Cormac, seit der Stunde, da man sie aus Teamhair herbrachte, haben weder deine Frau noch deine Tochter einen Mann zu Gesicht bekommen, noch hat dein

Sohn ein Auge auf eine Frau werfen können.« Und kaum hatte er das gesagt, da fügten sich die drei Teile des Bechers wieder zusammen. »Bring deine Frau und deine Kinder jetzt heim«, sagte der Hausherr, »und nimm diesen Becher mit, damit du einen Anhaltspunkt hast, um zwischen Wahrheit und Lüge zu unterscheiden. Ich lasse dir den Zweig, der die Musik macht und solche Wunder bewirkt. Erst am Tag deines Todes wird er wieder von dir genommen werden. Denn wahrlich, ich bin Manannan, Sohn des Lir, König im Land des Versprechens und mit Zauberei habe ich dich hierher gebracht, damit wir einen Abend lang freundschaftlich miteinander plaudern können. Und die Reiter, die du das Haus decken sahst«, fuhr er fort, »sind die Künstler und Poeten, die durch Irland wandern, um ihr Glück zu machen und ein Vermögen zu gewinnen. Wenn sie fortziehen, zerrinnt alles, was sie daheim zurückgelassen haben zu nichts und so müssen sie wieder und wieder ausziehen.

Und der Mann, den du Holz spalten sahst«, sagte er weiter, »ist ein junger Herr, der mehr ausgibt, als er sich leisten kann und alle werden bedient, während er immer damit beschäftigt ist, das Fest zu richten.

Und die Quelle, die du gesehen hast, ist die Quelle der Weisheit, und die Flüsse sind die fünf Flüsse, aus denen alle Weisheit stammt. Und keiner wird weise, wenn er nicht aus dieser Quelle trinkt. Leute, die sich in vielen Künsten auskennen, haben daraus getrunken.«

Am anderen Morgen stand Cormac auf, und er fand sich auf einer Wiese in Teamhair. Seine Frau, seine Tochter und sein Sohn waren bei ihm, und er hielt den Zweig und den Becher in den Händen. Man nannte ihn Cormacs Becher, und er diente dazu, Wahrheit von Lüge zu unterscheiden. Aber er blieb nicht in Irland nach der Nacht von Cormacs Tod, so wie Manannan vorhergesagt hatte.

TADG AUF MANANNANS INSEL

Und ein anderer ging in das Land der Ewig-Lebenden, aber er kehrte auch wieder zurück, und es war Tadg, Sohn des Cian, Sohn des Oilioll, und so hat es sich zugetragen: Einmal befand sich Tadg auf seiner Erbenrunde durch den Westen von Munster, und seine beiden Brüder Airnelach und Eoghan begleiteten ihn. Und Cathmann, Sohn des Tabarn, König des Landes von Fresen, das im Südosten der Großen Ebene liegt, befuhr mit neun Schiffen das Meer. Heimlich landete er mit seinen Kriegern bei Beire do Bhunadas im Westen von Munster. Keiner bemerkte den Feind, bis er alle Menschen, die in dieser Gegend wohnten, samt ihrem Vieh zusammengetrieben hatte. Tadgs Weib Liban, die Tochter des Conchubar Abratrudh mit den Roten Brauen, seine zwei Brüder und viel Volk aus Munster wurde von dem Fremden an die Küsten von Fresen verschleppt.

Und Cathmann selbst nahm Liban zur Frau und ließ Tadgs Brüder für sich fronen. Eoghan mußte als Fährmann arbeiten, und Airnelach mußte Feuerholz hacken, und als Nahrung bekamen sie nur Gerstensaat und schmutziges Wasser.

Und was Tadg betrifft, so entkam auch er nur durch seinen ungewöhnlichen Mut, und weil er mit dem Schwert so wild um sich hieb; aber er war sehr traurig, daß man sein Weib und seine Brüder entführt hatte. Aber es waren ihm vierzig Mann von seinen Kämpfern geblieben, und sie brachten einen der Fremden gefangen vor ihn. Dieser Mann wurde gezwungen zu erzählen, woher die Räuber gekommen waren. Und als Tadg es nun wußte, dachte er sich einen Plan aus und hieß ein curragh *(Boot oder Kanu aus hölzernen Spanten, über die Tierhäute gezogen werden)* bauen, seetüchtig und geeignet für eine weite Reise. Sehr stark war das Boot. Man verwandte dazu vierzig Ochsenhäute aus hartem, roten Leder. Und gut waren Mast und Ruder, und mit Proviant, Wasser und Kleidung war es beladen – genug, um ein Jahr unterwegs bleiben zu können.

Als alles bereit war und das curragh in der Flut schwamm, sprach Tadg zu seinen Leuten:

»Steuern wir nun auf hohe See hinaus, und schauen wir uns nach unseren Leuten um, die man entführt hat.«

Und sie fuhren dahin über die schweren vom Sturm erregten Wellen, bis sie endlich hinter sich kein Land mehr sahen und vor sich nur die Hügel der großen See. Und wieder weiter hörten sie das Singen eines großen Schwarms unbekannter Vögel und schöne

Lachse mit weißen Bäuchen tummelten sich um das curragh und Robben, groß und dunkel, folgten ihnen und zeigten dort ihre Köpfe, wo die Ruder das Wasser teilten, und große Wale sahen sie auch und die jungen Männer staunten, denn dergleichen hatten sie noch nie gesehen.

Sie ruderten zwanzig Tage und zwanzig Nächte, dann kam Land in Sicht, und es gab dort eine flache Küste. Sie landeten, zogen ihr curragh auf den Strand und zündeten ein Feuer an. Sie machten sich bequeme Lager aus dem schönen grünen Gras, das dort wuchs und genossen den Schlaf bis zum anderen Morgen, da die Sonne schon hoch am Himmel stand. Tadg erhob sich, legte seine Rüstung an, nahm seine Waffen auf und mit dreißig Mann brach er auf, um die ganze Insel zu durchmessen.

Kein menschliches Wesen trafen sie an, nur eine Schafherde. Die Schafe waren so groß wie Pferde und die ganze Insel war bedeckt mit ihrer Wolle. Es gab aber dann noch eine weitere Herde, die bestand nur aus Widdern, und einer von ihnen, der größte von allen, der neun Hörner hatte, griff die Anführer von Tadgs Leuten an.

Große Verwirrung herrschte unter ihnen. Sie setzten sich tapfer zur Wehr und der Kampf dauerte lange fort. Zu Anfang brach der Widder durch fünf ihrer Schilde, doch dann griff Tadg nach seinem Speer, vor dem es kein Entrinnen gab, schleuderte ihn und tötete den Widder. Und sie brachten das Tier zum curragh zurück und bereiteten das Fleisch zu für die jungen Leute. Sie blieben drei Nächte auf dieser Insel, und jeden Abend hatten sie ein Schaf zum Mahl. Und sie sammelten einen guten Vorrat an Wolle und stopften sie in das curragh, weil sie ihnen so wunderbar vorkam. Auch fanden sie die Knochen eines riesigen Mannes auf der Insel, aber ob er und seinesgleichen an einer Krankheit gestorben war, oder ob die Widder ihn getötet hatten, vermochten sie nicht herauszufinden.

Sie verließen die Insel, fuhren weiter und gelangten dann an zwei seltsame Inseln, auf der große Scharen wunderbarer Vögel lebten; die einen sahen aus wie Amseln, die anderen hatten die Größe von Adlern oder Kranichen. Sie hatten rotes Gefieder und grüne Köpfe und die Eier waren blau oder scharlachfarben. Einige der Männer konnten es nicht lassen, von den Eiern zu essen und sogleich

wuchsen ihnen Federn. Aber als sie sich badeten, fielen die Federn sogleich wieder ab.
Es war der Gefangene, den sie mitgenommen hatten, der ihnen den Kurs angab, denn er war ja schon einmal auf dieser Route gefahren. Aber jetzt fuhren sie sechs Wochen dahin und erblickten niemals mehr Land, und der Fremde sprach:
»Wir haben uns auf dem großen Ozean verirrt, der keine Grenzen hat.«
Da begann der Wind scharf seine Stimme zu erheben, und im Wasser war ein Geräusch wie von trampelnden Füßen, und die Wellen türmten sich auf zu einem riesigen Gebirge, das niemand zu ersteigen vermag. Große Furcht überkam Tadgs Leute, denn nie war ihnen dergleichen begegnet.
Aber er sprach ihnen Mut zu und sagte:
»Was hilft's, ihr Männer von Munster. Wir müssen um unser Leben kämpfen.«
Und Tadg ruderte allein auf der einen Seite, während all seine Männer auf der anderen Seite ruderten, und es gelang ihm gegen die Ruderkraft der Neunundzwanzig das Boot herumzulenken. Nach einer Weile, als das Wetter wieder besser wurde, setzten sie Segel, und bald flachten die Wellen ab und endlich lag die Wasseroberfläche unbewegt und ruhig da und merkwürdige Vögel sangen um sie. Sie sahen vor sich Land mit einer guten Küste, und Mut und Freude erfüllten sie wieder.
Als sie nun näher kamen, fanden sie eine Flußmündung mit grünen Hügeln an den Ufern und sandigem Grund, über dem silberne und rotgefleckte Lachse standen.
»Hier läßt sich's aushalten«, sagte Tadg, »wer hier lebt, der muß wohl glücklich sein. Kommt, laßt uns das Schiff an Land ziehen.«
Eine Gruppe von ihnen ging landeinwärts, die anderen blieben zur Bewachung des curragh zurück. Und trotz all der Kälte, der Anstrengung und dem schlechten Wetter, das ihnen auf See das Leben schwer gemacht hatte, hatten sie kein Bedürfnis nach Nahrung oder nach einem Feuer, sondern der süße Geruch von den scharlachroten Zweigen der Bäume war ihnen genug. Sie gingen durch einen Wald, und nach einer Weile kamen sie zu einem Obstgarten mit roten Äpfeln und sie sahen auch Eichbäume und Haselbüsche.

»Mich dünkt's wie ein Wunder«, sagte Tadg, »hier ist Sommer und in unserem Land daheim muß jetzt Winter sein.«
Sie kamen in einen anderen Wald. Es roch dort sehr angenehm. Es gab purpurne Beeren, größer als der Kopf eines Mannes, Vögel mit leuchtendem Gefieder und goldenen Schnäbeln. Und während sie von den Beeren aßen, sangen die Vögel eine süße Musik, die kranke und verwundete Männer in den Schlaf versenkt hätte.
Tadg und seine Männer gingen weiter, bis sie zu einer großen blumenübersäten Ebene kamen, auf der es nach Honig roch, und mitten in der Ebene erhoben sich drei Hügel und auf jedem befand sich eine starke Feste.
Als sie sich nun dem ersten Hügel näherten, stand dort eine weißhäutige Frau, die schönste Frau der Welt, und sie sagte:
»Herzlich willkommen, Tadg, Sohn des Cian, Essen und Proviant stehen für dich bereit.«
»Dank für das Willkommen«, sagte Tadg, »aber sag mir, Frau der freundlichen Rede, was ist das für eine königliche Hügelfeste dort mit den Mauern aus weißem Marmor?«
»Das ist die Hügelfeste der Königlichen Linie von Heremon, Sohn des Miled bis zu Conn von den Hundert Schlachten, der als Letzter dort eingezogen ist.«
»Und wie heißt dieses Land?« fragte Tadg weiter.
»Es heißt Inislocha, See-Eiland«, antwortete sie, »und zwei Könige herrschen hier, Rudrach und Dergcroche, Sohn des Bodb.«
Und dann erzählte sie Tadg die ganze Geschichte Irlands vom Eintreffen der Söhne des Gael an.
»Gut und schön«, sagte Tadg, »du scheinst Bescheid zu wissen. Aber wer lebt in der mittleren Hügelfeste, die die Farbe von Gold hat?«
»Das kann ich dir nicht sagen«, erwiderte sie, »du mußt schon selbst hingehen und es herausfinden.« Und mit diesen Worten verschwand sie in die Hügelfeste mit den Mauern aus weißem Marmor.
Tadg und seine Männer gingen also weiter, bis sie zu der mittleren Burg kamen, und dort trafen sie eine schöne Königin.
»Gesundheit dir, Tadg«, sprach sie.
»Danke«, sagte Tadg.

»Dein Kommen ist mir schon lange angekündigt. Ich bin Cesair, die erste Frau, die Irland erreichte. Aber seither lebe ich und die Männer, die damals bei mir waren, für immer in diesem Land.«

»Sag mir«, fragte Tadg, »wer wohnt in der Hügelfeste mit der Mauer aus Gold?«

»Das ist leicht zu beantworten«, sagte sie, »jeder König, jeder Häuptling, alle Adligen, die einst Macht besaßen in Irland wohnen dort, ob sie nun Parthalon, Nemed, Firbolgs oder Tuatha de Danaan waren.«

»Du kennst dich gut aus«, sagte Tadg.

»Ich habe in der Tat gutes Wissen um den Lauf der Geschichte in der Welt«, sagte sie, »diese Insel hier ist das vierte Paradies, und die drei anderen sind Inis Daleb im Süden der Welt, Inis Ercandra im Norden und Adams Paradies im Osten.«

»Und wer lebte in der Festung mit den silbernen Mauern?«

»Das sage ich dir nicht, obwohl ich es weiß«, sagte die Frau, »geh nur hin und finde es selbst heraus.«

Sie zogen also zu dem dritten Hügel und auf seiner Spitze befand sich ein schöner Rastplatz, dort saßen zwei Liebende, ein Junge und ein Mädchen. Weiches Haar hatten sie, es leuchtete wie Gold, schöne grüne Kleider trugen sie, und man hätte meinen können, sie hätten denselben Vater und dieselbe Mutter. Goldene Ketten hingen ihnen um den Hals und darüber wieder Bänder aus Gold.

»Ihr Kinder«, sagte Tadg, »da habt ihr hier ein hübsches Plätzchen.«

Sie antworteten ihm. Sie lobten seinen Mut und seine Stärke, seine Weisheit und segneten ihn. Der junge Mann hielt einen süßduftenden Apfel aus Gold in der Hand, und wieviel er davon auch immer abbiß, der Apfel wurde nicht weniger. Und von dieser Speise ernährten sich die beiden, und wer von diesem Apfel gegessen hatte, der kannte keine Sorgen mehr und wurde niemals alt.

»Und wer seid ihr?« fragte sie Tadg.

»Ich bin Conns Sohn . . . der Sohn des Conn von den Hundert Schlachten.«

»Dann bist du also Connla?«

»Ja. So ist es«, sagte der junge Mann, »und dies ist das Mädchen der Verwandlungen, das mich hierher gebracht hat.«

Und das Mädchen sagte:

»Ja, ich habe ihm Liebe und Zuneigung geschenkt, und ich habe ihn hierher gebracht, damit wir uns immer an einander erfreuen können.«

»Das alles ist schön und merkwürdig zugleich«, sagte Tadg, »aber wer wohnt nun in der mächtigen Hügelfeste mit den silbernen Mauern?«

»Dort wohnt keiner«, sagte das Mädchen.

»Wie das?«

»Sie ist für die Könige bestimmt, die Irland noch regieren werden. Und es gibt auch einen Ort darin, der für dich bestimmt ist. Komm nur und sieh ihn dir an.«

Die Liebenden gingen zu der Feste, und das grüne Gras unter ihren Füßen ward kaum geknickt. Tadg und seine Männer folgten ihnen. Nun kamen sie also zu einem wunderbaren Haus, das bereitstand für die Könige. Jeder hätte darin gern wohnen wollen. Die Mauern waren aus weißer Bronze und verziert mit Kristallen, die selbst in der Nacht Licht ausstrahlten.

Tadg sah sich weiter um, und er fand an der Seite des Hauses einen großen schützenden Apfelbaum mit Blüten und reifen Früchten.

»Was hat es mit dem Apfelbaum auf sich?« fragte er.

»Die Frucht dieses Baumes ist die Nahrung für die Gastgeberin des Hauses«, sprach das Mädchen.

»Er wuchs aus einem Apfel des Apfelzweiges, den Connla hierher mitgebracht hat. Es ist ein guter Baum mit weißen Blüten und seine goldenen Äpfel ernähren das ganze Haus.«

Und Connla und das junge Mädchen verließen sie, und sie sahen eine Gruppe schöner Frauen auf sich zukommen. Eine war unter ihnen, die war noch schöner, als all die anderen und sie sprach:

»Willkommen, Tadg.«

»Danke für dein Willkommen. Sag mir, wer bist du?«

»Ich bin Cliodna, die mit dem Schönen Haar, die Tochter des Gebann, Sohn des Treon, der Schatz von Ciabhan mit dem Kräuselhaar, und von Cliodnas Welle an der Küste von Munster habe ich meinen Namen. Ich bin schon lange auf dieser Insel, und es sind die Äpfel von jenem Baum da, von denen wir uns ernähren.«

Und Tadg gefiel es, ihr zuzuhören, aber nach einer Weile sagte er:

»Es ist wohl besser, wenn ich mich nach meinen Leuten umsehe.«

»Wir würden uns freuen, wenn du länger bei uns bliebest«, sagte die Frau.

Und als sie diese Worte sprach, kamen drei wunderschöne Vögel, die ließen sich auf dem großen Apfelbaum nieder, und jeder fraß einen Apfel und danach sangen sie so schön, daß auch ein Kranker dabei in den Schlaf gefunden hätte.

»Diese Vögel werden mit dir gehen«, sagte Cliodna dann, »sie werden dich führen und du wirst weder Sorge noch Trauer empfinden zu Land und zu See, bis du wieder in Irland bist. Und nimm diese grüne Schale mit. Wenn du Wasser hineinschüttest, verwandelt es sich auf der Stelle in Wein. Laß sie nicht aus der Hand, denn wenn du sie verlierst, dann ist dein Tod nicht mehr fern. Und du wirst den Tod finden in einem grünen Tal am Ufer der Boinne. Ein wildes Reh wird dir eine Wunde beibringen, und danach wird ein Fremder deinen Tod herbeiführen. Ich selbst aber will deinen Leichnam bestatten unter einem Hügel, den wird man Croidhe Essu nennen.« Sie gingen dann fort und Cliodna mit dem Schönen Haar begleitete sie bis zu der Stelle, an der sie ihr Schiff zurückgelassen hatten. Dort verabschiedete sie sich von ihnen und fragte sie, wie lange sie nun in diesem Land gewesen seien.

»Uns schien es wie ein einziger Tag«, antworteten sie.

»Ihr wart ein ganzes Jahr hier«, sagte sie, »und dabei habt ihr doch nie essen oder trinken müssen. Wie lange ihr auch hier wäret, ihr würdet nie Hunger bekommen.«

»Es wäre so übel nicht, so zu leben«, sagten Tadgs Leute, als sie dies hörten.

Aber er sprach:

»Jetzt sollten wir zu unserem Stamm heimgehen. Wir müssen fort, auch wenn wir nur ungern scheiden.«

Dann verabschiedeten sich Cliodna und Tadg endgültig voneinander, und sie segnete ihn und seine Leute. Aufbrachen sie über die Kämme der Wellen und niedergeschlagen waren sie, bis die Vögel anfingen zu singen. Da bekamen sie wieder Mut und wurden froh und leicht.

Als sie aber zurückschauten, konnten sie die Insel nicht mehr sehen, denn ein Druidennebel war über sie gefallen.

Geführt von den Vögeln, gelangten sie in das Land von Fresen, und

die ganze Fahrt über verharrten sie in einem tiefen Schlaf. Sie griffen die Fremden an und besiegten sie, und Tadg tötete Cathmann, den König, nach einem schweren Gefecht, und Liban seine Frau zögerte nicht. Sie kam zu ihrem rechtmäßigen Gatten zurück und freute sich, ihn wiederzusehen.
Nachdem sie eine Weile gerastet hatten, wagten sie sich wieder aufs Meer, und Tadg und seine Frau Liban und seine zwei Brüder und all ihre Krieger kehrten mit reichen Schätzen beladen sicher nach Irland zurück.

LAEGAIRE IN DER EBENE DES GLÜCKS

Und noch einer zog aus, um Magh Mell, die Ebene des Glückes zu besuchen. Es war dies Laegaire, der Sohn des Königs von Connacht, Crimthan Cass.
Einst war er zusammen mit seinem Vater, dem König und Männern aus Connacht nahe dem Loch-na-n-Ean, dem See der Vögel. Da sahen sie einen Mann auf sich zukommen durch den Nebel. Langes gelbes Haar hatte er, am Gürtel trug er ein mit Gold verziertes Schwert, in der Hand zwei Pfeile, ein mit Gold eingefaßter Schild saß auf seinem Rücken und um die Schultern hatte er einen roten Mantel mit fünf Falten.
»Heißt den Mann willkommen, der da auf uns zukommt«, sagte Laegaire, der einen guten Ruf hatte unter den Männern von Connacht. Und selbst sagte er:
»Ein Willkommen dem Krieger, den wir nicht kennen.«
»Ich danke euch allen«, erwiderte der Fremde.
»Wo kommt ihr her und wo wollt ihr hin?« fragte Laegaire.
»Ich komme um Hilfe zu erbitten«, antwortete der Fremde. »Mein Name ist Fiachna, Sohn des Betach von den Feen, und was mich bekümmert ist, daß Eochaid, Sohn des Sal, mir meine Frau entführt hat. Wir kämpften miteinander, und ich tötete ihn, aber sie ist nun fort zu seinem Brudersohn Goll. Sieben Schlachten habe ich ihm geliefert, aber immer bin ich unterlegen. Heute muß ich wieder gegen ihn kämpfen. Deswegen komme ich, und bitte euch um Hilfe. Und wer immer es auf dem Schlachtfeld verdient, dem will

ich nur zu gern eine gute Belohnung zahlen in Gold und Silber.«
Und weiter sprach er:
»Die schönste aller Ebenen ist die Ebene der Zwei Nebel. Sie ist nicht weit von hier entfernt. Dort aber wartet ein Feenheer voller Mut.
Sie zerstreuen die Truppen ihrer Feinde, sie zerstören jedes Land, das sie angreifen, sie sind gewaltig in der Schlacht.
Kein Wunder ist es, daß sie solche Kräfte haben, denn ein jeder ist ein Sohn eines Königs und einer Königin, viele ihrer Haarschöpfe haben die Farbe von Gold.«
»Es wäre schändlich, diesem Mann nicht zu helfen«, sagte Laegaire.
Fiachna, Sohn des Betach, stieg in den See hinab, denn von dort war er gekommen, und Laegaire ging mit ihm und fünfzig Kämpfer folgten ihm.
Sie sahen einen befestigten Platz vor sich und eine Mannschaft Bewaffneter, an deren Spitze Goll, Sohn des Dalbh, stand.
»Nun gut«, sagte Laegaire, »ich und meine fünfzig Mann werden ihn angreifen.«
»Kommt nur, ich bin bereit«, rief ihnen Goll zu.
Und die beiden Abteilungen der fünfzig Krieger gingen aufeinander los. Goll fiel. Laegaire und seine fünfzig aber kamen mit dem Leben davon, und sie wüteten unter den Feinden, von denen nicht einer entkam.
»Wo ist die Frau?« fragte Laegaire.
»Sie ist im Hügelfort von Magh Mell und eine Truppe bewaffneter Männer bewacht sie dort«, erklärte ihm Fiachna.
»Bleib du hier. Ich mit meinen fünfzig Kriegern will hinziehen und sehen, was sich da machen läßt«, sagte Laegaire.
Also brach er auf, und am Fort rief er den Männern zu:
»Euer König ist gefallen. Laßt die Frau frei, und es soll keinem von euch ein Haar gekrümmt werden.«
Darauf ließen die Wächter sich ein, und sie brachten ihm die Frau.
Als sie aber vor ihm stand, erhob sie mit diesen Worten Klage:
»Ach, was für ein schwarzer Tag, da die Schwerter rot wurden vom Blut meines Geliebten. Denn Goll war es, den ich wahrlich liebte und nicht Fiachna.« Und diese Rede erhielt den Namen »Die Klage der Tochter Eochaids des Stummen«.

Laegaire ging mit ihr zurück und legte ihre Hand in Fiachnas Hand. Und an diesem Abend wurde Fiachnas Tochter, Deorgreine, die Träne der Sonne, Laegaire zum Weib gegeben und seine fünfzig Männer hielten Beilager mit fünfzig Feenfrauen und sie blieben bei ihren Weibern bis zum Ende des Jahres. Als diese Zeit vorbei war, sprach Laegaire: »Laßt uns gehen und schauen, wie es in unserem Lande steht.«

»Wenn ihr unbedingt gehen müßt, so bringt von dort Pferde mit, und achtet darauf, daß ihr nicht absteigt, was immer auch geschieht«, gab ihnen Fiachna als guten Rat mit auf den Weg.

Also brachen sie auf, und als sie nach Irland zurückkamen, war dort gerade eine große Versammlung der Männer von Connacht im Gange.

Als die Männer von Connacht sie sahen, sprangen sie auf und hießen sie willkommen. Aber Laegaire rief: »Bleibt wo ihr seid, denn wir sind nur gekommen, um uns zu verabschieden.«

»Zieh nicht fort!« bat da Crimthan, sein Vater, »du sollst herrschen über die drei Bezirke von Connacht, über ihr Silber und ihr Gold, ihre Pferde und deren Zaumzeug, über all die schönen Frauen, nur bleib hier bei uns!«

Darauf antwortete Laegaire:

»In jenem Land, in das wir ziehen, spielen die Feen eine süße Musik, man trinkt dort aus leuchtenden Bechern, wir reden mit denen, die wir lieben und statt Regen fällt Bier vom Himmel. Wir haben aus dem Hügelfort auf der Schönen Ebene dreißig Kessel, dreißig Trinkhörner mitgebracht und mitgebracht haben wir auch die Klage der Tochter des Eochaid, die sie dem See vorgesungen hat. Jeder der fünfzig Kämpfer hat dort eine Frau, und meine Frau ist die Träne der Sonne. Ich besitze das blaue Schwert. Ich würde nicht für dein ganzes Königreich eine Nacht bei den Feen hergeben.«

Und damit wandte sich Laegaire von ihnen ab und ritt zurück in die Anderswelt unter dem See. Und zusammen mit Fiachna, Sohn des Betach, herrschte er dort als König. Zurückgekommen aber ist er nie mehr.

Dies sind die wichtigsten Geschichten des Mythologischen Zyklus bzw. des »Buches der Invasionen« soweit sie die Anderswelt betreffen. Der Ansatz für die Entstehung des Feenglaubens in ihnen ist unübersehbar.
Er läßt sich mit aller — wie wir noch sehen werden höchst nötigen — Vorsicht zunächst einmal so zusammenfassen.
Ein in der Vorzeit lebendes Volk, das Volk oder die Kinder der Göttin Danu, wird von später in Irland einfallenden Stämmen, den Söhnen des Miled und den Söhnen des Gael, besiegt.
Das Volk der Danu oder Danaan geht »in den Untergrund«, taucht unter in den über die ganze Insel verstreuten Hügel- oder Ganggräbern, von denen die bei New Grange, Knowth und Dowth im Bogen des Boyneflusses die bedeutendsten und heute bekanntesten sind.
Aus diesem untergetauchten Volk, dessen Angehörigen in keltischer Zeit Unsterblichkeit nachgesagt wird, werden in der späteren legendären Überlieferung die »aes side« (Singular: sid), die Wesen der Unterwelt, die im Inneren der Hügel oder Höhlen wohnen, also die Feen.
Freilich zieht die Beschreibung dieser Entwicklung sogleich eine ganze Reihe neuer Fragen nach sich; die beispielsweise, um welche historischen Völker oder Stämme es sich bei den Tuatha de Danaan handelt, welches Volk, welcher Stamm sich hinter dem mythologischen Namen »Söhne des Miled« verbirgt. Einen gewissen Hinweis liefert hier nun eine andere Bezeichnung, die im Zusammenhang mit ihnen im »Buch der Invasionen« auftritt. Ein Teil dieser, die Tuatha de Danaan unterwerfenden Stämme werden in den Geschichten auch »Söhne des Gael« genannt. Dieser Name verweist auf Gallier, also auf eine keltische Einwanderungswelle.
Läßt sich aber allein von daher schon mit Sicherheit sagen, daß die Auseinandersetzung zwischen den Söhnen des Miled und den Tuatha de Danaan den Kampf zwischen vorkeltischen und keltischen Bevölkerungsgruppen um die Vorherrschaft in Irland abbildet?
Dieser Schluß erweist sich als voreilig. Vor allem, wenn man eine Tatsache berücksichtigt, die bisher noch nicht zur Sprache gekommen ist.
Im »Buch der Invasionen« ist zeitlich vor diesen Ereignissen schon von anderen Einwanderern und Einwanderungsschüben die Rede.
Zunächst soll Cesair, Tochter des Bith, Sohn des Noah, mit fünfzig Mädchen und drei Männern nach Irland gekommen sein.
Ihr folgte, immer noch nach der mythologischen Darstellung des »Buches

der Invasionen«, Partholon, ein Nachkomme Japhets mit vier Häuptlingen. In seiner Zeit wurde das Land gerodet, Vieh eingeführt, Häuser gebaut und auch schon Ale gebraut. Außerdem fand zu dieser Zeit angeblich die erste Schlacht in Irland statt.

In ihr besiegte Partholon einen gewissen Cichol Gricenchoss von den Fomóraig, den Fomoriern, einen einarmigen und einbeinigen Mann.

Dreißig Jahre nach Partholon kam Nemed, Sohn des Agnoman, von den Griechen in Skythia.

Wieder ist von Kämpfen mit den Fomoriern die Rede, denen die Leute des Nemed Tribut zahlen mußten, bis sie in einer Verzweiflungstat die Feste der Fomorier angriffen. Bei diesem Kampf wurden die meisten Männer des Nemed getötet. Die Überlebenden verließen angeblich Irland und lebten hinfort in Britannien, andere wieder zogen weiter bis zu den »nördlichen Inseln der Welt«. Wieder andere kehrten angeblich nach Griechenland zurück, wo ihre Nachkommen viele Jahre in der Sklaverei verbrachten.

Schließlich – und dies ist die letzte Einwanderungswelle, die das »Buch der Invasionen« vor dem Eintreffen der Tuatha de Danaan erwähnt – kamen die Fir Bolgs. Ihr Name leitet sich von dem Umstand her, daß sie in Griechenland gezwungen worden sein sollen, dadurch die Fläche für den Ackerbau vergrößern zu helfen, daß sie die Erde in Ledersäcken (builg) auf steinigen Boden schleppten.

Nun hat es natürlich nicht an Versuchen gefehlt, diese fünf oder sechs mythologischen Stämme oder Völker, nämlich (Cesair), Partholon, Nemed, Fir Bolg, Tuatha de Danaan und die Söhne des Miled oder Mil mit jenen Stammes- und Völkergruppen in Verbindung zu bringen, die durch archäologische Funde bekannt sind.

Einen der letzten Versuche dieser Art unernahm T.F. O'Rahilly in seinem 1946 erschienenen Buch »History and Mythology«.

Der Autor geht von jenen drei Einwanderungswellen aus, die schon Nennius, ein Mönch aus Bangor, in seiner im 9. Jahrhundert verfaßten »History of the Britons« erwähnt, die des Partholon, des Nemed und der Söhne des Miled.

O'Rahilly bringt die drei Einwanderungsschübe in Zusammenhang mit dem Vorhandensein von mindestens drei verschiedenen ethnischen Gruppen auf der irischen Insel, nämlich den Cruthin oder Cruithni im Nordosten, verwandt mit den Pikten in Schottland, den Erainn, die vorwiegend den Südwesten und den Südosten (Déisi) besetzten und den

Goídil (Cland Miled), die über Tara, Cashel und Croghan herrschten und das dominierende Volk der frühen Periode vor Einführung des Christentums gewesen sein sollen.
Die Einwanderung der Cruthin setzt er vor 500 v. Chr.; die der Erainn (Fir Bolgs) für das fünfte vorchristliche Jahrhundert und die der Goídil um 100 v. Chr. an.
Er versucht weiter nachzuweisen, daß die ersten beiden Gruppen einen Brythonischen Dialekt sprachen, also sprachlich den P-Kelten angehörten, während die Goídils als Q-Kelten identifiziert werden. Während das heutige Gälisch sich vom Q-Keltischen herleitet, war das in Gallien und Britannien gesprochene P-Keltische der Dialekt, aus dem sich jene heute noch in Wales und in der Bretagne gesprochene Sprache entwickelt hat.
Im P-Keltischen lautet das Wort für Pferd beispielsweise epos, im Q-Keltischen hingegen equos, woraus im Altirischen dann »ech«, im modernen Irischen schließlich »each« wurde.
O'Rahillys Datierungsversuch haben 1967 Myles Dillon und Nora K. Chadwick widersprochen. Sie argumentieren:
»Die Vorstellung, daß die archaischere Sprache später mitgebracht worden sein soll, nämlich durch die Einwanderung der Quariates aus dem südöstlichen Gallien, ist höchst unwahrscheinlich. Wir sehen es als überzeugender an, daß die Sprache der Goídil sich zuerst in Irland etablierte und daß brythonisch sprechende Stämme dort (vereinzelte) Niederlassungen hatten, wie es ja auch irische Niederlassungen im Norden und Süden von Wales gab. In jenen frühen Jahrhunderten bestand ein ständiger Austausch über die Irische See und damit auch Gelegenheit zu sprachlichen Anleihen. Außerdem kann ein nicht näher bekannter Anteil des irischen Wortschatzes unter Umständen auch nicht-indoeuropäisch sein, ein Erbe aus vorkeltischer Zeit.«
Zusammenfassend läßt sich feststellen, daß der Versuch, die mythologischen Stammes- und Völkerbezeichnungen auf diese Weise eindeutig in Daten der objektiven Geschichte zu übersetzen, bisher nicht geglückt ist.
Von den Ergebnissen der archäologischen Forschung her hat sich in den letzten Jahren die Meinung durchgesetzt, daß es zwischen 2000 v. Chr. und 600 v. Chr. zu keinen größeren Einwanderungen auf die Britischen Inseln (England und Irland) gekommen ist.
Andererseits beweisen archäologische Funde auch, daß am Ende des 5. vorchristlichen Jahrhunderts Irland völlig von Kelten besiedelt war.

Das würde also bedeuten, daß sich der erste Zusammenstoß zwischen vorkeltischen und keltischen Völkern etwa um 600 v. Chr. abgespielt haben dürfte.
Man muß aber auch Auseinandersetzungen zwischen den nach und nach auf die Insel gelangten keltischen Stämmen in Betracht ziehen.
Den Ausschlag für den Sieg mag gegeben haben, daß die Kelten schon mit der Herstellung von Eisen vertraut waren, während die bei ihrer Ankunft in Irland ansässigen Stämme noch in der Bronzezeit lebten. Deswegen ist auch, wie wir aus verschiedenen Texten wissen, für die Feen Eisen mit einem Tabu belegt.
Daß es sich bei den Söhnen des Miled und des Gael nicht unbedingt um die erste Einwanderungswelle der Kelten handeln muß, dafür liefert die folgende Episode aus dem »Buch der Invasionen« zumindest einen Indiz.
Bei den Tuatha de Danaan verliert, so wird dort berichtet, der Anführer Nuada einen Arm, der ihm von Dian Cécht, einer Art irischen Äskulap, durch einen silbernen Arm ersetzt wird. Nun gibt es aber einen keltischen Gott Nodons oder Nodens, der unzweifelhaft mit diesem Nuada in Beziehung steht.
Er war für die Kelten ein wichtiger Gott und besaß in Britannien bei Lydney, am Westufer des Flusses Severn in Gloucestershire im Forest of Dean ein Waldheiligtum.
Nach 364 stand dort der Gebäudekomplex eines Klosters, in dem Heilungen vorgenommen wurden. Es muß ein sehr wohlhabender Tempel gewesen sein, der in der Lage war, dem heilenden Gott reiche Opfergaben zu spenden, was der mythopoetische Ursprung der silbernen Hand oder des silbernen Armes gewesen sein könnte.
In der walisischen Tradition gibt es einen Llud mit der Silbernen Hand. Er hat zwei Kinder: Creid dylad, aus der bei Shakespeare Cordilia wird, und den Sohn Gwynn ap Nudd, den König der Unterwelt, der in den Romanzen um Artus und in »Kilwch und Olwen« im »Mabinogion« auftaucht. Einerseits gehört er zum Hofstaat des Artus, andererseits auch zur Unterwelt, wo er die eingesperrten Teufel bewachen und so die Zerstörung der Menschheit verhindern muß. Im Laufe der Zeit mindert sich sein Ansehen. Er wird zu einem Feenwesen, zum König der Plant Annw, der unterirdisch lebenden Feen. Womit sogleich auch die Veränderung einer solchen Gestalt vom Gott zur Fee vorgeführt worden ist.
Nuada Aircetlám (»mit dem silbernen Arm«) ist nicht das einzige

Götterwesen eindeutig keltischen Ursprungs unter den Tuatha de Danaan; auch der An Dagda, der gute Gott (gut nicht im moralischen Sinn, sondern in dem Sinn, daß er alles gut kann!) tritt in den Episoden, die die Zeit nach der Landung der Tuatha de Danaan in Irland beschreiben, als Erbauer von Erdwällen auf.

Angesichts solcher Indizien dafür, daß wir es vielleicht schon bei den Tuatha de Danaan mit keltischen Einwanderern zu tun haben, scheint es etwas leichtsinnig, wenn Robert Graves in »The White Goddess« die Tuatha de Danaan als direkte Nachfahren der bronzezeitlichen Pelasgier bezeichnet, die um die Mitte des 2. Jahrtausends v. Chr. samt ihrer Göttin Danae aus Argos vertrieben wurden, als Kauffahrer, die in Ägypten als das »Volk des Meeres« bekannt waren, auf schon bestehenden Schiffahrtswegen nach Irland und Britannien gekommen sein sollen und dorthin die Vorstellung von einer dreigesichtigen weißen Göttin mitgebracht haben oder, wie Graves es an anderer Stelle darstellt, über den Landweg zunächst nach Dänemark zogen und dann von Nordosten auf die Britischen Inseln einwanderten.

Es ist schade, daß ein Mann mit einem so großen Wissen und einer so bewunderungswürdigen mythopoetischen Einfühlungsgabe wie Graves bei dem Versuch, zu einer geschlossenen, alles umfassenden und aufklärenden Theorie zu gelangen, manchmal denn doch allzu willkürlich verfährt.

Jene Hügel- oder Ganggräber, die als Zufluchtsorte der Tuatha de Danaan nach der Niederlage im Kampf mit den Söhnen des Miled und des Gael erwähnt werden, stehen aber sehr wohl mit einem aus dem Mittelmeerraum stammenden Kult und auch mit einer Muttergottheit in Zusammenhang, wenn auch etwas anders, als dies von Graves konstruiert worden ist.

Die größten dieser Ganggräber finden sich, wie schon erwähnt, in Irland bei New Grange, Knowth und Dowth im Boynetal.

Mit Hilfe der seit einigen Jahrzehnten bekannten Radiokarbonmethode läßt sich ihre Entstehung einigermaßen genau auf die Zeit zwischen 3000 und 2500 v. Chr. festlegen.

Als Megalithgräber (megalithisch = aus großen Steinen) sind sie mit einem Totenkult verbunden, der sich seit dem 3. Jahrtausend vom östlichen Mittelmeer aus über Kreta, Malta, Korsika, Frankreich und Spanien bis nach Nordwesteuropa hin ausbreitete.

Der psychologische Prozeß, der Menschen zur Errichtung solcher gewalti-

gen Steinbauten für die Toten veranlaßte, wird von Sibylle von Reden außerordentlich anschaulich so beschrieben: »Auf der Suche nach Unvergänglichkeit bot sich dem Menschen der Stein als eines der großen Sinnbilder der Dauer an und wurde für ihn zum Ausdruck des Ewigen, zum Sitz des Göttlichen und Träger übernatürlicher Kräfte.

Bedenkt man, daß die durchschnittliche Lebensdauer damals bei 25 bis 30 Jahren lag, begreift man, warum das Haus, das man nach seinem Tod für immer bewohnen würde, vielen wichtiger war als ihre Behausung zu Lebzeiten.« Aber noch ein anderer Aspekt ist zu berücksichtigen:

»Für die Hinterbliebenen lebten die Toten dann in ihren festen Wohnungen gleichsam im Schoß der Erdmutter und Herrin über alles Werden und Vergehen geheimnisvoll wiedergeboren weiter und wurden mächtig wie nie zuvor. Ihre Kraft versprach Fruchtbarkeit, Gesundheit und Glück, wenn man durch Opfergaben, Fürsorge und Verehrung mit ihnen in Verbindung blieb.«

Hier wird der zunächst paradoxe Zusammenhang zwischen Tod, Fruchtbarkeit, zwischen Sterben und Wiedergeburt, aber auch zwischen Leben und Sterben des Menschen als Teil eines umfassenderen Ablaufs von Werden und Vergehen verständlich.

Wenn der mit den Megalithgräbern verbundene Totenkult, der gleichzeitig auch ein Vegetations- und Fruchtbarkeitskult war, aus dem Mittelmeerraum bis nach Nordeuropa sich ausbreitete, so hatte das einmal damit zu tun, daß er elementar einleuchtend war und die wichtigsten Probleme der damaligen Menschheit in einem Glauben zur Lösung brachte; zum anderen spielten dabei aber auch die reichen Vorkommen an Edelmetallen in Nordwesteuropa eine Rolle.

»Die Schiffe fuhren von Kleinasien, von Kreta und Ägypten durch die Straße von Gibraltar und legten an Stellen an, die Waren zu verkaufen hatten, das war Zinn in Galicien (Nordspanien), in der Bretagne und in Südengland (Cornwall) und das war Gold in Irland. Dieser Goldreichtum Irlands und der Zinnreichtum Englands und der Bretagne ist die Ursache, daß die Schiffe der Ägypter und der Kreter immer wieder nach Irland fuhren«, schreibt Herbert Kühn in seinem Buch »Erwachen und Aufstieg der Menschheit«.

Wie phantastisch eine solch weite Seeverbindung in so früher Zeit auch anmuten mag, es gibt dafür konkrete Beweise. Beispielsweise die 52 in England und die 9 in Irland gefundenen Perlen, die um 1500 v. Chr. in

Ägypten gearbeitet worden sind. Ähnliche Perlen fanden sich außerdem in Spanien, bei Almeria, in der Nähe der Megalithgräber. Auch gleichartige Tongefäße, die in Ägypten, der Bretagne, Spanien und England gefunden wurden, bezeugen das Bestehen dieser Handelsroute. Schließlich kann es kein Zufall sein, daß Bautechnik und Ornamente der Megalithbauten in Griechenland, Malta und Irland bis in Einzelheiten übereinstimmen.
Wer beispielsweise das sogenannte Schatzhaus des Atreus bei Mykene gesehen hat und die Hauptkammer von New Grange betritt, ist verblüfft von der Ähnlichkeit beider Bauwerke.
Um das Jahr 1900 v. Chr. kam es im heutigen Griechenland zu einer einschneidenden kulturellen Veränderung.
Die Achäer, ein patriarchalisches Hirtenvolk, fielen in Thessalien ein. Sie verehrten eine männliche Dreiergottheit, die später unter den Namen Zeus, Poseidon und Hades (Pluto) bekannt wurde.
Sie eroberten nach und nach ganz Griechenland und verwandelten endgültig eine noch halb matriarchalische Zivilisation, mit der sie eine Art religiösen Kompromiß eingingen. Die Eindringlinge gaben die eigenen Götter zunächst als die Söhne der Göttin aus.
Die Verdrängung des alten Toten- und Fruchtbarkeitskultes, der mit der Erdmutter und deren Tochter Kore (Persephone) zusammenhing, spielte sich zunächst so ab, daß der männliche Himmelsgott (Zeus) die Erdgöttin (Demeter) in einer heiligen Ehe heiratete.
Dem entspricht in den Mysterien von Eleusis die Vereinigung des Hierophanten mit der Oberpriesterin. Aus ihr ging ein Gotteskind hervor.
Eine andere Vorstellung – Persephones' Vermählung mit dem Gott der Unterwelt, einer anderen Gottheit aus der männlichen Triade, ihre jährliche Wiederkehr aus der Unterwelt in die Oberwelt, wobei die neuen Saaten hervorgebracht wurden – verlieh den früheren Ackerbauriten tieferen Sinn und verknüpfte sie einerseits mit dem Komplex Tod und Wiedergeburt, andererseits mit der Vegetationsmythe vom vergehenden und kommenden Jahr.
Schließlich obsiegten endgültig die männlichen Gottheiten. Die Sonne (männlich), der Himmel (männlich) triumphierten über den Mond (weiblich) und die Erde (weiblich), zugleich aber setzte sich auch Apollo gegenüber Dionysos durch; Rationalität errang den Vorrang über Gefühl und Inspiration; Ordnung und Organisation wurden verherrlicht, das Orgiastische, Chaotisch-Wild-Spontane tabuisiert.

Hatten sich noch die Pelasger vorgestellt, aus den Zähnen der kosmischen Schlange Ophion geboren worden zu sein, die die Große Göttin zum Geliebten genommen hatte, so war es nun der Himmelsvater, der die Erdgöttin befruchtete, indem er lebenspendenden Regen vom Himmel über die Erde ausgoß. Ähnlich wie in Griechenland wurde auch auf den Britischen Inseln die Große Mutter-Gottheit allmählich durch männliche Gottheiten, durch einen Kult der Sonne, des Himmels überlagert.
Es scheint, daß auf den Britischen Inseln in dieser Epoche die Steinmäler von Avebury zu Heiligtümern umgewandelt wurden, die nun dem Himmel offen zugewandt waren (E. O. James).
Über die grundsätzliche Bedeutung der Nachwirkung mutterrechtlicher Vorstellungen und des Kultes einer triadischen Todes-, Mutter- und Vegetations-Göttin wird in einem späteren Kapitel noch ausführlich die Rede sein.
Wir kehren nach dieser zeitlich weiten Abschweifung nun an jene Nahtstelle irischer Frühgeschichte zurück, an der sich um 600 v. Chr. der Zusammenstoß zwischen keltischen und vorkeltischen Stämmen abgespielt haben muß.
Zu dieser Zeit hatten die Grabkammern aus großen Steinen in den Hügeln schon tausend bis eineinhalbtausend Jahre überdauert.
Dies ist der zeitliche Fixpunkt, an dem ich mit einer freilich auch spekulativen, mythopoetischen Rekonstruktion ansetze.
Es kann kein Zweifel bestehen, daß diese Grabanlagen für Menschengruppen oder Stämme, die halb untergetaucht lebten, sich verstecken mußten, gute Zufluchtsorte boten.
Gewiß waren sie auch noch immer von einer Aura des Uralt-Göttlichen umgeben. Auf die Menschen dieser Zeit müssen sie noch gewaltiger gewirkt haben als auf uns. Auch werden die Fremden gehört haben, daß diese Hügel als Wohnung der Toten galten; das gebot Ehrfurcht. Sie mußten sich gefürchtet haben, den untertauchenden Eingeborenen in die Kammern im Inneren der Hügel zu folgen.
Dies wiederum verlieh solchen Verstecken eine zusätzliche Sicherheit.
Die Tuatha de Danaan ihrerseits unternahmen von dort aus Überfälle, führten einen Guerillakrieg. Sie tauchten auf, verschwanden wieder. Folgte man ihnen, so hatte sie plötzlich die Erde verschlungen.
Gelangte das Erobervolk dennoch einmal in einen dieser unterirdischen Paläste, so war es gewiß beeindruckt von deren monumentaler Bauweise,

die jene der eigenen Wohnstätten bei weitem übertraf. Die Aura des Geheimnisvollen, Unbekannten, aber auch die Ängste, die mit den Hügeln und ihren Kammern in Verbindung standen, wurde mehr und mehr verinnerlicht. Das schlechte Gewissen gegenüber den Unterdrückten nahm zu.

Nun hatten die Kelten, wie wir von frühen Historikern wissen, durchaus eine eigene Transzendenzvorstellung.

Die Druiden, so berichtet Lukian, verfügten über Lehren, die es ihnen ermöglichten, die Seelen des Menschen nach dem Tod zu kontrollieren und den Zustand der Toten in einer anderen Welt (orbe alio) zu beeinflussen.

Diese »Andere Welt«, so Lukian, dürfe man sich weder als ein Land des Schweigens oder der Dunkelheit und des Schreckens vorstellen. Die Kelten gingen deswegen ohne Furcht in den Tod, weil dieser für sie nur eine Wegkreuzung in einem langen Leben sei.

So kommen denn wohl in der Vorstellung von der Anderswelt, die in Irland und Wales entsteht und mythopoetisch wirksam wird, insgesamt drei Elemente zusammen. Die beiden ersten verweisen zurück in die Zeit der Megalithgräber bzw. ihres Kults.

Anderswelt als Land ohne Zerfall, Vergehen, Tod und Traurigkeit, Anderswelt auch als »Land der Frauen«, wie es in der Geschichte »Die Reise des Bran« geschildert wird, scheint mir eine Erinnerung an den Kult der Großen Mutter, der ja auch von weit her und unter Umständen auch über das Meer herangetragen wurde.

So betrachtet ist Anderswelt die Erinnerung an die Todes- und Vegetationsgöttin der europäischen Frühzeit, in deren Schoß man einging, aus deren Schoß man wiedergeboren wurde und durch Wiedergeburt zum Ewigen Leben gelangte. Speist sich diese Vorstellung, für die die dreimalige Wiedergeburt der Etain ein gutes Beispiel bietet, also aus einem frühen, in den Grabhügeln zelebrierten Totenkult, so hat vielleicht eine andere Eigenart der Anderswelt mit der Erinnerung an die Seefahrer aus warmen, hellen, freundlichen Ländern zu tun, die auf der Suche nach Zinn und Gold zur Zeit des megalithischen Grabkults nach Irland und Cornwall, aber auch in die Bretagne und nach Spanien kamen.

Manannan ist der König über das Land jenseits des Meeres, in dem sich dieser zweite Aspekt der Anderswelt realisiert. Es kann auch auf einer Insel hinter dem Ozean liegen. Es ist das Elysium der Griechen, das Jörd Lifanda Manna der nordischen Überlieferung.

Es ist erstaunlich, wie nahe der Manannan in der Mythe noch jenen Gold und Zinn transportierenden Seekapitänen kommt, die es tatsächlich einmal gegeben haben mag.
Er ist ein berühmter Matrose, ein Wetterexperte auf der Isle of Man, der beste Lotse der westlichen Welt. Jemand, der nicht zuletzt die See deshalb so gut befahren kann, weil er genau weiß, wann und unter welchen Vorzeichen die Jahreszeiten wechseln.
Wenn er fast jede Gestalt annehmen kann, wenn er ein »Wiedergeborener« ist, so überblenden sich hier Erinnerungen an den megalithischen Kult mit Vorstellungen der kontinentalen Kelten. Von ihnen wissen wir, daß die Druiden die Wege der Toten durch das Jenseits beeinflußten, daß sie dabei Gestalt und Wesensart des Verstorbenen zu verändern vermochten. Solche Vorstellungen waren auch bei den keltischen Gruppen auf der irischen und britischen Insel noch weit verbreitet.
Die keltische Mythologie hatte aber mit jener der vorkeltischen Stämme Irlands noch weitere Berührungspunkte, die sich vor allem erschließen, wenn man die Feste zu Ehren der Götter im Verlauf des Jahres und des Vegetationszyklus betrachtet. Auch hier muß vorläufig auf ein Kapitel verwiesen werden, das ausschließlich diesem Thema gewidmet ist. Was die Götter angeht, so kannten die Kelten auch schon auf dem Festland die Matres oder Matronáe, eine dreigestaltige weibliche Gottheit.
Sie wird mit Früchten, Kornähren, Babies und anderen Symbolen abgebildet, die in einem eindeutigen Zusammenhang zur Fruchtbarkeit der Ernten und der Menschen stehen.
Interessant ist schließlich, wie sich eine typisch keltische Gottheit, die Pferdegöttin Epona, zurückverfolgen läßt bis zu den Zentauren, die unter ihrem heiligen König Cheron die in Nordthessalien einfallenden Achäer als Bundesgenossen gegen ihre Feinde, die Lapithen, willkommen hießen.
Die Muttergottheit der Zentauren hieß Leucothea, eine der vielen Bezeichnungen für die »Weiße Göttin«, deren Wandelspiel zwischen Mädchen, Mutter und böser, hexender Alten ebenso einen Vegetationsverlauf personifiziert, wie in ihm die Gestaltsveränderung der Toten in der keltischen Anderswelt enthalten ist.
Der Hexenaspekt der dreigesichtigen Gottheit heißt auf Gälisch »caillecha«, und ein Teil jenes Gebirges im County Meath, in dem sich ein ganzes Feld von Ganggräbern findet, wird bezeichnenderweise »Sliabh na Cailligheu« (Gebirge der Todesgöttin oder der alten Hexe) genannt.

Blickt man aus der prähistorischen in die geschichtliche Zeit, aus der heidnisch-keltischen Epoche in die des Christentums, so erkennt man wie Morrigan (Große Königin), Macha und Bodh, drei Schlachtgöttinnen, in den drei Brigitten überleben — wie aus der in Gallien und Britannien verehrten keltischen Brigit, einer Tochter des Dagda, die Hl. Brigitte wurde.

Morrigan, eine der frühen pankeltischen Göttinnen, wird viel später im Artus-Zyklus zu Morgan der Fee. Sie kommt auch in einem Fragment, einer Elegie für einen Prinzen vor, die in den »Annalen von Tigernacht« überliefert ist. Das Boot des Prinzen kentert, als Morrigan ihre weiße, dem Schaum des Wassers ähnliche Haarmähne darüberwirft. Der Prinz ertrinkt und Morrigan stößt ein haßerfülltes Lachen aus.

In der Gestalt dieser Göttin haben wir wohl auch das Ursprungsbild jenes »Kessels der bösen alten Frau« zu sehen, wie die personifizierte Bezeichnung für einen gefährlichen, menschenverschlingenden Strudel vor der Küste der Hebriden lautet.

Damit nähern wir uns nun aber schon dem Prozeß der Verwandlung von Göttern oder Naturphänomenen in Feenwesen, die bestimmte Regionen bewohnen; das wird im folgenden Kapitel noch ausführlicher untersucht.

Zunächst muß noch eine Eigenart der Kelten erwähnt werden, die bestimmt entscheidend zur Ausbreitung und Ausbildung der Vorstellungen von einer Anderswelt beigetragen hat: der Hang zur phantasmagorischen Schau, oder — anders ausgedrückt — der Glaube, durch ekstatische Visionen dem Wesen und der Ordnung der Dinge nahe zu kommen.

Ein gutes Beispiel dafür ist das im frühen Irland praktizierte Stierfest oder der Stierschlaf.

Bei diesem Zeremoniell einer Gesellschaft, in der die Viehzucht für die Ernährung eine entscheidende Rolle spielte, wurde zunächst ein Stier getötet. Ein Mann aß sein Fleisch, trank eine Brühe, in der die Knochen ausgekocht worden waren, verfiel dann in Schlaf. Während vier Druiden Gesänge intonierten und Gebete murmelten, träumte er dann das Bild dessen, der dazu bestimmt war, König zu werden. Die Eigenart, Reales ins Unwirkliche zu verfremden, andererseits aber Unwirkliches völlig real zu nehmen, der wir noch in so vielen irischen Zaubermärchen begegnen, etwas, das wir mit einem Begriff unserer Tage vielleicht als Bewußtseinserweiterung bezeichnen würden, scheint schon bei den keltischen Stämmen auf dem Kontinent ausgeprägt vorhanden gewesen zu sein.

Bleibt aber trotz allem, was wir inzwischen von dem Bewußtseinszustand der vorkeltischen und der auf die Insel einwandernden keltischen Stämme wissen, merkwürdig, daß die Eroberten und Besiegten (Tuatha de Danaan) schließlich als Götter oder Unsterbliche auftauchen.
Es lassen sich dafür zumindest zwei Hypothesen anbieten.
Es könnte sein, daß die Erinnerung an den Kult der Großen Mutter auch noch auf der Schwelle zwischen vorgeschichtlicher und geschichtlicher Epoche deshalb eine wichtige kulturelle Unterströmung blieb, die später dann selbst das Christentum nie ganz auszulöschen vermochte, weil die jeweils neue, die offizielle Religion und die von ihr vorgeschlagenen Praktiken in bestimmten Situationen nicht so überzeugend halfen wie der im Geheimen noch bekannte alte Glaube. Seine Macht bestätigte sich vielleicht eben gerade dadurch, daß er trotz Verbot und Unterdrückung nicht auszurotten war. Verbot und Tabuisierung bestätigen ja auch, daß das Verbotene eine Macht, eine Energie enthält.
Die zweite Hypothese knüpft an eine andere bekannte Eigenart der keltischen Stämme an: ihre Abneigung gegen die Ausbildung geschlossener Gemeinwesen. Die Kelten, die auf dem Kontinent nie so recht ein Volk gebildet hatten, könnten auf der Insel am Landende Europas, wo sie sich gegen die Eingeborenen durchsetzen mußten, eben dazu eine gewisse Notwendigkeit gesehen haben.
Um das zu erreichen, wäre die Erfindung von Mythen sehr hilfreich gewesen, in denen Vorstellungen der eigenen Tradition mit denen der unterworfenen Stämme zu einer neuen Einheit verschmolzen. So kamen Zusammengehörigkeitsgefühl und nationale Identität zustande.
Man könnte nun einen raffinierten Trick darin sehen, daß die obsiegenden Kelten aus den so schwer zu unterdrückenden Feinden von gestern die Götter für heute und morgen machten.
Götter sind immer auch gefürchtet. Indem man die Tuatha de Danaan, vermengt mit eigenen Göttervorstellungen, zu Unsterblichen und Herrschern der Anderswelt machte, brauchte man sich jedenfalls seiner Furcht vor den im Untergrund fortlebenden Eingeborenen und ihren magischen Kräften nicht mehr zu schämen. Sie waren gebannt. Welcher der beiden Hypothesen man auch mehr Überzeugungskraft zubilligen will – so oder so wird der tiefwurzelnde und noch lang fortwirkende Glaube an die Anderswelt erklärbar und seine besondere Bedeutung in Irland verständlich.

II. KAPITEL

IN WELCHEM VON DEN VERSCHIEDENEN FEENWESEN DIE REDE IST, WELCHE DIE WEITLÄUFIGEN PROVINZEN DER ANDERSWELT BEVÖLKERN

»Das Wort Feen ist erst spät entstanden, das ursprüngliche Hauptwort ist Fays. Es hat einen archaischen und ziemlich affektierten Klang. Es wird abgeleitet von Fatae. Die drei klassischen Feen vervielfältigten sich später, daraus wurden übernatürlich Frauen, die das Schicksal der Menschen bestimmten und bei ihrer Geburt zugegen waren. ›Fay-erie‹ war zuerst ein Zustand von Verzauberung oder Glanz. Erst später wurde es für die Fays gebraucht, die über solch illusionäre Kräfte verfügten. Der Begriff »Feen« deckt ein weites Feld ab, die angelsächsischen und skandinavischen Elfen, die Daoine Sidhe des schottischen Hochlands, die Tuatha de Danaan in Irland, die Tylwyth Teg in Wales, den Seelie Court und den Unseelie Court, das kleine Volk und die Guten Nachbarn. Die Feenscharen, Feenvölker und Feenzüge und die einzelnen Feen gehören dazu, die Feen, die die Größe eines menschlichen Wesens haben, die größer als Menschen sind, die drei Fuß hohen und die ganz winzigen Feen; die Feen, die im Haus wohnen und jene, die wild leben und dem Menschen feindlich gesinnt sind; Feen, die unter der Erde wohnen, sind zu ihnen zu rechnen, aber auch Wasserfeen, die in Lochs (Seen), Bächen, Flüssen und im Meer hausen. Zumindest verwandt mit ihnen sind die ›hags‹, die hexenhaften alten Weiber, die Monster und die Bogies. Schließlich sollte nicht vergessen werden, daß es auch Feentiere gibt.«

Katharine Briggs, A Dictionary of Fairies

Um die Anderswelt näher kennenzulernen, suchen wir zunächst die Bekanntschaft der Einzelgänger und Individualisten unter den Feen. Im Gegensatz zu Feen, die einem Volk oder Zug angehören, haben diese Einzelwesen individuelle Eigenschaften und Verhaltensweisen, an denen man sie sofort erkennen kann.

Sehen wir uns vorerst drei von ihnen an, die zusammen wiederum so etwas wie eine Familie bilden: den Lepracaun, den Clurican und den Far Darrig. »Der Name Lepracaun«, schreibt Douglas Hyde, »leitet sich her vom Irischen leith brog – das heißt Einschuhmacher, wohl weil man ihn gewöhnlich an einem Schuh arbeiten sieht. Aus dem 15. Jahrhundert stammt ein Manuskript mit der Geschichte von Iubdan, König der Lepracaun, ein edler und angesehener Fürst, dessen stärkster Untertan sich dadurch auszeichnete, daß er eine Distel mit einem Hieb umhauen konnte. Alle Lepracauns sind häßlich. Sie sind meist nicht größer als ein Kind von zehn, elf Jahren, häufig sogar noch viel kleiner. Ihre Körper sind breit und gedrungen. Ihre Gesichter sehen aus wie verschrumpelte Äpfel. Lepracauns foppen und narren gern. In ihren Taten sind sie auf das spezialisiert, was man im Englischen einen »practical joke« nennt. Sie betreiben das Handwerk eines Schuhmachers oder Sattlers, kennen aber zudem den Ort, an dem ein versteckter Goldschatz liegt. Wenn ein Sterblicher einen Lepracaun fängt, kann er ihn zwingen, das Versteck des Schatzes zu verraten, aber er darf den kleinen Kerl nicht aus den Augen lassen, sonst ist er im Nu verschwunden. Immer versucht der Lepracaun, den Menschen, der ihn fängt, für einen Augenblick abzulenken, um dann zu entwischen. Er ruft: »Sieh mal, da geht ein Bienenschwarm durch!« oder »die Kühe sind ins Haferfeld gelaufen!«

Wer darauf hereinfällt, ist selber schuld. Es ist das erste und letzte Mal gewesen, daß er einen Lepracaun in seine Gewalt bekommt, und den Schatz wird er auch nie finden. Bezeichnend ist die Geschichte von jenem Mann, der sich so nicht vom Lepracaun überlisten ließ und ihn zwang, ihm jenen Busch im Feld zu zeigen, unter dem der Schatz vergraben lag. Aber der Mann hatte keinen Spaten bei sich, also nahm er ein Stück roten Stoff und band ihn an die Zweige des Strauches. Dann ließ er den Lepracaun frei und lief, um den Spaten zu holen. Er war nur drei Minuten fort, aber als er zurückkam, wehten rote Stoffetzen an allen Büschen auf dem Feld.

Obwohl der Lepracaun über große Schätze gebietet, ist seine Kleidung eher bescheiden. Gewöhnlich trägt er einen grauen oder grünen Mantel, eine schwere Lederschürze und einen rostroten Hut. Seine Insignien aber sind der eine Schuh und der Hammer.

Leichteres Spiel hat ein Sterblicher mit einem Lepracaun, wenn er diesem glaubhaft machen kann, daß er selbst von einem Feenwesen abstammt. Bei solchen höchst seltenen Gelegenheiten verschenken Lepracauns manchmal auch goldene Zügel, die jedesmal, wenn man an ihnen zieht, eine gelbe Stute herbeizaubern.

DER ARME JUNGE AUS CASTLEREA

Es war einmal ein armer Junge in Castlerea, der brachte täglich eine Fuhre Torf auf den Markt und verdiente ein paar Pennies mit dem Verkauf des Brennmaterials. Zum Leben war es zu wenig und zum

Sterben zuviel. Es war ein merkwürdiger Junge, sehr still und launisch, und die Leute sagten, er müsse wohl ein Wechselbalg aus der Anderswelt sein, weil er sich nie an Spielen beteiligte, kaum redete und die halbe Nacht über alten Büchern saß. Er hoffte immer, reich zu werden und das mühsame Gewerbe des Torfstechens und Torffahrens aufgeben zu können. Dann wollte er in Frieden leben, ohne zu arbeiten, in einem schönen Haus mit einem großen Garten, ganz für sich allein.

Nun hatte er in den Büchern gelesen, daß die Lepracauns das Versteck aller Goldschätze in Irland wüßten, und Tag um Tag hielt er nach einem der kleinen Schuhmacher Ausschau und horchte, ob sich nicht irgendwo das Geräusch ihrer Hämmer vernehmen lasse.

Schießlich entdeckte er tatsächlich eines Abends einen kleinen Kerl unter einem großen Blatt. Er war ganz in Grün gekleidet und trug einen Hut mit einem Kniff auf dem Kopf. Der Junge sprang von seinem Karren und packte den Lepracaun am Nacken. »Rühr dich nicht«, rief er, »zeig mir, wo ich Gold finde, oder du bist des Todes.«

»Nur sachte«, antwortete der Lepracaun, »laß mich am Leben und ich will dir verraten, was du wissen möchtest. Aber eines laß dir gesagt sein: ich könnte dir auch so weh tun, wenn ich wollte. Wenn ich nicht gleiches mit gleichem vergelte, so nur deswegen, weil wir entfernte Verwandte sind. Darum will ich dir auch einen Ort zeigen, an dem Gold versteckt ist, das keiner haben darf, der nicht zum Volk der Feen gehört. Komm mit zu dem alten Fort von Lipenshaw. Dort liegt der Schatz. Aber beeil dich. Wenn die letzten Strahlen der untergehenden Sonne verlöschen, wird auch das Gold verschwunden sein und du wirst es nie mehr finden.«

»Nur zu denn«, sagte der Junge, und er stieg mit dem Lepracaun auf den Torfkarren und fuhr los. In zwei Sekunden waren sie an dem alten Fort und schritten durch die Tür in der Steinmauer.

»Nun sieh dich um«, sagte der Lepracaun, und staunend sah der Junge, daß der ganze Boden mit Goldstücken übersät war und daß soviele Gefäße aus Silber dort lagen, daß man hätte meinen können, jemand habe alle Schätze der Welt dort gehortet. »Nimm soviel du willst«, sagte der Lepracaun, »aber beeil dich. Wenn diese Tür zuspringt, wirst du diesen Ort zu deinen Lebzeiten nicht mehr verlassen.«

Also nahm der Junge soviel an Gold und Silber wie er nur tragen konnte und warf es auf seinen Karren, aber als er noch einmal zurückkam, um noch mehr zu holen, schlug die Tür unter Donnerkrachen zu, und der Platz war dunkel wie zur Nacht. Von dem Lepracaun war nichts mehr zu sehen. Der Junge hatte nicht einmal Zeit gefunden, sich bei dem Wicht zu bedanken.
Er hielt es für das Beste, sich mit seinem Schatz aus dem Staub zu machen. Als er daheim ankam, zählte er seine Reichtümer. Das Gold hätte hingereicht als Lösegeld für einen König.
Der Junge war schlau genug, niemandem etwas davon zu erzählen. Er reiste am nächsten Tag nach Dublin, brachte all seine Reichtümer auf die Bank und stellte fest, daß er soviel Geld besaß wie ein großer Herr. Also kaufte er sich ein schönes Haus mit einem großen Garten. Er hielt sich Diener und Kutschen, und Bücher besaß er nun auch soviel er wollte. Er versammelte gescheite Männer um sich, die ihm beibrachten, was man wissen sollte, wenn man sich in der Welt auskennen will. Er wurde ein angesehener Mann, und seine Nachkommen sind bis auf den heutigen Tag wohlhabend, denn auf geheimnisvolle Weise nahm das Vermögen dieser Familie nie ab, was immer sie auch an Almosen an die Armen schenkten, und das war nicht wenig.

Der Cluricau ist manchmal kaum von einem Lepracaun zu unterscheiden. Jedenfalls in der Gegend von Cork werden beide Feenwesen miteinander gleichgesetzt. Yeats schreibt, ein Cluricau sei vielleicht einfach nur ein Lepracaun, der mit Vorliebe auf Sauftouren ausziehe. Von einer nicht ganz harmlosen Begegnung mit einem Cluricau erzählt die folgende Geschichte, die T. Crofton Croker in seinen »Legends of the South of Ireland« aufgezeichnet hat.

BILLY MAC DANIEL UND DER CLURICAN

Billy Mac Daniel war ein lebenslustiger junger Mann. Keiner legte auf den Tanzfesten zu Ehren des Namenspatrons eine so fesche Sohle aufs Parkett, keiner war so trinkfest wie er, keiner vermochte so geschickt mit dem shillelagh *(Stock, der auch als Schlagwaffe gebraucht wird)* dreinzuhauen und wenn er sich vor etwas fürchtete, so höchstens davor, einmal nichts zu trinken zu bekommen. Wer da zahlen würde, war ihm egal, und um dem Wirt etwas vorzumachen, fiel ihm schon immer noch eine Ausrede ein. Trunken oder nüchtern – ein Wort und ein Hieb, das war so Billy Mac Daniels Art, und es ist nicht die schlechteste Art, einen Streit anzufangen oder ihn zu beenden. Bedauerlich ist nur, daß durch seine Art, nie nachzudenken, sich nie zu fürchten und sich nie groß um etwas zu sorgen, eben dieser Billy Mac Daniel in schlechte Gesellschaft geriet, denn mag man sie auch das »gute Volk« nennen, so kann man auch unter ihnen in schlechte Gesellschaft geraten.

Nun geschah es einmal, daß Billy in einer klaren frostigen Nacht nicht lange nach Weihnachten heimging; der Mond war rund und hell, und obwohl es eine Nacht war, wie man sie sich von Herzen wünscht, was den Anblick des Himmels angeht, so half das nichts gegen die beißende Kälte.

»Auf mein Wort«, schnatterte Billy, »ein Tropfen guter Schnaps wäre jetzt nicht so übel und könnte wohl verhindern, daß einem Mann die Seele einfriert. Ich wünschte wahrlich, ich hätte ein volles Maß vom besten.«

»Das sollst du nicht zweimal wünschen, Billy«, sagte ein kleiner Mann mit einem dreieckigen Hut, dessen Rand mit Goldborte verziert war und der große silberne Schnallen an den Schuhen trug, die so schwer schienen, daß man sich wundern mochte, wie er sich überhaupt darin bewegen konnte, und er hielt ihm ein Glas hin, größer als er selbst und gefüllt mit Schnaps so gut in Geruch und Geschmack wie nur möglich.

»Prost, Kleiner!« sagte Billy Mac Daniel unerschrocken, obwohl ihm schon klar war, daß der kleine Kerl da zum »guten Volk« gehörte, »auf Euer Wohl und vielen Dank, wer immer auch dafür zahlt.« Und damit setzte er das Glas an die Lippen und leerte es mit einem Zug.

»Prost«, sagte der kleine Mann, »es ist dir herzlich vergönnt, Billy, aber versuch nicht, mich zu betrügen, wie du das bei anderen gemacht hast. Heraus mit der Börse und gezahlt wie ein Gentleman.« – »Ich Euch etwas zahlen?« sagte Billy, »ich könnt Euch

doch aufheben und in die Taschen stecken gerade so leicht wie eine Brombeere?«
»Billy Mac Daniel«, sagte der Mann jetzt schon recht zornig, »jetzt wirst du mir dienen, sieben Jahre und einen Tag. Das wird meine Bezahlung sein. Mach dich bereit und folge mir.«
Als Billy das hörte, tat es ihm nun doch sehr leid, so frech mit dem kleinen Mann umgesprungen zu sein, aber das half nun nichts mehr, denn ob er nun wollte oder nicht, er spürte, daß er dem kleinen Wicht folgen mußte, die liebe lange Nacht quer über Land, durch dick und dünn, Sumpf und Gebüsch, ohne zu rasten.
Als der Morgen kam, wandte sich der Clurican um und sagte zu ihm:
»Du kannst jetzt erst einmal heimgehen. Aber ich warne dich, vergiß nicht, heute abend im Fortfield zur Stelle zu sein, denn über kurz oder lang hätte das für dich böse Folgen. Wenn ich merke, daß du ein williger Diener bist, wirst du in mir auch einen nachsichtigen Herrn finden.«
Heim ging Billy Mac Daniel, und obgleich er müde und zerschlagen genug war, fand er doch nicht ein bißchen Schlaf, weil er immer an den kleinen Mann denken mußte, aber er getraute sich nicht, dessen Befehl zu mißachten und so ging er am Abend treu und brav zum Fortfield. Er war noch nicht lange dort, da kam auch der kleine Mann schon und sagte: »Billy, ich habe vor, heute Nacht eine Reise zu unternehmen, sattle mir eines meiner Pferde, und für dich kannst du auch eines satteln, denn du kommst mit und nach dem Fußmarsch gestern Nacht hättest du's vielleicht gern etwas bequemer.«
Billy fand das sehr vernünftig von seinem Herrn. Er bedankte sich dementsprechend. »Aber«, sagte er, »wenn ich mir die Kühnheit erlauben darf, wo geht's denn zu Eurem Stall, denn alles, was ich hier sehe, ist das Gemäuer vom alten Fort und der alte Dornenstrauch am Feldrand und ein Bach am Rand des Hügels mit einem Stück Sumpfland gegen uns hin.«
»Stell keine Fragen, Billy«, sagte der kleine Mann, »sondern geh hinüber zum Sumpf und bring mir die stärksten Binsen, die du findest.«
Billy tat wie ihm geheißen und überlegte, was der kleine Mann nun

vorhabe. Er brach zwei der stärksten Binsen, die er finden konnte, mit einem kleinen Büschel brauner Blüten an jeder Seite, und brachte sie seinem Herrn.

»Aufgestiegen, Billy«, sagte der kleine Mann, nahm eine der Binsen und spreizte seine Schenkel darüber.

»Wo soll ich denn aufsteigen, Euer Ehren?« sagte Billy.

»Na, auf den Pferderücken wie ich auch«, erwiderte der kleine Mann.

»Wollt Ihr mich zum Narren halten«, sagte Billy, »wollt ihr vielleicht behaupten, die Binse, die ich drüben im Sumpf gebrochen habe, sei jetzt ein Pferd?«

»Aufgestiegen! Und keine langen Reden«, sagte der kleine Mann und schaute jetzt wieder sehr wütend drein, »das beste Pferd, auf dem du je gesessen hast, war ein Klepper gegen das, auf dem du jetzt im Sattel sitzt.«

Billy, der all das für einen Scherz hielt, aber seinen Herrn nicht erzürnen wollte, tat wie ihm geheißen.

»Borram! Borram! Borram!« rief der kleine Mann, und das bedeutet soviel wie »werde groß!« und augenblicklich wurden aus den Binsen zwei schöne Pferde, die rasch dahinjagten. Aber Billy, der die Binse zwischen die Beine genommen hatte, ohne weiter darauf zu achten, was er tat, stellte nun fest, daß er falsch herum auf dem Pferd saß, was insofern unangenehm war, als ihm der Schwanz des Viehs ständig ins Gesicht schlug. Aber so rasch war der Ritt losgegangen, daß er es nicht fertig gebracht hatte, sich umzudrehen und ihm jetzt nichts anderes übrig blieb, als sich am Schwanz festzuhalten.

Endlich kam der Ritt zu einem Ende. Sie hielten am Tor eines vornehmen Hauses.

»Nun Billy«, sagte der kleine Mann, »mach einfach alles nach, was du mich auch tun siehst und bleib dicht hinter mir! Da du aber den Schwanz eines Pferdes nicht von dessen Kopf unterscheiden kannst, paß auf, daß du nicht solange herumtorkelst, bis du plötzlich auf deinem Kopf und nicht mehr auf deinen Fußsohlen stehst. Denn hier geht es um ein altes Gebräu. Es kann eine Katze zum Sprechen bringen und einen Mann stumm machen.«

Der kleine Mann sagte dann noch ein paar seltsame Worte, die für

Billy keinen Sinn ergaben, und beide fuhren sie darauf durch das Schlüsselloch und in einen Weinkeller, wo alle Arten von guten Weinen lagerten.
Der kleine Mann hielt sich ans Trinken, und Billy, dem dieses Beispiel nicht unangenehm war, hielt eifrig mit.
»Ihr seid ein guter Herr, soviel steht fest«, sagte Billy, »gleichgültig, was nachkommt. Ich will Euch gern weiterhin eifrig dienen, wenn Ihr nur fortfahrt, mir soviel zu trinken zu verschaffen.«
»Ich habe mit dir keinen Vertrag«, sagte der kleine Mann, »und ich denke auch gar nicht daran, einen solchen mit dir zu schließen. Auf jetzt, und mir nach.«
Und fort waren sie, durch ein Schlüsselloch und durch das nächste und dann wieder auf die Binsen, die sie draußen abgestellt hatten. Sie jagten dahin und traten nach den Wolken, die vor ihnen wie Schneebälle hingen, sobald die Worte „Borram, Borram, Borram« von ihren Lippen gekommen waren. Als sie Fortfield wieder erreicht hatten, entließ der kleine Mann Billy, hieß ihn aber am nächsten Abend zur selben Stunde wieder zur Stelle zu sein. So ging das immer weiter, Nacht für Nacht, einmal nach Süden, dann wieder nach Norden, bis es keinen Weinkeller eines vornehmen Herrn in ganz Irland mehr gab, in dem sie nicht schon gewesen wären und sie über die verschiedenen Weinsorten besser Bescheid wußten als selbst ein altgedienter Butler.
Eines Nachts aber, als Billy Mac Daniel den kleinen Mann wieder traf und dieser ihn zum Sumpf hinüberschickte, um Pferde für die Reise zu holen, sagte der Herr zu seinem Diener: »Billy, heute brauch ich ein Pferd zusätzlich, denn es könnte sein, daß wir in Begleitung sind, wenn wir heimkommen.«
Also brachte Billy, der inzwischen schon gelernt hatte, keine langen Fragen zu stellen, eine dritte Binse mit, wunderte sich aber, wer das wohl sein werde, der auf dem Heimweg mit ihnen reiten sollte. Vielleicht bekam er nun einen Gehilfen. »Wenn das so ist«, überlegte sich Billy, »werde ich ihn immer die Pferde holen lassen, denn ich sehe nicht ein, warum nicht jeder Zoll von mir selbst ebensogut als Herr hingehen kann wie mein Meister.« Also ritten sie los. Billy führte das dritte Pferd und sie hielten nicht inne, bis sie eine hübsche Farm in der Grafschaft Limerick erreichten, nahe dem Schloß

von Carrigogunniel, das, wie man sagt, von dem großen Brian Boru errichtet worden ist. Im Haus war ein großes Fest im Gange, aber der kleine Mann blieb vorerst draußen stehen und lauschte. Dann wandte er sich plötzlich um und sagte:
»Billy, morgen werde ich tausend Jahre alt.« »Tatsächlich?« sagte Billy, »Gottes Segen, Sir!« »Sag dieses Wort nicht wieder, Billy«, meinte der kleine alte Mann, »es könnte für immer mein Ruin sein. Nun Billy, da ich morgen tausend Jahre auf der Welt sein werde, denke ich, ist es höchste Zeit, daß ich mich verheirate.«
»Das würde ich auch meinen«, sagte Billy, »daran kann's keinen Zweifel geben. Wenn Ihr je heiraten wollt, dann jetzt.«
»Und zu diesem Zweck«, sagte der kleine Mann, »sind wir auch den ganzen Weg hierher geritten, denn in diesem Haus heiratet heute abend der junge Darby Riley Bridget Rooney. Sie ist ein großes hübsches Mädchen und kommt aus ordentlichem Haus. Ich habe beschlossen, sie zu heiraten und sie dann mitzunehmen.«
»Und was wird Darby Riley dazu sagen?« meinte Billy.
»Schweig!« sagte der kleine Mann und schaute wieder streng drein. »Ich habe dich nicht mitgenommen, damit du mir dumme Fragen stellst«, und ohne weitere Vorbereitung murmelte er wieder jene seltsamen Worte, die ihm die Kraft verliehen, durch Schlüssellöcher zu fahren als ob er Luft sei und bei denen Billy sich vornahm, sie sich einzuprägen, während er sie ihm nachsprach. Die beiden fuhren also hinein, und um eine bessere Übersicht zu haben, setzte sich der kleine Mann auf den großen Balken, der quer über die Köpfe von allen hin durch das ganze Haus lief und Billy setzte sich neben ihn. Da er es aber nicht gewohnt war an einem solchen Fleck zu sitzen, baumelten seine Beine ganz unordentlich herunter, während der kleine Mann sich so geschickt mit untergeschlagenen Beinen hinsetzte, als sei er sein Leben lang ein Schneider gewesen.
Da waren sie nun also, der Herr und sein Knecht, und schauten auf den Spaß herab, der da unten vor sich ging, und unter ihnen waren der Priester, der Pfeifer, der Vater von Darby Riley mit Darbys zwei Brüdern und mit dem Sohn seines Onkels, und von Bridget Rooney waren Vater und Mutter da. Stolz war das alte Paar an diesem Abend auf seine Tochter und recht hatten sie, und vier Schwestern feierten mit. Sie hatten brandneue Bänder an ihren

Kappen und dann erst die drei Brüder, die sahen so sauber und wach aus wie nur je drei Jungen in Munster, und da saßen auch noch die Onkels und Tanten und Cousins und Cousinen, auf daß das Haus voll werde, und es gab zu essen und trinken in Hülle und Fülle, und es hätte auch noch gereicht, wenn es doppelt soviel Gäste gewesen wären.

Nun geschah es, daß gerade da, als Mrs. Rooney dem Hochwürden ein Stück von dem Schweinekopf abgeschnitten hatte, der schön mit Wirsing ausgestopft war, die Braut niesen mußte, was alle am Tisch ansteckte, aber keine Sterbensseele sagte »Gott segne dich« zum Nachbarn, wie es sich doch eigentlich gehört. Alle waren davon ausgegangen, daß der Priester »Gott segne Euch!« sagen werde, was ja eigentlich auch seine Pflicht und Schuldigkeit gewesen wäre und niemand wollte ihm das Wort aus dem Mund nehmen, aber er hatte es eben auch vergessen über dem guten Stück Schweinskopf und dem Gemüse. Und nach einem kurzen Augenblick des Verschnaufens ging aller Spaß und alles Reden weiter.

All diesem sahen Billy und sein Meister aus der Höhe herab voller Aufmerksamkeit zu. »Ha!« rief der kleine Mann freudig aus, stieß das eine Bein übermütig von sich und in seinen Augen begann es zu funkeln, während seine Augbrauen immer mehr gotischen Spitzbögen glichen, »ha«, sagte er und schaute erst lustvoll auf die Braut hinab und sah dann Billy an:

»Die Hälfte von ihr habe ich schon. Sie muß nur noch zweimal niesen und sie ist mein, Priester, Meßbuch und Darby Riley hin oder her.«

Wieder nieste Bridget, aber diesmal so leise, daß es kaum jemand außer dem kleinen Mann überhaupt wahrnahm und niemand darauf verfiel »Gott segne dich!« zu sagen.

Billy betrachtete unterdessen das arme Mädchen mit mitleidiger Miene, denn er konnte nicht umhin sich vorzustellen, wie schrecklich es für ein junges hübsches Mädchen von neunzehn Jahren mit großen blauen Augen, durchsichtiger Haut, Grübchen an den Wangen und den ballrunden Brüsten, auf die er von seinem Platz eine besonders gute Aussicht hatte, sein müsse, gezwungen zu werden, ein häßliches kleines Mannsbild zu heiraten, das genau tausend Jahre weniger einen Tag alt war.

In diesem kritischen Augenblick nieste die Braut zum dritten Mal und Billy brüllte so laut er konnte »Gott segne uns!« Ob dieser Ausruf Teil eines Selbstgesprächs war oder ob er aus der Macht der Gewohnheit kam, wußte Billy selbst nicht genau zu sagen, aber kaum waren die Worte heraus, als das Gesicht des kleinen Mannes vor Wut und Enttäuschung rot aufglühte und mit einem schrillen Ton, als sei ein Dudelsack zerrissen, sprang er von dem Balken, auf dem er gehockt hatte herab. Und dabei gab er dem armen Billy einen wütenden Tritt in den Rücken und raunte ihm zu:
»Du bist aus meinen Diensten entlassen, Billy Mac Daniel. Nimm diesen Tritt als Lohn!«
Der unglückliche Feendiener landete mit dem Gesicht nach unten mitten auf dem Eßtisch.
Wenn Billy erstaunt war, so waren es die anderen, die um den Tisch saßen, erst recht. Aber als sie seine Geschichte vernahmen, legte Father Cooney sogleich Messer und Gabel aus der Hand und verheiratete das junge Paar auf der Stelle, und Billy Mac Daniel tanzte Rinka auf ihrer Hochzeit und konnte trinken soviel er wollte, und das war, wenn man es recht bedachte, noch besser als Tanzen!

Von dem Far Darrig oder Fir Dhearga (fir jaraga) meint Yeats kurz und bündig:
»Far Darrig bedeutet soviel wie Roter Mann, denn er trägt eine rote Kappe und ein rotes Gewand, auch er liebte practical jokes und zwar meist ziemlich greuliche. Das ist alles was er tut.« Der Fear Dearg von Munster ist nach der Beschreibung von Crofton Croker »ein kleiner Mann, ungefähr zweieinhalb Fuß groß, mit einem scharlachfarbenen Zuckerhut auf dem Kopf, einem langen scharlachfarbenen Gewand, grauem Haar und runzligem Gesicht.« Ihm etwas abzuschlagen, bringt Unglück. Es scheint aber auch noch einen anderen Far Darrig zu geben, einen Mann mit einem roten Kopf, der meist in Geschichten von Sterblichen, die im Feenland gefangensitzen, eine Rolle spielt. Durch seinen Rat und seine Hilfe können viele dieser Besucher der Anderswelt entkommen. Über das Treiben des Far Darrig in Donegal erzählt eine von Miss Letitia Maclintock gesammelte Geschichte.

FAR DARRIG UND DER TINKER, DER KEINE GESCHICHTE WUSSTE

Pat Diver, der Tinker, war ein Mann, der an das Wanderleben gewöhnt war und auch an ungewöhnliche Nachtquartiere. Er hatte schon in rauchigen Blockhütten mit Bettlern die Decke geteilt, er hatte in den wilden Bergen von Innishowen schon in der Ecke einer Destille geschlafen, in der man poteen *(schwarz, also illegal gebrannter Schnaps)* brannte, er hatte sein müdes Haupt schon auf nackten Heideboden gebettet. Er hatte im Graben geschlafen, kein anderes Dach über dem Kopf als das Himmelsgewölbe, aber all diese Nächte voller Abenteuer waren zahm und blaß, verglichen mit dem, was ihm in jener besonderen Nacht zugestoßen war.

Am Tag, der dieser Nacht vorausging, hatte er alle Kessel und Pfannen in Moville und Greencastle geflickt und war auf dem Weg nach Culdaff, als die Nacht ihn auf einer einsamen Gebirgsstraße einholte.

Er klopfte an so manche Tür auf der Suche nach einem Nachtlager, während der er das Halfpence-Stück in seiner Tasche klingeln ließ, wurde aber überall abgewiesen.

Wo war die vielgerühmte Gastfreundlichkeit von Innishowen, auf die man sich doch immer sollte verlassen können? Was hatte es für einen Zweck, daß man ein Geldstück besaß, sogar zahlen wollte, wenn die Menschen alle so mißtrauisch waren. Dies bedenkend, ging er auf ein Licht zu, das etwas weiter in der Ferne stand und klopfte schließlich auch dort an. Ein alter Mann und eine Frau saßen vor dem offenen Feuer.

»Würden Sie mir ein Nachtlager geben, Herr?« fragte Pat respektvoll.

»Wißt Ihr eine Geschichte zu erzählen?« fragte der alte Mann.

»Nein, Herr, könnt nicht behaupten, daß ich ein guter Geschichtenerzähler wäre«, erwiderte der erstaunte Tinker.

»Dann macht mal, daß Ihr weiterkommt. Wir nehmen hier nur Leute, die eine gute Geschichte wissen.« Das war in einem so entschiedenen Tonfall gesagt, daß Paddy gar nicht mehr wagte, noch etwas einzuwenden, sondern sich zögernd abwandte, um seine traurige Reise fortzusetzen.

»Eine Geschichte!«, murmelte er kopfschüttelnd, »Märchen, wie sie alte Weiber den kleinen Kindern erzählen!«
Als er sein Bündel mit den Werkzeugen aufnahm, bemerkte er, daß hinter dem Wohnhaus eine Scheune stand, und geleitet vom Mond, der inzwischen aufgegangen war, fand er seinen Weg dorthin.
Es war eine saubere, geräumige Scheune mit einem hohen Strohhaufen in der einen Ecke. Hier war ein Nachtquartier, das nicht zu verachten war. Pat wühlte sich ins Stroh und war bald eingeschlafen. Er konnte noch nicht lange geschafen haben, als er von dem Geräusch von Füßen geweckt wurde. Vorsichtig schaute er durch eine Öffnung in dem Stroh, das ihn bedeckte. Er sah vier riesige große Männer hereinkommen. Sie zerrten hinter sich eine Leiche* her, die sie roh auf den Boden warfen.
Dann zündeten sie ein Feuer mitten in der Scheune an, befestigten die Leiche an einem Seil und hängten sie an einem der Deckenbalken auf. Es schien so, als sollte der Tote von allen Seiten geröstet werden, denn einer der vier stand am Feuer und stieß die Leiche immer wieder an, damit sie sich drehte.
»Komm du doch mal«, sagte er nach einer Weile zu dem größten unter den vier, »ich bin's leid. Jetzt kannst du dich ja mal um ihn kümmern.«
»Eh, warum ich denn . . .", erwiderte der große Mann. »Da steckt doch dieser Pat Diver unter dem Stroh, warum nehmen wir ihn nicht mal ran dazu?«
Unter großem Lärmen riefen die vier den armen Pat, der, als er sah, daß es keinen Ausweg gab, sich sagte, es sei doch klüger hervorzukriechen, solange er noch gebeten wurde.
»Also Pat«, sagten sie, »du hältst die Leiche da in Bewegung, aber wenn du sie verbrennen läßt, knüpfen wir dich dort auf und rösten dich auch mal ein wenig.«
Pat standen die Haare zu Berge, und kalter Schweiß trat ihm auf die Stirn, aber was blieb ihm anderes übrig, als sich dieser fürchterlichen Arbeit zu unterziehen.
Als sie sahen, daß er eifrig bei der Sache war, gingen die riesigen Männer fort.
Bald jedoch schlugen die Flammen so hoch, daß sie das Seil ver-

sengten und die Leiche schlug mit einem dumpfen Geräusch am Boden auf. Funken und Asche flogen herum, denn der Kopf war direkt in die Glut gefallen. Mit einem Aufschrei entwich der Wächter durch die Scheunentür und rannte draußen um sein Leben.

Er rannte solange, bis er vor Müdigkeit fast umfiel, und als er merkte, daß er sich in einer Senke, die mit hohem Gras bewachsen war, befand, überlegte er sich, hier werde es sich bis zum Morgen schon aushalten lassen.

Aber kaum hatte er sich hingelegt, da hörte er schon wieder die schweren Schritte, und er sah die vier Männer, von denen der eine die Leiche über der Schulter trug. Er ließ seine Last auf den Boden fallen, atmete schwer und sagte dann:

»Ich bin müde. Jetzt ist mal jemand anders dran, sich mit ihm ein Stück abzuschleppen.«

»Nicht ich«, hörte Pat eine andere Stimme sagen, »aber da liegt Pat Diver, er soll herkommen und die Leiche ein Stück tragen.«

»Komm, komm . . .« riefen die Männer, und Pat, fast tot vor Angst, richtete sich aus dem Gras auf. Er taumelte unter dem Gewicht der Leiche dahin, bis sie Kiltown Abbey, eine mit Efeu überwucherte Ruine, erreichten, wo eine braune Eule die ganze Nacht lang schreit und vergessene Tote unter den Mauern unter dichtem Gestrüpp von Unkraut schlafen. Zu dieser Zeit wurde dort niemand mehr beigesetzt, aber Pats riesige Gefährten liefen zu dem verwilderten Friedhof und begannen damit, eine Grube auszuheben.

Als Pat sah, wie beschäftigt sie waren, überlegte er sich, daß er doch versuchen könne zu entkommen, und er kletterte auf einen hohen Schwarzdornstrauch am Zaun in der Hoffnung, sich in dessen Zweigen zu verstecken.

»Ich bin's leid«, sagte der Mann, der in der Grube stand, »hier nimm den Spaten und mach du weiter.« »Ich nicht«, erwiderte ein anderer, »aber Pat Diver sitzt ja da in den Ästen, wie wäre es, wenn er herunterkäme und sich mal beteiligen würde.«

Also kam Pat angstvoll herunter und griff sich den Spaten, aber eben in diesem Augenblick begannen auf einem Gut in der Nähe die Hähne zu krähen. Da sahen die riesigen Männer einander an. »Wir müssen fort«, sagten sie, »du hast Glück gehabt, Pat Diver, daß die Hähne krähten, denn sonst hätten wir dich mit der Leiche gleich mit unter die Erde gebracht.«

Zwei Monate vergingen, und Pat wanderte durch die Grafschaft Donegal, hierhin und dorthin, als er an einem Markttag nach Rashoe kam.

Unter der Menge, die den »Diamond« füllte, sah er plötzlich einen großen Mann.

»Wie geht's, Pat Diver?« sagte er, beugte sich zu ihm herunter und sah dem Tinker in die Augen.

»Ihr seid mir gegenüber im Vorteil, Herr, denn ich habe nicht das Vergnügen, Euch zu kennen«, stammelte Pat.

»Was, du kennst mich nicht mehr, Pat?«

Geflüster. –

»Nun, wenn du diesmal nach Innishowen zurückkommst, hast du aber eine Geschichte zu erzählen!«

DER GESCHICHTENERZÄHLER IN VERLEGENHEIT

Zu der Zeit, da die Tuatha de Danaan in Irland herrschten, regierte in Leinster ein König, der große Freude an guten Geschichten hatte. Wie die anderen Könige der Insel, hatte auch er einen eigenen Geschichtenerzähler, der vom König dafür gut bezahlt wurde, daß er ihm jeden Abend vor dem Einschlafen eine neue Geschichte erzählte. Viele Geschichten kannte er. Er hatte schon ein hohes Alter erreicht, und noch jeden Tag war ihm eine neue Geschichte eingefallen. Und so groß war sein Einfallsreichtum, daß der Monarch, was immer ihm auch tagsüber Schlimmes oder Unangenehmes widerfahren sein mochte, sich unbedingt darauf verlassen konnte, am Abend mit einer neuen Geschichte in den Schlaf zu finden.

Eines Tages nun stand der Geschichtenerzähler zeitig auf, wie es seine Gewohnheit war, ging hinaus in den Garten und versuchte an die Ereignisse zu denken, aus denen er für den Abend eine Geschichte entstehen lassen wollte. Aber an diesem Morgen war es wie verhext. Er schritt den ganzen Park ab, er lief zu seinem Haus zurück, und es wollte ihm einfach nichts Neues und Ungewöhnliches einfallen. Er hatte keine Schwierigkeiten damit, sich den Anfang auszudenken, etwa »eines Tages sprach der König von Irland« oder »es war einmal ein König, der hatte drei Söhne«, aber weiter kam er dann einfach nicht. Schließlich ging er zum Frühstück und fand, daß seine Frau schon ganz aufgeregt war, weil er sich verspätet hatte:

»Warum kommst du denn nicht zum Frühstück, mein Lieber?« sagte sie.

»Ich mag heute nichts essen«, erwiderte der Geschichtenerzähler, »solange ich schon in den Diensten des Königs von Leinster stehe, habe ich mich nie zum Frühstück hingesetzt, ohne nicht schon meine Geschichte für den Abend bereit zu haben, aber heute morgen bin ich wie vernagelt. Ich weiß gar nicht, was ich tun soll. Ich könnte mich ebensogut hinlegen und auf der Stelle sterben. Welche Schande, wenn der König mich heute abend ruft, und ich weiß keine Geschichte.«

Gerade in diesem Augenblick sah die Frau aus dem Fenster.

»Siehst du dort diesen schwarzen Fleck am Ende des Feldes?« fragte sie.

»Ich sehe nichts«, erwiderte ihr Mann.

Sie gingen näher und entdeckten einen elend aussehenden alten Mann, der dort am Boden lag, sein Holzbein neben sich.

»Wer seid Ihr, mein guter Mann?« fragte der Geschichtenerzähler.

»Ach, wer ich bin spielt weiter keine Rolle. Ich bin arm, alt, lahm, hinfällig und übel dran. Ich habe mich hier nur ein wenig ausgeruht.«

»Und was hat es mit dem Würfelbecher in Eurer Hand für eine Bewandnis?«

»Ach, ich warte darauf, daß jemand kommt, der mit mir spielt«, erwiderte der alte Mann.

»Vielleicht willst du mit ihm spielen«, sagte die Frau zu ihrem Mann, »vielleicht fällt dir dann eine Geschichte ein für den Abend.«

Ein glatter Stein wurde zwischen sie hingestellt, auf dem ließen sie die Würfel ausrollen.

Es dauerte nicht lange, da hatte der Geschichtenerzähler jeden Penny, den er besaß, verloren.

»Mag es dir Glück bringen, Freund«, sagte er, »was kann man an

einem solchen Tag anderes erwarten!« – »Wollen wir weiter spielen?« fragte der alte Mann.
»Unsinn, Mann. Meinst du, ich will es riskieren, daß meine Frau an den Bettelstab kommt?«
»Vielleicht gewinnst du ja auch.«
»Vielleicht auch nicht«, sagte der Geschichtenerzähler.
»Spiel mit ihm, Mann«, sagte die Frau, »von mir aus kannst du ruhig unsere Pferde setzen. Mir macht es nichts aus zu Fuß zu gehen.«
»Also meinetwegen«, sagte der Geschichtenerzähler. Er setzte sich wieder hin und mit einem Wurf verlor er Pferde, Hunde und Wagen.
»Willst du weitermachen?« fragte der Bettler.
»Du willst mich wohl auf den Arm nehmen. Was hätte ich noch als Einsatz?«
»Ich setze alles, was ich besitze gegen deine Frau«, sagte der alte Mann.
Der Geschichtenerzähler wollte sich schweigend abwenden, aber seine Frau hielt ihn zurück.
»Nimm an«, sagte sie, »dies ist das dritte Mal. Vielleicht hast du diesmal Glück. Bestimmt wirst du jetzt gewinnen.«
Sie spielten wieder, und der Geschichtenerzähler verlor. Kaum war das geschehen, da stand zu seinem Erstaunen die Frau auf und setzte sich neben den Bettler.
»Du willst mich also verlassen«, stellte der Geschichtenerzähler fest.
»Er hat mich gewonnen«, sagte sie, »willst du etwa den armen Mann betrügen?«
»Hast du denn gar nichts mehr zum Setzen?« fragte der alte Mann.
»Das weißt du sehr gut!«
»Ich setz alles, was ich habe, einschließlich der Frau und du setzt dich selbst«, sagte der alte Mann.
Wieder spielten sie, und wieder verlor der Geschichtenerzähler.
»Also, hier bin ich. Was willst du jetzt mit mir anfangen?«
»Das wirst du gleich hören«, sagte der alte Mann und nahm aus seiner Tasche eine lange Schnur und einen Stock.
»Also«, sagte der alte Mann zu dem Geschichtenerzähler, »welches Tier wärest du lieber: ein Reh, ein Fuchs oder ein Hase? Jetzt hast du noch die Wahl, später nicht mehr.«

Um eine lange Geschichte kurz zu machen, der Geschichtenerzähler wählte den Hasen; der alte Mann legte ihm die Schnur um, berührte ihn mit dem Stab und – schwupp, da hoppelte ein langohriger Hase über den Rasen.
Aber nicht lange, denn niemand anderes als die Frau rief die Hunde und hetzte sie auf ihn. Der Hase floh, die Hunde setzten ihm nach. Rund um das Feld lief eine hohe Mauer, so daß er nicht heraus konnte, und der Bettler und die Frau hatten ihr Vergnügen daran, zuzuschauen, wie er in der Klemme saß.
Vergeblich versuchte er, sich bei seiner Frau zu verstecken, die stieß ihn zurück. Endlich rief der Bettler die Hunde zurück und verwandelte den Hasen wieder in den Geschichtenerzähler zurück.
»Wie hat dir das gefallen?« fragte der Bettler.
»Vielleicht gefällt das anderen nicht übel«, sagte der Geschichtenerzähler und warf seiner Frau einen Blick zu, »ich, für meinen Teil, kann gut ohne das auskommen.«
»Wäre es zuviel verlangt«, fuhr er fort, »nun endlich einmal von dir zu erfahren, wer du bist und woher du kommst und weshalb es dir solchen Spaß macht, einen alten Mann wie mich so zu plagen?«
»Ach«, erwiderte der Fremde, »ich bin ein komischer Nichtsnutz, den einen Tag arm, den anderen Tag reich und wenn du meine Gewohnheiten kennenlernen willst, dann komm mit mir.«
»Ich bin nicht mein eigener Herr. Ich kann nicht so ohne weiteres fort.«
Der Fremde griff mit der einen Hand in seine Tasche und zog einen gutaussehenden Mann mittleren Alters hervor, zu dem sprach er:
»Bei allem, was du gehört und gesehen hast, seit du dort in der Tasche gesteckt hast, kümmere dich um diese Dame, um den Wagen und die Pferde. Ich möchte, daß immer alles bereit steht, falls ich es brauchen sollte.«
Kaum hatte er das gesagt, als alles verschwand und der Geschichtenerzähler sich bei Foxes' Ford in der Nähe des Schlosses von Red Hugh O'Donnell wiederfand. Er konnte alles sehen, aber für die anderen war er unsichtbar.
O'Donnell saß in seiner Halle, dick und traurig sah er aus.
»Geh«, sprach er zu seinem Türsteher, »und schau, wer oder was da kommt.«

Der Türsteher ging, und er sah einen dürren grauen Bettler. Die Hälfte seines Schwertes schaute hinter seinem Rücken hervor, seine Schuhe waren vollgesogen mit schmutzigem Wasser und die Enden seiner beiden Ohren ragten aus den Löchern im Filz seines Hutes hervor, um die Schultern trug er einen zerfetzten Mantel und in der Hand hatte er einen grünen Stock von einem Stechpalmenstrauch.

»Glück Euch, O'Donnell«, sagte der Bettler.

»Und Euch auch«, sagte O'Donnell, »von wo kommst du, und was ist dein Gewerbe?«

»Ich komme vom äußersten Strom auf Erden. Aus den Tälern, wo die weißen Schwäne gleiten. Eine Nacht wohne ich auf Islay, eine andere Nacht auf der Isle of Man, eine dritte Nacht schlafe ich auf dem kalten Hügel.«

»Dann müßt Ihr ein großer Reisender sein«, sagte O'Donnell, »vielleicht habt Ihr unterwegs etwas gelernt.«

»Ich bin ein Gaukler«, sprach der Bettler, »und für fünf Silberstücke sollt Ihr meine Kunststücke sehen.«

»Die sollt Ihr haben«, sagte O'Donnell, und der Bettler holte drei kleine Strohhalme hervor und legte sie auf die Handfläche.

»Den in der Mitte blase ich fort«, sagte er, »und die beiden anderen bleiben liegen.«

»Das schafft Ihr nie«, sagte jemand.

Aber der Bettler hielt zwei der Strohhalme mit den Fingern fest, blies und der mittlere Strohhalm wirbelt davon.

»Gut gegeben«, sagte O'Donnell, und er zahlte die fünf Silberstücke.

Der Bursche, der die Wette angenommen hatte, legte die Strohhalme auf seine flache Hand, blies und die ganze Hand flog fort mit den Strohhalmen.

»Du lernst es nie, und du wirst es nie lernen«, sprach O'Donnell.

»Sechs Silberstücke, O'Donnell, und ich zeige Euch noch ein ganz anderes Kunststück«, sagte der graue hagere Bettler.

»Nur zu!«

»Seht Ihr meine beiden Ohren! Ich werde das eine bewegen und das andere still halten.«

»Sie sind nicht zu übersehen, aber das schafft Ihr nie.«

Der hagere graue Bettler legte eine Hand an das eine Ohr und zog daran, daß es sich bewegte. O'Donnell lachte und zahlte.
»Das sind mir vielleicht Kunststücke«, rief ein bartloser Bursche, »das kann schließlich jeder.«
Und er griff sich ans Ohr, um daran zu ziehen, aber plötzlich hielt er das Ohr in der Hand. »Du wirst auch nie klüger«, sagte O'Donnell.
»Nun, Herr«, sprach der hagere graue Bettler, »einiges habe ich Euch schon geboten, aber was ich jetzt zeige, ist das Geld, das ich dafür verlange, mehr als wert. Wieder sechs Silberstücke?«
»Ihr habt mein Wort«, sagte O'Donnell.
Da griff der graue hagere Bettler in seine Achsel und holte dort einen Beutel mit Seide hervor. Er rollte den Ballen auf und warf die Bahnen so, daß sie eine Leiter hinauf in den blauen Himmel bildeten. Dann nahm er einen Hasen und setzte ihn auf das Tuch, holte einen Hund mit roten Ohren und dieser rannte schnell dem Hasen nach.
»Nun«, sagte der hagere graue Bettler, »will etwa jemand dem Hund nachrennen?«
»Ich will es«, rief ein Bursche.
»Dann fort mit dir«, sagte der Gaukler, »aber ich warne dich, wenn du es zuläßt, daß der Hase getötet wird, schlage ich dir deinen Kopf ab.«
Der Bursche rannte hinterdrein und bald waren die drei verschwunden. Nach einer Weile blickte der hagere graue Bettler auf:
»Ich fürchte«, sprach er, »der Hund frißt den Hasen und der Bursche ist eingeschlafen unterwegs.«
Indem er dies sagte, rollte er die Seidenbahnen wieder zusammen und herab kam der Hund mit den roten Ohren, die letzten Brocken vom Fleisch des Hasen gerade noch im Maul.
Der Bettler schlug dem Burschen mit einem Streich den Kopf ab und tötete dann den Hund.
»Das mißfällt mir«, sagte O'Donnell, »ich mag es nicht, daß an meinem Hof ein Bursche und ein Hund getötet werden.«
»Zweimal fünf Silberstücke für jeden«, rief der Gaukler, »und ihre Köpfe sollen wieder auf ihren Schultern sitzen.«
»Einverstanden«, sagte O'Donnell.

Das Geld wurde gezahlt und sieh da, die Köpfe saßen ihnen wieder auf den Schultern, wo sie hingehörten! Und wenn auch beide noch lange lebten, so hat doch der Hund nie mehr einen Hasen angerührt und der Bursche hielt die Augen immer weit offen. Kaum hatte der graue Bettler diese Wunder vollbracht, da war er verschwunden und niemand wußte zu sagen, ob er durch die Luft davongeflogen war oder ob die Erde ihn verschlungen hatte.

Er verschwand wie die Welle, die sich an der nächsten Welle bricht,
so wie ein Wirbelwind auf den anderen folgt,
Wie der fürchterliche Eissturm,
so rasch, so geschwind, so lustig und stolz.
Nichts vermochte ihn aufzuhalten,
bis er kam
zum Hof des Königs von Leinster.
Er setzte mit einem Freudensprung
über die Turmspitze
von Hof und Palast des Königs.

Trüb war der Sinn des Königs von Leinster.

Es war die Stunde, zu der er gewohnt war, sich eine Geschichte erzählen zu lassen. Aber er mochte nach rechts oder nach links einen Boten schicken, alle kamen sie zurück, ohne daß sie den Geschichtenerzähler hätten finden können.

»Geh an das Tor«, befahl er dem Türhüter, »und sieh nach, ob dort irgendwer etwas vom Geschichtenerzähler gehört hat.«

Der Türhüter eilte, und wen sah er da? Niemand anderen als den dürren grauen Bettler in verschmutzten Schuhen, das Leder voll Wasser gesogen. Die Ohren schauten durch die Löcher in seinem Hut. Seine Schulterknochen kamen zwischen den Rissen in seinem Umhang zum Vorschein und in den Händen trug er eine Harfe mit drei Saiten.

»Was kannst du?« fragte der Türhüter.

»Ich kann spielen«, sagte der Bettler. »Hab keine Angst«, fügte er an den Geschichtenerzähler gewandt hinzu, »du wirst alles mit ansehen können, aber für die anderen bist und bleibst du unsichtbar.«

Als der König hörte, daß draußen ein Harfenspieler stand, hieß er ihn hereinkommen.

»Man sagt, daß ich die besten Harfenspieler in den fünf Fünfteln von Irland habe«, sagte er, und dann befahl er den Musikanten zu spielen.
Der hagere graue Bettler hörte zu.
»Habt Ihr je dergleichen gehört?« fragte der König. »Habt Ihr, mein König, je eine Katze schnurren gehört, wenn sie vor einer Schüssel mit Brühe sitzt? Habt Ihr das Summen der Käfer im Zwielicht schon einmal gehört, oder eine schrillzüngige Frau, die keift, daß es einem fast den Schädel sprengt?«
»Gewiß habe ich das«, sagte der König.
»Die ärgsten Laute von alldem schienen mir melodischer als das Spiel Eurer Musikanten.«
Als die Harfenspieler das hörten, zogen sie ihre Schwerter und warfen sich auf ihn, aber statt ihn zu verletzen, schlugen sie sich gegenseitig den Schädel ein.
Als der König das sah, überlegte er und fand, es sei hart, wenn die Harfenspieler sich nicht mehr damit zufrieden gäben, nur die Musik zu morden, sondern sich nun auch schon gegenseitig totschlügen.
»Hängt diesen Burschen, der an all dem schuld ist«, befahl er, »wenn ich schon keine Geschichte bekomme, will ich wenigstens Frieden haben.«
Heran kam die Wache, ergriff den grauen hageren Bettler, marschierte mit ihm zum Galgen und knüpfte ihn dort auf. Als sie nun wieder zurück in die Halle des Königs kamen, sahen sie doch niemand anderen als den Bettler dort auf einer Bank sitzen und Ale trinken.
»Euch kein Willkommen«, rief der Hauptmann der Wache, »wir haben Euch doch gerade aufgehängt. Wie könnt Ihr dann hier sein?«
»Ob ich es selbst bin, meint Ihr?«
»Wer sonst?« sagte der Hauptmann.
»Mag sich Eure Hand in einen Schweinefuß verwandeln, wenn Ihr daran denkt, die Schlinge zu knüpfen. Warum sprecht Ihr davon, daß Ihr mich aufhängen wollt?«
Zurück eilte die Wache zum Galgen, dort aber hing der Lieblingsbruder des Königs.

Zurück rannten sie zum König, der aber war eingeschlafen. »Bitte, Eure Majestät«, sagte der Hauptmann, »wir haben diesen Vagabunden dort aufgehängt, aber er ist lebendig und munter, als sei nichts gewesen.« – »Hängt ihn wieder auf«, sagte der König und schlief sofort wieder ein.
Sie taten wie ihnen geheißen, aber als sie nun an den Galgen kamen, hing dort statt des Bettlers der erste Harfenspieler des Königs in der Schlinge. Der Hauptmann der Wache wußte kaum noch ein und aus.
»Wollt Ihr mich etwa noch ein drittes Mal hängen?« fragte der hagere graue Bettler.
»Scher dich fort«, sagte der Hauptmann, »und so schnell wie möglich. Mit dir haben wir gerade genug Ärger gehabt.«
»Jetzt nehmt Ihr langsam Vernunft an«, antwortete der Bettler, »und da Ihr endlich damit aufhört, einen Fremden nur deswegen zu hängen, weil er mit Eurer Musik nicht einverstanden ist, will ich Euch prophezeien, daß Ihr Eure Freunde froh und munter am Fuß des Galgens antreffen werdet.«
Nach diesen Worten war er verschwunden; und der Geschichtenerzähler fand sich wieder an der Stelle, an der er dem grauen hageren Bettler zum ersten Mal begegnet war. Dort standen auch immer noch seine Frau, seine Pferde, seine Hunde und sein Wagen.
»Und nun«, sprach der dürre graue Bettler, »will ich Euch nicht länger plagen. Hier ist Euer Besitz, hier ist Eure Frau, kurz alles, was Ihr beim Spielen an mich verloren habt. Tut damit, was Euch gefällt.«
»Was den Wagen, die Hunde und die Pferde angeht«, sprach der Geschichtenerzähler, »so danke ich Euch. Meine Frau und mein Geld könnt Ihr behalten.«
»Nein«, antwortete der Bettler, »ich will beides nicht. Und was Eure Frau betrifft, so dürft ihr nicht zu schlecht von ihr denken. Als sie die Hunde auf Euch hetzte, habe ich sie durch Zauber dazu gezwungen. Ich bin kein Bettler und auch nicht so alt und arm wie Ihr vielleicht denkt. Ich bin Angus of the Bruff, und indem Ihr den König mit Euren Geschichten unterhieltet, habt Ihr auch mir so manche gute Tat getan. Heute morgen hörte ich durch Zauber, in welchen Schwierigkeiten Ihr Euch befandet, und ich beschloß,

Euch zu helfen. Was nun Eure Frau betrifft: dieselbe Macht, die Eure Gestalt veränderte, veränderte ihren Sinn. Vergeßt und vergebt, wie Mann und Frau es tun sollten, und jetzt habt Ihr wohl eine Geschichte für den König von Leinster, wenn er Euch zu sich ruft.«

Mit diesen Worten war er verschwunden. Wahrlich, nun hatte der Geschichtenerzähler eine Geschichte und noch dazu eine so recht nach dem Geschmack des Königs. Vom ersten bis zum letzten Augenblick erzählte er alles, was ihm widerfahren war, und so lang und laut lachte der König, daß er in dieser Nacht überhaupt nicht einschlief. Er sagte seinem Geschichtenerzähler, wenn ihm wieder einmal keine Geschichte einfiele, solle er sich nur keine Sorgen machen, sondern ihm dann immer wieder seine Erlebnisse mit dem grauen hageren Bettler zum Besten geben. Und wann immer der Geschichtenerzähler davon erzählte, mußte sich der König ausschütten darüber vor Lachen.

Der Pooka oder Púca ist eine Fee in Tiergestalt. Manche leiten seinen Namen von poc (Ziegenbock) ab und betrachten ihn als den Vorvater des Puck bei Shakespeare. Er lebt in einsamen Gebirgen und in alten Ruinen, von denen es in Irland ja mehr als genug gibt. Verräterisch ist die Angabe, daß er immer größer wird, je einsamer es irgendwo ist. Gewöhnlich hat er die Gestalt eines Pferdes oder eines Esels, manchmal aber auch die eines Adlers oder einer Fledermaus. Die bekannteste Geschichte ist die von dem Pooka von Kildare. In ihr tritt er in seiner Tiergestalt, aber als guter Hausgeist auf, eine Rolle, die sonst den Brownies vorbehalten ist. Douglas Hyde berichtet, daß aus einem bestimmten Hügel in Leinster eine schlanke schreckliche Stute hervorkam und mit menschlicher Stimme zu jedermann über den Novembertag sprach. Das Feenwesen gab kluge Antworten, und man konnte es befragen, was einem bis November in einem Jahr zustoßen werde. Die Leute stellten Geschenke an den Hügel, bis Patrick und der Klerus kamen und dies verboten.

*Das klingt nach einem Heiligtum der keltischen Pferdegöttin Epona**, vielleicht in einer Grotte, an einer Quelle, in der geweissagt wurde. Auf dem Boden der Bundesrepublik hat sich ein solches Heiligtum in einer Quellenhöhle unter anderem im Saarland erhalten. Der Pooka soll*

Grabräuber vertreiben und aufschrecken. Aber er hilft auch jenen, denen er sich zu Dankbarkeit verpflichtet fühlt. Er vertreibt das Nachtgelichter böser Feen und errettet das Vieh armer Bauern vor dem Ertrinken. Einen armen und verachteten Teufel, wie den Pfeifer aus Dunmore in der Grafschaft Galway, trägt er auf seinem Rücken bis in ein Feenhaus auf dem Croagh Patrick und beschenkt ihn schließlich mit einem Dudelsack, auf dem man die schönste Musik spielen kann, die man je in der Grafschaft zu hören bekommen hat. Er kann aber auch bös und gewalttätig als panischer Schrecken auftreten, wie in jener Geschichte, die in gedruckter Form zum ersten Mal in T. Crofton Crokers 38 Texte umfassender Sammlung »Fairy Legends and Traditions of the South of Ireland« erschien und von den Gebrüdern Grimm in ihrem Band »Irische Elfenmärchen« mit übernommen wurde.

DAS GEBÜCKTE MÜTTERCHEN

Margreth Barrett war in ihrer Jugend schlank, artig und wohlgesittet und zeichnete sich durch die Vereinigung zweier Eigenschaften aus, die man nicht oft beisammen findet. Sie war nämlich eine sehr sparsame Hausfrau und zugleich die beste Tänzerin in ihrem Geburtsort, dem Dorfe Ballyhuley. Gegenwärtig ist sie in den Sechzigern. In den letzten zehn Jahren ihres Lebens ist sie nicht mehr imstande gewesen, aufrecht zu gehen. Sie hält sich gebückt; der Kopf berührt fast den Boden, doch ihre Glieder gebraucht sie, soweit das bei dieser Haltung möglich ist, mit völliger Freiheit; ihre Gesundheit ist gut, ihr Geist beweglich, und in der Familie ihres ältesten Sohnes, bei welchem sie seit dem Tod ihres Mannes lebt, verrichtet sie alle häuslichen Arbeiten, welche ihr Alter und jenes Gebrechen zulassen. Sie wäscht die Kartoffeln, macht Feuer an, kehrt das Haus (lauter Geschäfte, wobei ihr, wie sie mit guter Laune bemerkt, ihr krummer Rücken sehr zustatten kommt), spielt mit den Kindern und erzählt ihren Hausgenossen und den Freunden aus der Nachbarschaft, die sich oft rund um sie beim Feuer versammeln, ihr in den langen Winterabenden zuhören, allerlei Geschichten. Die anziehende Kraft ihrer Unterhaltung wird sehr gepriesen sowohl wegen ihrer guten Laune als auch wegen ihrer Erzählungen;

und drollige und scherzhafte Begebenheiten, die sich auf ihre gekrümmte Gestalt beziehen, dann aber das Ereignis selbst, welches schuld an diesem Mißgeschick ist, sind das Lieblingskapitel ihrer Gespräche. So hörte man sie unter anderem erzählen, wie an einem bestimmten Tag, nach einer schlechten Ernte, als verschiedene Pächter dieser Gegend auf dem Feld eine Bittschrift um Verminderung des Pachtgeldes verfaßt hatten, das Papier zum Schreiben auf ihren Rücken gelegt und dieser als ein leidlich guter Tisch befunden worden war.

Margreth, wie alle gescheiten Erzähler, pflegte sich sowohl was die Ausführlichkeit als den Inhalt ihrer Geschichten anging, nach den Zuhörern und den Umständen zu richten. Sie wußte, daß bei hellem Tageslicht, wenn die Sonne glänzend scheint, die Bäume knospen, die Vögel rings um uns singen, rührige und gesprächige Menschen ihren Geschäften oder Vergnügungen nachgehen; sie wußte, doch gewißlich ohne die Ursache zu kennen oder sich viel darum zu bekümmern, daß wenn wir mit dem wirklichen Leben und der wirklichen Welt beschäftigt sind, der gläubige Sinn fehlt, ohne welchen Erzählungen, die sonst aufs gewaltigste die Teilnehmer anregen, keinen Eindruck hinterlassen. Doch am Weihnachtsabend bei flackerndem Herd, wenn die Winde kalt um die Mauern pfeifen und durch die Türen des kleinen Hauses dringen und daran erinnern, daß draußen Kräfte stärker als der Mensch am Werke sind, in solchen Stunden pflegte Margreth Barrett ihren Erinnerungen und ihrer Phantasie, oder beiden, ohne Rückhalt nachzugeben, und bei einer solchen Gelegenheit war es, wo sie umständlich erzählte, wie sie zu dieser gekrümmten Gestalt gekommen sei.

»Es war gerade unter allen Tagen im Jahr der Tag vor dem Mai, wo ich hinaus in den Garten ging, die Kartoffeln zu jäten.

Ich wäre den Tag nicht herausgegangen, wäre ich nicht traurig und kummervoll gewesen und gern für mich allein.

Die Burschen und Mädchen im Haus lachten alle, scherzten und machten Bälle zum Schleudern oder Bänder zurecht für die Vermummten am folgenden Tage. Ich konnte das nicht ertragen. Am letzten Osterfest war es zehn Jahre her, daß ich meinen armen Mann begraben hatte, und ich dachte daran, wie vergnügt und voller Freude ich gewesen war so manches lange Jahr vorher, eben in jenen Tagen, da Robin neben mir saß und ich die Bänder für den Schleuderball schnitt und nähte, die ich darauf den Burschen gab mit dem Gefühl, allen Mädchen an den Ufern des Blackwaters vorgezogen zu werden, von dem hübschesten und besten Schleuderer in dem Dorf.

Ich verließ das Haus und ging in den Garten. Ich blieb da den ganzen Tag und kam nicht heim zum Essen. Ich weiß nicht, wie es war, und nur soviel, daß ich in kummervollen Gedanken fortfuhr zu jäten, einige von den alten Liedern singend, die ich aber und abermals in den Tagen gesungen habe, die nun dahin sind, vor dem, der nimmer zurückkehrt, sie anzuhören.

Die Wahrheit zu sagen, es war mir unerträglich, hinzugehen und schweigend und finster zu Haus zu sitzen, unter Menschen, die lustig und jung waren und ihre besten Tage vor sich hatten. Es ward spät, ehe ich an die Heimkehr dachte, und ich verließ den Garten erst einige Zeit nach Sonnenuntergang. Der Mond stand am Himmel; kein Wölkchen war zu sehen, hier und da blinkte schon ein Stern. Die Sonne war zwar schon untergegangen, aber der Mond leuchtete noch nicht mit voller Helligkeit. Sein Licht lag bleich und silberfarbig auf den Dingen. Dünne Nebelstreifen zogen über die Felder hin.

In der Richtung gegen Sonnenuntergang war es noch heller. Dort leuchtete es rot und feurig durch die Bäume, als ob unten eine große Stadt in Brand auflodere. Überall herrschte Schweigen wie auf einem Kirchhof, nur dann und wann hörte man in der Ferne einen Hund bellen oder eine Kuh brüllen. Kein lebendes Wesen war zu sehen, weder auf dem Wege noch auf dem Feld. Ich wunderte mich erst, dann erinnerte ich mich, daß es der Abend vor Mai war und daß mancherlei, Gutes und Böses, in dieser Nacht umherschwärme und ich die Gefahren meiden müsse wie jeder andre. Ich ging so rasch zu als ich konnte und gelangte bald an das Ende der Mauer, die das Gut umgibt, wo die Bäume hoch und dicht auf jeder Seite des Weges aufsteigen und sich meist mit den Wipfeln berühren. Mein Herz hatte ein Vorgefühl, als ich unter ihre Schatten kam. Die Öffnung oben ließ so viel Licht herab, daß ich einen Steinwurf weit vor mir sehen konnte.

Plötzlich hörte ich in den Ästen auf der rechten Seite des Weges ein

Rascheln und sah etwas, das einem kleinen schwarzen Ziegenbock ähnlich war, nur die langen, breiten Hörner auswärtsgerichtet statt rückwärts gekrümmt; es stand auf den Hinterfüßen am Rand der Mauer und schaute auf mich herab. Der Atem stockte mir, und ich konnte mich fast eine Minute lang nicht bewegen. Ich mußte, wie es auch zuging, meine Augen unverwandt dahin richten, aber es schaute immer starr auf mich herab. Endlich nahm ich mich zusammen und ging fort, aber ich hatte noch keine zehn Schritte getan, als ich dieselbe Erscheinung auf der Mauer zu meiner Linken erblickte, genau in derselben Stellung, nur noch drei- oder viermal so hoch und beinahe so groß wie der größte Mann. Die Hörner sahen schrecklich aus, es starrte mich an wie dort. Meine Beine zitterten, die Zähne schnatterten, und ich glaubte jeden Augenblick, ich würde tot hinfallen. Endlich war es mir, als wäre ich gezwungen zu gehen, und ich ging wirklich fort, aber ich fühlte nicht, wie ich mich bewegte oder wie meine Beine mich trugen. Eben als ich an der Stelle vorbeikam, wo das entsetzliche Wesen stand, hörte ich ein Geräusch, als ob etwas die Mauer herabsprānge und hatte ein Gefühl, als wenn ein schweres Tier auf mich stürzte, das mit den Vorderfüßen mich fest um die Schultern packend die Hinterfüße in meinen faltigen, zusammengesteckten Rock* verwickelte. Ich wundere mich heute noch, wie ich die heftige Erschütterung ertragen habe, aber ich fiel weder noch schwankte ich bei der Wucht, sondern ging darauf los, als hätte ich die Stärke von zehn Männern; jedoch fühlte ich, daß ich gezwungen war, mich fortzubewegen und nicht die Macht hatte stillzustehen, wie ich es wünschte. Doch ich keuchte ängstlich, ich wußte was ich tat, so deutlich wie ich es in diesem Augenblick weiß; ich versuchte zu schreien, doch ich konnte es nicht, versuchte zu laufen, aber es war nicht möglich, versuchte rückwärts zu schauen, aber Kopf und Nacken waren wie in einen Schraubstock gespannt. Ich konnte nur meine Augen nach beiden Seiten hindrehen, und dann erblickte ich so klar und deutlich, als wäre es in vollem Licht der lieben Sonne, einen schwarzen und gespaltenen Fuß fest auf meine Schulter gelegt. Ich hörte ein leises Atmen in meinem Ohr, ich fühlte, daß bei jedem Schritt, den ich tat, meine Beine an die Füße jenes Wesens stießen, das auf meinem Rücken hing. Endlich sah ich das Haus, und es war mir ein willkommener Anblick, denn ich dachte, ich würde erlöst sein, wenn ich es erreichte. Ich kam bald vor die Türe, doch sie war verschlossen. Ich schaute nach dem kleinen Fenster hin, aber es war ebenfalls geschlossen, die anderen Hausbewohner waren an einem solchen Abend vorsichtiger als ich; ich sah drinnen das Licht. Es drang durch die Spalten der Türe, ich hörte Menschen im Haus reden und lachen. Nur drei Ellen war ich von meinen Verwandten entfernt, die alles getan haben würden, um mich zu retten. Möge Gott mich davor bewahren, noch einmal so zu leiden wie ich in jener Nacht gelitten habe! Etwas Fürchterliches hielt mich fest. Ich war unfähig, mir selbst zu helfen, meine Freunde anzurufen oder meine Hand auszustrecken. Ich konnte weder klopfen noch auch nur meinen Fuß heben, um an die Türe zu stoßen und sie wissen zu lassen, daß ich draußen stand. Es war, als ob meine Hände am Leib festklebten, als ob meine Füße an den Boden geheftet wären und als liege das Gewicht eines Felsens auf ihnen. Endlich kam mir der Gedanke, mich zu bekreuzigen, und meine rechte Hand, die sonst nichts tat, tat es für mich. Die Last blieb auf meinem Rücken, keine Veränderung trat ein. Ich bekreuzigte mich abermals, es blieb wie es gewesen war. Ich gab mich verloren, doch ich bekreuzigte mich zum dritten Mal, und kaum hatte meine Hand das Zeichen ausgeführt, als ich spürte, wie die Last von meinem Rücken sprang. Die Tür fuhr auf, als hätte der Blitz in sie eingeschlagen, ich stürzte vorwärts, fiel mit der Stirne voran auf die Dielen. Als ich wieder aufstand, war mein Rücken krumm. Von jener Nacht an bis zu dieser Stunde konnte ich mich nicht wieder aufrichten.«

Es entstand eine kurze Pause, als Margreth Barrett geendigt hatte. Diejenigen, welche die Geschichte schon kannten, hatten mit dem Ausdruck halb befriedigter Teilnahme zugehört, gemischt indessen mit jenem feierlichen Gefühl, welches eine Erzählung übernatürlicher Wunder erregt. Sich auf ihren Sitzen bewegend, verließen sie die Stellung, in welcher sie während der Erzählung verharrt hatten und nahmen eine andere an, welche zu erkennen gab, daß ihre Neugierde in Beziehung auf die Ursache dieser seltsamen Begebenheit schon längst befriedigt war. Diejenigen aber, welche sie noch nicht gekannt hatten, behielten den Ausdruck und die Stellung gespannter Aufmerksamkeit und ängstlicher, aber feierlicher Erwartung. Ein Enkel der Margreth von etwa neun Jahren (doch kein Kind des Sohnes, bei welchem sie lebte), hatte noch nie die Geschichte gehört. So wie seine Aufmerksamkeit wuchs, drängte es sich immer fester an die Seite der alten Frau, und beim Schluß schaute es unverwandt nach ihr hin, mit seinem Leib über ihre Knie zurückgebogen, und sein Gesicht zu ihr aufgerichtet, mit einem Ausdruck, in welchem die Neigung zu weinen mit der Neugierde zu kämpfen schien. Nach einem augenblicklichen Stillschweigen konnte es nicht länger seine Neugierde bezähmen, und ihre grauen Locken mit einem Händchen fassend, während Tränen der Furcht und des Erstaunens gerade von seinen Augenwimpern herabtröpfelten, rief es: »Großmutter, wer war das?« Margreth lächelte erst nach dem ältern Teil der Zuhörer, dann nach ihrem Enkel hin, und ihm sanft über die Stirn streichelnd sagte sie: »Es war die Pooka!«

Daß es nicht nur auf oder vielmehr unter der Erde Feen gibt, sondern auch in und unter dem Wasser, kann, wenn man um die Anfänge der Vorstellung von der Anderswelt weiß, nicht erstaunen. Die Anderswelt der Ufer, Strände und des Meeres ist bevölkert mit den Merrows und Silkies.
Bei schönem wie bei schlechtem Wetter sitzt der Merrow auf einem Felsen und hält nach Treib- oder Strandgut von untergegangenen Schiffen Ausschau. Er ist ein umgänglicher Bursche mit einer roten Nase, hat einen grünen Leib, grüne Haare und grüne Zähne, Schweinsaugen, Flossen statt Arme und ist immer nackt.
Die Seefrau, das weibliche Gegenstück zum Merrow, ist hübsch, grazil, hat einen langen Fischschwanz und feine, spinnwebartige Häute zwischen den Fingern. Ihr Kleid ist so weiß wie der Schaum der See und mit purpurnem Seegras bestickt. Ihr Haar, in dem etwas Salz aus dem Meereswasser klebt, schimmert wie Tau. Wie der Merrow trägt auch sie einen roten Hut. Sie hat spöttische Augen und um die Schultern einen dunklen Überwurf, der auf ihren hübschen Busen mehr neugierig macht, als daß er ihn verhüllt.
Die Seefrauen verlocken sterbliche Männer mit ihrer exotischen Schönheit. Sie holen sich einsame Fischer auf ihren Lieblingsfelsen zum Tête a tête. Kommt ihnen auf See ein Boot zu nahe, so tauchen sie unter und ihr Gelächter wirkt als Liebeszauber.

Wo sie sich im Meer an der Wasseroberfläche sehen lassen, wissen die Fischer, daß der Sturm nicht weit ist.
Auf See sind sie ebenso wild wie schön, während sie auf Land scheu und unterwürfig werden. Fischer, die wegen der Auswanderung der Bevölkerung ganzer Ortschaften keine Frau fanden, pflegten allein an der Küste spazieren zu gehen, in der Hoffnung, auf eine Seefrau zu treffen.
Gelingt es einem Sterblichen, einer Meerfrau ihre rote Kappe oder ihren dunklen Umhang wegzunehmen, so vergißt sie ihre wässrige Herkunft und ist auch bereit, ihn zu heiraten. Sie wird ihm eine gute Ehefrau sein, sehr gewissenhaft all ihre häuslichen und erotischen Pflichten erfüllen, sich allerdings nie ganz an das Landleben gewöhnen. Eine verheiratete Meeresfrau lacht selten und schließt ungern nähere Bekanntschaft mit irdischen Frauen.
Wenn sie ihre rote Kappe wiederfindet, die ein vorsichtiger Ehemann sorgfältig zu verstecken pflegt, erinnert sie sich an ihr Leben in der maritimen Anderswelt, gibt Heim, Kinder und Mann auf und verschwindet wieder in die See.
Weniger unheimliche Geschöpfe als die Meeresfrauen sind die Silkies. Sie sind bei Tag Seehunde und bei Nacht Frauen. Leise tauchen sie aus den Wellen auf und lassen ihre Schwimmhäute auf dem Strand zurück. Jedem, der sie ihnen fortnimmt, müssen sie bedingungslos gehorchen. Auch die Silkies sind gute Ehefrauen, aber häufig verlassen sie die Häuser der Sterblichen, wandern zu Klippen am Meer, wo sie schweigend dasitzen und melancholisch in die Fluten starren. Wenn sich ihre als Matrosen oder Fischer tätigen Ehemänner auf dem Meer verirrt haben, sitzen sie auf den Klippen und geleiten sie mit einem seltsamen überhohen Gesang sicher in den Hafen und in ihre Arme.
Eine Feengeschichte voller drastischem Humor und dem Sprachwitz ländlicher Erzähler steht in Crofton Crokers »Legends of the South of Ireland«, seiner 1825 erschienenen Sammlung.

DIE SEELENKÄFIGE*

Jack Dogherty lebte an der Küste in der Grafschaft Clare. Jack war ein Fischer, so wie schon sein Vater und sein Großvater Fischer gewesen waren. Wie sie, so wohnte auch er allein, und das bedeu-

ete, eben nur zusammen mit seiner Frau, in einer abgelegenen Gegend. Manche Leute nahm es Wunder, daß es die Doghertys auf diesem wilden Fleck zwischen gewaltigen zertrümmerten Felsen, vor sich nichts als die Weite des Ozeans, aushielten. Aber die Doghertys wußten sehr wohl, warum sie gerade dort lebten.
Es war tatsächlich die einzige Stelle an diesem Küstenstrich, wo es sich wirklich gut leben ließ. Es gab dort einen hübschen kleinen Bach, in dessen Mündung man ein Boot verankern konnte, und es lag dann dort so gemütlich da wie eine Möwe in ihrem Nest.
Vom Meeresufer fielen Felsklippen schräg bis weit hinaus in großen Platten ab. Wenn nun draußen auf dem Atlantik ein kräftiger Weststurm blies, ging an diesem Felsen so manch vollbeladenes Schiff in Trümmer, und die Ballen mit Baumwolle und Tabak, die Weinschläuche, die Rumtonnen, Zuckersäcke und Karaffen voller Genever fanden ihren Weg ans trockene Land. Dunbeg Bay war für die Doghertys eine wahre Goldgrube.
Was die armen, in Seenot geratenen Matrosen anging, so taten die Doghertys ihre Christenpflicht. In diesem Punkt war ihnen nichts nachzusagen. Auch bei grober See fuhr dann Jack mit seinem kleinen curragh, das sich an Seetüchtigkeit gewiß nicht mit Andrew Hennessys mit Segeln bestücktem Rettungsboot messen konnte, hinaus, die Mannschaft von einem Wrack zu bergen.
Aber wenn ein Schiff schon völlig zerschlagen dalag und seine Mannschaft längst ertrunken war, wer konnte es dann Jack verargen, wenn er mitnahm, was da noch in den Lagerräumen herumstand oder in der aufgeregten See herumschwamm?
»Wer wird dabei geschädigt?« pflegte Jack zu sagen. »Was den König angeht, Gott hab ihn selig, so weiß jeder, daß er reich genug ist, auch wenn er nichts von dem mitbekommt, was die See uns schenkt.«
Wenn nun Jack auch das Leben eines Einsiedlers führte, so war er doch ein lustiger und gutmütiger Bursche. Kein anderer hätte es wohl fertiggebracht, die hübsche Biddy Mahony herumzukriegen, die das gemütliche und warme Haus ihres Vaters mitten in der Stadt Ennis verließ, um von nun an als Jacks Frau viele Meilen fort inmitten von Felsen zu leben, als nächste Nachbarn nur Seehunde und Seemöwen.

Aber Biddy wußte, daß Jack ein Mann war, der eine Frau glücklich machen konnte.
Er belieferte alle Häuser der reichen Leute in der Grafschaft mit dem besten Fisch, und auch für das, was das Meer sonst noch herschenkte, fanden sich dort Abnehmer, die nicht schlecht zahlten. Nein, Jack hatte gewiß eine gute Wahl getroffen. Es gab keine Frau weit und breit, bei der man besser aß, mit der zusammen man besser trank, bei der man weicher schlief und die am Sonntag in der Kirche eine bessere Figur machte als Biddy.
Jack hatte im Laufe seines Lebens so mancherlei Seltsames zu Gesicht bekommen, und man kann auch sicher sein, daß ihm bei seinem Beruf manch Furchtbares zu Ohren kam. Aber das focht ihn nicht an. Was nun die Nixen, Meeresfrauen und die Merrows, die Wassermänner, betraf, so hatte er vor dererlei Gelichter keine Angst. Im Gegenteil, im stillen wünschte er sich schon längst, einmal einer Meeresfrau zu begegnen. Er hatte gehört, sie seien in vielem Christenmenschen ganz ähnlich. Er war neugierig. Und manchmal kam er sich so allein vor – trotz Biddy.
Also kam es dahin, daß er geradezu verzweifelt nach Meeresfrauen Ausschau hielt, und das waren die Tage, an denen er auch nicht einen einzigen Fisch heimbrachte, was dann seine Frau jedesmal sehr verwunderte.
Arme Biddy! Sie ahnte nicht, hinter welchen Fischen er her war.
Es ging Jack schließlich ziemlich nahe, daß er in einer Gegend wohnte, in der Meeresfrauen so zahlreich sein sollten wie Hummer und er dennoch noch nie eine aus der Nähe gesehen hatte.
Sein Pech erboste ihn um so mehr, als er wußte, daß sowohl sein Großvater wie auch sein Vater ständig Umgang mit Wasserfrauen und Wassermännern gehabt hatten.
Er erinnerte sich sogar daran, als Kind gehört zu haben, daß sein Großvater, damals das Familienoberhaupt, im Sinn gehabt hatte, eine der Meeresfrauen, die sich in der Bachmündung tummelten, zur Patin seines Kindes zu machen. Angeblich war er nur davon abgekommen, weil er einen Zornesausbruch des Priesters fürchtete.
Endlich besann sich das Glück darauf, daß es nur recht und billig sei, auch Jack das zu bescheren, was seinem Vater und seinem Großvater vor ihm zuteil geworden war.

Als er eines Tages an der Küste nordwärts ging, etwas weiter als gewöhnlich, schaute draußen etwas von einem Felsen herüber. Soweit er dieses Etwas aus der Ferne erkennen konnte, hatte es einen schlanken, grünen Körper. Er hätte aber schwören können, daß dieses seltsame Wesen einen Zylinderhut in der Hand hielt. Und gerade das konnte doch wohl nicht wahr sein.

Jack starrte sich fast eine halbe Stunde lang die Augen aus dem Kopf und rührte weder Hand noch Fuß. Endlich war es mit seiner Geduld zu Ende. Er pfiff schrill durch die Zähne und rief einen Gruß hinüber.

Da setzte das Wesen tatsächlich den Zylinderhut auf, sprang von dem Felsen ins Wasser und war verschwunden.

Jacks Neugier war jetzt wachgekitzelt. Tag für Tag lief er zu der Stelle, aber nie bekam er den Wassermann mit dem Zylinderhut zu Gesicht.

Er dachte lange über die Sache nach, ärgerte sich, daß es in seinem Fall ausgerechnet ein Wassermann und keine Meeresfrau gewesen sei, und gab sich schließlich mit der Feststellung zufrieden, er müsse alles wohl nur geträumt haben.

An einem stürmischen Tag, als die See die Wellen haushoch türmte, beschloß er dann aber doch, wieder einmal auf dem Felsen nachzusehen. Und tatsächlich, da turnte jemand herum, sprang ins Wasser, tauchte auf, erklomm abermals den Felsen und war nach einem Kopfsprung wieder verschwunden.

Jack wußte jetzt, was er zu tun hatte. Wenn er den Wassermann sehen wollte, brauchte er nur einen Tag mit stürmischer See abzuwarten und an den Strand gegenüber dem Felsen gehen. Aber damit gab er sich nicht zufrieden. Wer etwas hat, will immer mehr. Er wollte den Wassermann näher kennenlernen.

An einem besonders stürmischen Tag, als sich Jack auf dem Weg zu seinem Beobachtungsplatz befand, drückte der Wind das Wasser so stark landeinwärts, daß Jack in einer der zahlreichen Höhlen Zuflucht suchen mußte, die es dort an der Küste gibt.

Dort sah er sich plötzlich einem Wesen mit grünen Haaren, langen grünen Zähnen, einer roten Nase und Schweinsaugen gegenüber. Es hatte einen Fischschwanz, an den Oberschenkeln Schuppen, und die Beine waren recht kurz. Das Wesen trug keine Kleider,

hatte aber einen Zylinder unter dem Arm und schien angestrengt über irgendetwas nachzudenken.
Jack nahm all seinen Mut zusammen. Jetzt oder nie, sagte er sich.
Er trat also vor den Wassermann hin, zog seine Mütze, machte eine Verbeugung und sagte: »Zu Ihren Diensten, Herr.«
»Zu deinen Diensten mit Freuden, Jack Dogherty«, antwortete der Wassermann.
»Ich staune, daß Sie meinen Namen kennen«, sagte Jack.
»Wie werde ich den Namen von Jack Dogherty nicht kennen. Mein lieber Freund, ich war schon mit deinem Großvater befreundet, noch ehe er Judy Regan zur Frau nahm. Ach Jack, ich habe deinen Großvater wirklich gern gemocht. Er war ein ganzer Mann. Wenn es daran ging, ein Glas Brandy zu leeren, konnte man immer auf ihn rechnen«, sagte der Wassermann und zwinkerte lustig mit seinen Äuglein. »Ich hoffe, du bist in dieser Hinsicht deinem Großvater nachgeschlagen.«
»Das will ich meinen«, antwortete Jack, »wenn meine Mutter mich mit Brandy gestillt hätte, hinge ich heute noch an ihren Brüsten.«
»Es tut gut, jemanden so mannhaft reden zu hören. Wir beide müssen näher miteinander bekannt werden. Das sind wir deinem Großvater schuldig. Aber Jack, ich meine deinen Vater, der konnte bei weitem nicht so viel vertragen.«
»Ich stelle mir vor«, sagte Jack, »da Euer Ehren unter Wasser leben, werden Euer Ehren gewiß gezwungen sein, viel zu trinken, um sich an einem so scheußlich feuchten Ort warm zu halten. Nun, man sagt ja selbst von manchen Christenmenschen, sie würden trinken wie die Fische. Darf ich mir die Frage erlauben: woher bezieht Ihr denn Euren Schnaps?«
»Woher beziehst du denn deinen, Jack?« fragte der Wassermann und rieb sich seine rote Nase zwischen Zeigefinger und Daumen.
»Hubbuhoo«, rief Jack, »jetzt sehe ich, wie es mit Euch steht. Aber ich nehme an, Euer Ehren haben dort unten irgendwo einen guten, trockenen Keller.«
»Reden wir nicht vom Keller«, sagte der Wassermann und blinzelte wissend mit dem linken Auge.
»Ich könnte mir vorstellen«, fuhr Jack fort, »daß Euer Keller eine Besichtigung wert wäre.«

»Das kann man wohl sagen«, antwortete der Wassermann, »und wenn du am nächsten Montag wieder hier zur Stelle bist, können wir miteinander über diese Angelegenheit noch ein bißchen weiterplaudern.«

Jack und der Wassermann schieden als gute Freunde. Und als sie sich am nächsten Montag wieder trafen, war Jack nicht wenig erstaunt, als er sah, daß der Wassermann diesmal zwei Zylinderhüte trug.

»Wenn die Frage erlaubt ist«, sagte Jack, »warum haben denn Euer Ehren heute zwei Zylinderhüte bei sich? Hattet Ihr etwa im Sinn, mir einen davon zu verehren ... als Andenken an diese ungewöhnliche Begegnung?«

»Nein, nein, Jack«, sagte der andere, »so leicht komme ich auch nicht zu diesen Hüten, daß ich sie auf diese Weise wegschenken würde; aber ich wollte dir vorschlagen, mit mir hinunterzutauchen und zum Essen mein Gast zu sein. Deshalb habe ich den Hut mitgebracht.«

»Der Herr segne und beschütze mich«, rief Jack erstaunt, »ich soll mit Euch auf den Grund des salzigen Ozeans tauchen. Die Wogen würden mich doch gewiß zermalmen, ich würde ersticken, ganz abgesehen davon, daß ich wohl dann auch noch ertrinken müßte. Und was soll dann aus meiner armen Biddy werden? Was würde die wohl dazu sagen?«

»Ach, was Frauen sagen ... ! Wer kümmert sich denn um Weibergekeif! Dein Großvater hätte gewiß nicht so gesprochen. Wie oft habe ich ihm diesen Hut aufgesetzt, und dann ist er kühn mir nachgetaucht. Und all die guten Mahlzeiten und die vielen kleinen Gläschen Brandy, die wir dort unten zusammen genossen haben.«

»Meinen Euer Ehren es ernst oder macht Ihr einen Spaß?« fragte Jack. »Nun denn, Klage über mich für Jahr und Tag, wenn ich meinem Großvater an Tapferkeit auch nur um ein Deut nachstehe. Auf denn ... aber bitte keine faulen Tricks. Ich bin dabei, mag's auch um Kopf und Kragen gehen!« rief Jack.

»Der Großvater wie er leibt und lebt«, sagte der Wassermann, »also los, und mach genau das, was ich auch mache.«

Sie verließen die Höhle, sprangen ins Wasser und schwammen ein Stück, bis sie den Felsen erreichten. Der Wassermann kletterte hinauf und Jack folgte ihm. Auf der vom Land abgewandten Seite war es so steil wie eine Hauswand. Tief unter ihnen lag das Meer.

»Nun denn, Jack«, sprach der Wassermann, »setz diesen Hut auf und halt deine Augen weit offen. Halt dich an meinem Schwanz fest. Immer mir nach, und du wirst sehen, was es zu sehen gibt.«

Dann brachen sie auf. Sie schwammen und schwammen, und Jack meinte schon, der Weg werde nie ein Ende nehmen. Manchmal wünschte er sich, daheim vor seinem Feuer zu sitzen, neben sich Biddy. Aber was hatte das für einen Sinn, sich so etwas zu wünschen, da er sich doch viele Meilen unter den Wellen des Atlantischen Ozeans befand? Also hielt er sich immer brav an dem Schwanz des Wassermannes fest, und zum Schluß stiegen sie tatsächlich aus dem Wasser und hatten wieder festen Boden unter den Füßen. Sie landeten vor einem hübschen Haus, dessen Dach mit Austernschalen gedeckt war. Der Wassermann wandte sich um und hieß Jack einzutreten. Vor Staunen konnte Jack kaum sprechen. Er vermochte kein Lebewesen zu entdecken, außer vielen Krabben und Hummern, die ganz vergnügt über den Sand spazierten. Über ihnen war die See wie ein Himmel, und die Fische, die dort schwammen, sahen aus wie Vögel.

»Warum sagst du nichts?« fragte der Wassermann. »Ich möchte wetten, so gemütlich hast du es dir nicht vorgestellt. Nun, bist du erstickt, bist du zermalmt worden, bist du ertrunken? Hast du Sehnsucht nach deiner Biddy?«

»Nein, alles in Ordnung«, sagte Jack mit einem gutmütigen Grinsen, »aber wer in aller Welt hätte gedacht, daß es solche Dinge zu sehen gibt?«

»Jetzt komm. Wollen mal schauen, was es zu essen gibt.«

Jack war wirklich hungrig, und es machte ihm Freude, als er sah, daß aus dem Schornstein des Hauses eine Rauchfahne aufstieg. Sie kamen in eine Küche, in der war alles vorhanden, was es braucht.

Es gab dort Schüsseln und viele Pfannen und Töpfe, und zwei junge Wassermänner kochten. Sein Gastgeber aber führte ihn in ein Zimmer, das schäbig genug möbliert war. Kein Tisch und kein Stuhl, nur Bretter und Holzstämme, um sich hinzusetzen.

Wenigstens brannte im Kamin ein helles Feuer, ein Anblick, der auf Jack beruhigend wirkte.

»Komm, ich will dir jetzt zeigen, wo ich ... na, du weißt schon was, aufbewahre«, sprach der Wassermann mit einem schlauen Lächeln und öffnete eine kleine Tür. Und dann führte er Jack in einen Keller, in dem drängten sich nur so die Flaschen, Fässer und Fäßchen.

»Was sagst du dazu, Jack Dogherty? Nun, du siehst, auch unter Wasser läßt sich's aushalten.«

»Kein Zweifel«, sagte Jack und schnalzte mit der Zunge.

Sie gingen in den anderen Raum zurück und dort war das Essen gerichtet. Es gab kein Tischtuch. Aber das war nicht so schlimm. Auch zu Hause bei Jack wurde nicht jeden Tag ein Tischtuch aufgelegt.

Das Essen hingegen hätte sich in dem besten Haus des Landes sehen lassen können. Es gab Fische, Hummer und Austern. Dazu aber kredenzte man die besten ausländischen Spirituosen. Wein, sagte der Merrow, sei hier unten zu kalt für den Magen.

Jack aß und trank, bis er fast barst, dann nahm er sein Glas und sagte:

»Auf Eure Gesundheit, Euer Ehren. Ich bitte um Verzeihung. Wir kennen uns nun schon eine ganze Weile, aber Euren Namen weiß ich immer noch nicht.«

»Stimmt«, sagte der andere, »das habe ich ganz vergessen. Ich heiße Coomara.«

»Ein mächtig anständiger Name«, rief Jack, »auf Eure Gesundheit und möget Ihr die nächsten fünfzig Jahr noch erleben.«

»Fünfzig Jahre«, sagte Coomara, »sehr nett. Wenn du fünfhundert gesagt hättest, wäre es etwas gewesen, das zu wünschen sich lohnt.«

»Bei den Gesetzen«, rief Jack, »Ihr bringt es auf ein beträchtliches Alter, hier unter Wasser. Ihr habt meinen Großvater noch gekannt. Er ist schon lange tot. Hier muß es sich aushalten lassen.«

»So ist es. Aber komm, Jack. Schnaps darf nicht stehn, er muß fließen.«

So leerten sie Glas um Glas, doch zu Jacks Erstaunen wurden sie nicht betrunken. Das mochte, so überlegte er sich, daher kommen, daß das Meer ihre Köpfe kühl hielt.

Der alte Coomara schien sich sehr wohl zu fühlen und begann zu singen. Aber von all den Liedern, die er da sang, konnte sich

Jack später nur an einen Refrain erinnern:

Rum fum, budel bum.
Rippel dippel, nippel not,
Fippel fappel, foddel fot
Raffel taffel, knudel schwum.

Was das bedeuten sollte, fand er nie heraus. Vielleicht hatte es ja auch gar nichts zu bedeuten, wie das ja bei vielen leider heute so ist. Schließlich sagte Coomara zu Jack:

»Nun, mein Junge, will ich dir auch noch mein Kuriositäten-Kabinett zeigen.«

Darauf führte er Jack in einen Raum, in dem standen auf Brettern an der Wand viele Tausende von Hummerkörben.

»Nun, was sagst du dazu?« fragte Coomara.

»Bei meiner kleinen Seele«, antwortete Jack, »das kann sich sehen lassen, aber dürfte ich vielleicht erfahren, was es mit diesen Dingen da auf sich hat, die wie Hummerkörbe aussehen?«

»Ach, die Seelenkäfige meinst du?« – »Bitte, was, Herr?«

»In diesen Körben pflege ich die Seelen aufzubewahren.«

»Arrah! Wessen Seelen?« fragte Jack, »Ihr wollt doch nicht behaupten, daß Fische Seelen haben.«

»Oh nein«, erwiderte Coo ganz kühl, »Fische haben keine Seele, es handelt sich um die Seelen der ertrunkenen Matrosen.«

»Der Herr bewahre uns vor Kummer«, stammelte Jack, »wie in aller Welt seid Ihr zu diesen Seelen gekommen?«

»Ganz einfach. Wenn ein Sturm aufkommt, setze ich ein paar von diesen Körben aus, und dann, wenn Matrosen ertrunken sind und ihre Seelen den Körper verlassen, sind sie so zu Tode erschrocken, weil sie die Kälte nicht gewöhnt sind, daß sie Zuflucht in diesen Körben suchen. Ich nehme sie mit heim, und hier haben sie es trocken und warm. Ist doch gut für die armen Seelen, daß es hierzulande noch eine solche Unterkunft für sie gibt!«

Jack war wie vom Donner gerührt. Er konnte kein Wort mehr hervorbringen. Sie gingen zurück in das Speisezimmer, und nach ein paar Gläsern Brandy, der wieder ausgezeichnet schmeckte, stand Jack auf. Er dachte an Biddy und fürchtete, sie könne sich Sorgen machen. Er sagte zu Coo, jetzt sei es für ihn Zeit, an den Heimweg zu denken.

»Wie du willst, Jack«, sagte Coo, »aber nimm doch noch ein Gläschen auf den Weg. Du hast eine kühle Reise vor dir.«
Jack wußte, daß es unhöflich ist, jemandem einen Abschiedsschluck abzuschlagen.
»Ich frage mich nur«, sagte er, »wie komme ich jetzt nur wieder nach Hause?«
»Mach dir keine Sorgen«, sagte Coo, »ich zeig dir schon den Weg.«
Sie traten vor das Haus. Coomara nahm einen der Zylinder und setzte ihn zugeklappt Jack auf den Schädel, dann hob er Jack hoch, so daß er mit dem Kopf ins Wasser eintauchte.
»Gute Reise«, rief er dann, »du kommst genau an der Stelle aus dem Wasser, an der du mit mir hineingestiegen bist. Und noch eines Jack, wenn du oben bist, vergiß bitte nicht, den Hut wieder ins Wasser zu werfen. Wenn du mich aber einmal sprechen willst, dann wirf an dieser Stelle einen großen Stein in die Fluten.«
Darauf ließ er Jacks Beine los, und dieser schoß wie eine Luftblase nach oben und kam tatsächlich an eben diesem Punkt der Küste an Land, von dem sie aufgebrochen waren.
Er warf den Hut ins Wasser, und dieser versank auf der Stelle, als sei er schwer wie ein Stein.
Die Sonne war eben untergegangen, und Jack sah in einen ruhigen Sommerabendhimmel. Ein einzelner Stern zeigte sich schon, und die Wellen des Atlantik spiegelten seine Strahlen.
Es war schon recht spät, und Jack beeilte sich, heimzukommen. Daheim erzählte er Biddy wohlweislich kein Wort von seinen Abenteuern.
Aber das Bild der Hummerkörbe mit den armen Seelen beschäftigte ihn doch sehr, und er überlegte hin und her, wie er es anstellen könne, die Seelen der Matrosen zu befreien. Zuerst hatte er vor, mit dem Priester darüber zu reden. Aber was konnte ein Priester in diesem Fall schon tun, und was scherte sich Coo um einen Priester? Außerdem war Coo ja doch ein ganz netter Kerl und dachte sich wohl nichts Böses dabei. Jack mochte Coo.
Schließlich überlegte er sich, das beste werde wohl sein, Coo einmal zu sich zum Essen einzuladen, ihn betrunken zu machen und dann hinunterzufahren und die armen Seelen freizulassen.
Dazu war es zunächst einmal nötig, daß Biddy aus dem Weg war,

denn Jack war gescheit genug, auch weiterhin all das vor ihr geheimzuhalten.
Jack gab sich nun plötzlich sehr fromm. Er sagte zu Biddy, es könne für ihr beider Seelenheil nichts schaden, wenn sie einmal eine Wallfahrt zur Saint John's Quelle bei Ennis unternehme. Biddy fand diesen Vorschlag nicht schlecht, würde sie doch bei diesem Ausflug auch ihre Verwandten wieder einmal besuchen können. Also brach sie eines schönen Morgens auf, nicht ohne Jack noch einmal eingeschärft zu haben, er solle ja im Haus nach dem Rechten sehen, solange sie nicht da sei.
Die Luft war rein.
Fort lief Jack zu dem Felsen und gab Coomara das verabredete Zeichen für eine Zusammenkunft. Er warf den Stein ins Wasser, und schwupp, schon tauchte Coo auf.
»Guten Morgen, Jack« sagte er, »was gibt's denn so früh am Morgen?«
»Nichts besonderes«, antwortete Jack, »ich wollte Euch nur fragen, ob Ihr Lust hättet, heute zu mir zum Essen zu kommen.«
»Gern, Jack. Um wieviel Uhr wär's denn recht?«
»Wann es Euch beliebt ... nun, sagen wir gegen eins. Dann bleibt genug Zeit, daß Ihr noch bei Tageslicht wieder heimkommt.«
»Abgemacht«, sagte Coo, »bis dann ... !«
Jack lief heim, kochte ein herrliches Fischessen und stellte soviel Schnaps auf den Tisch, daß man zwanzig Mann hätte betrunken machen können. Auf die Minute genau war Coo zur Stelle, seinen Zylinderhut unter dem Arm.
Das Essen war fertig. Sie setzten sich zu Tisch, ließen es sich schmecken und tranken, wie nur Männer trinken können.
Jack, der an die armen Seelen dachte, schenkte Coo eifrig nach, ermunterte ihn zu singen und hoffte, es werde ihm gelingen, den Wassermann unter den Tisch zu trinken. Er hatte aber nicht daran gedacht, daß er nun nicht mehr das ganze Meer über sich hatte.
Der Brandy stieg ihm in den Kopf, und als Coo abschob, lag sein Gastgeber stocksteif da wie ein Hering am Karfreitag.
Jack wachte erst am anderen Morgen wieder auf. Er fühlte sich elend.
»Das schaffe ich nie«, sagte er sich, »diesen alten Trunkenbold kann

ich einfach nicht unter den Tisch trinken. Wie in aller Welt kann ich dann aber den armen Seelen in den Hummerkörben helfen?«
Nachdem er einen ganzen Tag mit Nachdenken sich abgequält hatte, kam ihm endlich ein erleuchtender Gedanke.
»Ich hab's«, rief er und schlug sich auf die Schenkel, »ich möchte schwören, daß Coo nie einen Tropfen poteen getrunken hat, so alt er auch ist. Damit kommen wir ans Ziel. Nur gut, daß Biddy zwei Tage fort ist, und ich alles noch einmal versuchen kann.«
Jack lud Coo also wieder zu sich ein, und Coo fragte teilnahmsvoll, ob es ihm inzwischen besser gehe, ein so standfester Trinker, wie sein Großvater einer gewesen sei, werde wohl aus ihm nie.
»Schon gut«, meinte Jack, »versuchen wir's noch einmal. Ich wette, heute trinke ich mit Euch, bis Ihr betrunken, wieder nüchtern und abermals wieder betrunken seid.«
»Da halt ich mit«, sagte Coo, »bin dir sehr verbunden.«
Während des Essens achtete Jack darauf, daß sein Schnaps immer reichlich mit Wasser verdünnt war, während er Coo den stärksten Brandy, den er im Keller hatte, einschenkte. Schließlich sagte er:
»Und nun, Euer Ehren . . . habt Ihr je in Eurem Leben poteen getrunken? Den echten Gebirgstau?«
»Nein«, sagte Coo, »was ist denn das, wo kommt das Zeug denn her?«
»Oh, das ist mein Geheimnis«, antwortete Jack, »aber es ist ein gutes Stöffchen, das dürft Ihr mir glauben, fünzigmal besser als Brandy oder Rum. Biddys Bruder hat mir einen Tropfen davon geschickt, im Tausch gegen Brandy, und da Ihr ja ein Freund der Familie seid, möchte ich Euch gern damit bewirten.«
»Nun, wollen sehen, wie das Zeug schmeckt«, sagte Coomara.
Der poteen war von der rechten Sorte. Er war erstklassig, und er schlug ein. Coo war entzückt, er trank und sang »Rum fum, budel bum«, bis er zu Boden stürzte und augenblicklich fest einschlief.
Sofort schnappte sich Jack, der eisern darauf geachtet hatte, daß er nüchtern blieb, den Hut, rannte zum Felsen, sprang in die Fluten und kam bald darauf in Coos Klause an.
Alles war still, wie auf einem Friedhof um Mitternacht — kein Wassermann, ob alt oder jung, war zu sehen. Er lief in das Kuriositäten-Kabinett und öffnete die Hummerkörbe. Zu sehen gab es da

nichts. Nur eine Art Pfeifen und Zirpen ließ sich vernehmen. Darüber war er erstaunt, bis ihm einfiel, daß der Priester häufig erklärt hatte, kein Sterblicher könne die Seele sehen, wie man ja auch den Wind oder die Luft nicht sehen kann.
Nachdem er glaubte, alles Nötige sei geschehen, um den armen Seelen ihre Freiheit wiederzugeben, stellte er die Hummerkörbe wieder an ihren Platz, schickte den Seelen ein Gebet nach und machte sich dann Gedanken über seine Rückkehr ins Diesseits.
Er setzte den Zylinder so auf, wie er ihm von Coo bei seinem ersten Aufstieg aufgesetzt worden war, stellte aber dann fest, daß das Wasser hoch über seinem Kopf war, daß er es nicht schaffte, hinzugelangen, jetzt da kein Wassermann da war, der ihn hätte hochheben können. Er ging auf die Suche nach einer Leiter, konnte aber keine finden. Endlich gelangte er zu einer Stelle, an der das Wasser ziemlich weit nach unten durchhing.
Gerade in diesem Augenblick kam ein Heilbutt oben vorbei und ließ seine Schwanzflosse herabhängen. Jack schnellte hoch, bekam die Flosse des Fisches zu fassen, der Fisch wolle davon und zog ihn mit. Im Nu gelangte Jack zu dem Felsen zurück und schickte sich an, von dort aus nach Haus zu eilen. Dabei bedachte er nicht ohne Selbstgefälligkeit die gute Tat, die ihm gelungen war.
Unterdessen war daheim die Hölle los, denn kaum war Jack zu seiner Befreiungsexpedition aufgebrochen, da kam Biddy von ihrer Wallfahrt zurück. Als sie das Haus betrat, stieß sie auf ein unglaubliches Durcheinander, wie es eben entsteht, wenn ein Mann zweimal kocht.
»Das sieht ja heiter aus hier«, rief sie aus, »wie konnte ich nur diesen Mann heiraten. Offenbar hat er einen Vagabunden von der Landstraße hereingeholt, während ich für sein Seelenheil gebetet habe. Und was dann geschehen ist, läßt sich leicht erraten. Er hat mit ihm das Tröpfchen poteen getrunken, das noch übrig war.«
Aber es sollte noch schlimmer kommen.
Sie hörte fremdartige Laute und blickte auf Coomara, der unter dem Tisch lag und schnarchte.
»Heilige Jungfrau hilf«, schrie sie, »der Schnaps hat ihn in ein wildes Tier verwandelt. Klar doch, ich habe oft sagen hören, daß der Alkohol Männer zu Tieren werden läßt. Ach Jack, Lie ... Liebling,

was soll ich nur mit dir machen, oder was soll ich ohne dich machen? Wie kann eine anständige Frau daran denken, mit einem Tier zusammenzuleben?«

Unter solchen Wehklagen rannte Biddy aus dem Haus und wußte nicht wohin, als sie plötzlich Jacks vertraute Stimme hörte.

Froh genug war sie, ihn heil und gesund vor sich zu sehen.

Jack mußte nun, ob er wollte oder nicht, ihr die ganze Geschichte erzählen. Sie konnte ihm nicht lange böse sein. Zwar ärgerte sie sich, daß er ihr nicht schon eher etwas davon gesagt hatte, aber sie mußte auch anerkennen, daß er den armen Seelen einen großen Dienst erwiesen hatte.

Beide kehrten zusammen ins Haus zurück. Jack weckte Coomara, und als er merkte, daß der Wassermann immer noch einen Brummschädel hatte, bat er ihn, nicht böse zu sein.

»Schließlich ist das schon so manchem braven Mann so gegangen«, tröstete er ihn.

Er empfahl ihm, als Heilmittel das Haar eines Hundes zu schlukken, der ihn schon einmal gebissen habe. Coo aber wußte nicht, wo er ein solches Hundehaar herbekommen sollte. Er machte sich eilig davon. Ohne auch nur ein Wort des Dankes zu sagen, sprang er ins Salzwasser.

Coomara vermißte die Seelen nie. Er und Jack blieben gute Freunde. Noch an die fünfzig Mal erfand Jack Ausreden, die es ihm ermöglichten, in das Haus unter dem Meer einzusteigen und wieder und wieder jene Hummerkörbe zu öffnen, die inzwischen dazugekommen waren.

Eines Morgens aber, als Jack an der bewußten Stelle wieder einmal einen schweren Stein in die Wellen warf, tauchte kein Coomara mehr auf. Am nächsten Morgen versuchte es Jack abermals, aber auch diesmal hatte er keinen Erfolg. Da er aber keinen Zylinderhut besaß, war es ihm nicht möglich, sich hinab auf den Meeresboden tragen zu lassen, um nachzuschauen, was aus dem alten Coo geworden war.

In diesem Text parodiert sich die Feengeschichte fast selbst und doch sind auch in ihm trivialisiert all jene Motive vorhanden, die sich schon in den großen Feentexten aus der Sagaliteratur vorfinden: eine Anderswelt unter oder hinter den Wellen, in dem sich ein Mangel, der in der realen Welt empfunden wird, in Überfluß verkehrt, die Vorstellung, daß die Toten dort wohnen und andere Zeitbegriffe gelten als in der Welt der Sterblichen. Noch unmittelbarer aber lebt der alte Totenglaube und die Erinnerung an eine weibliche Gottheit in der Erscheinung der Feenfrau, der Banshee, fort. Der Name kommt zustande durch die Zusammensetzung der gälischen Worte »bean« (Frau) und »sidhe« (Fee). Ein langgezogener, stechender Ton in der Nacht, der anschwillt und wieder leiser wird, traurig, aber zugleich süß-verlockend – so wird ihr Gesang beschrieben. Und der »keen« (caoine), der Totenschrei der Bauernschaft, soll eine Nachahmung dieses Gesanges sein.

Wenn die Banshee singt, kündigt sie damit den Tod eines Sterblichen an. Allerdings wird eine solche Vorwarnung ihres Ablebens nur Angehörigen jener irischen Familien zuteil, deren Namen mit »Mac« oder »O« beginnen, was anzeigt, daß es sich um einen Klan handelt, der von den Milesiern abstammt. Die Banshee zeigt sich auf dunklen Hügeln oder Gebüschen in der Nähe des entsprechenden Hauses. Scharf kontrastiert ihre weiße Gestalt und das silbergraue Haar zum Nachtblau des Himmels. Ein grauweißes Gewand aus Spinnweben hängt um ihren dünnen Leib, der vor Kälte oder Trauer zittert und so dünn ist, daß man meint, der Wind müsse ihn zerbrechen. Das Gesicht ist bleich wie das eines Toten, die Augen blutunterlaufen vom endlosen Weinen. »Weiße Frau des Kummers« nennen sie die Leute auch, »Frau des Todes«, »Frau des Friedens« oder »Geist der Luft«, und dabei wird jene ambivalente Aura spürbar, die die Banshee umgibt: der Tod hat seinen Schrecken, aber es wohnt ihm auch ein Anflug erotischer Verlockung inne: Erinnerung an den Glauben der Wiedergeburt der Toten aus dem Schoß der großen Muttergöttin.

Unerkannt besucht die Banshee manchmal das Begräbnis des geliebten Toten. Dabei entringen sich ihrer Brust Schreie, die eigentlich unter den übrigen Totenklagen herausgehört werden müßten, weil sie so unwirklich sind, daß sie nicht aus der Brust eines Sterblichen stammen können. Die Banshee heult aber auch in dämonischem Vergnügen vor dem Sterben der Feinde jener großen alten Familien Irlands, und man sagt, sie nähre sich von Haß und Liebe. In ihrer großen Anhänglichkeit folgt sie Angehörigen dieser Familien über Land und Meer. Ihre Klagen wurden in England, in Amerika und in Australien gehört, und wo sonst immer Iren gezwungen waren sich niederzulassen. In Irland, aber vor allem in den schottischen Highlands, begegnet man einer Verwandten, der Bean-nighe (ausgesprochen Ben-nijeh). Man sieht sie an entlegenen Bächen, die blutbefleckten Hemden jener waschen, die bald sterben werden. Sie ist klein, meist grün gekleidet und hat rote Schwimmhäute zwischen den Zehen. Sie kündigt Übel an, aber jedem, der sie erkennt, ehe sie ihn gesehen hat und dem es gelingt, sich zwischen sie und das Wasser zu stellen, erfüllt sie drei Wünsche. Sie wird auch auf drei Fragen antworten, aber dann ihrerseits verlangen, auf drei Fragen Antwort zu erhalten, und die Antworten müssen ehrlich sein. Jeder, der kühn genug ist, eine ihrer herabhängenden Brüste zu ergreifen und daran zu saugen, kann sich als ihr Adoptivkind betrachten, und sie wird gut für ihn sorgen. Auch in ihre Verwandtschaft gehört die Caonteach, die nur noch wilder und großartiger auftritt. Wenn jemand sie stört, schlägt sie ihn mit dem nassen Linnen auf die Beine und oft fault dem Opfer dann das Bein ab.

Im Zusammenhang mit der Banshee steht auch die Todeskutsche, ein durchsichtiges Gefährt. Hält es vor einem Haus, so bedeutet das, jemand wird hier am nächsten Tag sterben. Sie wird von einem Kutscher ohne Kopf gelenkt und von schwarzen, manchmal aber auch von weißen Pferden gezogen, die keine Schädel haben. Wenn jemand die Todeskutsche berührt oder ihren Wagenschlag öffnet, so spritzt ihm ein Schwall Blut ins Gesicht.

Bei der Vielzahl der Feenwesen ist es naheliegend, daß es auch einen Herrscher über ihr Reich geben muß. Es ist dies Fionnbhar (sprich:Finnwar), *der Feenkönig von Ulster.*

Von Fionnbhar oder Finvarra ist bekannt, daß er eine besondere Vorliebe für sterbliche Frauen hegt. Er hat zahlreiche Kundschafter in seinen Diensten, die herausfinden sollen, wo ein besonders hübsches Mädchen oder eine schöne Braut wohnt. Diese Mädchen werden dann durch Zauber in den Feenpalast von Knockma in Tuam versetzt. Die Feenmusik wiegt sie in süße Träume, über denen sie ihr irdisches Leben vergessen. In der Geschichte von »Ethna der Braut« wiederholt sich, nun gewissermaßen in der Sprache eines bäuerlichen und nicht mehr höfischen Erzählers, der uns schon bekannte Saga-Stoff von Etain, die Midhir im Tara der Könige von Eochaid entführt. Auf die Gefahr hin, den Leser zu langweilen, geben wir auch diesen Text hier vollständig wieder, ist er doch ein gutes Beispiel, um jenen Veränderungsprozeß von der Mythe zu Volksmärchen im Erzählstil und der psychologischen Behandlung ein und desselben Stoffes direkt vorzuführen.

ETHNA DIE BRAUT*

Es war einmal ein großer Herr in einem Teil des Landes, der freite ein schönes Mädchen, daß hieß Ethna, die schönste Braut weit und breit.

Ihr Mann war so stolz auf sie, daß er Tag für Tag ihr zu Ehren ein Fest geben ließ, und von morgens bis in die Nacht kamen Herren und Damen und keiner dachte an etwas anderes als an tanzen, sich vergnügen und an die Jagd.

Eines Abends, als es gerade auf dem Fest besonders lustig zuging und Ethna in einer silbernen Robe, die von Juwelen zusammengehalten wurde, unter den Tanzenden schwebte, herrlich wie die Sterne am Himmel, ließ sie plötzlich die Hand ihres Tänzers los und sank ohnmächtig zu Boden.

Man trug sie in ihr Zimmer, aber sie blieb bewußtlos. Am Morgen erwachte sie und erzählte, sie sei in der Nacht in einem wunderschönen Schloß gewesen. Sie sei dort so glücklich gewesen, daß sie nur wieder schlafen und in ihren Träumen dorthin gehen wolle.

Man ließ sie den ganzen Tag über nicht aus den Augen, aber als die Schatten des Abends sich senkten, fiel sie wieder in eine Trance, aus der nichts sie aufwecken konnte, und zwar, nachdem unter ihrem Fenster eine leise Musik zu vernehmen gewesen war.

Man setzte eine alte Amme zu ihr und hieß sie wachen, aber die Frau wurde schläfrig von der Stille und schlief endlich ganz und gar ein. Sie wachte nicht eher auf, als bis es wieder heller Tag war. Als sie zum Bett hinsah, stellte sie zu ihrem Schrecken fest, daß die junge Frau verschwunden war. Der ganze Haushalt war sehr bald auf den Beinen. Überall wurde gesucht. Aber weder im Schloß, noch in den Gärten oder im Park war Ethna zu finden. Der Mann schickte Kundschafter nach allen Himmelsrichtungen aus – keiner hatte sie gesehen, kein Zeichen, keine Spur fanden sich von ihr, weder bei den Lebendigen noch bei den Toten.

Dann bestieg der junge Herr sein schnellstes Pferd und ritt fort nach Knockma, um Finvarra, den König der Feen zu befragen, ob er etwas von der Braut gehört habe, denn der junge Herr und Finvarra waren befreundet und viel Fäßchen gefüllt mit gutem spanischen Wein ließ man nachts vor den Fenstern des Schlosses stehen, damit die Feen sie mitnähmen. Wie konnte er wissen, daß Finvarra selbst zum Verräter geworden war. Also ritt er wie wild, bis er Knockma, den Hügel der Feen, erreicht hatte.

Und als er sein Pferd an dem rath der Feen zügelte, hörte er Stimmen in der Luft, und eine dieser Stimmen sagte:

»Recht froh ist Finvarra, daß er doch noch zu so einer schönen Braut gekommen ist. Das Mädchen wird ihren Mann nie wiedersehen.«

»Und doch«, antwortete eine andere Stimme, »wenn er einen Spaten an den Hügel setzte und bis zum Mittelpunkt der Erde graben würde, könnte er seine Braut finden, aber das ist schwere Arbeit, und Finvarra hat mehr Kraft als ein Sterblicher.«

»Das wollen wir erst noch sehen!« rief da der junge Herr. »Weder Feen, noch Teufel, noch Finvarra sollen sich zwischen mich und meine schöne junge Frau stellen.« Und sofort gab er Befehl, alle Arbeiter des Landes sollten sich mit Spaten und Spitzhacke versammeln und solange graben, bis sie auf das Feenschloß stießen.

Die Arbeiter kamen, eine große Menge, und sie gruben einen tiefen Graben in den Hügel, bis in seinen Mittelpunkt. Am Abend gingen sie heim, und als sie am Morgen wiederkamen, da war nichts mehr von einem Graben zu sehen. Da sah der Hügel aus, als habe ihn nie ein Spaten berührt. Denn Finvarra wollte es so, und er hat Macht über Erde, Luft und See.

Aber der junge Herr war ein tapferer Mann in seinem Herzen, er hieß seine Männer mit der Arbeit fortfahren, und wieder schaufelten sie einen Graben bis in den Mittelpunkt dieses Hügels. Wieder gingen sie am Abend heim, um sich auszuruhen und wieder war, als sie am Morgen wiederkehrten, das Erdreich des Hügels völlig unversehrt.

Da war dem jungen Herrn, als müsse er vor Wut sterben, aber plötzlich hörte er eine Stimme in der Luft flüstern:

»Besprengt die Erde, die ihr ausgehoben habt, mit Salz, und sie werden eure Arbeit nicht wieder rückgängig machen können.«

Da kam wieder neues Leben in sein Herz, und er ließ im ganzen Reich ausrufen, Salz müsse her. Am Abend aber wurde es über das ausgehobene Erdreich gestreut.
Am nächsten Morgen waren alle gespannt, was geschehen sei. Zu ihrer Freude war der Graben nicht wieder zugeschüttet worden. Da wußte der junge Herr, daß er Macht hatte über Finvarra, und er bat seine Männer, fleißig weiter zu graben, denn weit konnte es nun bis zum Palast der Feen nicht mehr sein.
Plötzlich, als sie noch weiter vorangekommen waren, hörten sie Feenmusik in der Luft.
»Seht ihr«, sagte einer, »Finvarra ist besorgt. Wenn nämlich ein Sterblicher mit seinem Spaten seinen Feenpalast berührt, dann zerfällt er zu Staub und wird fortgeweht wie ein Nebel.«
»Dann soll Finvarra eben die Frau herausgeben. Er hat seine Ruhe und wir haben auch unsere Ruhe«, meinte ein anderer.
In diesem Augenblick hörte man die Stimme Finvarras. Klar wie das Signal aus einem silbernen Horn drang sie durch den Hügel.
»Hört auf«, rief er, »legt euren Spaten fort, ihr Sterblichen und bei Sonnenuntergang wird die Braut ihrem Mann zurückgegeben werden. Ich, Finvarra, habe gesprochen.«
Da ließ der Herr die Arbeit einstellen und sie warteten bis Sonnenuntergang. Darauf bestieg er seine große kastanienfarbene Stute, ritt bis zum Rand des Grabens und wartete dort. Ein rotes Licht fuhr über den ganzen Himmel, und dann sah er seine Frau den Pfad entlangkommen in ihrem Kleid aus silbernen Spinnweben, schöner als je zuvor, und er sprang aus dem Sattel, hob sie vor sich aufs Pferd und ritt mit ihr wie der Sturmwind zu seinem Schloß davon. Und dort legte er Ethna auf ihr Bett, aber sie schloß die Augen und sagte kein Wort. Tag um Tag verging und immer noch redete sie nicht, noch lächelte sie. Sie schien wie in Trance. Große Sorge überkam alle, denn sie fürchteten, sie hätte vielleicht von der Nahrung der Feen gegessen und der Zauber könne nie mehr gebrochen werden. Der junge Herr war sehr elend. Aber als er eines Abends heimgeritten kam, hörte er Stimmen in der Luft, und eine dieser Stimmen sagte:
»Es ist nun ein Jahr und einen Tag her, daß der junge Herr seine schöne Frau von Finvarra heimgebracht hat. Aber was hat das

genutzt. Sie spricht nicht, sie ist wie tot, denn ihr Geist ist bei den Feen, obgleich ihre äußere Hülle bei ihm ist.«

Und die andere Stimme antwortete:

»Und so wird es bleiben, bis der Zauber gebrochen ist. Er muß den Gürtel an ihrer Hüfte lösen, der mit einer verzauberten Nadel befestigt ist, er muß Asche vor die Tür streuen und die verzauberte Nadel in der Erde vergraben, dann wird ihr Geist auch aus der Anderswelt zurückkehren und sie wird wieder sprechen und lebendig sein.«

Als er das hörte, gab der junge Herr seinem Pferd die Sporen. Er erreichte das Schloß, eilte in das Zimmer, wo Ethna stumm und schön wie eine Wachsfigur lag. Entschlossen, nun zu prüfen, ob die Stimmen die Wahrheit gesprochen hatten, öffnete er den Gürtel und nach großen Schwierigkeiten zog er die Zaubernadel heraus. Er verbrannte den Gürtel, streute die Asche vor die Tür und vergrub die Nadel in einem tiefen Loch in der Erde unter einem Feendorn, damit niemand sie wieder ausgrabe. Darauf kehrte er zu seiner jungen Frau zurück, die lächelte, als sie ihn ansah. Groß war seine Freude, als er sah, daß die Seele in die schöne Gestalt zurückgekehrt war. Er küßte sie und nun vermochte sie auch wieder zu sprechen und sich zu erinnern, aber das Jahr, das sie im Feenland verbracht hatte, schien ihr wie der Traum einer Nacht, aus dem sie eben erwacht war.

Darauf unternahm Finvarra keinen Versuch mehr, sie zu entführen, aber der tiefe Graben in dem Hügel ist bis zum heutigen Tag zu sehen und heißt »The Fairy's Glen«. Also kann kein Zweifel daran bestehen, daß die Geschichte auch wahr ist.

Während Feen sich meist auf die Göttergestalten der Tuatha de Danaan zurückverfolgen lassen, sind auch prominente Gestalten historischer Adelsgeschlechter heute als Feen in der Anderswelt zu finden. So Earl Gerald (gälisch Georoidh Iarla), der auf einem Rath bei Mullymast sein Schloß hatte und später auf einer Stute mit silbernen Hufen häufig beim Umreiten des Curragh of Kildare gesehen wurde. Dieser irische Adlige aus dem Haus der Fitzgeralds ist so etwas wie ein irischer Barbarossa und die große Höhle unter dem Rath ein gälischer Kyffhäuser, denn in ihr wartet

Earl Gerald mit seinen Rittern schlafend bis zu dem Tag, da er den Kampf mit den Engländern um die Herrschaft über Irland beginnen wird.
Ähnliches gilt für die O'Donoghues, die der Sage nach Ross Castle bei Killarney erbaut haben sollen, das später kampflos an die Truppen Cromwells fiel. Aus einem der Fenster von Ross Castle soll der berühmte Prinz O'Donoghue in die Fluten des Sees hinabgesprungen und so ins Feenreich eingegangen sein.
In einer anderen Version über seine Verwandlung in einen Feenprinzen klingen frühkeltische Motive mit an.
Ihr zufolge war O'Donoghue der reichste und stolzeste Mann seiner Zeit in ganz Kerry und konnte durch seine Kenntnisse der schwarzen Kunst Wunder vollbringen. Aber bei all seinem Reichtum und seinen Zauberkräften war er zunächst doch ein Sterblicher. Also ging sein Verlangen, als er älter wurde, vor allem dahin, den Tod zu besiegen. Er schloß sich für sieben lange Wochen in das Turmzimmer von Ross Castle ein und studierte dort Zauberbücher. Keiner wußte, woraus die seltsame Brühe bestand, die er hinter verschlossenen Türen köchelte. Dann rief er eines Tages seine Frau zu sich. Als sie die Kammer betrat, eröffnete er ihr, er wolle wieder jung werden und dazu brauche er ihre Hilfe.
»Siehst du dort diesen Kessel«, sagte er, »du mußt mich mit einem Messer, das einen schwarzen Griff hat, in Stücke schneiden; und die Stücke wirst du in den Kessel werfen. Dann verschließe die Tür und in sieben Wochen wirst du mich wieder am Leben finden, aber nicht größer als ein dreijähriges Kind. Kann ich mich auf dich verlassen?«*
»Wenn du es befiehlst, will ich es wohl tun«, antwortete die arme Frau.
»Besser, wir machen erst einen Versuch«, sagte er, »denn solltest du plötzlich bei dem Experiment Angst bekommen, wird von mir nicht mehr übrig bleiben als von einer Tür die Angel. Ich lese dir jetzt einige Seiten aus meinem schwarzen Buch vor, aber wenn du vor Angst oder Schrecken schreist, werde ich für immer ausgelöscht sein.«
Also steckte er die Nase in die Seiten seines Zauberbuches, und während er las, erschienen die gräßlichsten Dinge der Welt, und es gab ein solches Getöse, als werde das Schloß im nächsten Augenblick in tausend Teile zerbrechen.
Die gute Frau ertrug alles recht tapfer, bis sie ihr eigenes Kind tot vor sich auf dem Tisch liegen sah. Da konnte sie nicht mehr länger an sich halten und stieß einen lauten Schrei aus.

Das Schloß zitterte wie Laub im Wind, und O'Donoghue sprang aus dem Fenster und verschwand in den Gewässern des Loch Lein (See von Killarney). Sein Pferd, sein Stuhl, sein Tisch, seine Bücher verschwanden mit ihm, und alles wurde zu Stein verwandelt. Also vollzog sich O'Donoghues Fahrt in die Anderswelt, wo er bis heute in einem schönen Palast auf dem Grund des Sees leben soll. Manchmal zeigt er sich den Eingeborenen, nie einem Fremden. Mal tut er gute Taten, mal narrt er die Sterblichen.

O'DONOGHUE ZAHLT EINE PACHT

»Klage und zehnmal Klage. Die Welt ist weit, aber was soll ich noch in ihr und wohin soll ich mich wenden?« stammelte Bill Doddy, als er auf einem Felsen am See von Killarney saß.

»Was ist da überhaupt noch zu tun? Morgen ist der Tag der Pachtzahlung und Tim, der alte Antreiber, schwört, wer die Pacht nicht zahlt, den wird er auf die Straße setzen. Judy, die Kinder und ich, wir werden verhungern müssen, wenn man uns unter das fahrende Volk stößt, denn Gott weiß, ich besitze nicht einmal einen halben Penny. O wirra waher, daß ich erleben muß, daß es dahin kommt.«

»Was habt Ihr, armer Mann?« sagte ein großer, stattlich aussehender Gentleman, der eben in diesem Augenblick aus dem Ginsterbusch trat.

Nun saß Bill, wie gesagt, auf einem Felsen und überschaute ein weites Stück Land. Nichts blieb dabei seinem Blick verborgen, außer eben jenem Ginstergesträuch, das in einer Senke am Rand des Sees aufwuchs. Und er war nicht wenig erstaunt, als er plötzlich dort einen feinen Herrn heraustreten sah. Er fragte sich, ob der Fremde von dieser Welt sei oder aus einer anderen, aber dann faßte er sich doch ein Herz und erzählte ihm, wie schlecht die Ernte gewesen war, daß ein übelwollender Nachbar ihm auch noch die Butter verhext hatte und wie Tim, der Antreiber, ihn nun mit der Exmittierung bedrohte, wenn er nicht den Zins auf Schilling und Penny genau bis zwölf Uhr am nächsten Tag zahlte.

»Eine traurige Geschichte in der Tat«, sagte der Fremde, »aber gewiß wird doch auch der Agent Eures Herrn ein Einsehen haben, wenn er von Eurem Pech hört.«

»Wiha, seit wann hat ein Agent ein Herz«, sagte Bill, »offenbar kennt Ihr Euch mit den Agenten der Großgrundbesitzer nicht so genau aus. Außerdem hat er schon seit langem ein Auge auf meine Farm geworfen. Er möchte sie gern für sein Ziehkind haben. Nein, nein, ich kann von diesem Schurken wirklich keine Gnade erwarten. Er setzt uns auf die Straße. Das ist so sicher wie das Amen in der Kirche.«
Bei den letzten Worten räusperte sich der Fremde, so, als sei etwas für ihn Unangenehmes erwähnt worden.
Dann sagte er: »Hier, nehmt das, mein Freund«, und er schüttete den Inhalt seiner Geldbörse in Bills alten Hut. »Zahlt den Kerl damit«, fuhr er fort, »ich will dafür sorgen, daß er keine Freude an diesem Zins hat. Ich kann mich noch an Zeiten erinnern, da ging es anders zu in diesem Land. Damals hätte man einen solchen Schurken aufgehängt, ehe auch nur einer imstande gewesen wäre ›Fin MacCool‹ zu sagen.«
Bill starrte so lang und eindringlich auf die Goldstücke, daß ihm beinahe die Augen aus dem Kopf herausgesprungen wären, und als er aufsah und seinem Wohltäter danken wollte, war dieser verschwunden. Mit Blicken suchte er das umliegende Gelände ab, und es war ihm, als sehe er da jemanden auf einem weißen Pferd weit draußen auf dem See davonreiten.
»Bestimmt war das der Prinz O'Donoghue, Gott segne ihn«, flüsterte Bill, als das Pferd mit dem Reiter verschwunden war. »Tomasheen Dannihy, der in der Kupfermine schafft, hat ihn auch eines Morgens am See gesehen, gefolgt von all seinen Männern zu Pferde. Jeder hatte ein blankes Schwert in der Hand, das strahlte so hell wie ein Blitz, und am Pferd aufgebunden führte noch jeder eine Muskete mit. Und Ned Doolin, der Bootsmann, sah ihn in der Nähe der Kaninchen-Insel. Er war ganz in Weiß, trug einen spitzen Hut und Schuhe mit großen Spangen dran. Und jetzt ist er also auch mir begegnet. O Wunder!«
Und er rannte wie ein Verrückter davon, um Judy von O'Donoghue zu erzählen, ihr die Goldstücke zu zeigen und sie an seiner Freude teilhaben zu lassen.
Am nächsten Tag stand Bill vor dem Agenten, nicht den Hut in der Hand, die Augen niedergeschlagen und mit zittrigen Knien,

sondern gerade wie ein Eschenbaum, wie ein Mann, der weiß, daß man ihm nichts anhaben kann.

»Warum nimmst du deinen Hut nicht ab, Bursche? Weißt du nicht, daß du mit einer Respektsperson redest?« fragte der Agent.

»Ich weiß, daß ich nicht mit dem Bischof rede«, antwortete Bill, »und tatsächlich zieh ich meinen Hut nur vor Menschen, die ich liebe. Das Auge, das uns alle sieht, weiß, daß wenig Grund besteht, Euch zu respektieren oder zu lieben.«

»Nichtsnutz«, rief der Agent, die Stirn schwarz wie die Schürze eines Schmiedes vor Zorn, »dir will ich beibringen, was es einbringt, aufsässig zu sein. Ich habe die Macht. Denk dran!«

»Die Macht, bis an die Küste dieses Landes, ich weiß«, sagte Bill, das Haupt immer noch bedeckt, als sei er der Bruder von Brian Boru und rede mit einem dänischen Seeräuber.

»Hast du den Zins?« fragte der Agent. »Wenn auch nur ein Penny fehlt, setze ich dich auf die Straße, noch ehe es Nacht wird.«

»Hier ist das Geld, und Ihr werdet mir bitte auch sofort eine Quittung schreiben«, sagte Bill und warf ihm das Gold auf den Tisch.

Dem Agenten brachen die Augäpfel fast aus den Höhlen als er die Münzen sah, denn es waren echte Gold-Guineas und nicht zerschlissene Banknoten, die eigentlich nur noch als Fidibus taugten. Er nahm das Geld, stellte die Quittung aus, und Bill ging davon, stolz wie ein Pfau mit zwei Schwänzen.

Als der Agent ein paar Minuten später an seinen Schreibtisch trat, lag dort, wo er die Goldstücke hingelegt hatte, ein Haufen Pfefferkuchen. Er fluchte und schrie, aber es hatte alles keinen Zweck. Auf den Kuchen war der Kopf des Königs eingeprägt, gerade so wie auf den Guineas. Zwecklos über die Sache ein Wort zu verlieren, die Leute hätten ihn nur ausgelacht. Von dieser Stunde an wurde Bill Doody reich. Was immer er begann, es gelang ihm, und er segnete noch oft den Tag, da er den Prinzen O'Donoghue traf, der bei den Feen in der Anderswelt lebt, auf dem Grund des Sees von Killarney.

Kehren wir nach dieser Umschau unter den einzelnen Feenwesen wieder zu der Frage nach der Entstehung und Entwicklung der Vorstellung von der Anderswelt zurück.

Am Ende des vorigen Kapitels haben wir uns mit jener Theorie auseinandergesetzt, die von den Texten des mythologischen Zyklus bzw. dem »Buch der Invasionen« ausgeht und besagt, Feengeschichten seien Erinnerungen an die Urbevölkerung eines Landes, die von Eroberern besiegt und unterdrückt worden ist. Die Unterlegenen zogen sich in unwegsame Gegenden zurück, in unterirdische Verstecke. Sie überfielen hin und wieder die Eroberer. Verständlicherweise mußten sie in der Nacht tätig werden und heimlich vorgehen. Angereichert wurden die Erinnerungen an solche Zwischenfälle mit den Mythen der Eroberer selbst, der keltischen Stämme vom Kontinent.

Eine zweite Theorie hält nun Feen für ehemalige Götter und Helden, deren Bedeutung und Größe in dem Augenblick dahinschwand, als neue Götter eingesetzt wurden.*

Für diese Theorie finden sich im voranstehenden Kapitel einige überzeugende Beispiele. So, wenn einer der Unsterblichen unter den Tuatha de Danaan, nämlich Fionnbhar (sprich: Finnwar), der in dem Sidh Meadha Wohnung nahm, uns jetzt als Feenkönig von Ulster mit gleichem Namen und gleichem Wohnsitz, nämlich in einem Hügel fünf Meilen westlich von Tuam, wiederbegegnet, oder ein irdischer Fürst auf die Entführung seiner Frau durch eben diesen Feenkönig genau so reagiert wie im mythologischen Zyklus Eochaid auf die Entführung Etains durch Midhir.

So, wenn aus einem bekannten, aber von den Engländern besiegten Häuptling aus dem Klan der O'Donoghues ein Feenprinz wird, der auf dem Grund des Sees von Killarney wohnt, welcher durch Feenzauber einen armen Pachtbauern rettet und einen unbarmherzigen und im Volk verhaßten Agenten eines englischen Großgrundbesitzers bestraft und demütigt, ein Feenprinz, in dessen Macht es auch steht, ein Spitzenspiel in Hurling zwischen einer Feenmannschaft aus Waterford und einer anderen aus Kerry zu arrangieren.

Selbst hinter dem Lepracaun scheint, wenn man an die mittelalterliche Geschichte um den Feenkönig Iubdan denkt, dessen stärkster Untertan eine Distel köpft, einmal ein Gott gestanden zu haben.

Eine dritte Theorie hält die Feen für Personifizierungen von Naturgeistern. Die frühen Menschen glaubten bekanntlich, daß jedes Objekt eine spirituelle und physikalische Natur habe. Ein Baumgeist wurde nach dieser Theorie in späteren Zeiten anthropomorphisiert, also vermenschlicht und zur Dryade. Aus einem Wassergeist wurde eine Undine. Der Geist eines

Berges oder Hügels wurde zu einer Fee, die unter einem Strauch, in einem alten Fort oder im Innern des Hügels selbst wohnte. Auch für diese Theorie lassen sich viele Geschichten als Beleg anführen. Dabei kann man auch die allmähliche Bewußtseinsveränderung vom Magischen zum Mythischen erkennen.

Flüssen, Quellen und anderen Naturphänomenen wohnte für die Menschen eine spirituelle Essenz, eine Kraft, inne. Sie konnte sich auswirken und sie stellte sich schließlich als Person dar. So verehrten die Kelten beispielsweise die Göttin Sequana, die Quellgöttin des Flusses Seine.

Nun haben wir gehört, wie sich mit dem Feenwesen Púca oder Pooka die Vorstellung von panischem Schrecken verbindet, er aber auch in Tiergestalt auftritt. Erklärbar wird das, wenn wir daran denken, daß jedes Quell- oder Hügelheiligtum einen Schutzgeist besaß, der sich, sofern die entsprechenden Riten beachtet wurden, als Katze, Fisch oder Vogel materialisieren konnte. Er nahm eben jene Gestalt an, die der großen Erdmuttergottheit gefiel. Derartige Heiligtümer waren die Leibesöffnungen der Erdmutter, was sich bei den Kelten auch in den Sheela-na-gig, wie man sie heute noch an irischen und englischen Klöstern und Kirchen finden kann, ausdrückt. Diese grotesken Abbilder der Schöpfungs- und Todesgöttin zeigen einen Muttermund, der ein Wesen verschlingt und sind eindeutig der Ausdruck männlicher Angstphantasien.*

Die keltischen Nachfolgegottheiten der alten großen Erdmutter waren einmal die Matronae, die ursprünglich wohl mit dem Quellheiligtum der Marne in Verbindung standen und die Pferdegöttin Epona, die manchmal mit einem Pferd oder mit einem Fohlen gezeigt wird. Hinter ihr steht jene weibliche Gottheit des Wild-Orgiastischen, die Männer in liebestolle Esel (Apuleius) oder auch in Schweine (Kirke/Odysseus) verwandelt.

In verharmloster Form taucht Epona in Sagen wie der von Lady Godiva auf, einer Frau, die angeblich nur mit ihrem langen Haar bedeckt, durch die Straßen von Coventry ritt, aber auch in Geschichten um den Pooka.

In der Banshee begegnen wir einem der drei Gesichter der großen Göttin, die über Geburt, Leben und Tod herrschte und sich als Mädchen, Braut und Mutter oder hexenhafte Alte zeigte. Und daß Vorstellungen sich überkreuzen, verschlingen und überlappen, bis ein Gewebe entsteht, dessen einzelne Fäden sich nur noch mit größter Schwierigkeit isolieren lassen, wird klar, wenn man sich im Zusammenhang mit der Gestalt der Banshee und ihrer Verwandten noch folgende Fakten vergegenwärtigt. Der

Fluß Clyde auf der Britischen Insel ist nach der Quellgöttin Clóta benannt. Übersetzt aber heißt dieser Name soviel wie »die göttliche Wäscherin«, was bestimmt wiederum mit jener Totengöttin zu tun hat, die die blutigen Hemden derer wäscht, die in der Schlacht fallen oder am nächsten Tag sterben werden.

Eine vierte und vielleicht wichtigste Theorie hält die Feen für die Geister der Toten oder für die Toten selbst. Als der amerikanische Forscher Evans Wentz zu Anfang des Jahrhunderts Leute in ländlichen Gegenden von Irland, Schottland und Wales über ihre Vorstellungen von Feen befragte, erhielt er in Irland von John Boglin, einem 60jährigen Mann aus Kilmessan nahe Tara (Meath) die Auskunft:*

»Die Feen sind die Toten. Nach dem, was die Leute hier in der Gegend glauben, sind die Feen die Geister der Verstorbenen. Die Überlieferung sagt, daß Hugh O'Neil im 16. Jahrhundert nach einem Marsch in den Süden mit seiner Armee auf dem Rath oder Fort von Ringletown deswegen sein Lager aufschlug, weil er sich so den Beistand der mächtigen Toten, die in dem Rath wohnten, sichern wollte. Man erzählte weiter, daß man Gerald Fitzgerald in der Grafschaft Louth aus dem Hügel von Mollyellen herauskommen sah. Er führte ein Pferd am Zügel und trug altirische Kleidung, mit einer Brustplatte, Speer und Kriegsrüstung.«

So ist auch verständlich, daß der Feenkönig von Ulster zugleich auch König über das Totenreich ist und der Merrow, dem Jack Dogherty begegnet, die Seelen ertrunkener Matrosen in Hummerkörben einlagert.

Weil die Feen mit den Toten in Zusammenhang gebracht werden, verläuft die Begegnung des Tinkers, der keine Geschichte kannte, mit Far Derrig noch einigermaßen glimpflich, denn Feen müssen wie Gespenster beim ersten Hahnenschrei die Menschenwelt verlassen.

Bei einer Analyse des in der Thematik ähnlichen Märchens »Der Geschichtenerzähler in Verlegenheit« wird deutlich, welchen Einfluß geschichtliche Ereignisse bzw. die jeweiligen sozialen Zustände auf die Veränderung der aus frühesten Zeiten stammenden Stoffe hatten.

Leider gibt Joseph Jacobs keine Quelle für sein Märchen an. Er sagt nur im Vorwort seines Buches, daß die irischen Märchen – der Band enthält auch Texte aus Schottland und Wales – vorwiegend aus der sogenannten Pale, also aus einem Gebiet östlich, nördlich und südlich von Dublin kommen, in dem die Engländer seit dem 15. Jahrhundert ständig als Besatzungsmacht präsent waren.

Das Märchen spielt in einem feudalen Milieu. Zwar erinnert der König von Leinster noch insofern an den alten irischen König, als er einen Barden, eben den Geschichtenerzähler, besitzt, aber der Hofstaat ist der eines modernen Monarchen, es wird von Soldaten gesprochen, nicht von Kriegern.
Dieser schon halb modernisierte und anglisierte König erlebt nun mit dem Verschwinden seines Geschichtenerzählers den Einbruch des alten gälischen Bewußtseins, wie denn auch der Geschichtenerzähler durch die Vorgänge daran erinnert werden soll, daß er, auch am Hof eines englischen Monarchen, sein Amt nur dann zur Zufriedenheit seines Herrn ausüben kann, wenn er den alten Traditionen treu bleibt, zu den mythologischen Wurzeln gälischen Geschichtenerzählens zurückkehrt. Der dürre graue Bettler verkörpert Irland. Er ist aber zugleich auch Manannan, der frühzeitliche Herr der Anderswelt. Denn ein Attribut Manannans ist es, in einem Sack, der aus der Haut eines Kranichs gemacht ist, die Schätze der Welt bei sich zu tragen.
Nicht zufällig wird in dem Vers, mit dem der graue Bettler auf die Frage des zweiten Andersweltwesens, Red Hugh O'Donnell, antwortet, ausdrücklich die Isle of Man erwähnt. Sie ist Manannans Heimat, bewacht von heiligen Vögeln, die vorbeifahrenden Reisenden zukrächzen:*

> *Tritt nicht ein!*
> *Bleib fort!*
> *Geh vorbei!*

Hat man den Bettler als Manannan »enttarnt«, so gibt auch das dreimal scheiternde Erhängen einen Sinn und überhaupt all die gewaltsamen Tode in dieser Geschichte, die durch Zauber wieder rückgängig gemacht werden. Als Herr der Anderswelt hat Manannan die Kraft, ewiges Leben zu spenden.
Schließlich taucht in dem Text noch zweimal ein anderes Motiv auf: die Hunde mit den roten Ohren, die den Hasen jagen. Wir erkennen sie wieder: es sind die Hunde, mit denen Arawn, der König der Unterwelt im »Mabinogion« einem Reh nachsetzt.
Gleich doppelt wird also darauf verwiesen, daß dieser graue Bettler etwas mit dem Totenreich und der Anderswelt zu tun hat.
Faszinierend ist auch ein scheinbar so unbedeutendes Motiv wie die Episode, in der die Frau des Geschichtenerzählers auf ihren in den Hasen verwandelten Mann die Hunde hetzt.

Sie enthält einen Verweis auf eine mythologische Geschichte aus Wales: Caridwen hat zwei Kinder, Creiwy, das schönste Mädchen unter der Sonne, und Afagddu, den häßlichsten Knaben der Welt. Da er nun so abstoßend aussah, beschloß Caridwen, ihm wenigstens große Klugheit zu verleihen. Also stellte sie nach einem Rezept des Zauberers Vergil von Toledo einen Zaubertrank her, der Inspiration und Wissen verleihen sollte.*

Das Gebräu mußte bezeichnenderweise ein Jahr in einem Kessel am Kochen gehalten werden.

Zu jeder Jahreszeit warf Caridwen neue Zauberkräuter hinein.

Während sie die Kräuter pflückte, stellte sie Gwion, den Sohn des Gwreang, an und ließ ihn den Kessel umrühren.

Gegen Ende des Jahres spritzten drei Tropfen der Flüssigkeit aus dem Kessel und fielen auf Gwions Finger. Er steckte den Finger in den Mund, um die ätzende Flüssigkeit abzulecken. Sofort verstand er die Sprache der Tiere und Pflanzen und hatte Kenntnis von allen vergangenen und zukünftigen Ereignissen. So wußte er auch, daß er auf der Hut sein mußte vor Caridwen, die beschlossen hatte, ihn zu töten, sobald sie seiner zum Umrühren des Zaubertranks nicht mehr bedurfte.

Er floh, und sie verfolgte ihn in der Gestalt einer schwarzen kreischenden Hexe.

Durch die Zauberkraft, die er durch die drei Tropfen erlangt hatte, verwandelte er sich in einen Hasen; sie nahm die Gestalt eines Windhundes an . . .

Ohne Zweifel ist auch Caridwen ein »Nachfolgebild« der großen Muttergottheit des alten Europa. Gewiß auch spiegelt die Geschichte die Angst der Männer in einer von Frauen beherrschten Welt, oder ähnliche Ängste, wie sie sich auch in den schon erwähnten sheela-na-gig abbilden.

So betrachtet wäre die Szene mit dem in den Hasen verwandelten Märchenerzähler und dem Hund, der von seiner Frau auf ihn gehetzt wird, als ein Fingerzeig zu verstehen, sich nicht zu weit bzw. nur mit Vorsicht mit den Kräften des Archaisch-Wilden, oder wie wir heute sagen würden, mit den Mächten des ES, einzulassen, weil man von ihnen verschlungen und überwältigt werden kann.

Schmunzeln macht es uns, in welcher Weise das Unheimlich-Beängstigende, das dieser Szene innewohnt, am Schluß rational fortgewischt wird, indem der graue Bettler erklärt, die Frau habe nicht aus eigenem Willen so gehandelt, er habe ihr Bewußtsein verzaubert. Nun solle der Ehemann der Frau vergeben und verzeihen, wie das unter braven Eheleuten üblich sei. Spätestens an dieser Stelle wird deutlich, daß diese Geschichte, als sie der Sammler aufzeichnete, ebenfalls nicht mehr in all ihren Sinnbezügen verstanden worden ist, sich jedenfalls die sozialen Beziehungen zwischen Mann und Frau nun ganz anders regelten als zur Zeit ihrer Entstehung.

Greifen wir nun noch einmal zurück zu jenem Märchen vom Tinker, der keine Geschichte wußte, deswegen kein Nachtlager bekam. Auch bei ihr ist der ursprüngliche Sinn kaum noch zu erkennen. Die vier Männer, unter denen der größte wohl Far Darrig ist, wirken mehr wie Mörder oder Räuber denn wie übernatürliche Wesen. Die »Botschaft« der Geschichte läßt sich damit umschreiben, daß der Mensch einmal schlimmste Angst ausgestanden haben muß, soll sich sein Vorstellungsvermögen ausweiten und intensivieren. Das merkwürdige Zeremoniell, bei dem eine Leiche über einem Feuer aufgehängt wird, mag ursprünglich eine schamanische Praktik abbilden. In diesem Text wirkt es merkwürdig aufgesetzt. Daß ein weitreichenderer Sinnzusammenhalt als der, jemandem Angst zu machen, darin enthalten ist, bleibt unverständlich.

Hier wird also an zwei Texten, die Varianten ein und derselben Geschichte darstellen, jene Abschwächung und Veränderung deutlich, die im Laufe der Zeit aus einer Göttergeschichte einen makabren Witz werden läßt.

Nur beiläufig ist bisher erwähnt worden, daß Herrschaftsverhältnisse und soziale Bedingungen diesen Prozeß freilich entscheidend beeinflußt haben. Machte eine erste Veränderung aus den Schatten der Unterdrückten Wesen einer Anderswelt, so wäre nun doch etwas ausführlicher auf die zweite große Veränderung einzugehen, die darin zu sehen ist, daß zwischen 432 und 462 das Christentum in Irland Fuß faßte.

Die neue Religion wurde den keltischen Iren nicht aufgezwungen. Ihre alte Götterwelt wurde zunächst nicht verketzert oder tabuisiert.

Patrick und seine legendären Missionarshelfer in weißen Roben verstanden sich ausdrücklich als Beschützer der alten geheiligten Plätze. Die Göttinnen Irlands wurden aus dem Schlaf erweckt und mit Christus, Gottes Sohn, vermählt. Christus selbst wurde zunächst als eine neue heroische Verkörperung des alten Kriegsgottes Cuchulain hingestellt. »Die christlichen Missionare nützten den Reiz, den solche Zusammenhänge für die Einbildungskraft der Iren hatten, gründlich aus«, schreibt John

Sharkey. »Die Änderungen in den Ritualen wurden auf beiden Seiten mit größter Vorsicht vollzogen und zwar während Jahrhunderten, in denen man von den Vorgängen auf dem Kontinent und dem Zusammenbruch des Römischen Imperiums nicht berührt wurde. Es gab Ausnahmen, aber im allgemeinen verlief der Übergang friedlich. Die keltischen Heroen und Göttinnen wurden christianisiert.

St. Brigit, eine heilige Frau aus dem 5. Jahrhundert, von der es hieß, sie sei vor Sonnenaufgang des 1. Februar, dem Fest des Imbolc, geboren worden, und deren Mutter selbst nach der christlichen Heiligenlegende ›im Dienst eines Druiden‹ gestanden haben soll, hatte alle Eigenschaften der triadischen Göttin der Kelten. Die neue Brigit wurde die Schutzpatronin des Herdes, des Heimes, der Quellen und des Heilens. Ihr Kloster wurde um das heilige Feuer gebaut, das zu Ehren der alten Göttin in Kildare brannte, und der Brauch, ein solches Feuer ständig zu unterhalten, lebte fort bis in die Zeit der normannischen Invasion im 12. Jahrhundert.

Zuvor mag sich dort ein Heiligtum befunden haben, in dem vielleicht auch geweissagt wurde, wie in Delphi mit einer heiligen Flamme, heilenden Quellen und einer der Quelle oder dem Hain innewohnenden Göttin. Das Kirchenlied für die neue Heilige war auch für die Anhänger der alten Göttin durchaus akzeptabel: ›Brigit, ausgezeichnete Frau, plötzliche Flamme, mag die hellwilde Sonne uns das immerwährende Königreich bringen.‹«

Erst sehr allmählich hat sich das speziell irische Christentum dem kontinentalen angepaßt, und eine gewisse besondere nationale Eigenständigkeit gegenüber Rom ist immer geblieben.

Die krasse Sinnesfeindlichkeit des neuzeitlichen irischen Katholizismus muß wohl als Reaktion auf den englischen Puritanismus verstanden werden, mit dem man zu konkurrieren hatte, nachdem zumindest seit Cromwells Zeiten große puritanische Kolonien in Irland eingerichtet worden waren (Plantations). Gerade aber weil die Einführung des Christentums in Irland recht friedlich vor sich ging, hielt sich zunächst und noch lange hin eine starke keltisch-heidnische Unterströmung, ein Bewußtseinszustand, dem sich manch einer gern dort auslieferte, wo er überzeugendere Tröstungen und Kompensationsmöglichkeiten zu bieten hatte als eben das Christentum. Ein für die Tradierung von Geschichten, für die Art des Entstehens, entscheidender Einschnitt ist dann das Jahr 1690 mit dem Sieg Williams III. (protestantisch) über James III. (katholisch).

Mit James floh der größte Teil des alten irischen Adels nach Frankreich. Die Folge war, daß der Beruf des Barden ausstarb, weil es keine Mäzene mehr gab. Die Lust zum Geschichtenerzählen lebte weiter. Sie tauchte nach guter und langbewährter kultureller Tradition in Irland unter. Geschichten erzählt wurden von nun an unter dem Strohdach der Bauernhütte.
Überall dort, wo der kontinentale und britische Einfluß am stärksten war, fand eine Abflachung, Vergröberung der Stoffe statt. Überall dort sank das Vorkeltisch-Keltische zurück, während es sich in den von den Briten nie völlig kontrollierten Gebieten nicht nur hielt, sondern voller Stolz als Ausdruck der Eigenständigkeit und Identität sogar noch betont wurde.
Man vergleiche nur eine Sammlung wie die von Patrick Kennedy Anfang des 19. Jahrhunderts aus dem Südosten von Irland mit der von Jeremiah Curtin, die erst in der zweiten Hälfte des 19. Jahrhunderts entstand, aber Texte aus dem Südwesten und Westen enthält. Beide Männer sammelten unter Bauern. Die Lebensbedingungen waren hier wie da katastrophal. 1887 schreibt Curtin aus dem Südwesten: »Die Armut und die Unterdrückung, die das Volk in Irland erleiden müssen, ist unvorstellbar.« Und auch bei Kennedy finden sich Hinweise auf die katastrophalen Lebensbedingungen der Leute, die ihm erzählten. Aber die Stoffe, die er zu hören bekam, hatten große Ähnlichkeit mit englischen Hausmärchen, für die Varianten aus anderen Ländern auf dem Kontinent bekannt sind, während Curtins Märchen zunächst einmal schon viel länger sind und einen differenzierten Aufbau und eine komplizierte Symbolik aufweisen. Unter ihnen finden sich auch zahlreiche Märchen, in denen Motive von Reisen in die Anderswelt auftauchen.*
Hier ist nun der Punkt erreicht, um auf eine eigene Theorie zu sprechen zu kommen. Sie hat gegenüber den zuvor erwähnten vielleicht den Vorteil, auch eine Erklärung dafür anzubieten, warum nicht nur in Irland, sondern auch in Wales, Schottland, ja selbst in England, sich in entlegenen Gegenden die Vorstellung von der Anderswelt und der damit zusammenhängende Feenglaube in einem solchen Umfang und Ausmaß, was die Zahl der Geschichten angeht, aber auch mit so großer Intensität, was das Bewußtsein der Menschen betrifft, erhalten hat.
Meine Theorie läßt sich zunächst in einem einfachen Satz zusammenfassen. Er lautet:
Ursache und Anstoß für Vorstellungen von der Anderswelt und für den Feenglauben ist immer ein Mangel. Der Mangel kann höchst unterschied-

licher Art sein. Gehen wir von der Situation im Westen Irlands aus. Noch heute ist dies eine, im Vergleich mit dem übrigen Europa dünn besiedelte, isolierte Gegend, in der Natur und Naturgewalten noch nicht in dem Maße wie anderswo durch eine »Zweite Natur« überlagert worden ist.

Ist es nicht einleuchtend, daß Menschen die große Angst vor immer wiederkehrenden, von der Natur bedingten Katastrophen haben, auch in besonderem Maße dazu neigen, an Wesen zu glauben, die dann helfen?

Bei Menschen, die isoliert, einsam, auf sich selbst zurückgeworfen, kaum durch äußere Einflüsse abgelenkt sind, wird sich Vorstellungskraft in besonderem Maße regen, und wird ihnen dazu verhelfen, wenigstens in der Einbildung, ihre Isolation zu überwinden.

In einer Gegend, in der mehr Stille, mehr Ruhe herrschen als anderswo, mehr Monotonie, muß sich beim Menschen auch ein anderes Zeitgefühl einstellen. Es wird sich ein Zeitsinn entwickeln, der mit der Uhrzeigerzeit nicht mehr übereinstimmt, in dem objektiv kurze Zeit sehr lang empfunden und lange Zeit als sehr rasch vergangen wahrgenommen wird.

Haben sich erst einmal mehrere solcher Reaktionen zu einer Struktur zusammengefügt, so werden freilich auch Bereiche mit einbezogen, die zunächst mit der Dominanz von Natur und der Isolation des Menschen nur bedingt etwas zu tun haben.

Erotische Wunsch- und Angstträume, die häufig als Antrieb von Feengeschichten auszumachen sind, haben gewiß Menschen auch anderswo.

Auf den zweiten Blick aber sieht man: Im irischen Westen haben geographische und sozialhistorische Bedingungen bestanden, die auch hier eine besondere Mangelsituation herstellten.

Die Menschen wohnten weit auseinander. Die sozialen Gegebenheiten führten dazu, daß viele Männer spät, manche nie heiraten konnten. Sexuelle Wünsche wurden vom Christentum tabuisiert, der alte Glaube ließ sie nicht nur zu, er begriff sie als einen zentralen Bereich menschlicher Existenz. Wirtschaftliche Not und Elend bestanden über Jahrhunderte hin fort. Was Wunder, daß man wenigstens in der Phantasie sich ein Land schuf, in dem Milch und Honig flossen und dieses Land noch näher und intensiver zu sich heranrückte, indem man einfach Phantastisches als wirklich ansah.

So entstand und hielt sich ein Bewußtseinszustand, den wir, die an die Dominanz des Rationalen gewöhnten Fremden, einerseits als abergläubisch belächeln, der andererseits aber auch eine Faszination auf uns ausübt, die wir wahrnehmen, aber nicht genau zu erklären vermögen. Wäre es denkbar, daß uns in dem Mangel, der mit dem Feenglauben kompensiert wird, Mangelerscheinungen in unserem modernen, von der industriellen Massengesellschaft geprägten Bewußtsein entgegentreten, die uns unerträglich geworden sind?

III. KAPITEL

IN WELCHEM MAN VERNIMMT, WAS DIE FEEN IN DER ANDERSWELT, ABER AUCH UNTER DEN STERBLICHEN TUN UND TREIBEN

»Die Feen sind, wie schon gesagt, Gegenbilder zur Menschenwelt. Es gibt Kinder und Alte unter ihnen, sie üben alle Arten von Gewerben aus und gehen Handwerken nach; sie besitzen Vieh, Hunde und Waffen. Sie brauchen Nahrung, Kleidung, Schlaf. Sie sind anfällig für Krankheiten und können getötet werden. So weit geht die Ähnlichkeit, daß sie sich sogar betrinken. Leute, die ihre Hügel betreten, finden, daß die Feen denselben Beschäftigungen nachgehen wie die Menschen. Die Frauen spinnen, weben, mahlen Mehl, backen, kochen, braten. Die Männer tanzen, machen Musik, vergnügen sich und sitzen in der Mitte auf dem Boden um ein Feuer wie Tinker. Manchmal werden Reisen unternommen, um sich zu verproviantieren oder um seinen Spaß zu haben!« J. G. Campbell

Die Mehrzahl der Texte über die Anderswelt, die bisher erzählt worden sind, stammen aus früher Zeit oder aus dem vorigen Jahrhundert.
Durch den Hang der Romantik, im Alten, zeitlich Zurückliegenden die goldene Zeit zu sehen, aber auch durch neue Problemstellungen in den Religionswissenschaften, war das Interesse an Mythen, Märchen und Sagen besonders in den angelsächsischen Ländern im 19. Jahrhundert ausgeprägt.
Mit Crofton Croker, Patrick Kennedy, P.W. Joyce, Joseph Jacobs, Jeremiah Curtin, Lady Wilde, Lady Charlotte Guest, Lady Gregory, William Carleton und William Larminie sind nur die Namen der wichtigsten unter jenen Frauen und Männern genannt, denen es zu verdanken ist, daß irische Folklore, so wie sie im 19. Jahrhundert mündlich tradiert wurde, erhalten blieb.
Wie diese Frauen und Männer sammelten, wieviel bei der Ausformung der von nun an gedruckt vorliegenden Geschichten gewissermaßen »Originalton« und wieviel individuelle Zutat des Sammlers ist, läßt sich in den meisten Fällen kaum noch eindeutig feststellen. Das gibt diesen Texten, abgesehen von ihrem Unterhaltungswert, etwas Fragwürdiges.
Wer es ganz genau und umfassend wissen will, was die Feen treiben, kann sich jedoch an die Zusammenfassung seriöser Forschungsergebnisse halten.
Ich schlage also das »Standard Dictionary of Folklore, Mythology and Legend« auf. Ich finde darin unter dem Stichwort »Feen und Anderswelt« kurz und bündig die folgende Feststellung:
»Die meisten Feengeschichten handeln von Beziehungen zu Sterblichen.

Die folgenden Varianten sind denkbar: 1. Feen helfen den Sterblichen. 2. Feen schaden den Sterblichen. 3. Feen entführen Sterbliche zu einem bestimmten Zweck. 4. Feen vertauschen Kinder. 5. Sterbliche besuchen das Feenland. 6. Feenfrauen oder -männer lieben Sterbliche und umgekehrt . . .«
Aber warum? Was treibt sie dazu?
In Katharine Briggs anregendem Buch »The Vanishing People« stoße ich auf die Feststellung:
»Irland ist eine Bastion des Feenglaubens, und obgleich die jungen Leute sich heute ziemlich skeptisch geben, finden sich unter den Älteren noch viele, die an dem Feenglauben festhalten. Christiansen gibt ein Beispiel aus dem Jahr 1959, als die Trasse einer Straße bei Toorglas in der Grafschaft Mayo verlegt werden mußte. Der geplante Verlauf der Route hätte direkt durch einen Feenpalast geführt. Die Straßenbauarbeiter traten in den Streik. Der Vorsitzende der entsprechenden Regierungskommission kam herüber, um das Problem zu lösen. Die örtlichen Farmer erklärten ihm, sie selbst glaubten ja nicht an das Kleine Volk, aber der Bruch dieses Tabus werde gewiß in der Nachbarschaft Unruhe schaffen, deshalb sei es wohl besser, sich auf eine Umleitung zu verständigen. Das geschah.«
Solche Hinweise verlocken dazu, sich im Irland unserer Tage danach umzusehen, was sich an Feengeschichten erhalten hat.
Nach allem, was bisher über die Anderswelt und die Feen gesagt worden ist, mag es einleuchten, daß die Chancen, unverstelltem Feenglauben zu begegnen dort am größten sind, wo das Land noch am unberührtesten ist, wo noch Abgeschiedenheit besteht, wo sich die Arbeitstechniken der Menschen in den letzten zwei-, dreihundert Jahren nicht wesentlich verändert haben.
Eine solche Region ist beispielsweise der Südwesten von Donegal. So ist es kein Zufall, daß gerade dort in den letzten Jahrzehnten gezielt »Feldarbeit« von erfahrenen Sammlern betrieben worden ist.
Wir sind in einer Landschaft von Gebirgen und Mooren. Landeinwärts liegen Seen. Aber vor allem wird das Bild bestimmt von einer zerklüfteten Küstenlinie und dem weiten wilden Meer. Die Gebirge brechen abrupt in den Atlantik ab. Die Klippen des Slieve League erheben sich senkrecht in unmittelbarer Nähe des Wassers und der Brandung siebenhundert Meter über den Meeresspiegel.
Landeinwärts in einer über weite Strecken grandios bis erschreckend

einsamen Gegend, ist der Boden felsig-zerklüftet oder sumpfig. Ackerbau ist schwierig. Man züchtet Rinder und Schafe. Tuch aus Donegal ist wegen seiner schönen Naturfarben und seiner Unverwüstlichkeit berühmt. Lange Wege müssen von den Bauern zurückgelegt werden, wenn sie zu Fuß zu den Märkten in Carrick, Kilcar, Killybegs und Ardara gelangen wollen. Im Süden, an einer Bucht, liegen Teelin und Killybegs, zwei der wichtigsten irischen Fischereihäfen. Die Leute haben hier »die See in den Knochen«, wie sie selbst sagen. Im Gegensatz zu anderen Fischereigebieten im Westen vor Irland wird hier die See nicht mit curraghs befahren. Ehe Dampfkraft und Diesel aufkamen, baute man hier zwei Arten von Holzbooten: Segelboote von etwa zehn Tonnen zum Handelverkehr über die Bucht von Donegal und entlang der Küste von Connacht; kleinere Fahrzeuge, sogenannte »bádai deiridh« oder »Sternboote« zum Fischfang. Erst um die Jahrhundertwende wurden sie durch Jollen und größere Fischerboote schottischer Bauart, den »Scotai« ersetzt.*

Die See spielt eine wichtige Rolle im Erwerbsleben, aber landeinwärts stehen vor dem Horizont wie Riegel lange Gebirgsketten. In den Bluestack-Mountains leben die Leute von Schafzucht, Spinnen und Sockenstricken in Heimarbeit, mehr schlecht als recht. Jeder Haushalt hält ein paar Stück Vieh und hat einen kleinen Kartoffelacker. Bis nach Glenties, dem Marktflecken, sind es zwölf Meilen durch menschenleeres Land, über dem fast immer phantastische Wolkenbilder stehen. Viele Erzähler sprechen hier auch heute noch ausschließlich Gälisch. Man erzählt dem Fremden, daß nicht wenig Leute Flüchtlinge aus Tyrone in Nordirland seien, was dazu beigetragen habe, daß sich die Tradition, vor dem Feuer zu erzählen, hier länger als sonst lebendig erhalten hat. Vielleicht, daß dort oben das letzte Stück echte Gaeltach zu finden ist. Die Feen gehören hier selbstverständlich zum Leben. Man redet von ihnen wie von Bekannten oder Verwandten. Unzählig sind die Namen für die Feen in dieser Gegend. Die häufigste Bezeichnung lautet bunadh na gcnoc, das Volk von den Hügeln. Aber dahinter steht noch eine ganze Flut anderer Namen: das kleine Volk, das kleine Volk aus dem Meer, die aus den Hügeln, das gute Volk, die Bergschar, die lustige Schar, die aus der Luft, die Rotkappen, der Zug in der Luft, die Schar der Unsterblichen, die Edlen, die kleinen Edlen.*

Schon aus den umschreibenden Namen läßt sich erkennen, daß wir uns hier in einem Gebiet Irlands befinden, in dem der Glaube an Feen und die Anderswelt alles durchdringt und noch bis in die Mitte des 20. Jahrhun-

derts, wie sich in den Geschichten zeigen wird, in fast alle Bereiche des Alltagslebens mit hineinspielt. Hier ist die Anderswelt tatsächlich noch präsent. Und vielleicht gerade weil sie noch so selbstverständlich ins Alltägliche eingebunden ist, gleichen die Geschichten von den Feen mehr wortkargen Mitteilungen als breit ausgesponnenen, wundersam sich verzweigenden Märchen voller Phantasmagorien.

»Ihr Kleinen, Edlen in den Klippen dort drüben: Wir preisen eure Namen und fürchten eure Gesellschaft.« So lautet der Spruch eines alten Märchenerzählers aus dieser Gegend. An ihm wird jene seltsame Ambivalenz zwischen Fürchten und Hoffen deutlich, unter der sich in dieser Gegend, aber auch anderswo, der Umgang jener Bauern und Fischer mit der Anderswelt vollzieht. Es ist nicht nur die Ahnung, daß Feen heruntergekommene Götter sind, die sich dabei auswirkt.

Wenn wir davon ausgehen, daß es Feen objektiv und materiell nicht gibt, und sie also nur als Einbildung existieren, wenn sich weiterhin herausgestellt hat, daß mit dem Feenglauben immer ein Mangel kompensiert wird; so schließt eine solche Erklärung durchaus mit ein, daß sich im Feenglauben auch eine Entlastung von schlechtem Gewissen und Akte der Selbstbestrafung abspielen. Hier wird die Ähnlichkeit der Feenvorstellung mit dem Traummechanismus deutlich. Viele der nachfolgenden Geschichten wirken wie die Protokolle von Tagträumen, bei denen allerdings die Isolation und die Einsamkeit der Menschen und ihr Ausgeliefertsein an eine übermächtige Natur auslösend eine wichtige Rolle spielen.

VON DER VIELZAHL DES HÜGELVOLKES

Soviel mal wie ich Finger und Zehen habe, muß ich zählen, um zu sagen, wie oft die alten Leute von den Feen sprachen und sagten, daß das Hügelvolk so üppig sei wie das grüne Gras und es kein Ampferblatt im ganzen Land gäbe, unter dem sich nicht eine Schar von ihm verberge. Die Leute pflegten zu sagen, wenn eine Kuh ihren Atem ausstoße, blase sie tausende von ihnen aus dem Weg.

Und ein Verwandter von mir, der bei Min na bhFiann lebte, sagte oft, daß es einen bestimmten Fleck im ganzen Land gibt, an dem, kommt man dort hin, ganz deutlich zu hören ist, wie sie Butter machen.

DIE HEBAMME WIRD ZU EINER GEBURT IN DEN CRAG GERUFEN

Da war eine Frau, die lebte in der Ortschaft von Min an Daimh, draußen in den Hügeln und ihr Name war Nancy Cunninham. Zu dieser Zeit gab es noch keine Krankenschwestern, die den Frauen im Kindbett beistanden, die das taten, was heute die Schwestern tun; die man damals in einem solchen Fall rief, nannte man Hebammen. Nancy war eine von ihnen. Eines Nachts klopfte es an ihrer Tür, und der Mann, der draußen stand, fragte sie, ob sie willens sei, noch in dieser Nacht zu seinem Weib zu kommen.
»Wer seid Ihr?« fragte sie. »Ich kann mich nicht erinnern, Euch je zuvor begegnet zu sein.«
»Oh musha, das will ich meinen, daß ich Euch nie begegnet bin«, sagte er, »aber es ist nicht weit. Ihr müßt nur bis zur Spitze des Berges, bis zu jener Klippe.«
Nancy machte sich bereit und folgte dem Mann, und die Klippe tat sich auf und sie gingen hinein. Da lag eine junge Frau in den Wehen, und es dauerte nicht lange, da kam ihr Sohn auf die Welt. Danach verbrachten sie eine lustige Nacht und am Morgen ließ der Mann Nancy sicher und gesund wieder nach Haus gehen. Er fragte sie noch, ob sie wiederkommen werde, wenn er sie noch einmal brauchen solle, und Nancy antwortete, das werde sie gern tun.
»Nun, wenn Ihr kommt«, sprach er, »braucht Ihr keine Angst zu haben, daß irgendeiner von unseren Leuten Euch je anrührt.«

DIE HEBAMME, DIE EIN AUGE VERLOR

Da war einmal eine Frau hier in Baile Bui. Sie war eine Hebamme. Eines Nachts kam ein Reiter an ihre Tür und weckte sie. Er sagte, sie werde dringend gebraucht. Sie antwortete, sie habe Angst, zu dieser Stunde der Nacht das Haus zu verlassen und nicht zu wissen, wohin sie gehe.
»Du brauchst dich nicht im geringsten zu fürchten«, sagte der Reiter, »ich bringe dich heil und sicher wieder vor deine Tür, ehe es Morgen wird.«

Sie machte sich also fertig und saß hinter ihm auf. Fort ging's, und sie wußte nicht, wie rasch sie ritten und wie weit sie schon gekommen waren. Vielleicht bis zum nächsten Kirchspiel. Aber schließlich gelangten sie an einen Felsen. Eine Tür tat sich auf und sie gingen hinein. Drinnen ritten sie wieder weiter, bis sie an ein großes Schloß kamen, das voller Leute war, die alle aßen und tranken. Der Mann brachte sie in ein Zimmer, in dem eine Frau in den Wehen lag. Nach einer Weile wurde das Kind geboren, ein totes Kind. Es wurde beiseitegelegt. Kurz darauf sah sie ein anderes Kind. Es war ihr Kind, das sie daheim zurückgelassen hatte.

»Kommt, kommt«, sagte sie, »gebt das Kind her!«

»Da ist nichts zu machen«, sagte einer von ihnen, »du siehst besser zu, daß du fortkommst, so schnell du kannst.«

Die Frau trat zu dem Kind hin. Da war ein Gefäß, das neben der Tür hing, und sie hatte beobachtet, wie jene immer ihre Finger dort eintauchten, wenn sie ein- und ausgingen. Also tauchte sie auch ihre Finger ein und strich einen Tropfen von dem Wasser auf ihre Stirn. So kam sie mit dem Kind heim.

Gut und schön. Vierzehn Tage später war Markt in Kilcar. Sie dachte: Geh ich doch einmal hin und schau, was sich dort tut. Als sie nun hinabstieg, hörte sie ein lautes Geräusch. Etwa so wie bei einem Windstoß. Aber es war nichts anderes als das Volk aus dem Hügel. Sie ging unter ihnen mit, und wen sah sie da? Niemand anderes als jenen Mann, dessen Frau sie entbunden hatte. Sie trat zu ihm hin und fragte ihn, wie es seiner Frau gehe. Aber ehe er antwortete, hob er die Hand und stach ihr ein Auge aus.

»Jetzt«, sagte er, »wirst du keinen von uns mehr sehen, solange du lebst.«

Wahrscheinlich ist es so zugegangen: Als die Frau Wasser aus dem Gefäß auf ihre Stirn strich, ist etwas davon in das eine Auge gelaufen und mit dem Auge sah sie ihn. Sie sah ihn nicht mit dem anderen Auge und auch niemand anderes sah ihn. Der große Wind hielt fast den ganzen Tag über an, ein heulendes Geräusch und Lärm, ohne daß die Leute gewußt hätten, was die Ursache war.

Vor langer Zeit lebte ein Mann in dem Tal, dessen Frau plötzlich starb. An dem Tag, an dem sie begraben wurde, grub ein Mann im Westen von Connacht sein Feld um. Er hörte ein Geräusch im Himmel, das näherkam, und als er aufsah, erkannte er da eine Frau, die auf ihn zukam.

»Gott und Christus!« rief er aus, als er sicher war, daß die Frau von dieser Welt war, und darauf fiel sie ihm genau vor die Füße. Er nahm sie und brachte sie in sein Haus. Er behielt sie bei sich, weil er jemanden für die Hausarbeit brauchte.

Ein Jahr später ging der Ehemann der Frau nach Carney, um ein Schaf zu kaufen, und auf dem Weg dorthin machte er Rast an diesem Haus. Er sah die Frau und dachte bei sich, daß es wohl keinen anderen Menschen gebe, der seiner verstorbenen Frau so ähnlich sähe. Der Hausherr bemerkte, daß den Gast etwas beschäftigte und er sagte:

»Es scheint mir, daß Ihr dauernd meine Frau anstarrt.«

»Das ist richtig«, sagte der Mann aus dem Tal, »nehmt mir's bitte nicht übel. Aber seit mein Weib unter der Erde ist, habe ich niemanden mehr gesehen, der ihr so gleicht wie diese da. Es ist, als ob sie Zwillinge wären.«

»In welchem Monat ist sie gestorben?« fragte der Hausherr.

Er sagte es ihm.

»Nun, das ist merkwürdig. Das ist derselbe Tag gewesen, an dem ich auf dem Feld arbeitete, durch die Luft eine Frau auf mich zukommen sah und sie mir schließlich wie ein Vogel vor die Füße fiel. Als ich sie sah, sagte ich: ›Jesus und Gott!‹ oder ›Gott und Jesus‹. Jedenfalls, kaum hatte ich das gesagt, da fiel sie zur Erde. Ich brachte sie ins Haus und seither ist sie bei mir. Wenn du sagst, daß sie deine Frau ist, so nimm sie nur mit heim.«

Er kam auf dem Rückweg von Carney vorbei, und seine Frau kehrte mit ihm ins Tal zurück. Sie sind noch am Leben, und es geht ihnen gut.

DER GRUAGACH VON MALINMORE*

Vor Jahren lebten in dem Dorf Malinmore zahlreiche schottische »Planters«, und von einer Nachfahrin dieser Familie, einer gewissen Mrs. Hamilton, hörte ich die folgende Geschichte.

Diese Hamiltons waren wohlhabende Leute und besaßen eine ansehnliche Farm mit Anbauten, einem Kuhstall und einer Scheune. Der Eingang zu der Scheune befand sich über dem Stall und war durch eine Leiter und eine Falltür zu erreichen.

In dieser Scheune lagerte Mr. Hamilton seinen Hafer. Mr. Hamilton, der mit seiner Frau und seiner Schwester zusammenlebte, hatte nun die Angewohnheit, jeden Abend gerade soviel Getreide auszudreschen, wie am Morgen an das Vieh verfüttert wurde.

Einmal nun, als er die Leiter hinaufstieg, brach eine der Sprossen. Er stürzte hinunter und brach sich das Schlüsselbein. Er schleppte sich ins Haus und erzählte den Frauen, was geschehen war. Sie waren sehr aufgeregt, brachten ihn zu Bett und schickten nach dem örtlichen Knocheneinrenker. Der riet ihm, mindestens neun Tage im Bett zu bleiben. Solange bedürfe es, ehe der Bruch verheilt sei.

Am nächsten Abend saßen die Frauen am Feuer und sprachen darüber, wie sie denn für den nächsten Morgen zu Futter kommen sollten. Da hörten sie aus der Scheune ein Geräusch. Mrs. Hamilton zündete eine Kerze an und ging nachsehen, was denn da los sei. Als sie näherkam, merkte sie, daß das Geräusch aus dem Scheunenraum drang. Sie betrat den Stall, kletterte die Leiter hinauf und oben sah sie, sehr zu ihrem Erstaunen, einen kleinen völlig nackten Mann, der Getreide drosch, was das Zeug hielt. Das war Gruagach. Sein Kopf war fast genau so groß wie der ganze übrige Körper, und er hatte langes rotes Haar, das ihm über den Rücken herabfiel.

Sie sah ihn nicht allzu lange an, versichere ich Ihnen. Sie stieg wieder von der Leiter und lief in die Küche und erzählte den anderen Frauen, was sie gesehen hatte. Später ging sie noch einmal hinüber und fand oben genug Korn, um das Vieh und die Hühner zu füttern.

Am nächsten Abend hörte man das Geräusch wieder, und natürlich dachten sie alle, das werde wohl der Gruagach sein, der oben schaffe.

Das ging immer so weiter, bis Mr. Hamiltons Schulterblatt geheilt war.
Die Frauen waren freilich dem Gruagach sehr dankbar, daß er ihnen geholfen hatte, und sie fanden, sie müßten ihm auch etwas Gutes tun. Sie besprachen die Angelegenheit und beschlossen endlich, ihm einen kleinen Anzug zu stricken. Das Wetter war kalt, und ich sagte schon: er war nackt.
Sie hatten noch eine Menge selbstgesponnenes Garn im Haus und fingen also an zu stricken. Die eine der Frauen strickte die Hosen, die andere das Wams. Alles ging gut, und als Mr. Hamilton wieder aufstehen konnte, war der Anzug fertig.
An diesem Abend ging Mrs. Hamilton hinaus, und sie legte den Anzug an eine Stelle ins Stroh, an der ihn der Gruagach nicht übersehen konnte. Dann sprang sie rasch ins Haus zurück und harrte der Dinge, die da kommen würden.
Etwa um die Zeit, zu der der Gruagach gewöhnlich mit seiner Arbeit begann, vernahm man einen fürchterlichen Schrei. Sie stürzten alle an die Tür. Da sahen sie ihn über die Felder davonrennen und aus Leibeskräften schreien:
»Ich habe meinen Lohn. Jetzt muß ich gehen!«
Von dem Gruagach hat man seither in Malinmore nie wieder etwas gehört.

DER GROSSE MARKUS UND SEINE FEENFRAU

Vor langer Zeit lebte in Malinmore ein Mann, der war bekannt als der Große Markus. Er und seine Mutter wohnten in einem strohgedeckten Haus nahe dem Meer. Sie hatten es dort bequem und fühlten sich wohl, und der Große Markus dachte nie daran, daß der Tag kommen mußte, an dem er ohne Hilfe sein werde, aber deswegen kam der Tag doch. Markus mußte sich jetzt sein Essen allein kochen, sein Hemd allein waschen, nach dem Vieh schauen und den kleinen Acker ganz allein bestellen.
Er hielt eine ganze Menge Schafe und besuchte nah und fern die Märkte, um sie zu verkaufen.
Am Lúnasa-Tag *(d.h. am 1. August)* war er zu einem Markt nach

Ardara mit ein paar Lämmern gegangen. Er verkaufte sie zeitig am Tag und danach spazierte er umher.
Spät am Nachmittag traf er ein hübsches rothaariges Mädchen, und sie kamen miteinander ins Gespräch. Er erzählte ihr, daß er allein lebte, ein ganz hübsches Haus habe, aber schwer verlegen sei um eine Frau, die ihm zur Hand gehen könnte. Und dann fragte er sie, ob sie ihn nicht heiraten wolle.
»Nun«, antwortete sie, »du mußt mir Zeit geben, damit ich heimgehen und meine Leute um Erlaubnis fragen kann.«
»Das will ich gern tun«, sagte Markus, »ich habe so lange gewartet; jetzt kann ich auch noch etwas länger warten.«
»Gut denn, komm am nächsten Sonntag nachmittags wieder hierher nach Ardara. Wir können uns an dieser Stelle, an der wir jetzt stehen, treffen, und dann wollen wir die ganze Angelegenheit noch einmal besprechen. Freilich, wenn meine Leute nicht einverstanden sind, kann ich nichts machen.«
»Nun, ich komme auf jeden Fall«, sagte Markus, »und wenn jeder zufrieden ist, werde ich nicht ohne dich heimgehen.«
Gut und schön. Markus kam mit ein paar Lämmern, die er gekauft hatte, am Nachmittag heim, und er war sehr zufrieden über die Verabredung, die er mit dem rothaarigen Mädchen getroffen hatte.
Er arbeitete die ganze Woche über, und als Sonntag wurde, machte er sich bereit und ging abermals nach Ardara.
Auf dem Weg überlegte er sich: Wenn sie dir nun ihr Ja-Wort gibt, dann sieht es nicht gut aus, wenn du mit leeren Händen in ihr Haus kommst. Es gab eine Menge poteen (Schnaps) damals, der in den Bergen gebrannt wurde, und also ging er hin, kaufte ein paar Fläschchen und steckte sie zu sich.
Er lief mit raschem Schritt durch Glengesh, und bald war er in Ardara. Er trank ein paar Gläser, und als das Licht brach, ging er zu der Stelle, die sie ausgemacht hatten, und sieh da, da wartete sie schon auf ihn.
Sie begrüßte ihn herzlich und bat ihn, mit zu dem Haus ihrer Eltern zu kommen, wo man ihn gut aufnehmen werde.
»Das gefällt mir«, sagte Markus.
Das Paar spazierte dahin. Wie gesagt, es fing schon an dunkel zu werden. Er wußte den Weg nicht, und er wußte auch nicht recht,

wohin sie gingen. Schließlich kamen sie an ein schönes Haus und traten ein. Der Vater, die Mutter und eine Menge Leute waren da. Sie nahmen Markus sehr freundlich auf. Es gab zu essen und zu trinken, Musik und was das Herz begehrt, und um eine lange Geschichte kurz zu machen: Markus ging nicht eher fort, bis er ein verheirateter Mann war. Aus Furcht, Euch zu belügen, muß ich zugeben, daß ich nie habe erzählen hören, wo er heiratete, und wer sie traute.

Gut und schön. Ein paar Tage blieben sie an dem Ort. Dann meinte er, jetzt sei es an der Zeit heimzukehren.

In jenen Tagen war es Sitte, daß ein jungvermähltes Paar am Abend heimkam. Die Frauen waren zu schüchtern, um mit ihren neuangetrauten Männern am hellichten Tag hereinzukommen.

Sie liefen durch Glengesh. Sie kamen durch Malinmore und erreichten ihr Zuhause kurz nach Mitternacht. Kein Lebenszeichen war zu sehen, und sie wollte nicht, daß er Licht im Haus mache.

Sie legten sich schlafen.

Am anderen Morgen war sie zeitig auf den Beinen; und nachdem sie gefrühstückt hatten, sah sie sich um, was an Arbeit zu tun sei.

Sie war eine gute Hausfrau, und er merkte nie etwas an ihr, das ihm merkwürdig vorgekommen wäre, außer, daß sie nie das Essen salzte, und nie, wenn sie keinen frischen Fisch hatten, schmeckten ihre Kartoffeln auch nur ein bißchen nach eingesalzenem Fisch.

Ein glückliches Jahr verging, und ein kleines Mädchen wurde ihnen geboren, das sie so lieb hatten wie die Augen in ihrem Kopf.

Das Mädchen wuchs heran und glich ungemein ihrer Mutter. Sie war ihr eine gute Hilfe, aber gleich der Mutter aß auch sie nie Salz.

Eines Tages nun stach Markus Torf auf der dem Meer zugewandten Seite des Liathán-Gebirges, und die Mutter schickte das Mädchen zu ihm mit dem Essen. Es war ein hölzernes Gefäß, wie die Leute damals es häufig benutzten, und die Kartoffeln lagen auf einem Holzteller, und dazu gab es einen kleinen Krug Milch.

Es war ein schöner Tag, und Markus setzte sich neben den Abstich und verzehrte seine Mahlzeit. Das Kind saß neben ihm. In diesem Augenblick kam ein großes Segelschiff hinter Ceann Ros Eoghain hervor.

Es wehte ein kräftiger Wind, und das Schiff kam gut voran.

»Ist das nicht ein prächtiges Schiff«, sagte der Vater, »und sieh nur, wie rasch es fährt.«

»Ja wirklich«, sagte das Mädchen, »so schön und so groß es auch ist, so rasch und so sicher es auch fährt, würde ich nur wollen, es hätte ein Ende damit.«

»Was redest du da«, sagte der Vater, »was willst du schon einem Schiff draußen auf hoher See anhaben können.«

»Warte«, sprach sie, »du wirst gleich sehen.«

Sie nahm den Teller und rannte damit zum Ende der Torfbank, wo es ein Loch gab, in dem etwas Wasser stand. Sie ließ darauf den Teller treiben und begann dann ihren Zauber.

Markus achtete nicht darauf. Aber nachdem sie eine Weile dort in der Wasserpfütze mit dem Teller herumgespielt hatte, rief sie ihrem Vater zu:

»Jetzt schau auf das Schiff!«

Der Vater blickte zum Meer, und alles, was er von dem Schiff noch sah, war die Spitze seines Topmastes, die aus dem Wasser ragte. Und so rasch wie es geht, wenn jemand in die Hände klatscht, war auch die Mastspitze verschwunden.

Er bekam Angst, und zugleich war er auch wütend.

»Wer hat dich solche Dinge gelehrt?« fragte er.

»Wer anders als meine Mutter«, sagte das Mädchen, »wenn du zur Arbeit fort bist, füllen wir das große Faß in der Ecke voller Wasser und stellen dann die Butterschüssel hinein. Wir lassen sie treiben und drücken auf sie, bis sie untergeht. So habe ich gelernt, wie man ein Schiff versenkt.«

»Mögen die Wälder und die Hügel für dich und für deine Mutter sorgen! Mag das Elend euch beide ergreifen. Das war ein schwarzer Tag, an dem ich deine Mutter traf«, sagte Markus zornig.

Dann nahm er sein Gerät zum Torfstechen auf, und als er sich zur Torfbank umwandte, war das Mädchen verschwunden.

Er arbeitete bis zum Abend. Nach einem guten Tagwerk machte er sich auf den Heimweg. Als er das Haus vor sich sah, fiel ihm auf, daß kein Rauch aus dem Schornstein aufstieg. Noch seltsamer war, daß er die Tür verschlossen fand. Nachdem er sich gewaltsam Einlaß verschafft hatte, fand er drinnen, daß das Feuer nicht brannte. Die Teller standen auf dem Tisch. Der Flur war nicht gewischt. Er zündete das Herdfeuer an und ging nach draußen. Aber es ließ sich niemand sehen. Er wußte, daß seine Frau nicht die Angewohnheit hatte, zu anderen Leuten auf Besuch zu gehen, trotzdem ging er zu den Nachbarn hinüber, um zu fragen, ob sie und die Tochter dort seien. Nichts.

Er ging nach Hause zurück, und von dem Tag bis zum Tag seines Begräbnisses hat man die beiden Frauen nicht mehr gesehen.

DER MANN AUS INVER UND DIE FEENFRAU

Es war da einmal vor langer Zeit ein Mann, der wohnte am Ende des Kirchspiels von Inver. Vater und Mutter waren gestorben, als er noch ein Junge gewesen war. Er hatte sich mehr schlecht als recht durchgebracht, und es war ihm nicht leicht gefallen, draußen zu arbeiten und das Haus in Ordnung zu halten.

Eines Tages saß er beim Mittagessen, da sah er ein hübsches nettes Mädchen draußen an seinem Fenster vorbeispazieren. Sie kam an die Tür, und er lehnte sich mit den Ellbogen auf die Halbtür. Sie wünschte ihm nichts Gutes. Sie wünschte ihm nichts Böses. Sie sah ihn an und ging dann weiter. Am nächsten Tag kam sie wieder, und es war wieder dasselbe. Er tat so, als sehe er sie nicht. Als sie am dritten Tag aber wieder auftauchte, bat er sie ins Haus. »Es ist nun schon das dritte Mal, daß du an meine Tür kommst, und es erscheint mir wie ein Wunder, daß du nie hereingekommen bist«, sagte er, »du hast doch nicht etwa Angst vor mir. Du bist mir herzlich willkommen.«

»Ich konnte nicht hereinkommen, ehe du mich nicht begrüßt und dazu aufgefordert hattest«, sagte sie. Sie kam herein.

»Du bist ganz allein hier!«, sagte sie.

»So ist es . . . kein Christenmensch außer mir.«

»Es ist schlimm für einen Mann so ganz allein zu sein«, sagte sie, »und wenn du magst, bleibe ich bei dir und tu alles, was sonst eine Ehefrau tut. Aber verrate nie jemandem, daß du so eine wie mich unter deinem Dach hast, und wenn jemand dich besuchen kommt, dann sag es mir. Ich muß mich dann verstecken.«

Lange blieb sie bei ihm, und sie war ihm eine gute Hausfrau. Nach einer Weile fiel den Nachbarn auf, wie ordentlich angezogen der Junge jeden Sonntag daherkam und wie ordentlich sein Haus aussah. Nach einem Jahr wurde ihnen ein Sohn geboren.Lange gelang es ihnen, das Kind vor den Nachbarn versteckt zu halten, aber Ihr wißt ja, vor Frauen etwas zu verbergen, ist nicht so einfach. Eines Tages kam eine Frau vorbei und hörte das Kind schreien. Von da an war es kein Geheimnis mehr. Der Mann hatte einen verheirateten Bruder in nächsten Kirchspiel, und die beiden hatten einander so gern wie sich Brüder nur gern haben können. Nie waren sie früher einander begegnet, ohne aufeinander zuzurennen, sich die Hände zu schütteln und miteinander etwas zu trinken. Nun aber, wenn sie auf der Straße aufeinander zukamen, ging der Bruder auf die andere Straßenseite und tat so, als habe er den Mann nicht gesehen. Dem Jungen kam sogleich ein, daß wohl irgendwer seinem Bruder etwas hinterbracht haben müsse. Er war entschlossen, die Dinge in Ordnung zu bringen. Also ging er hinüber und grüßte.

»Lieber Bruder«, sagte er, »was hast du nur plötzlich, daß du mir nicht einmal den Gruß bietest.«

»Wer mag schon mit dir sprechen«, sagte der Bruder, »alle, die deine Freunde waren, schämen sich jetzt. Du hast ein Weib in deinem Haus, von der niemand weiß, wer sie ist und woher sie stammt. Du hast versucht, sie zu verstecken, aber die Nachbarn haben es doch gemerkt.«

»Nun«, sagte der Junge, »das stimmt. Ich habe eben keine Begabung, etwas zu verbergen.« Und er erzählte dem Bruder, wie sich alles zugetragen hatte. »Aber ich sage dir«, fügte er hinzu, »eine bessere Hausfrau werde ich nie finden. Warum also sollte ich sie fortschicken?«

»Du mußt sie fortschicken«, sprach der Bruder, »und du wirst sie auch loswerden, wenn du nur tust, was ich dir sage.«

»Was soll ich tun?«

»Geh, bis du ans Ende dieser Straße kommst. Dort verkauft ein Mann allerlei Dinge. Kaufe bei ihm ein Messer mit einem schwarzen Griff. Und heute abend lege das Messer zwischen dich und diese Frau ins Bett. Sie wird sofort merken, daß etwas geschehen ist und dich verlassen.«

Der Mann befolgte den Rat seines Bruders. Er ging hin, kaufte das Messer und lief darauf heim. Auf dem Weg überlegte er sich, daß es böse sei, jemanden so fortzuschicken, der ihm immer geholfen und soviel für ihn getan habe. Er war schon in der Nähe des Hauses, dort wo ein Pfad von der Hauptstraße abbiegt und an einem Haferfeld vorbeiführt. Da nahm er das Messer und warf es ins Kornfeld. Dann ging er heim.

»Na, was gibt's Neues?« fragte ihn die Frau.

»Nichts weiter«, antwortete er.

»Hast du mit vielen Leuten gesprochen?«

»Ja, mit ein paar von den Nachbarn«, sagte er.

»Du mußt mich nicht belügen«, sagte sie, »du hast deinen Bruder getroffen, und er hat dir eingeredet, du solltest ein Messer mit einem schwarzen Griff kaufen und es zwischen uns im Bett hinlegen, wenn es Nacht wird. Dann ist dir eingekommen, das sei doch eigentlich gemein, und du hast das Messer ins Haferfeld geworfen. Einem so gutmütigen Mann wie dir will ich nicht länger zur Last fallen, ich weiß wohl, du brächtest es nie übers Herz, mich fortzuschicken, aber ich gehe, weil ich es so will. Unseren kleinen Sohn werde ich mitnehmen. Es wird nicht lange dauern, da wirst du eine andere heiraten, aber ehe ich gehe, möchte ich dich um dreierlei bitten.«

»Du kannst dir wünschen, was du willst«, sagte er, »ich werde dir mit Freuden jeden Wunsch erfüllen.«

»Nun«, sagte sie, »mein erster Wunsch wäre, daß im Herde immer Feuer brennen soll, mein zweiter Wunsch wäre, daß es im Haus immer Wasser geben soll und mein dritter Wunsch endlich besteht darin, daß du immer etwas zu essen auf den Tisch stellst, ehe du ins Bett gehst. Kann sein, daß wir dein Haus dann und wann besuchen. Du wirst uns erkennen, aber deiner Frau darfst du nichts verraten.«

»Ich verstehe«, sagte er.

Sie verabschiedete sich von ihm und ging. Er war wieder allein, traurig war es ihm zumute. Endlich raffte er sich auf und heiratete eine andere Frau, eine gute Frau. Sie kamen gut miteinander aus, arbeiteten hart und brachten es zu vielen Gütern dieser Welt.

Gut und schön.

Die irdische Frau fragte den Mann immer, warum er das Feuer nicht

ausgehen lasse, und auch das mit dem Wasser und den Speisen wunderte sie.
Sie quälte und quengelte solange, bis er ihr endlich das Geheimnis verriet und ihr die ganze Geschichte erzählte, so wie ich sie Euch erzählt habe.
»Nun«, sprach die Frau, »wenn du sie das nächste Mal siehst, mußt du sie mir zeigen. Vielleicht, daß ich sie auch sehen kann.«
Geraume Zeit später wachte der Mann mitten in der Nacht auf, und als er sich umschaute, saßen da die Feenfrau und das Kind am Feuer. Er weckte seine Frau.
»Das ist sie«, sagte er zu ihr, »... dort am Feuer!« Als die irdische Frau erkannte, wer da saß, stieß sie drei spöttische Lacher aus. Nicht erstaunlich, daß dies der Frau am Feuer ganz und gar nicht gefiel.
»Diese drei Lacher werden euch noch teuer zu stehen kommen!« sagte sie. Dann ging sie zur Tür hinaus. Als der Mann am nächsten Tag in den Stall kam, war seine beste Kuh tot. Nach dem Mittagessen nahm er das Gerät zum Torfstechen und ging ins Moor. Da fand er eines seiner fettesten Schafe tot neben dem Torfstapel liegen.
Um eine lange Geschichte abzukürzen: von nun an verging kein Tag, an dem er nicht eines seiner Tiere tot daliegen fand, und alles, was ihm blieb, war am Ende eine alte weiße Mähre. Die alte Mähre hatte ein schwarzes Fohlen, und als das Fohlen eine Woche alt war, holte er sie aus dem Stall, um sie zu tränken. Das Pferd aber tat einen Fehltritt, stürzte und brach sich die Hüfte. Er mußte sie töten und nun gab es nur noch das Fohlen. Er hatte aber weder Futter noch einen Tropfen Milch für das Junge.
»Wir sind am Ende!« sagte der Mann zu der Frau.
»Was ist geschehen?«
»Die Stute hat sich die Hüfte gebrochen«, erklärte ihr der Mann, »wie soll ich jetzt ein einwöchiges Fohlen durchbringen.«
»Ich weiß auch nicht, was da zu tun ist«, sagte sie, »vielleicht wäre es das Beste, es auf einer Insel auszusetzen.«
Am nächsten Morgen also fuhr er mit dem Tier auf eine Insel und ließ es dort zurück.
Der Mann und die Frau lebten weiter in dem Haus, aber sie starben fast vor Hunger.

Nachdem etwa ein Jahr vergangen war, fand in Letterkenny ein Markt statt, und er überlegte sich, falls das Fohlen auf der Insel überlebt habe, könne er es dort verkaufen. Dann hätten sie wieder wenigstens etwas Geld. Er verließ das Haus, fuhr zu der Insel und fand das Tier dort gesund und munter. Er fing es ein, und als er sich am nächsten Tag bei Morgengrauen Letterkenny näherte, kam ein hübscher Junge auf ihn zu.

»Wieviel wollt Ihr für das Fohlen?« fragte der Junge.

Der Mann nannte eine Summe.

»Hier, nehmt diese fünf Pfund«, sagte der Junge, »ich wette mit Euch, daß Ihr bis zum Abend keinen Käufer finden werdet, der Euch mehr zahlt.«

»Gut, die Wette gilt«, sagte der Mann.

»Und noch eines. Solltet Ihr das Tier nicht loswerden, so könnt Ihr es heute abend für diesen Preis an mich verkaufen«, rief ihm der Junge noch nach.

»Ich bin Euch dankbar«, sagte der Mann, dem das Fohlen gehörte.

Er trieb es zum Markt. Käufer kamen. Sie boten fünf Pfund, aber auch nur einen Halfpenny mehr wollte keiner geben. Was soll's, dachte er, warum das Tier nicht an den Jungen verkaufen. Der ist so gut wie jeder andere auch.

Er ging zurück zu der Stelle, wo sie einander begegnet waren, und tatsächlich, dort stand er auch und wartete schon auf ihn . . .

»Ihr habt nicht verkaufen können!« rief ihm der Junge entgegen.

»So ist es«, sagte der Mann. »Keiner wollte mir mehr als fünf Pfund geben.«

»Und jetzt verkauft Ihr das Tier mir?« fragte der Junge.

»Was bleibt mir anderes übrig?« sagte der Mann. »Ich brauche dringend Geld.«

Der Junge griff das Halfter.

»Kommt mit«, sagte er zu dem Mann, »damit ich Euch das Geld geben kann.«

Die beiden liefen, bis sie zu einem Platz kamen, an dem ein großes Schloß stand. Da gab es ein Geschäft und dorthinein führte der Junge den Mann. Als der Junge ihm die fünf Pfund brachte, kam seine Mutter aus dem Zimmer, das sich neben dem Laden befand. Der Mann aus Inver erkannte sofort, daß es die Frau war, mit der er

zuerst zusammen gelebt hatte. Er war sehr aufgeregt, und dann verbeugte er sich.
»Schämst du dich nicht, mir zu begegnen«, sagte sie, »nun, du kannst ja nichts dafür und deine Frau hat für ihr höhnisches Lachen teuer bezahlen müssen. Gib deinem Vater noch einmal fünf Pfund«, befahl sie dem Jungen.
Insgesamt ließ sie dem Mann aus Inver fünfzehn Pfund geben, ob Ihr es glaubt oder nicht. Wahrscheinlich war sie immer noch verliebt in ihn.
»Geh jetzt heim«, sprach sie dann zu ihm, »und von dem Geld kauf dir eine kleine Herde. Was immer auch du jetzt anfängst, du wirst Glück damit haben. Dein Sohn war es, der dir das Fohlen abkaufte, aber wahrscheinlich hast du ihn nicht erkannt. Alles wird wieder gut werden, wenn du nur tust, wie ich dir geheißen. Mich und das Kind wirst du erst an dem Tag wiedersehen, an dem der große Krieg zwischen den Iren und den Fremden beginnt. Dann wird dein Sohn auf einem schwarzen Pferd durch die Menge reiten, und die Iren werden siegen an diesem Tag!«
Ich vermag Euch nicht zu sagen, ob dieser Tag schon gekommen ist, oder ob er erst noch kommen wird.

DIE FEENKUH UND IHRE NACHKOMMEN

Früher ging es, wie man weiß, den Leuten nicht so gut wie heute. Sie mußten sich schwer abrackern, wollten sie ihre Familien durchbringen.
Da war nun ein Ehepaar an diesem Ort, das hatte zehn Kinder. Eines Abends gingen alle zu Bett, und es war nicht ein Mundvoll Essen in den Mauern des Hauses für den Morgen.
Sie redeten darüber, was da zu tun sei. Es hätte keinen Zweck gehabt, in einen Laden zu gehen. Erstensmal gab es damals nur ganz wenige Läden, und die wenigen, die es gab, führten keine Lebensmittel.
Wie sie es auch drehten und wendeten, es blieb ihnen keine andere Wahl, als betteln zu gehen.
Es war eine sehr stürmische Nacht, und durch das Heulen und

Pfeifen des Windes hindurch meinten sie plötzlich das Muhen einer Kuh zu vernehmen.
Selbst Kühe waren zu dieser Zeit äußerst selten. Nicht jeder besaß eine Kuh.
Sie gingen hinaus, und siehe da: vor der Tür stand eine gefleckte Kuh. Sie führten sie in den Stall. Am nächsten Tag brachte die Kuh ein Kalb zur Welt. Sie sorgten sehr gut für das Tier. Freilich wunderten sich alle Leute in der Nachbarschaft, die eine Kuh besaßen, denn ihnen fehlte sie nicht. Die armen Leute molken die Kuh. Sie gab viel Milch, und es dauerte nicht lange, da brauchten die Kinder keinen Durst und keinen Hunger mehr zu leiden.
Die Kuh aber blieb bei ihnen. Keiner kam und erhob Anrecht auf sie. Sie warf jedes halbe Jahr ein Kalb, und es waren die besten Kälber weit und breit. Gut und schön.
Die Kinder wurden größer. Unterdessen war die Kuh vierzehn Jahre bei dieser Familie.
Eines Tages sprang die Kuh über eine Mauer und lief ins Haferfeld. Der Mann folgte ihr und versetzte ihr mit dem Schwarzdornstekken einen kräftigen Schlag. Die Kuh bellte, streckte den Schwanz in die Luft, versammelte all ihre Nachkommen um sich und von dem Tag an hat man weder von ihr noch von ihren Kälbern je wieder etwas gesehen.

DIE FEEN SCHENKEN ZAUBERKRÄFTE

Das kleine Volk wohnte auf den Mooren, in den Hügeln und im Meer.
Da war einmal ein Mann hier in Min na bhFian, der galt im Kirchspiel als der tüchtigste Arbeiter. Er stach Torf, verkaufte davon und hielt sich auch Vieh auf der Weide.
Eines Nachmittags war er an der Arbeit. Es war schon Zwielicht, und er wollte noch den Torf, den er gestochen hatte, stapeln, ehe er sich daran machen würde, das Vieh zusammenzutreiben. Er trieb es abends immer zusammen und ließ es über Nacht an einem geschützten Platz draußen.
Als der Torfstapel fertig war, griff er sich seinen Stock und ging.

Er war noch nicht weit, da kam die Nacht. Mitten auf dem Moor stand er vor einem großen Loch mit Schlamm an der Oberfläche. Er schaute da hinein und fragte sich, woher das wohl komme. Nach einer Weile entdeckte er eine Art Gang, der in das Moorloch hineinführte. Er stocherte mit seinem Stock darin herum, und als er ihn nicht gleich wieder herausbekam, sagte er sich:
Ich kann ihn immer noch holen, wenn ich mich auf den Heimweg mache.
Er ging also fort, suchte das Vieh und trieb es zusammen. Dann kehrte er zu der Öffnung zurück, zog den Stock heraus und nahm ihn unter den Arm. Im Augenblick zwang ihn etwas, sich in das Moorloch zu stürzen. Er fiel bis auf den Boden. Dort unten konnte man gehen. Er kam an ein Schloß. Da saßen vergnügt viele Leute zusammen, sangen, aßen und tranken. Er setzte sich unter sie, aber er hütete sich, etwas zu essen. Sie redeten, erzählten Geschichten, bis er meinte, langsam sei es Zeit, wieder zu gehen.
»Ich denke«, sagte er, »es geht auf die Schlafenszeit. Da sollte ich heim.«
»Bei meiner Seele«, sagte der Mann, der neben ihm saß, »es ist schon viel später.«
»Ja, wie spät denn?«
»In einer Stunde geht die Sonne auf.«
»Gott bewahre mich. Sie werden nach mir gesucht haben.«
»Na und wenn schon«, sagte der andere, »hier wart Ihr ganz sicher.«
Als er nun hinausging, kam einer von ihnen mit, bis der Mann wieder auf festem Boden stand.
»Nun«, sprach der aus dem guten Volk, »wenn jetzt der Morgen kommt, so geh dort drüben zu dem Hügel und du wirst zwei Goldklumpen finden. Sie haben genau die Form, daß man eine Guinea damit gießen kann.«
Der Mann zögerte nicht lange und tat wie ihm geheißen. Er entdeckte tatsächlich auch die Goldklumpen, aber als er näherkam, stand vor jedem ein Soldat Wache, also konnte er sie nicht an sich bringen. Niedergeschlagen kehrte er nach Haus zurück.

EINE MÜNZE TÄGLICH, BIS DAS GEHEIMNIS VERRATEN WIRD

Ich habe oft davon gehört, daß in alter Zeit die Leute Feengeld bekamen. Jene, die nicht weiter darüber sprachen, behielten es, solange sie lebten. Es war da einmal ein Schmied in Kilcar, der hatte nur einen einzigen Sohn, der war auch ein guter Schmied, vielleicht sogar ein noch besserer als sein Vater. An einem Sonntagmorgen stand der Sohn zeitig auf, und das erste was ihm geschah, war, daß draußen ein Reiter hielt. Er wunderte sich, daß jemand so zeitig am Morgen unterwegs sei, ging aber hinaus, um mit dem Reiter zu sprechen.

»Könntet Ihr mein Pferd beschlagen?« fragte der Mann.

»Eine seltsame Zeit, um bei einer Schmiede vorzusprechen«, sagte der Sohn des Schmieds, »freilich kann ich Euer Pferd beschlagen. Aber wenn es überhaupt schon Hufeisen hat, dann will ich sie nur festklopfen und das sollte dann für heute hinreichen.«

Er machte das Hufeisen fest, und der stattliche Reiter war's zufrieden.

»Was bin ich Euch schuldig?« fragte er den Sohn des Schmieds, und dieser antwortete:

»Für Arbeit am Sonntag nehme ich keinen Penny!«

»Na schön«, sagte der andere und ritt davon.

Am nächsten Morgen kam der junge Mann aus dem Haus und fand in der Werkstatt zwei Pennies auf dem Amboß liegen, und so geschah es am nächsten Tag und an jedem Tag des Jahres. . . .

Eines Tages kam der Vater und fragte die Mutter, ob sie irgendwelches Wechselgeld habe. Zu dieser Zeit war es üblich, daß die Frauen das Geld für den ganzen Haushalt verwahrten.

»Leider nicht«, sagte sie, »aber der Sohn hat eine Menge Münzen in seinen Taschen.«

»Münzen bei unserem Sohn!« sagte der Schmied. »Wo sollte er die denn her haben?«

Also riefen sie den jungen Mann herein und fragten ihn, woher das Geld stamme, das in seinen Hosentaschen klimpere. Der Sohn sagte die Wahrheit. Er erzählte, wie vor einem Jahr ein Reiter zur Schmiede gekommen sei und darum gebeten habe, die Hufeisen seines Pferdes festzumachen, und wie er, weil es Sonntag gewesen sei, dafür habe keine Bezahlung annehmen wollen. Und weiter: wie nun sich jeden Tag auf dem Amboß ein Penny gefunden habe. Von dem Tag an aber, da er anderen von den Münzen erzählt hatte, war es mit diesem Segen aus und vorbei.

EINE FREUNDLICHE FRAU ERHÄLT DAS GELD WIEDER, DAS IHR MANN VERLOREN HAT

Es war da einmal ein Ehepaar draußen in Cró an Cheo, und am Abend vor der Messe von Kilcar beschlossen die beiden, auf den Markt zu ziehen und dort eine Kuh zu verkaufen. Sie kratzten alles Geld zusammen, das sich fand, und am Morgen gab es die Frau ihrem Mann und sagte zu ihm, er solle schon derweil vorausgehen.
»Wenn ich mit meiner Hausarbeit fertig bin«, sagte sie, »komme ich nach. Geh du nur auf den Markt, und wenn du eine Kuh siehst, die dir gefällt, so kauf sie nur, mir wird es dann schon recht sein.«
Der Mann ging fort, das Geld für die Kuh in der Tasche. Als die Frau mit ihrer Hausarbeit fertig war, machte sie sich ebenfalls auf den Weg. Als sie nun den Abhang gegen Dromnafinagle Bridge herunterkam, saß da eine arme Frau von den Fahrenden mit einem Kind am Straßenrand.
»Ach«, sprach die Frau, »um Gottes Lohn, wäret ihr wohl so freundlich und würdet auf das Kind aufpassen. Mein Mann ist in die Stadt gegangen. Er ist schon so lange fort, und ich möchte ihm nachgehen und schauen, was ihn aufgehalten hat.«
Die Frau aus Cró an Cheo war immer freundlich und hatte ein Herz für die Fahrenden, also nahm sie der anderen das Kind ab, nahm es auf die Knie und wartete am Straßenrand. Die Fahrende aber ging in die Stadt. Die andere legte sich, des Kindes wegen, den Schal um den Kopf, damit keiner, der vorbeikam, sie erkennen konnte. Und alles, was man sah, war ihre Nasenspitze. Nachdem sie eine Weile so dagesessen hatte, kam ein Bursche schnellen Schritts die Straße entlang; als er mit ihr auf gleicher Höhe war, warf er ihr ein Taschentuch mit einem Knoten darin zu und ging dann rasch

weiter. Sie zog den Knoten auf und stellte zu ihrem Erstaunen fest, daß in das Tuch eingeknüpft sich eben jene Summe Geldes befand, die sie am Morgen ihrem Mann gegeben hatte, als dieser aus dem Haus ging, um eine Kuh zu kaufen.

Gut und schön. Ihr sollt wissen, daß sie geduldig wartete, bis die Fahrende zurückkam. Sie übergab ihr das Kind und lief dann in Richtung Kilcar. Nach einer Weile kam ihr der Mann entgegen, der weinte. »Was ist mir dir, Armer?« fragte sie.

»Ach, es ist kein Wunder, daß ich weine«, sagte er, »ich habe das Kaufgeld für die Kuh verloren.«

»Mach dir nichts draus«, sprach sie, »laß uns in ein Wirtshaus gehen und etwas trinken. Vielleicht war es das Beste, was dir widerfahren konnte.«

»Aber wie das«, sagte er, »ich könnte ja nicht mal ein Glas Bier bezahlen.«

»Mach dir nur keine Sorgen«, antwortete sie, »ich habe einen Shilling und den vertrinken wir jetzt.«

Das taten sie, und als sie sich so gestärkt hatten, griff sie in die Tasche und händigte dem Mann genug Geld aus, um eine Kuh davon zu bezahlen.

»Jetzt geh und kauf unsere Kuh«, sagte sie. Er ging und tat, wie ihm geheißen, und nie zuvor oder danach hat er einen so guten Kauf gemacht. Sie waren davon überzeugt, daß die Frau mit dem Kind am Straßenrand und der Mann, der ihr das Geld, eingeknüpft in das Taschentuch, zugeworfen hatte, Feen gewesen sein müßten. Die Feenfrau war wütend auf den Feenmann gewesen, als sie gesehen hatte, wie freundlich die irdische Frau war und sie hatte ihn gezwungen, das gestohlene Geld wieder herauszurücken.

DER FEENBROTLAIB

In alten Zeiten führten die Fischer hier an der Küste ein sehr hartes Leben. Oft fuhren sie am Morgen aufs Meer hinaus, ohne einen Bissen gegessen zu haben. Es war eine schrecklich schlimme Zeit damals, so schlimm, wie man sich das heute überhaupt nicht mehr vorstellen kann.

Ich habe erzählen gehört von einem armen Mann, der lebte in unserer Nachbarschaft. Er hatte eine große Familie ... viele kleine Kinder. Er besaß keinen Acker, noch irgendein vierbeiniges Vieh. Er war einzig und allein auf das angewiesen, was die See hergab. Wenn er keinen Fang tat, mußte er hungern und mit ihm die ganze Familie. Es war einige Jahre nach der Großen Hungersnot, daß dies geschah. Der Mann, von dem ich rede, lief zeitig am Morgen zu seinem Boot, und im Haus gab es außer ein paar Löffeln voll Haferbrei nichts, aber auch gar nichts Eßbares mehr. Wenn er den Haferbrei gegessen hätte, wäre für die Kinder nichts mehr dagewesen. Also beschloß er, lieber weiter zu fasten.

Es war ein frostiger Morgen, als er zur Küste hinunterging.

Er mochte sich gar nicht mehr daran erinnern, wann er das letzte Mal etwas zu essen bekommen hatte. Er ging weiter, und als er über eine Mauer stieg, um die Abkürzung über Páirc Bhan einzuschlagen, sah er dort plötzlich einen Brotlaib liegen. Er hielt inne, schaute hin, ein-, zweimal, hatte aber nicht den Mut, das Brot anzurühren. Er fürchtete einfach, jemand könne es hingelegt haben, um ihn zu narren. Die Stelle, an der er das Brot fand, hieß ›Platz der Freundlichkeit‹. Das fiel ihm auch gleich ein. Andere mußten vor ihm die Abkürzung benutzt haben, aber sie hatten es nicht gesehen. Er lief ein paar Schritt weiter, blieb dann aber wieder stehen und sprach bei sich:

»Das kann nicht ohne Absicht dort hingelegt worden sein. Und ich müßte ein Wicht sein, wenn ich das Brot dort liegen ließe, während daheim meine Kinder hungern!«

Also hob er das Brot auf und nahm es mit heim. Etwas aß er auch selbst davon. Den Rest verteilte er unter die Kinder, und es war genug da, daß alle davon satt wurden.

Er fuhr dann mit seinem Boot aus, und kein Leid geschah ihm von unten oder oben, weil er das Brot mitgenommen hatte. Man weiß freilich nicht genau, wer das Brot dort hingelegt hat, aber der arme Mann war ganz sicher, daß es das Feenvolk gewesen sein müsse.

EISEN UND SALZ MEIDEN DIE FEEN

Bei den Frauen gab es eine Sitte. Wenn ein Kind in der Wiege lag und sie verließen das Haus, so legten sie eine Zange auf die Wiege, um so zu verhindern, daß das Feenvolk das Kind stahl. Über jenes, auf dem gesegnetes Eisen lag, hatten sie keine Macht.
Wenn man ging, um die Kühe zu melken, wurde ein Nagel in den Boden des hölzernen Eimers geschlagen. Manche Leute legten eine Münze auf den Boden eines jeden Gefäßes, in das Milch geschüttet wurde. Andere streuten immer etwas Salz in die Milch, ehe sie aus dem Haus gingen, beispielsweise, wenn sie einen Nachbarn besuchten oder mit den Fahrenden sprachen.
Entschieden verboten war es den Fischersfrauen, mit frischem Fisch aus dem Haus zu gehen, ohne daß etwas Salz daraufgestreut worden war. Wurde das unterlassen, war die Gefahr sehr groß, daß die Betreffende von den Feen in die Irre geführt wurde.

GESALZENES ZUSAMMENGEKOCHTES UND DER FEENMANN

Es gibt ein Fort hier in der Nähe. Dort wimmelt es immer nur so von Feen. Nahe dem Fort liegt ein Haus. Eines Abends spät kam ein Mann in dieses Haus. Er trug Stiefel und eine Mütze, die oben spitz auslief. Solche Kopfbedeckung sah man damals in dieser Gegend gewöhnlich nur bei Polizisten oder Protestanten. In diesem Haus besaßen sie einen Hund, der gewöhnlich ein lautes Gebell anstimmte, wenn ein Fremder sich näherte, aber bei diesem Mann gab der Hund nicht einen Laut von sich. Der Mann trat ein, stellte sich mit dem Rücken zum Feuer und unterhielt sich mit der Frau des Hauses und mit einem kleinen Mädchen des Nachbarn, das bei ihr war. Er erkundigte sich nach allen Nachbarn. Er schien sie alle zu kennen. Schließlich sagte er, jetzt müsse er aber wieder gehen.
»Ach wartet doch«, sprach die Frau des Hauses, »gleich wird mein Mann zurück sein. Er ist nur eben mal nach Ceapach hinuntergegangen. Ich habe Zusammengekochtes auf dem Feuer. Gewiß eßt Ihr doch gern einen Löffel voll mit.«

»Habt ihr es gesalzen?« fragte der Mann.
»Ja, gewiß doch«, sagte sie.
»Wenn Salz darin ist, darf ich es nicht anrühren. Ich geh schon mal hinauf in meine Behausung.«
Da waren sie sicher, daß der Mann einer von dem Volk aus den Hügeln gewesen war, denn er wußte aber auch alles über die Nachbarn und was sie trieben.

DER ERSTE ANRUF AM MORGEN

Es ist nicht recht für einen Fischer, dem ersten Anruf am Morgen Folge zu leisten, denn er läuft dabei Gefahr, daß er zu den Edlen im Meer gerufen wird.
Vor langer Zeit war da einmal ein Fischer in Atharach, der hieß Pádraig Mac Lochlainn. Er und seine Mannschaft fischten mit Schnüren. Er wurde am Morgen gerufen. Er stand auf, aß einen Bissen und ging zu seinem Boot. Aber da war noch gar keiner von den anderen Männern und es dauerte auch noch beträchtliche Zeit, ehe einer kam. Als die ganze Mannschaft beisammen war, fragte er, wer ihn denn habe rufen lassen. Keiner wußte von etwas. Sie fuhren auf See hinaus, und an diesem Tag wurde er von einer Welle über Bord gerissen. Seinen Leichnam hat man nie gefunden.

DIE BOCHTÓG DER MAC GINLEYS*

Die Fischer pflegten zu erzählen, daß es auch Feenfrauen auf dem Meer gebe, und diese nannten sie bochtógai. Die Rede ging, daß sie bestimmte Familien beschützten. Man sah sie oft bei stürmischem Wetter. Sie steckten den Kopf aus den Wellen und hatten langes gelbes Haar, das ihnen bis auf die Hüften fiel.
Vor langer Zeit lebte ein Mann in Rann na Cille. Eines Nachts, als er fest schlief, träumte er von Treibholz, das westlich von Fothair Éamoinn Óig gelandet worden war. Er stand auf, machte sich nicht die Mühe, nach der Zeit zu sehen – wahrscheinlich besaß er auch gar keine Uhr. Er nahm einen Tropfen Tee und ging dann hinaus.

Der Mond war gerade im Abnehmen. Als er zu der Klippe kam, war der Mond untergegangen, Dunkelheit klumpte sich im Westen zusammen und es war stockduster. Er ging noch ein Stück weiter, stellte sich dann aber unter einen großen Stein, und als er dort stand, schlief er auf der Stelle wieder ein.
Es dauerte aber gar nicht lange, da erwachte er davon, daß ihm jemand eine leichte Backpfeife versetzte. Er schrak aus dem Schlaf hoch. Neben ihm stand eine Frau.
»Mach so schnell du kannst, daß du nach Haus kommst«, sagte die Frau.
»Wer seid Ihr?« fragte er. »Und wo kommt Ihr denn so plötzlich her?«
»Wenn du heimkommst«, sprach sie, »sag deiner Mutter, daß MacGinleys bochtóg dich geweckt hat. Andernfalls wärest du heute Nacht elendiglich ertrunken. Wärest du dorthin gegangen, wo du hin wolltest, hätte dich dein Schicksal ereilt, und das wäre dann doch eine traurige Geschichte gewesen, die deine Mutter am Morgen zu hören bekommen hätte.«
Er ging heim und suchte nie mehr an der Küste nach Treibholz bis zu dem Tag, da sie ihn unter die Erde brachten.

DIE FEENINSEL VOR RATHLIN O'BIRNE

Es verging kein Tag, an dem die alten Fischer nicht von der Feeninsel im Südwesten vor Rathlin O'Birne Island sprachen. Sie pflegten zu behaupten, einmal alle sieben Jahre tauche sie aus den Fluten auf. Und nur, wer mit noch glühenden Kohlen auf ihr an Land gehe, könne verhindern, daß sie wieder sinke. Es war eine verzauberte Insel. Viele sahen sie in den alten Tagen, aber niemandem gelang es, dort an Land zu gehen.
Ein alter Mann aus Glencolmcille erzählte, daß ein Verwandter sie vor langer Zeit einmal gesehen habe.
Der Mann war auf dem Heimweg. Er hatte einen Spinnradbauer besucht und trug die beiden Füße eines Spinnrades bei sich. Es war ein schöner Sommerabend unmittelbar nach Sonnenuntergang, und als er an einen Platz kam, der jetzt Mullach na gCros genannt

wird, blickte er nach Westen und zwischen sich und dem Licht am Horizont meinte er eine Insel zu sehen, die er nie zuvor gesehen hatte. Er kannte die Geschichte von der verzauberten Insel und war sich sicher: das müsse sie sein. Er entschloß sich, einige Fischer in Dooey davon zu verständigen, damit sie hinausfahren und dort, wo die Insel lag, ein genaues Zeichen setzen könnten. Aus den Füßen der Spinnräder machte er ein Kreuz und trieb es in den Boden. Dann lief er und holte die Männer, aber als er mit ihnen zurückkam, war weit und breit nirgends ein Kreuz mehr zu sehen. Sie suchten und suchten, und endlich fanden sie das Kreuz doch, und jetzt sahen sie auch die Insel. Sie fuhren auf sie in einem kleinen Boot zu, und als sie nahe dran waren, hörten sie auf zu rudern und konzentrierten alle Aufmerksamkeit auf das Stück Land, das da vor ihnen lag. Es kam ihnen vor, als hätten sie nie zuvor irgendwo so grüne Wiesen gesehen wie auf dieser Insel. Es gab auch kleine Bäume, und unter sich sagten sie, vielleicht sei das jenes Land, das man Tir na hÓige (Land der Jugend) nennt.

Sie legten sich wieder in die Riemen, um noch näher heranzukommen, und als sie nur noch fünfzig Meter entfernt waren, ließen sie die Ruder vor Verwunderung wieder sinken. Auf der Insel unter einem Baum saß ein Mädchen und strickte Socken. Sie waren nicht ohne ihr Wissen und ihren Willen so nahe herangekommen, und als sie nun nur noch einen Steinwurf weit von der Insel entfernt waren, stand das Mädchen auf, holte ein Knäuel Wolle aus ihrem Busen hervor und warf es in das Boot. Das Fahrzeug begann sogleich so heftig zu schwanken, daß die Männer beinahe ins Wasser gefallen wären. Kein Wunder, daß sie es mit der Angst zu tun bekamen und statt auf der Insel zu landen, froh waren, mit heiler Haut von ihr fortzukommen. Sie hatten ein Messer an Bord und mit diesem versuchten sie den Wollfaden durchzuschneiden, aber wie immer sie sich bemühten, der Faden ging nicht entzwei.

Sie hatten auch ein Gefäß mit Glut dabei, und einer von ihnen meinte, vielleicht werde man mit heiliger Glut den Faden durchsengen können. Er hielt also ein Stück Glut daran und sofort zerriß der Faden. Das Boot schaukelte nicht mehr, aber dennoch wagten sie es nicht, sich wieder der Zauberinsel zu nähern, sondern ruderten zurück nach Lag na dTruáin.

DAS MÄDCHEN AUS DER SEE UND EOIN ÓG

In alten Tagen lebte ein Mann mit dem Namen Eoin Óg in Cruachlann. Im Winter, wenn es sonst ganz und gar nichts zu essen gab, sah er sich immer auf dem Strand danach um, ob vielleicht etwas angespült worden sei.

An einem schönen sonnigen Tag befand er sich im Westen an der Küste bei Fothair Chapall und sammelte dort zwischen den großen Steinen Periwinkles (Uferschnecken). Da entstieg dem Wasser eine Frau, so schön, wie er noch nie zuvor eine gesehen hatte, sie ging zu einem flachen Felsen, legte ihren Mantel ab und ließ ihn dort auf dem Stein liegen. Eoin beobachtete sie eine ganze Zeit und schließlich glitt sie ins Wasser. In diesem Augenblick streckte er die Hand aus, griff den Mantel, preßte ihn an sich und rannte eilig heim. Gut und schön. Er wußte ganz genau, daß sie nach ihrem Mantel suchen werde, denn er hatte oft von diesen Frauen aus dem Meer erzählen hören, und daß sie ohne ihren Mantel nicht zurückkehren können. Sie tauchte auch tatsächlich sogleich wieder auf und kam an Land, aber da sie sich dort nicht so rasch bewegen konnte, hatte sie den Mann noch nicht eingeholt, als dieser Cruachlann erreichte. Daheim versteckte Eoin sogleich den Mantel, um sie zu zwingen, bei ihm zu bleiben. Sie gewann ihn gern, und um eine lange Geschichte kurz zu machen, er schlief mit ihr und im Laufe der Jahre wurden den beiden drei Kinder geboren, zwei Jungen und ein Mädchen.

Eoin fürchtete immer, die Kinder könnten einmal den Mantel entdecken. Wann immer sich eine Gelegenheit dazu ergab, trug er ihn von einem Platz zum anderen. Eine Weile lag er unter dem Heu, später dann unter dem Mais, und eines Tages, als er daheim am Dachdecken war, steckte er ihn unter die Binsen dort oben. Er meinte, kein Menschenwesen habe ihm dabei zugesehen, aber da täuschte er sich. Der Zufall wollte es, daß der älteste Junge bemerkte, wo er den Mantel versteckte.

Am nächsten Tag ging Eoin fischen. Die Kinder waren mit der Mutter allein zu Haus. Sie sprachen mit ihr über dies und das, und schließlich sagte der Junge:

»Mami, du hättest dieses prächtige Kleid sehen sollen, das der Vater

gestern beim Dachdecken dort unter die Binsen gesteckt hat.«
»Was denn für ein Kleid?« fragte die Mutter.
»Das prächtigste Stück Tuch, das ich je gesehen habe«, sagte er.
»Komm, zeig mir das«, sprach sie, und der Junge tat wie ihm geheißen. Die Leiter, die beim Dachdecken gebraucht worden war, lag noch da, und es gelang ihr, sie aufzurichten. Sie fand den Mantel. Sie nahm ihn und versteckte ihn an einer Stelle, von der sie ihn jeder Zeit wieder an sich nehmen konnte.
Es war Abend als Eoin zurückkehrte. Sie machte ihm ein Essen, und als er am Tisch saß, schlüpfte sie aus dem Haus, und das war das Letzte, was Eoin von ihr zu sehen bekam. Sie holte ihren Mantel und tauchte wieder hinab ins Meer. Später sah man sie nie wieder, aber die alten Fischer behaupten, sie habe immer wieder versucht, jenes Boot, in dessen Mannschaft ihr Sohn mitfuhr, zu verderben. Es ist ihr aber nicht gelungen.

MIT DEM BOOT ENTFÜHRT

Es war da einmal vor langer Zeit ein Mann, der hatte eine Menge Korn gesät. Es wurde spät reif, aber endlich stellte er eine Gruppe Schnitter ein. Am nächsten Samstag sollten sie kommen. Sie kamen aber erst am Montag an. Da war nichts für sie vorbereitet. Kein Brot war für sie da. Man machte Haferbrot zu jener Zeit. Und selbst Wasser hatte man nicht hereingebracht. Deswegen bat die Magd den Hausherrn, doch rasch zum Bach zu gehen, der in der Nähe des Hauses vorbeifloß und dort einen Eimer Wasser zu schöpfen.
Der Mann ging also zu dem Bach, um den Eimer zu füllen. Da geschah etwas Merkwürdiges. Vom Strand her stieg plötzlich das Meer weiter und weiter, bis die ganze Gegend unter Wasser stand und er ein hübsches kleines Boot auf sich zukommen sah. In dem Boot saß ein kleiner rothaariger Bursche: er trug mit bunten Fetzen benähte Kleider und jonglierte mit drei gelben Bällen. Das Boot kam heran, bis sein Bug die Fußspitzen des Mannes berührte, und als dann das Wasser immer höher stieg, stieß die Bootswand dem Mann gegen das Schienbein. Wütend hob er den Fuß und wollte

das Boot mit einem Fußtritt von sich fortstoßen. Das gelang ihm aber nicht, stattdessen wurde er ins Boot gezerrt, und ab ging's hinaus auf See, bis sie gegen Abend auf der anderen Seite des Ozeans ein Land erreichten. Gut und schön. Der Mann sprang an Land, aber er brauchte nur ein paar Schritt zu tun, da merkte er, daß da etwas merkwürdig war. Er konnte sich nicht recht bewegen. Er sah an sich herab und entdeckte, daß er Frauenkleider anhatte. Er lief weiter, bis er in der Ferne ein Licht sah, auf das ging er zu. In dem Haus wohnten ein Junge und ein Mädchen. Sie dachten natürlich, er sei eine Frau. Sie waren gerade im Begriff, zu einem Wake in einer Ortschaft in der Nähe aufzubrechen. Sie fragten den Mann, den sie für eine Frau hielten, ob er nicht mitkommen wolle und der stimmte zu.

Sie gingen also zu dem Wake, das für eine Frau abgehalten wurde, die im Kindbett gestorben war. Während der Nacht begann das Kind zu weinen, und die Frauen nahmen es aus der Wiege. Eine reichte es an die andere weiter, aber keine war in der Lage, es zu beruhigen. Der Herr des Hauses sagte endlich, man solle es einmal der fremden Frau geben. Das taten sie und sofort schlief das Kind ein.

Am nächsten Morgen, als die Gäste das Totenhaus verließen, erklärte der Hausherr, wer immer die fremde Frau sein möge, sie dürfe nicht gehen, ohne das Kind mitzunehmen. In diesem Augenblick vergaß der als Frau verkleidete Mann alles. Er verlor völlig die Erinnerung an seine Heimat und wie er hierhergekommen war. Er war nur noch darauf bedacht, sich um das Kind zu kümmern, bei dem es sich um ein Mädchen handelte. Er blieb, bis das Mädchen sieben Jahre alt war.

Eines Tages ging er mit dem Mädchen am Meeresstrand spazieren, da überkam ihn eine große Einsamkeit, wie er sie nie zuvor verspürt hatte, und er begann, an seine Heimat zu denken. Es dauerte gar nicht lange, da sah er wieder das kleine Boot auf sich zukommen, das ihn auch beim ersten Mal abgeholt hatte, und diesmal wurde er zusammen mit dem kleinen Mädchen in das Boot gezerrt. Es fuhr mit solcher Geschwindigkeit, daß es den Wind vor sich einholte, aber der Wind hinter ihm konnte so rasch nicht nachkommen. Und im Nu war er wieder bei jenem Eimer, mit dem er hatte Wasser aus dem Bach schöpfen wollen. Er und das kleine Mädchen stiegen aus, und als er genau hinsah, war der Eimer noch genau in dem Zustand wie damals. Er griff nach ihm und trug ihn ins Haus. Die Magd stand noch mitten in der Küche, als sei er eben fortgegangen.

»Das hat aber lange gedauert«, meinte sie.

Es war da, daß ihm erst recht bewußt wurde, wie merkwürdig es ihm ergangen war, und er nahm sich vor, nicht eher zu rasten und wieder zwei Nächte im selben Bett zu schlafen, ehe er nicht begriff, was da geschehen war.

Er brach auf und lief zu, bis es dunkel zu werden begann. Schließlich sah er ein kleines Haus mitten im Moor. Als er näherkam, meinte er drinnen ein Geräusch zu vernehmen. Er trat in das Haus ein und sah zwei Wiegen, eine auf jeder Seite des Feuers, und in jeder der Wiegen lag eine alte Frau. Ein Strohseil war zwischen den Wiegen ausgespannt, und die alten Frauen schaukelten einander und dabei weinten sie. Er fragte sie, warum sie denn weinen müßten.

»Wir sind vor Hunger gestorben«, sagte die eine von ihnen. »Granny ist am Morgen fortgegangen. Sie ist nie mehr zurückgekommen.«

»Wo steckt denn deine Großmutter?« fragte er.

»Sie ist unten am Strand und breitet dort Seegras zum Trocknen aus.«

Er sagte sich, die Großmutter müsse wohl recht alt sein, da doch die Wiegen eine sehr altertümliche Form hatten, und wenn er mit ihr spreche, werde er vielleicht etwas Wichtiges erfahren. Also ging er hinunter zum Strand. Dort kam sie auf ihn zu mit einer Ladung Seegras, so schwer, daß selbst ein Pferd noch alle Mühe damit gehabt hätte.

Sie stülpte den Korb, in dem sie die Last schleppte, um, setzte sich darauf und begann sich mit ihm zu unterhalten.

»Was hast du für Sorgen?« fragte sie. »Und wie bist du hierhergekommen?«

Er erzählte ihr seine ganze Geschichte von Anfang bis zum Ende, wie das Wasser auf ihn zugekommen war, als er versucht hatte, den Eimer zu füllen, wie man ihn ins Boot gezerrt und der kleine

rothaarige Mann mit ihm davongefahren war. »Du bist nie fort gewesen«, erklärte ihm die alte Frau, »das hast du dir alles nur eingebildet, denn man hat dich verzaubert wie viele andere vor dir. Eine Feenschar ist über dich hergefallen, und wie gesagt, obwohl es dir so vorgekommen ist, als würde man dich in das Boot zerren, hast du dich nicht vom Fleck gerührt, an dem du gestanden hast. Geh heim, und erwähne nie ihren Namen, ohne sogleich hinzuzufügen, du wollest ihre Gesellschaft meiden, dann wirst du nie mehr in Schwierigkeiten kommen durch sie.«
»Gut, ich werde deinen Rat beherzigen«, sagte er, »aber ehe ich gehe, würde ich gern noch wissen, wie du es fertig gebracht hast, so lange zu leben.«
»Das will ich dir verraten«, sprach sie, »ich habe mich nie schlafen gelegt, ohne müde zu sein. Ich habe nie einen Bissen gegessen, ohne daß ich nicht argen Hunger gehabt hätte. Ich verbrachte mein ganzes Leben mit Arbeit. Jeder, der es so hält, wird lange leben.«
Er kehrte heim, und von dem Tag an bis zu seinem Tod ließen ihn die Feen ungeschoren.

DER SCHMIED VON BEDLAM UND DER FEENZUG

Vor langer Zeit gab es einen Schmied in Bedlam, er lebte dort, wo heute die O'Donnell-Schmiede steht und war bekannt unter dem Spitznamen Gelber Billy. Er und seine Frau besaßen ein kleines Haus westlich der Brücke auf der rechten Straßenseite, und außer den beiden gehörte niemand zu diesem Haushalt.
Man sagte, es vergehe keine Nacht des Jahres, in der nicht das kleine Volk hereinschaue, um zu erzählen und sich mit Billy zu unterhalten. Sie waren so vertraut mit ihm, daß sie ihm Dinge ins Zimmer warfen. Seinem Weib fiel nichts Besonderes auf. Sie hatte keinen Blick dafür, aber Billy kannte all ihre Streiche.
Zu jener Zeit war die Straße nur ein enger Pfad, der bis zum Ende des Tales führte, und wenn die Leute Strandgut mitbrachten, hatten sie alle Mühe damit. Es gab da einen scharfen Felsen mitten im Pfad, an dem die Wagen hängenblieben, und wenn sich die Fuhrleute auch alle Mühe gaben, geschah es doch häufig, daß ein

Fuhrwerk dort umkippte. Häufig hatten sie Billy schon gebeten, diesen Felsen zu zertrümmern, denn er hatte den einzigen Vorschlaghammer weit und breit, aber Billy war einfach nicht dazu zu bewegen gewesen. Er pflegte stets zu sagen, das sei ein sanfter Fels, und es sei besser, ihn so zu lassen wie er nun einmal sei. Gut und schön. Eines Nachts machten sie Billy betrunken und stachelten ihn auf, den Felsen zu zerstören. Sie brachten ihn so in Wut, daß er mit seinem Vorschlaghammer Keile in das Gestein trieb. In der folgenden Nacht tat er kein Auge zu. Das kleine Volk kam und streute Schmutz und Dung in seinem Haus aus. In der dritten Nacht lief Billy zum Priester und bat ihn um Rat.
»Nun«, sagte der Priester, »am Sonntag muß ich nach Gweedore die Messe lesen gehen. Auf meinem Weg dorthin werde ich sie bannen. Ich werde sie an einen Platz versetzen, an dem sie nie mehr einem Sterblichen schaden können, aber du mußt eines Sinnes mit mir sein.«
Billy ging heim. Kaum war er zur Tür herein, als vor ihm ein Winzling stand und zu sprechen begann. »Billy«, sagte er, »wir haben immer zu dir gehalten, und jetzt willst du uns Leid zufügen.«
»Das habt ihr euch selbst zuzuschreiben«, antwortete Billy, »wenn ihr euch anständig benommen hättet, wäre nichts geschehen, aber da ich meinen Frieden will, mußte ich etwas unternehmen.«
»Es ist nicht recht, daß wir alle für das büßen sollen, was ein paar Bösewichte unter uns angestellt haben. Das waren ein paar übermütige junge Burschen, die dich geärgert haben. Wenn du es diesmal noch dabei bewenden läßt, wirst du besser dran sein, aber auf jeden Fall nicht schlechter.«
»Ich habe nichts gegen euch«, sagte Billy, »wenn ihr mich in Ruhe laßt, will ich die Sache nicht weiter verfolgen.«
»Schön«, sprach der kleine alte Mann, »es gibt da eine Kiste Gold, die liegt auf der Gelben Sandbank vergraben, und es gibt bei Bun an Inbheara jemanden mit einem Boot. Er wird dich zur Sandbank herüberbringen, und alles, was du dann tun mußt, ist, einen starken Fischhaken auszuwerfen und mit ihm die Kiste hochhieven.«
»Ich weiß nicht«, sagte der Schmied, ». . . erst lockt ihr mich vielleicht dort raus, und dann wißt ihr es so einzurichten, daß ich ertrinke.«

»Hab keine Furcht«, sagte der alte Mann, »nimm eine Flasche Weihwasser mit ins Boot . . . was soll dann noch passieren?«
»Ich mag nicht«, sagte Billy.
»Nun«, sagte der kleine alte Mann, »es gibt hier in Caiseal einen Mann, dessen Fuß ist wund, und ein Kraut wächst in seinem eigenen Garten, das ihn heilen könnte. Wenn du hingehst, wird einer von uns mit dir kommen und dir das Kraut zeigen. Du brauchst es dann nur noch auf die Wunde zu legen. Das wird ihn heilen, und wenn das geschehen ist, wird er alles für dich tun, worum du ihn bittest.«
»Ich denke gar nicht daran, dort hinzugehen«, sagte Billy, »der Weg ist nämlich sehr einsam.«
»Ja dann, Billy«, sagte der alte Mann, »dann kann ich nichts mehr für dich tun. Hier in der Gegend weiß ich nichts, was ich dir geben könnte, höchstens ein bißchen Gold, genau gegenüber, auf der anderen Seite des Flusses, und wenn du willst, geh hinüber und hol es dir.«
Noch in derselben Nacht grub Billy mit einem Pickel an der Stelle nach, die ihm der Feenmann beschrieben hatte. Er grub und grub, aber selbst, wenn er jetzt noch graben würde, hätte er kein Gold gefunden. Als er eine gewisse Zeit sich abgemüht hatte, zeigte sich der kleine Mann auf dem gegenüberliegenden Ufer und rief ihm zu, er grabe an der falschen Stelle. Dann beschrieb er ihm, wo er stattdessen graben solle, und als er das tat, stieß er auf Goldmünzen, die waren so groß wie Fünf-Shilling-Stücke. Er nahm sie mit heim. Geraume Zeit später verkaufte er sie an einen Hausierer, der des Weges kam und erhielt von dem für jede Münze einen Sixpence.
Gut und schön. Der Sonntag kam, und als Billy meinte, jetzt müsse es in etwa die Zeit sein, zu der der Priester aus Gweedore zurückkomme, wartete er auf ihn und sprach mit ihm. »Priester«, sagte er, »es ist doch besser, das kleine Volk in Ruhe zu lassen.«
»Ja«, antwortete der Priester, »vielleicht ist es besser so. Sieh mal, was sie mir angetan haben. Als ich durch das Gleann Thualla komme, schleudern sie doch diesen widerwärtigen Pfeil nach mir.«
Also ließ man dem kleinen Volk seine Ruhe, und von diesem Tag bis zur Stunde seines Todes haben die Feen weder Billy noch irgendeinen seiner Verwandten je wieder behelligt.

DU WIRST ZAHLEN

Ein Mann aus Ros Goill baute ein Haus auf einen Ort der Feen, obwohl ihn seine Nachbarn gewarnt hatten. Das kleine Volk kam mitten in der Nacht. Es lärmte durchs ganze Haus. Als er aufstand aus dem Bett, hörte er sie singen:

»Du hast unser Haus zerstört, unsere Wohnung, unseren Salon,
aber dafür wirst du zahlen! Du wirst zahlen!«

Es blieb ihm nichts anderes übrig als auszuziehen. Sie hätten ihm sonst das Leben zur Hölle gemacht.

STEINE VON EINEM FEENORT

Vor langer Zeit lebte in Teelin ein Mann, der hieß Tomás Mór. Er versuchte, einen Bauplatz für ein Haus zu bekommen, aber trotz allem Geld, das er zu zahlen bereit war, gelang ihm das nicht. Endlich mußte er sein Haus unten an der Küste vor dem Maul der Wellen errichten.

Ein paar Jahre später hatte er gut beim Fischfang verdient und dachte daran, einen Anbau vorzunehmen. Er unterhielt sich mit seiner Frau darüber. Die sagte nur:

»Mach nur wie du denkst, Lieber!«

Er ging an die Küste, suchte hier und da, bis er einen großen Haufen Steine zusammengetragen hatte. Er kam dann mit einem Korb und trug die Steine auf dem Rücken heim.

Eine Mitternachtsspringflut kam, und er überlegte sich, daß er Zeit gewinnen werde, wenn er ein paar Ladungen bei Nacht transportieren könne, da doch der Strand leer und die Nacht vom Mond hell war.

Also brach er auf, als es schon dunkel war und nur der Mond leuchtete. Er füllte seinen Korb und war bereits auf dem Rückweg über den Strand, als ihn ein Feenzug einholte und alle riefen sie:

»Schmutziger Tomás Mór, schmutziger Tomás Mór,
jetzt stehn wir für immer im Regen,
wie kommst du dir dabei vor?«

Er kehrte sofort um und trug die Steine wieder auf den Platz zurück, an dem sie gelegen hatten. Am nächsten Tag trug er auch noch jene Steine hin, die er schon heimgebracht hatte, und das war gut so.

DER FREMDE, DER DEN MANN VOM ZOLL TÄUSCHTE

Es gab seltsame Dinge in den alten Tagen. Die poteen-Brenner pflegten den ersten Tropfen, der aus der Destille kam, dem Volk von den Hügeln hinzuschütten.

Es war da ein Mann vor langer Zeit, der brannte Schnaps in einem Raum hinter der Feuerstelle, und er hatte schon drei Bottiche voll.

Ein Reisender kam des Weges, und der Brenner erzählte ihm, er fürchte, die Zollwachen könnten bei Nacht eine Razzia machen.

»Mach dir keine Sorgen«, sagte der Reisende, »solange ich hier bin, wird dir nichts geschehen.«

Während der Nacht wurde der Brenner von einem Geräusch wach. Die Zollbeamten waren im Anmarsch. »Nun«, sprach er zu dem Reisenden, »jetzt geht's mir an Kopf und Kragen. Die stecken mich, wenn sie etwas finden, auf der Stelle ins Gefängnis. Was soll dann aus meiner Frau und den Kindern werden? Wenn du etwas vermagst, dann ist jetzt die rechte Zeit dazu. Rette mich!«

»Gut«, sagte der Reisende, »geh hinaus und hole einen Arm voll Heu herein.« Der Brenner tat, wie ihm geheißen.

»Jetzt«, sagte der Fremde, »leg ein bißchen Heu neben jeden Bottich.«

Das tat der Brenner, und kaum war es geschehen, da standen da drei gefleckte Kühe, die Heu fraßen.

»Geh noch einmal hinaus«, sagte der Reisende, »und hol ein paar Kartoffeln, die wirfst du neben die Destille.«

Der Mann warf die Kartoffeln neben die Destille. Als nun die Zöllner hereinkamen, sahen sie die Kühe, die Heu fraßen. Sie stiegen in das Gelaß, aber auch da fanden sie nur eine Sau mit ihren Jungen, die sich über Kartoffeln hergemacht hatte. Ohne etwas gefunden zu haben, zogen die Zöllner wieder ab.

Der Schwarzbrenner wunderte sich. Er fragte den Reisenden, wie das denn zugegangen sei.
»Nun«, meinte der Fremde, »wenn du dich an das hältst, was ich dir sage, wirst du ohne weiteres auch solche Kunststücke fertigbringen.«
»Ich will alles tun, was du mir sagst.«
Am nächsten Tag gingen die beiden zum Ufer eines Sees. Der Reisende setzte eine Pfeife an den Mund und pfiff dreimal. Da kam ein Reiter auf einem schwarzen Pferd aus der Mitte des Sees herauf und ritt auf sie zu.
»Jetzt«, sprach der Reisende, »mußt du das schwarze Pferd dreimal küssen. Danach weißt du auch zu tun, was ich heute Nacht getan habe.«
»Nein, das tue ich nicht«, sagte der Schwarzbrenner.
Er kehrte zu seiner Frau zurück. Schnaps hatten sie jetzt für eine Weile mehr als genug.
Bestimmt war der Reisende nicht von dieser Welt, sondern einer aus dem Hügelvolk, der dem Mann zu Hilfe gekommen war, weil die Feen nicht um ihren Tropfen poteen kommen wollten.

DAS SPINNRAD UND DAS KLEINE VOLK

Früher wurde in jedem Haus des Kirchspiels gesponnen, und die alten Frauen hatten die Angewohnheit, die Radschnur in der Nacht abzunehmen. Wenn man das vergaß, kamen die Feen und spannen auf dem Spinnrad bis zum Morgen.
Es hieß auch, weder ein Mann noch eine Frau sollten ein Spinnrad nach Einbruch der Nacht mit nach draußen nehmen. Wer das tue, den führten die Feen in die Irre.

»MIT ETWAS HILFE VON MEINEN FREUNDEN«

Die Leute waren auch davon überzeugt, daß Frauen aus dem kleinen Volk den Frauen der Sterblichen bei der Arbeit halfen. Ich habe von einer Frau erzählen gehört, die in den alten Tagen in

Droim na Creige lebte. Man sagte mir, daß keine weit und breit soviel Wolle und Garn auf den Markt schicke wie sie, und sie hatte keine Hilfe außer ihren eigenen vier Knochen. Es konnte so einfach bei ihr nicht mit rechten Dingen zugehen.

Eines Nachts beschlossen ein paar Frauen, sich an ihr Fenster zu schleichen und einmal nachzuschauen, ob sie Hilfe habe. Sie warteten, bis sich alle in die Häuser zurückgezogen hatten. Als sie dann durch das Fenster schauten, sahen sie drinnen ein kleines altes Weiblein spinnen, und die Frau krempelte die Wolle, die sie zum Verspinnen brauchte. Die alte Frau spann so zügig, daß die Frau des Hauses kaum nachkam, auch immer noch die Spulen bereitzumachen. Keiner kannte die alte Frau. Aus dem Ort stammte sie jedenfalls nicht. Die Leute waren sicher, daß sie zum Feenvolk gehöre. Es gab einen Felsen nahe diesem Haus, und die Kinder, die in der Nähe des Felsen Rinder hüteten, hörten hinter dem Stein das Geräusch eines Spinnrades. Sie waren sicher, daß die Feen dort drinnen spannen.

DIE UNERSCHÖPFLICHE VORRATSKISTE

An einem Samainabend räumte Peggy Néill von Bun Binne das Haus auf. Niall saß auf dem Strohsitz am Feuer, den Rücken gegen die Wand gelehnt. Er paffte seine Pfeife und summte dabei, denn er war zufrieden. Am Nachmittag hatte er die letzten Kartoffeln geerntet und dachte nun daran, daß er es sich bis zum Frühjahr würde bequem machen können. Ein Topf mit Wasser stand auf dem Feuer, und nachdem Peggy die Teller gewaschen hatte, hob sie mit einem Stock den Topfdeckel. Dann nahm sie eine Tasse, die an der Tür hing und ging zu der Kiste, in der sie das Hafermehl aufzubewahren pflegte, nachdem es von der Mühle zurückkam.

»Bei meiner Seele, Niall«, sagte Peggy, als sie in die Kiste geschaut hatte, »es war doch noch soviel da, daß man hätte meinen können, es werde nie zu Ende gehen. Und jetzt ist gerade soviel übrig, wie ich heute abend zum Essen brauche.«

»Nun meine Liebe«, sagte Niall, »wie soll ein Vorrat sich nicht aufzehren, wenn immer davon geschöpft wird?«

»Das ist ein wahres Wort, Niall«, sagte Peggy, »aber das Mehl werden wir vermissen. Kartoffeln sind schon recht, aber etwas Hafergrütze zum Abendessen schmeckt eben doch noch besser.«
»Wir werden schon nicht Hungers sterben«, sagte Niall, »wenn es ganz hart kommt, kann ich immer noch Körner ausdreschen und sie dann schroten. Es bedarf ja immer nur einer Handvoll Schrot für ein kinderloses altes Ehepaar wie wir es sind, um sich bis zum Patricks-Tag durchzuschlagen.«
Peggy beugte sich vor, um das letzte bißchen Schrotmehl mit der Tasse auszuschöpfen.
»Halt, Frau!« sagte Niall, »du willst doch nicht etwa von dem, was da noch übrig ist, Hafergrütze kochen? Das ist nichts als Staub und Spelzen.«
Peggy leerte den Inhalt der Tasse wieder in die Kiste und sprach:
»Na schön, aber dann wirst du noch ein paar Handvoll Kartoffeln aus der Scheune holen müssen. Ich mache dann Kartoffelbrei.«
»He«, rief Niall, »ein paar Kartoffeln in der Asche gebacken, das wäre auch nicht schlecht. Es sind noch genug im Korb, damit es für uns beide reicht.« Der arme Mann war müde nach der Arbeit. »Das ist wohl recht«, erwiderte Peggy, »aber das Geflügelvieh muß am Morgen auch noch etwas bekommen und ich fange dann nicht noch einmal an.«
Zögernd stand Niall auf. »Eh! Immer diese Hühner. Nun wirf mir schon die Schuhe rüber!«
Er zog seine Stiefel an, nahm den Korb und eine Fackel und ging hinaus. Peggy fuhr mit ihrer Hausarbeit fort. Sie begann, das Feuer unter dem Topf anzufachen und fuhr mit der Kohlenzange unters Bett, um von dort ein oder zwei Klumpen Torf hervorzuholen und nachzulegen. Während sie damit beschäftigt war, blieb ihr plötzlich fast das Herz stehen. Aus den Augenwinkeln sah sie eine kleine alte Frau an der Wand stehen. Peggy selbst pflegte sie, wenn später die Rede darauf kam, eben so zu beschreiben:
»Sie war nicht ganz so groß wie eine Brüthenne, o wirra, wenn ihr die hellen Augen gesehen hättet, die in ihrem Kopf tanzten unter den schwarzen buschigen Augenbrauen! Sie hatte ein runzliges Gesicht, ein langes Kinn und eine Nase, die durch ein Nadelöhr gegangen wäre und sie hatte nicht mehr einen Zahn im Mund,

außer ihrem Weisheitszahn. Ich sag euch, fast hätte das Leben mich verlassen!«
Als Peggy sich wieder gefaßt hatte, grüßte sie die Erscheinung und hieß sie, am Feuer Platz zu nehmen und sich zu wärmen. Aber sie lehnte Peggys Aufforderung freundlich ab und sagte:
»Es ist nicht die Kälte, die mich hertreibt, vielmehr bin ich gekommen, um mir etwas auszuleihen.« Sie griff sich mit der Hand in den Busen und holte eine Eichentasse heraus, und indem sie sie Peggy reichte, sagte sie:
»Füll das mit dem Schrotmehl vom letzten Jahr, denn da ist jemand, der darauf wartet.«
»Gottes Segen auf uns, das Kreuz zwischen uns und Kummer! Wer seid Ihr?« sagte Peggy und gleichzeitig schlug sie ein Kreuz.
»Ich bin Maireog die Große, Königin der Schar von Binn Bhui und von Pollán an Raithnigh!«
»Musha, da klopft Ihr zu schlechter Stunde an unsere Tür«, sagte Peggy, »unser Schrotmehl ist ausgegangen. Das bißchen, was noch übrig ist, wäre ein armseliges Geschenk, aber wenn es Euch etwas nützt, so sollt Ihr es gern haben.«
Sie nahm die Tasse und füllte sie. Die Feenfrau nahm sie ihr ab, griff dann nach einem Zauberstab, den sie in ihrem Gürtel trug, hob ihn über der Kiste und sprach einen Zauberspruch in einer Sprache, die Peggy nicht verstand. Dann berührte sie die Kiste leicht und sagte:
»Von heute an soll immer Schrotmehl in dieser Kiste sein, aber paß auf, daß kein anderes menschliches Wesen hineingreift. Wenn das geschieht, ist der Zauber aufgehoben und du wirst wieder arm sein wie zuvor.«
Mit diesen Worten hob sie ihren Rock, verbarg ihr Gesicht und war wie der Blitz zur Tür hinaus. Als sie fort war, ließ Peggy die Hände sinken, setzte sich am Feuer hin, und es war ihr, als werde sie gleich ohnmächtig werden. Sie war immer noch nicht in der Lage, sich hochzurappeln, als Niall mit einer Handvoll Kartoffeln hereinkam. Er bemerkte ihre Schwäche und fragte sie, was denn mit ihr los sei.
»Man könnte meinen, du hättest unterdessen einen Geist gesehen, so bleich bist du.«
»Einen Geist wahrlich«, sagte Peggy, und sie erzählte ihm, was ich euch erzählt habe. Niall begann zu lachen.

»Gott sieh auf uns nieder!« sagte er, »ein Spaßvogel hat eben Peggy Néill zum besten gehabt. Schüttle deine Federn, Alte, und schütte etwas von dem wunderbaren Schrotmehl in den Topf da. Will sehen, wie das kleine Volk von Binn Bhui sich aufs Schroten versteht.«

»Es tut nicht gut, über Zauber zu lästern!« sagte Peggy.

»Laß mich mit deiner Zauberei in Frieden!« rief Niall. »Jetzt will ich doch selbst einmal sehen, was es mit deinen Lügen auf sich hat!« und mit diesen Worten ging er zur Kiste. Aber Peggy war vor ihm dort, hob den Deckel und groß war ihr Erstaunen, als sie sahen, daß sie mit hübsch sauber ausgemahlenem Schrot gefüllt war.

»Gott schütz uns!« sagte Niall, »das ist wahrlich eine Nacht der Wunder.«

»Weißt du denn nicht«, sprach Peggy, »daß heute Samainabend ist. Da sind die Edlen unterwegs?«

»Bei meiner Seele, hab doch nicht daran gedacht, welche Nacht wir heute haben«, rief Niall, »wie dem auch sei, du hast einen guten Tausch gemacht. Ich hoffe, es wird zu unserem Vorteil sein.«

Das war es. Peggy hütete die Vorratskiste wie einen Goldschatz. Sie brachte ein Schloß an, und über fünf Jahre hin legte niemand eine Hand daran außer ihr. Während dieser Zeit nahm das Schrotmehl in der Kiste nie ab, und nicht nur das, Peggy konnte so manchen Beutel voll an die Nachbarn verschenken. Sie war so großzügig, daß den Nachbarn schließlich etwas auffiel. Nie sahen sie Niall zur Mühle gehen und mit einem Sack heimkommen, und am Ende gab es einige, die vermuteten, daß Niall und Peggy schwarze Magie trieben.

Gut und schön.

An einem düsteren Abend nach Weihnachten hatte Peggy die Kiste geöffnet, um den Hennen eine Handvoll Schrot vorzuwerfen, als ein Junge aus der Nachbarschaft atemlos angerannt kam und hervorstieß, seine Mutter liege im Sterben. Peggy war immer schon eine Frau gewesen, die anderen gern gefällig war. Also zögerte sie keine Sekunde und rannte hinaus, ohne den Kistendekkel zu schließen.

Niall war in der Futterkammer und fütterte das Vieh. Er kam mit einem Eimer in die Küche, um etwas Haferschleim für ein junges

Kalb zu holen. Als er Peggy im Haus nirgends finden konnte, griff er gedankenlos in die Kiste und warf eine Handvoll Schrotmehl in den Eimer. Dann ging er wieder hinaus, um seine Arbeit zu verrichten.

Peggy kam mit der Nachricht zurück, Séamas of Polláns Frau sei tot. Niall sprach ein Gebet für ihre Seele, und dann setzte sich das Paar hin und unterhielt sich über die Verstorbene. Es fiel ihnen nichts auf, bis Peggy aufstand, um eine Tasse Tee zuzubereiten und dabei ihr Blick auf die offene Kiste fiel.

Rasch sprang sie hin und schloß den Deckel, aber als sie zuvor hineinsah, stellte sie fest, daß sich nichts mehr drin befand, außer jenen schäbigen Resten, die dort noch übriggeblieben waren an jenem Abend, da die Fee von Binn Bhui sie besuchen gekommen war.

»Das ist doch nicht möglich, Niall«, sagte Peggy, »hast du etwa deine Hand da hineingesteckt?«

»Nun, ich mag vielleicht nicht in den Himmel kommen, aber ich habe ein bißchen davon für das Kalb genommen. Das wird doch wohl nicht so schlimm sein.«

»Ach . . . zu spät!« rief Peggy. »Jetzt hilft ja doch nichts mehr.«

Und von diesem Tag bis zum Tag, an dem sie starben, war es mit der Vorratskiste, die sich immer wieder von selbst gefüllt hatte, war es mit ihrem Glück vorbei.

Die Geschichten vom Treiben des kleinen Volkes in Donegal enthalten fast alle Motive, die auch im übrigen Irland im Zusammenhang mit den Eigenschaften und Tätigkeiten der Feen auftauchen. Lediglich zwei, aus anderen Gegenden bekannte Themen fehlen hier: die Geschichte vom Lepracaun, der von einem Sterblichen gefangen wird und den man zwingt, einen versteckten Schatz herauszurücken — der Leser hat eine solche Geschichte im vorangegangenen Kapitel schon kennengelernt — und eine jener Geschichten, in denen ein häßlicher, quengliger Wechselbalg an Stelle des Menschenkindes, das die Feen mitnehmen, bei den Sterblichen in der Wiege zurückgelassen wird.

Kinder von Sterblichen werden von den Feen angeblich vor allem deswegen gestohlen, um sie an den Teufel weiterzugeben, der alle paar Jahre einen

Tribut von ihnen fordert. Diese Vorstellung mag damit zusammenhängen, daß es eine christliche Interpretation des Feenglaubens gibt, nach der es sich bei den Feen um »gefallene Engel« handelt. Auch die besondere Schönheit und Zartheit eines Kindes, so heißt es, könne die Feen verlocken, es zu entführen. Das »engelhafte« Aussehen, eine »Schönheit, die nicht von dieser Welt ist« stellen in diesem Fall eine Assoziation zur Anderswelt her.

In Lady Wildes Sammlung »Ancient Legends of Ireland« findet sich eine Geschichte, in der erzählt wird, wie es immer wieder zu Attacken der Feen auf ein bestimmtes Baby der Sterblichen kommt. Schließlich geschieht dies: Eines Abends liegen Vater und Mutter des Kindes schon im Bett, als die Haustür sich wie von selbst öffnet. Ein riesiger schwarzer Mann tritt ein, gefolgt von einem alten Weib mit einem häßlichen Kind auf dem Arm.

Die Mutter des Menschenkindes weckt ihren Mann, der unverdrossen versucht, diesen neuerlichen Angriff des Feenvolkes abzuwehren. Zweimal wird ihm die Kerze ausgeblasen. Er hat unterdessen das Schüreisen zu fassen bekommen und treibt damit die häßliche Alte und den schwarzen Mann aus dem Haus. Als Mann und Frau darauf wieder Licht machen, müssen sie feststellen, daß ihr eigenes Kind aus der Wiege verschwunden ist und ein Wechselbalg an seinem Platz liegt.

Sie brechen in lautes Wehklagen aus, worauf sich die Tür abermals öffnet und ein junges Mädchen mit rotem Taschentuch eintritt. Das Mädchen fragt das Paar, warum es weine, und als dieses ihr den Wechselbalg zeigt, lacht sie freudig erleichtert und sagt:

»Das ist mein Kind. Es wurde mir in der letzten Nacht gestohlen, weil meinen Leuten (Feen) euer Kind besser gefiel. Gebt mir mein Kind, und ich will euch erklären, wie ihr euer Kind zurückbekommen könnt.«

Sie übergeben ihr den Wechselbalg, und sie rät ihnen, drei Bündel Stroh zu einem Feenhügel in der Nähe mitzunehmen und eines davon dort zu verbrennen. Dabei sollen sie den Feen androhen, alle Bäume und Sträucher auf dem Hügel niederzubrennen, wenn sie ihr Kind nicht gesund wiederbekämen. Das Paar befolgt diesen Rat, und das Baby taucht heil und munter wieder auf.

Die Drohung, Weißdornbüsche niederzubrennen, veranlaßt die Feen in anderen Geschichten auch, die Verschleppten wieder freizulassen.*

Beim Weißdorn handelt es sich um den sechsten Baum eines alten Baumalphabets. Er wird dort mit dem Monat Mai in Verbindung gebracht und ist ein Unglücksbaum.

Der Weißdorn ist den Feen heilig, ja manchmal werden die Weißdornbüsche auch als Wohnsitz der Feen angesehen. Man nennt sie deswegen auch »gentle bushes«. Der Geruch von Weißdorn wird in der folkloristischen Überlieferung als »süßer, bezaubernder Todesduft« beschrieben. Weißdornzweige werden am 1. Mai an Stallungen angenagelt, um böse Geister abzuhalten. Sie sollen auch bewirken, daß die Kühe den ganzen Sommer über gut Milch geben. Im County Wicklow bei Tin'ahely gibt es einen St. Patricks Dorn mit einer Quelle, der am 4. Mai umtanzt wird, nachdem zuvor die Tänzer ihre Kleider abgelegt und an die Äste gehängt haben. In Northhamptonshire wurde ein Weißdornzweig vor dem Haus des schönsten Mädchens am Ort in den Boden gesteckt.

Aus all diesen, zunächst widersprüchlichen Vorstellungen läßt sich immerhin dies ableiten: Dem Weißdorn werden magische Kräfte zugeordnet. Sie hängen damit zusammen, daß er einer Gottheit heilig war, die mit dem Vegetations- und Jahreszeitenzyklus in Verbindung stand. Vernichteten Sterbliche Weißdornbüsche, so entzogen sie den Wesen der Anderswelt einen Teil ihrer magischen Kraft. Schmückten sie Häuser oder Stallungen mit Weißdornzweigen, so wirkte eben diese Kraft abwehrend oder schützend gegenüber den Feen, die ihrerseits dieser Gottheit untertan waren.

Nach diesem Versuch, an einem Beispiel die zunächst verwirrend widersprüchlichen Wirkungen einer Pflanze aufzuklären, die in offenbar enger Beziehung zur Welt der Feen steht, noch einmal zurück zu dem Motiv der Kindesentführung und des Wechselbalgs.

Man kann davon ausgehen, daß die Kindersterblichkeit in solch entlegenen Gegenden durch die unzureichende Ernährung, das rauhe Klima und die unzureichende Hygiene besonders hoch gewesen ist.

Jeder Tod hat seinen Schrecken, seine Trauer. Geboren zu werden und gleich darauf wieder zu sterben, scheint vielleicht eben deswegen besonders schrecklich und unnatürlich, weil kindliche Tote im Gegensatz zu Menschen, die im Alter sterben, eben noch kein erfülltes Leben hinter sich haben. Einen gewissen Trost mag es für Eltern und Verwandte bedeutet haben, sich vorzustellen, daß das gestorbene Kind im Feenland weiterlebe.

Ein ähnlicher psychologischer Ablauf dürfte auch jenen Geschichten zugrunde liegen, in denen davon erzählt wird, wie sterbliche Frauen bei der Geburt von Feen entführt werden.

In beiden Fällen geht es im Grund darum, einen Mangel an Trost durch eine phantasmagorische Vorstellung zu kompensieren.

Im Gedächtnis geblieben sein dürfte dem Leser jene Geschichte, in der ein Sterblicher, auf der Feeninsel angekommen, sich plötzlich in Frauenkleider gesteckt sieht. Was hat dieses merkwürdige Motiv zu bedeuten?

Als allgemein akzeptierter psychologischer Befund gilt, daß in der Psyche jedes Mannes eine weibliche Komponente vorhanden ist, während andererseits im Seelenleben jeder Frau eine männliche Komponente mehr oder minder ausgeprägt eine Rolle spielt. In einer patriarchalischen Gesellschaft wird das Ausleben der andersgeschlechtlichen Anlagen bei Männern wie bei Frauen tabuisiert. Ein Mann, der solchen Wünschen nachgibt, sie äußert, sie auslebt, gilt als »weibisch«. Also werden derartige Wünsche verdrängt. Das Motiv des Helden in Frauenkleidern ist — und darauf wird in der Geschichte selbst ausdrücklich hingewiesen — Teil eines Tagtraums, in dem Verdrängtes wieder aufsteigt.

Bezeichnend dafür ist der Satz: »Er konnte sich nicht recht bewegen.« Was den Mann in seiner Psyche hemmt, drückt sich hier als reales Handlungsmoment aus.

Eine weitere Entschlüsselung des Textes wird möglich, wenn man weiß, daß das Bild von der Fahrt eines Schiffes über Land als »Einbruch des Chaos« in die Ordnung übersetzt werden muß, daß es als solches eine weit zurückreichende Tradition hat. »Am zweiten Tag der Anthesterien«, berichtet Hans Peter Duerr, »am Chóes, dem Tag, an dem der ›Blütengott‹ Dionysos, der große ›Löser‹ auf einem von zwei Satyrn gezogenen Schiffskarren durch die Straßen und Gassen Athens rollte, kamen mit ihm die Totenseelen aus den Sümpfen von Lerne, dem Tor der Unterwelt, zu den Sterblichen.«*

Genau dies wiederholt sich profanisiert und popularisiert in dieser Feengeschichte aus Donegal. Wie in der klassischen griechischen und römischen Mythologie, aber auch später beim »wilden Heer« und den »Nachtfahrenden«, spielt sich in dieser Geschichte der Einbruch des Chaos nicht zufällig in einer »Zwischenzeit« ab, nämlich an einem Montagmorgen.

Zwischenzeiten, Grenzlinien in der Zeit, sind zugleich immer Krisenzeiten, in denen sich die Natur regeneriert. »Indem sie (die Natur) zuvor stirbt, sterben auch die Menschen und schwärmen als Geisterwesen durch die Gegend, um zur Wiederbelebung der Natur, von der sie ein Teil sind, beizutragen.«

Auf die »Krisenzeit« wird in der vordergründigen Handlung auch durch eine Krise in der Realität hingewiesen. Die Schnitter kommen zu spät. Es *ist keine Vorsorge für ihre Verpflegung getroffen. Auch die Tatsache, daß ein Mann in dieser Situation zum Wasserholen geschickt wird, also eine Arbeit tut, die sonst in dieser Gegend Frauensache ist, hat man wiederum als Hinweis auf versteckte Wünsche zu verstehen, die dann damit endgültig hervortreten, daß er sich auf der Insel in Frauenkleider gesteckt sieht. Bestätigt wird eine solche Deutung der Motive dadurch, daß auch in anderen Gegenden, in Europa und Afrika, die Volkskundler auf Riten in der »Zeit zwischen den Zeiten*« gestoßen sind, bei denen »mit anderen Unterschieden auch derjenige zwischen Mann und Frau aufgehoben wurde, indem man ihn umkehrte.«*

»Im Großarltal im Salzburgischen beispielsweise bildeten die Spinnstubenfrauen Organisationen, die von der Bevölkerung geradezu als ›dämonische Gruppen‹ aufgefaßt wurden und die zu gewissen Zeiten einem Mann, wenn sie seiner habhaft werden konnten, die Hosen auszogen und ihm Kastration androhten ... auch in Bulgarien endeten noch vor kurzer Zeit manche Hebammenfeste damit, daß sich die Frauen einander beischliefen ... beim Fest der jungfräulichen, lediglich mit einem Lichtkleid angezogenen Zulugöttin Nomkubulwana ergingen sich Frauen und Mädchen in allerlei Obszönitäten, übernahmen die normalerweise den Männern vorbehaltenen Arbeiten, wie beispielsweise das Melken der Kühe und liefen unbekleidet und mit Waffen umher, während die Männer sich verbargen.«

Zelebrierten aber diese Frauen mit dieser Umkehrung eine Art Fruchtbarkeitszauber, der mit dem Gedeihen der Ernten auf den Feldern im Zusammenhang stand, so geht es in der Geschichte aus Donegal, in der ein Mann vorübergehend zur Frau wird, noch um etwas anderes.

Vor kurzem hat die C.G. Jung-Schülerin und Therapeutin Marie-Louise von Franz in einer umfangreichen Arbeit unter dem Titel »Die Erlösung des Weiblichen im Mann« eine Analyse des Romans »Der goldene Esel« von Apuleius vorgelegt. Bekanntlich wird in diesem Werk aus dem 2. Jahrhundert n. Chr. der Protagonist Lucius in einen Esel verwandelt und führt ein qualvolles, gefährliches Doppelleben, bis er am Ende aus seiner Tiergestalt, unter der sich der Mensch Lucius entscheidend weiterentwikkelt hat, erlöst wird.

Marie-Louise von Franz sieht in der Handlung dieses Romans »die Beschreibung der tief im kollektiven Unbewußtsein vor sich gehenden Prozesse, von denen einige sich erst in unserer Zeit im kollektiven Bewußt-

sein zu realisieren beginnen«. Nach ihrer Meinung handelte es sich »um das Problem einer Inkarnation des weiblichen Prinzips und um dessen Wieder-Anerkennung in der gesamten patriarchalen westlichen Welt«. Da diese Wieder-Anerkennung eine »Erlösung« in sich schließt, sei sie ein befreiend emanzipatorischer Schritt, der zugleich auf die Gegenkraft, auf das Männliche in der Frau, dialektisch ausgleichend wirken und damit der Ganzheit des Menschen dienen könne. Ohne nun die Feengeschichte überhöhen zu wollen und mehr in ihr zu sehen als tatsächlich vorhanden ist, scheint es mir doch gerechtfertigt, zu behaupten, daß in ihr ein ähnlicher Vorgang abgebildet wird, nämlich die »Erlösung des Weiblichen im Mann«. Von daher läßt sich nun die Theorie, daß Feenglaube und Feengeschichten stets auf einem Mangel beruhen, noch weiter differenzieren. Der Mangel ist das auslösende und handlungskonstituierende Element. Dabei wird das tatsächlich Gemeinte mythopoetisch verschlüsselt.

Im Verlauf der Handlung tritt eine Entlastung der Psyche von dem ein, was unbewußt oder bewußt als Mangel empfunden wurde. Es vollzieht sich in ihr eine Kompensation des Mangels.

Somit ist die Feengeschichte bzw. die sich in ihr abspielenden psychischen Vorgänge der Traumarbeit vergleichbar.

Wenn Seán ÓhEochaidh mit ausdrücklichem Bezug auf die Feengeschichten aus Donegal schreibt, sie spiegelten nicht selten die Ängste eines Lebens wider, die bei den dort gegebenen harten Lebensbedingungen in der Psyche des Menschen immer gegenwärtig seien, so ist auch dies eine Bestätigung für die Theorie des Mangels. Auch in der Seele die Furcht vor Katastrophen nie ganz loszuwerden, ist ein Mangel.*

Viele andere Geschichten sind Ausdruck eines im Mangel entspringenden Wunschdenkens. Dabei ist daran zu erinnern, daß nach der Traumtheorie Freuds alle Träume letztlich Wunschträume sind.

Feen führen den Sterblichen, die darben, besonders fruchtbare Kühe zu, schenken ihnen eine Vorratskiste, die nie leer wird. Feen bescheren den Armen Geldbörsen, in denen das Geld nie abnimmt, führen die Hungernden an eine Stelle, an der ein Laib Brot liegt.

Mangel drückt sich schließlich auch in jenen wohl nicht zufällig am sorgfältigsten ausgearbeiteten Geschichten aus, die von der Begegnung sterblicher Männer mit Feenfrauen handeln.

Einsamkeit und das Fehlen eines Gesprächspartners führen dazu, daß erotische Phantasien, wie sie ja auch sonst bei Menschen auftreten, sich personalisieren.

Da man keine reale Frau hatte, schuf die mit diesem Mangel ständig beschäftigte Phantasie eine Feenfrau.

Nach den Geboten der christlichen Kirche wie der offiziellen Moral wohnte solchen Phantasien etwas Verboten-Tabuisiertes inne.

In einem Land aber, in dem, um überhaupt Fuß fassen zu können, sich das Christentum zu Anfang gezwungen sah, auch heidnische Vorstellungen zu akzeptieren, lag es für den einzelnen nahe, sich des Feenglaubens zur Entlastung von eigenen Schuldgefühlen gegenüber der in moralischen Fragen zuständigen Richterinstanz der Kirche zu bedienen. Es fiel bestimmt leichter, in der Beichte zu behaupten, man sei durch das Auftauchen einer Feenfrau zu »Unkeuschheiten« verführt worden, als die Verantwortung für unkeusche Gedanken und Handlungen allein zu übernehmen.

Einen Sonderfall stellt in diesem Zusammenhang die Geschichte von der Frau dar, die vom Himmel fiel.

Der tatsächliche Konflikt mag dabei etwa so ausgesehen haben:

Eine Frau ist ihrem Mann fortgelaufen. Sie hat darauf mit einem anderen Mann zusammengelebt und ist von ihrem ersten Mann später wieder zurückgeholt worden.

Diese für eine ländliche, offiziell an christlichen Normen orientierte Gesellschaft skandalösen Ereignisse, ließen sich, wenn man das Einwirken der Feen ins Spiel brachte, besser akzeptieren. Die Geschichte wurde also in der Weise, wie sie aufgezeichnet vorliegt, erzählt, um einen Mangel an Moral, der den tatsächlichen Ereignissen innewohnt, zu »heilen«.

Es fällt übrigens auf, daß Geschichten von Feenfrauen, die vorübergehend mit sterblichen Männern zusammenleben, weit häufiger sind als solche von Feenmännern, die irdische Frauen entführen, obwohl sie gelegentlich auch vorkommen.

Das kann in einer offiziell patriarchisch-christlichen Gesellschaft nicht erstaunen, werden doch in ihr die gegen Norm und Sitte verstoßenden Wünsche von Männern im allgemeinen noch eher toleriert als die von Frauen.

Unter einem anderen Erklärungszusammenhang zu sehen sind jene Geschichten, in denen eine Hebamme oder irdische Amme in die Feenwelt gerufen wird. Geburt ist eine Grenzsituation, eines jener Ereignisse, bei

denen offenbar Anfälligkeit zum Einbruch von Chaos und Wildnis in den Bereich von Ordnung in Zivilisation unterstellt wird.
Das nicht ohne Gefahren und Schrecken sich vollziehende Wunder der Schwangerschaft und der Geburt mag den Wunsch geweckt haben, sich geheime oder auch nur vergessene Praktiken und Einsichten anzueignen, über die alte untergegangene Völker- und Stammesgruppen, als deren Verkörperung die Feen galten, vielleicht noch verfügten.
Auch die Tatsache, daß die Feenwelt mit Erinnerungen an eine mutterrechtliche Ordnung und die in ihr verehrten Gottheiten im Zusammenhang steht, könnte dabei eine Rolle spielen.
Man mag der Ansicht gewesen sein, daß diese Gottheiten mehr Verständnis für die Frauen hätten als die Christengötter Vater, Sohn und heiliger Geist.
Auf noch etwas anderes scheinen jene Geschichten hinzuweisen, in denen Wöchnerinnen von den Feen entführt bzw. solche Entführungen mit knapper Not noch verhindert werden.
Nicht selten tritt bei der Frau nach der Geburt eine depressive Phase bzw. eine besondere emotionale Gereiztheit auf.
Sich ihr hinzugeben bzw. dann der Wöchnerin nicht besonderen Zuspruch und besondere Fürsorge angedeihen zu lassen — so scheint die Botschaft dieser Geschichten zu lauten — heißt, wenn nicht den Tod, so doch schwere psychische Schädigung bei Mutter und Kind bewirken.
Wie hier, so enthalten auch bei anderer Thematik Feengeschichten häufig erstaunliche Einsichten in die psychischen Grundbedingungen des Menschen.

IV. KAPITEL

DAS VOM KALENDER
DER ANDERSWELT HANDELT,
IN DEM ERZÄHLT WIRD,
WAS EINEM DORT AN BESTIMMTEN TAGEN
ZUSTOSSEN KANN
UND WIE ES SICH MIT DER ANDERSZEIT
VERHÄLT

»Die nächste Frage wäre: welches ist die beste Zeit um Feen zu sehen? Ich denke, darüber kann ich euch wohl etwas sagen.
Die erste Regel lautet: Es muß ein sehr heißer Tag sein. Nehmen wir das mal als gegeben an. Und ihr müßt etwas schläfrig sein, aber auch wieder nicht zu schläfrig. Und dann solltet ihr euch auch ein bißchen feenmäßig fühlen. So der Zustand, den man im Schottischen übersinnlich nennt. Das ist vielleicht ein ganz zutreffendes Wort, vorausgesetzt, ihr wißt ohnehin, was ich meine. Es tut mir leid, es ist schwierig zu erklären, ihr müßt eben warten, bis ihr eine Fee trefft. Dann wißt ihr es. Und die letzte Regel wäre noch, daß keine Grillen zirpen sollten. Mehr kann ich dazu nicht sagen. Für den Anfang sollte das auch genügen. Also, wenn all dies zusammenkommt, besteht eine gute Chance, daß ihr Feen seht, oder sagen wir mal, jedenfalls eine bessere Chance, als wenn all dies nicht der Fall ist.«
Lewis Carroll, Sylvie and Bruno

Was hier scheinbar so ironisch, spöttelnd über den rechten Augenblick gesagt ist, um Feen zu sehen, beschreibt zugleich auch die wichtigste Bedingung von Zeit in der Anderswelt. Sie vollzieht sich, »between one eye-blink and the next«, was zu übersetzen wäre: zwischen zwei Augenblicken. Wenn wir dies wissen, verstehen wir auch, warum ein gefangener Lepracaun sofort entwischt, wenn man ihn auch nur kurz aus den Augen läßt. Zeit der Anderswelt ist gewissermaßen etwas, was an den Rändern, den Bruchstellen oder in den Zwischenräumen irdischer Zeit vor sich geht. Es ist Seelenzeit, Moment absoluter Wahrnehmung, in dem man so intensiv dem Wesen der Dinge nahe ist, es begreift und erfährt, daß die Eigenschaften der Uhrzeigerzeit außer Kraft gesetzt sind. Daraus ergibt sich auch, daß einmal die Zeit in der Anderswelt ungemein viel langsamer verstreichen kann als in der Welt der Sterblichen, ein andermal wiederum aber auch schneller. Immer aber ist die Anderszeit des Feenlandes auf irgendeine Weise mit der Zeit der realen Welt verknüpft. Erst in der Unterscheidung von dieser wird sie zu dem, was sie ist: Zeit des Wunders, des Unerhörten.
Der Mann, der einen Feenring betritt, wird genau nach einem Jahr und einem Tag Zeit in der Welt der Sterblichen wieder gerettet. Die Feen zahlen nach einem Zeitabschnitt von sieben Jahren irdischer Zeit einen Tribut an die Hölle.
In den frühen Geschichten von der Anderswelt, wie wir sie im Kapitel 1

kennengelernt haben, wird diese insofern als ein Land der Zeitlosigkeit beschrieben, als deren Bewohner nicht dem Verlauf des an Zeit gebundenen Alters unterliegen.
Glück, so ließe sich interpretierend hinzufügen, ist, »aus der Zeit« der Irdischen zu fallen, Uhrzeigerzeit, sei sie nun kurz oder lang, nicht mehr erleben zu müssen.
Dann aber stößt man auch wieder auf Geschichten, aus denen sich ergibt, daß der Wechsel der Jahreszeiten, daß bestimmte Tage im Kalender der Sterblichen für Vorgänge in der Anderswelt von besonderer Bedeutung sind: Zeiten, in denen die Irdischen Feen begegnen oder von ihnen in die Anderswelt verschleppt werden.
Die Nächte des 1. Mai und des 1. November sind solche Daten. Feenzüge reisen mit Vorliebe an Quartalstagen über Land, nämlich am 25.3., 24.6., 29.9. und 25.12. Vollmond und die Tage davor oder danach sind Feenzeit.
Aber es gibt auch Tageszeiten, in denen die Anderswelt sich gegen das Land der Irdischen hin öffnet: die Morgen- und Abenddämmerung, die träg-heiße Mittagsstunde eines Sommertages, Mitternacht. Wochentage haben für Feen eine besondere Bedeutung. Wer sie trifft, sollte nie das Wort »Sonntag« erwähnen. Freitag ist der Sonntag der Feen, der Tag, an dem sie am meisten Macht haben. Am Donnerstag können die Feen nichts von dem hören, was die Sterblichen über sie reden. Mittwoch hingegen ist ein Tag, an dem sich ein Sterblicher vorsehen muß, nicht in die Anderswelt zu geraten.*
Wenn im Zusammenhang mit der Anderswelt nicht nur der 1. Mai und Allerseelen, Maria Verkündigung und der 1. August, sondern auch Mittsommer und Weihnachten von Bedeutung sind, so erklärt sich das daraus, daß der Feenglaube ursprünglich unter Stammesgruppen entstanden ist, die deswegen einen verschiedenartigen Kalender hatten, weil die einen Hirten mit Herden, die anderen aber Ackerbauern waren.
Ehe wir den Ursprung und die Bedeutung solcher Zeitmarken näher untersuchen, werden hier zunächst einmal eine Handvoll Geschichten vorgestellt, in denen die Zeit in der Anderswelt für den Leser erlebte Wirklichkeit werden soll. Die erste dieser Geschichten stammt aus einem der Saga-Zyklen, aus den Sagas um die Fianna. Ihr gehörte auch Oisin (Ossian), der Dichter und Sänger an. Er war der Sohn des Finn mac Cumhal und der Sadth, einer Feenfrau.

Sadth war einst von dem Dunklen Druiden Fear Doirche verfolgt worden. Er hatte sie in ein Reh verwandelt. Finn rettete und heiratete sie, aber der Dunkle Druide entführte Sadth, und so verlor Finn sie für immer.
Als er eines Tages auf der Jagd war, erhob sich unter seinen Hunden lautes Gebell. Als er nachsah, was es da gäbe, fand er unter seiner Meute zwei besondere Hunde, Bran und Sceolan, die einen kleinen Jungen vor dem Angriff der übrigen Tiere verteidigten. Finn schloß das Kind in die Arme und wußte durch Eingebung, daß er in ihm seinen Sohn mit Sadth vor sich hatte. Er nannte den Jungen Oisin, und da er Feenblut in seinen Adern hatte, wurde er nicht nur ein berühmter Sänger, sondern auch ein starker Krieger, der dank seiner übernatürlichen Kräfte selbst die fürchterliche Schlacht von Garrbha überlebte, in der sein Sohn Osgar ums Leben kam.
Aber endlich mehrten sich die Anzeichen, daß das heroische Zeitalter in Eire sich seinem Ende zuneigte. Mit einer merkwürdigen Vorgeschichte wird diese Zeitenwende, die in der realen Geschichte der Einführung des Christentums entsprechen würde, angezeigt.

DER TOD DER HÜNDIN BRAN

Eines Tages war Finn auf der Jagd und seine Hündin Bran verfolgte ein Reh. Sie trieb das Wild dem Jäger zu, und das Reh rief plötzlich aus: »Wenn ich in die See dort springe, werde ich nie mehr zurückkommen. Wenn ich mich in die Luft flüchte, wird mich das nicht vor Bran retten, denn diese Hündin ist so schnell, daß sie selbst noch einen Schwarm Wildgänse überholen würde.«
»Dann sollst du durch meine Beine hindurch entkommen«, sprach Finn. So geschah es, aber Bran folgte dem Reh, und als Finn dies sah, preßte er seine Schenkel zusammen, und im Augenblick war die Hündin tot.
Darüber wurde er sehr traurig, und er weinte so heftig, wie er seit dem Tod seines Enkels Osgar nicht mehr geweint hatte.
Manche sagen, das Reh sei Finns Mutter gewesen, und um seine Mutter zu retten, sei ihm nichts anderes übriggeblieben als die Hündin zu töten. Aber das ist nicht wahrscheinlich, denn seine Mutter war die schöne Muirne, Tochter des Tadg, Sohn des Nuada aus dem Volk der Tuatha de Danaan, und man hat nie davon

gehört, daß sie in ein Reh verwandelt worden ist. Also ist es wahrscheinlicher, daß das Tier die Mutter des Oisin war.
Und manche sagen, daß man Bran und Sceolan, die beiden Hunde, in der Abenddämmerung manchmal im Dickicht auf dem Hügel von Almhuin sehen kann.

DER RUF AN OISIN

An einem nebligen Morgen versammelten sich die wenigen Männer, die von der Fianna zu dieser Zeit noch übriggeblieben waren, um Finn, und betrübt und niedergeschlagen waren sie nach dem Tod so vieler ihrer Kameraden.
Sie zogen auf die Jagd nahe den Ufern des Loch Lein, wo die Büsche blühten und die Vögel sangen, und sie scheuchten ein Reh auf, das sich so leicht bewegte wie die Blätter an einem Baum zur Sommerszeit.
Und gleich darauf sahen sie von Westen her eine schöne junge Frau auf sich zukommen, die ritt auf einem schlanken weißen Pferd. Sie trug eine Königskrone und einen Mantel aus dunkler Seide, auf den Sterne aus rotem Gold gestickt waren. Ihre Augen waren blau und so klar wie der Tau auf dem Gras, und ein goldener Ring war geknüpft in jede Locke ihres Haars. Ihre Wangen hatten ein lebendigeres Rot als das eines Rosenblattes und ihre Haut war weißer als das Gefieder eines Schwans auf der Welle. Ihre Lippen, so ahnte man, waren so süß wie der Honig, den man unter den roten Wein mischt.
In der Hand hielt sie einen Zügel, aus Goldfäden gewunden, und auch der Sattel, auf dem sie saß, war aus rotem Gold.
Sie ritt zu der Stelle, an der Finn stand und redete ihn mit freundlicher, sanfter Stimme an.
»Eine lange Reise habe ich hinter mir, Meister der Fianna.«
Finn fragt, wer sie sei, aus welchem Land sie stamme und weshalb sie komme.
»Niamh von dem Goldenen Kopf ist mein Name«, sprach sie, »und mein Name steht über dem aller Frauen der Welt, denn ich bin die Tochter des Königs im Land der Jugend.«

»Und was führt dich über das Meer hierher zu uns?« fragte Finn. »Ist es, weil dich dein Ehemann verlassen hat oder was für Sorgen hast du sonst?«
»Mein Ehemann hat mich nicht verlassen«, antwortete sie, »denn ich habe mich bisher noch nie einem Mann hingegeben. Aber Meister der Fianna«, fuhr sie fort, »ich habe mich in deinen Sohn verliebt, in Oisin, den mit den starken Händen.«
»Wie kommt es aber, daß du ihn all den Prinzen und hohen Herren, die die Sonne bescheint, vorziehst?« fragte Finn.
»Der Grund ist sein guter Name, seine Freundlichkeit und Umgänglichkeit«, erwiderte sie, »denn gibt es auch viele Königssöhne, die willens wären, mich zu lieben und zu ehren, so habe ich mir doch in den Sinn gesetzt, nicht eher zufrieden zu sein, bis Oisin mich liebt.«
Als Oisin hörte, was sie da sprach, war keine Faser in seinem Körper, die nicht von Liebe zu der schönen Niamh erfaßt worden wäre, und er nahm ihre Hand in seine Hand und sprach:
»Willkommen hier in diesem grünen Land. Ich sehe, fühle und weiß, du bist die schönste unter allen Weibern. Kein anderes ist schöner als du. Dich will ich lieben bis ans Ende aller Nächte Morgen, und von nun an wird es so sein, als gäbe es gar keine andere Frau auf der Welt.«
»Wenn dem so ist«, sagte Niamh, »befehle ich dir bei meiner Ehre, mit mir zu kommen in das Land der Jugend.« Und weiter sprach sie:
»Es ist das herrlichste Land unter der Sonne. Die Äste der Bäume hängen überall voll Früchte. Sie tragen ständig Frucht, Blätter und Blüten in einem. Nie wirst du altern mit der vergehenden Zeit. Nie wird der Tod dich ansehen. Immer wirst du jung sein.
Du wirst immer Feste feiern, spielen und trinken. Du wirst immer angenehme Musik hören. Silber, Gold und Juwelen wirst du besitzen.
Du wirst bekommen – und dies ist keine Lüge – hundert Schwerter, hundert Mäntel aus teuerster Seide, hundert Pferde und hundert abgerichtete Hunde. Du wirst zum König im Land der Jugend gekrönt werden. Du wirst in diesem Land immer Zuflucht finden, Tag oder Nacht, wann immer du von einer Schlacht oder einem

schweren Gefecht heimkehrst. Du wirst eine Rüstung bekommen, wie du besser keine findest. Hundert Panzerhemden und hundert Seidenhemden werden dein sein, hundert Kühe und hundert Kälber, hundert Schafe mit goldenem Vlies.
Einhundert junge Mädchen, ein jedes schöner und heiterer als die Sonne und mit Stimmen süßer als die Musik der Vögel, hundert bewaffnete Männer, tapfer und stark in der Schlacht und geübt, Feste zu feiern, warten auf dich, wenn du mir folgst in das Land der Jugend.
Alles, was ich dir versprochen habe, sollst du bekommen und noch viele Freuden mehr, für die jetzt keine Zeit bleibt, um sie aufzuzählen. Schönheit, Stärke und Macht soll dir werden, und ich will deine Frau sein.«
Nachdem sie so geredet hatte, sagte Oisin:
»O schöne goldhaarige Königin, du, die ich unter allen Frauen der Welt mir gewählt habe zur Liebe, mit dir gehe ich frohen Herzens.«
Er küßte seinen Vater und verabschiedete sich von ihm und den anderen Männern der Fianna. Er schwang sich hinter Niamh auf das Pferd, und es begann zu traben, und als sie an den Strand kamen, schüttelte es sich, wieherte dreimal und preschte dann ins Meere.
Als das Finn und die Männer der Fianna sahen, stießen sie alle drei schrille Klagerufe aus, und Finn sprach:
»Ach, welch ein Kummer, daß du jetzt von uns gehst. Ich habe keine Hoffnung, dich je wiederzusehen.«

Während Oisin glückliche Zeiten in der Anderswelt verbringt, hat sich Irland zum Christentum bekehrt. 431 wurde Patrick von Rom zum Bischof ernannt. Zu diesem Zeitpunkt dürfte es in Irland, nicht zuletzt auf Grund der Handelsbeziehungen ins römische Britannien und nach Gallien, schon einige Christen gegeben haben. Über Patricks Leben ist nur mehr oder minder Legendäres bekannt. Neuerdings ist man sogar geneigt anzunehmen, daß es vielleicht zwei Männer dieses Namens gegeben hat, die zu verschiedenen Zeiten in Irland missionierten.
In den Schriften * *des Heiligen Patrick erfahren wir über seine frühen Jahre nur soviel: Geboren worden sei er als Sohn des Calpurnius in dem Dorf*

Bannavem Taberniae, das vielleicht im Tal der Severn, auf Anglesey oder bei Ravenglass in Cumberland gelegen haben könnte. Als Sechzehnjähriger wurde er von irischen Piraten geraubt und mit tausenden anderen als Gefangener auf die Grüne Insel gebracht, wo er etwa sechs Jahre lang in Wäldern und Gebirgen Schafe hütete. In jener Zeit entdeckte er das Christentum für sich. Endlich gelang es ihm zu entfliehen. Er kam nach England zurück, wo ihn seine Verwandten wie einen verlorenen Sohn empfingen. Sie beschworen ihn, in der Heimat zu bleiben, aber eine Vision veranlaßte ihn, nach Irland zurückzukehren und das Land zu missionieren. Ein halbes Jahrhundert später schreibt er über diesen entscheidenden Augenblick in seinem Leben mit erstaunlicher Anschaulichkeit und Eindringlichkeit:

DIE VISION DES HEILIGEN PATRICK

Und in der Nacht erschien mir ein Mann, der hieß Victoricus und kam aus Irland mit zahllosen Briefen. Und er gab mir einen davon. Ich öffnete ihn und las die Worte »An die Stimme der Iren«, und während ich las, sah ich sie im selben Moment ganz deutlich vor mir und hörte ihre Stimmen, wie sie da im Wald von Foclut, der nahe der Westlichen See liegt, um mich gestanden und wie aus einem Mund gerufen hatten: »Wir bitten dich, Junge, komm und lebe wieder mit uns zusammen.«

Über Patricks kirchliche Ausbildung erfahren wir in seiner Schrift kaum etwas. Einmal wird lediglich erwähnt, daß er im Alter den Wunsch verspürt habe nach Gallien zu reisen, um dort die »Heiligen des Herrn« zu besuchen. Einer seiner Biographen aus dem 7. Jahrhundert stellt ihn als Schüler des Heiligen Germanus von Auxerre vor, dessen Kloster an den Ufern des Flusses Yonne gelegen hat. Auch ein Aufenthalt auf der Insel Lérin, vor der französischen Mittelmeerküste, von wo aus sich das Eremitentum aus dem Orient nach Nordwesteuropa ausbreitete, ist möglich.

In Irland selbst scheint sich seine Missionsarbeit vor allem nördlich der Linie Galway-Wexford abgespielt zu haben. Jedenfalls stammen die

meisten Geistlichen in der Generation nach Patricks Tod (461 oder 490?), die durch Urkunden historisch verbürgt sind, aus diesem Gebiet.
In der folgenden Geschichte kehrt Oisin aus der Anderswelt nach einem Zeitsprung in ein schon christianisiertes Irland zurück. In ihr wird der Mangel spürbar, den diese Vorbildgestalt des archaiischen Eire angesichts der veränderten Verhältnisse empfand.

OISINS WIEDERKEHR

Manche sagen, Oisin sei hunderte von Jahren im Land der Jugend gewesen. Andere behaupten, er habe sich tausend Jahre dort aufgehalten, aber wie lange es auch immer gewesen sein mag: die Zeit schien ihm kurz. Und was immer er auch in der Zeit, in der er dort war, erlebt haben mag, als er zurückkam, wurde er ein alter Mann mit vielen Runzeln im Gesicht. Sein Pferd selbst wandte sich von ihm ab und lief fort, als er da irgendwo am Boden lag.
Und es war St. Patrick, der Macht hatte zu dieser Zeit, und zu ihm brachte man Oisin, und Patrick behielt ihn in seinem Haus, belehrte und befragte ihn.
Es gefiel Oisin ganz und gar nicht, wie es nun in Irland zuging. Immer wieder redete er von den alten Zeiten, und wie schön es doch in den Tagen der Fianna gewesen war.
Und Patrick gebot ihm, er möge erzählen, was ihm zugestoßen sei. Dies ist die Geschichte, die Oisin erzählte:
»Als ich damals fortging mit der goldhaarigen Niamh, wandten wir unsere Rücken Irland zu und schauten westwärts, und die See wich vor uns zurück, aber hinter uns schlugen die Wellen wieder zusammen. Wir sahen viel Wunderbares auf dieser Reise. Städte und Höfe und Bergfesten, schneeweiße Häuser und sonnenglänzende Paläste. Neben uns lief ein geweihloses Reh. Es lief schnell. Und auch ein weißer Hund mit roten Ohren folgte uns. Ein andermal sahen wir ein junges Mädchen auf einem Pferd, das hatte einen goldenen Apfel in der rechten Hand, und sie ritt über die Kämme der Wellen dahin, und es verfolgte sie ein junger Mann auf einem weißen Pferd, der trug einen roten Mantel und hatte ein mit Gold verziertes Schwert. . .«

»Erzähle nur weiter, mein guter Oisin«, sagte Patrick, »noch hast du nicht von dem Land berichtet, in das du kamst.«
»Es war das Land der Jugend und das Land der Herrlichkeit«, sagte Oisin, »und ach, Patrick, dieser Name lügt nicht. Wenn es im Himmel auch so wäre, würde ich gewiß gern Gottes Freund.
Als wir die Hügelfesten hinter uns gelassen hatten, wurde der Lauf des Pferdes, auf dem wir saßen, schneller als die Geschwindigkeit des Fallwindes am Gebirge. Es dauerte nicht lange, da verdunkelte sich der Himmel und überall erhob sich Wind, und die See schien in Flammen zu stehen. Doch die Sonne war nicht zu sehen.
Nach einer Weile legte sich der Wind wieder. Die Sonne kroch hinter Wolken hervor. Wir sahen vor uns ein herrliches Land voller blühender Bäume, mit weichen Ebenen und der Hügelfeste eines Königs, aus strahlenden Steinen von geschickten Handwerkern aufgeführt. Entgegen kamen uns dreimal fünfzig bewaffnete Männer, sehr lebhaft und stattlich, und ich fragte Niamh, ob dies nun das Land der Jugend sei. ›So ist es‹, sagte sie, ›du wirst sehen, ich habe dir nicht zuviel versprochen.‹ Und es begrüßten uns hundert schöne junge Mädchen in seidenen Kleidern mit Gold und hießen uns herzlich willkommen. Danach kam ein großes Heer, die Männer in funkelnden Rüstungen, und ich sah den starken, stattlichen König. Er trug ein Hemd aus gelber Seide und ihm folgten eine junge Königin und fünfzig junge Frauen.
Als sie herangekommen waren, ergriff der König meine Hand und sprach, so daß es alle hören konnten: ›Hundertfaches Willkommen dir, Oisin, Sohn des Finn. Das ganze Land grüßt dich. Ich will dir Kunde geben ohne Lüge. Lang und immerwährend wird dein Leben hier sein. Jung wirst du bleiben für immerdar. Wenn du dir je in deinem Herzen etwas Schönes gewünscht hast, so wirst du es gewiß hier finden. Du kannst meinen Worten Glauben schenken, Oisin, denn ich bin König in diesem Land, und dies ist meine Frau, die Königin, und es war die goldköpfige Niamh, unsere Tochter, die zu dir über das Meer kam, um dich zu freien.‹
Ich dankte ihm, dann warf ich mich vor der Königin nieder und sie hob mich auf. Wir gingen in das Haus des Königspaars, und die Edlen des Landes kamen, um mir zu huldigen. Ein Fest wurde gefeiert, das dauerte zehn Tage und zehn Nächte.

Ich heiratete Niamh mit dem Goldenen Haar. So bin ich in das Land der Jugend gekommen. Es stimmt mich traurig, wenn ich jetzt zu dir davon rede.«

»Fahr dennoch fort mit deiner Geschichte, Oisin, dessen Waffen alles vernichten konnten«, sprach Patrick, »und erzähle mir auch noch, auf welche Weise du dieses Land wieder verlassen hast. Es verlangt mich, auch davon zu hören. Und sag noch: Hast du auch Kinder mit Niamh gehabt, und warst du lange dort?«

»Drei Kinder schenkte mir Niamh«, berichtete Oisin, »zwei Söhne und eine Tochter. Niamh nannte die Söhne Finn und Osgar, und ich gab der Tochter den Namen ›die Blume‹. Ich spürte nicht, daß Zeit verging, und sehr lange war ich dort. Aber dann überkam mich ein großes Verlangen, Finn und meine Kameraden wiederzusehen. Da erbat ich Urlaub, um nach Irland zurückzukehren.

›Ich gebe dir Urlaub‹, sprach Niamh, ›aber es ist doch eine böse Neuigkeit, was ich von dir da höre. Denn ich fürchte, ich werde dich nie wiedersehen.‹

Da hieß ich sie, keine Furcht zu haben, denn das weiße Pferd würde mich gewiß sicher wieder aus Irland zurückbringen.

›Präge dir dies ein, Oisin‹, sagte sie, ›wenn du je vom Pferd steigst oder mit deinem Fuß Erde berührst, gibt es für dich keine Wiederkehr. Und auch das schreibe dir ins Gedächtnis: Wenn du je vom Pferd steigst, wirst du ein alter Mann sein, blind, mit Runzeln, ohne Lebendigkeit, ohne Freude. Es bekümmert mich, Oisin, daß du zurückkehrst ins grüne Irland. Es ist jetzt nicht mehr dort so, wie du es gewohnt warst. Die Fianna, Finn und deine Kameraden gibt es nicht mehr, statt dessen wird die Insel von frommen Vätern und einer Schar von Heiligen beherrscht. Jetzt will ich dich noch einmal küssen, dich umarmen und mit dir in Freuden schlafen, denn mir steht im Sinn, daß du nie mehr zurückkommst.‹

Das ist meine Geschichte, Patrick«, sagte Oisin, »ich habe keine Lüge gesprochen. Und Patrick, Mann Roms, wenn ich noch der gewesen wäre als der ich ging, hätte ich rasch ein Ende gemacht mit der Herrschaft deiner Pfaffen und keiner von ihnen trüge jetzt noch seinen Kopf auf der Schulter.«

»Erzähle weiter, wilder Mann«, sagte Patrick, »ich will dich besänftigen. Ich will dich freundlich behandeln, wie ich auch Finn freund-

lich behandelt habe. Der Klang deiner Stimme ist mir angenehm.«
Also fuhr Oisin fort mit seiner Geschichte, und was er erzählte, war dies:
»Nichts zu berichten habe ich von der Reise zurück ins grüne Irland; hier angekommen, sah ich mich überall um, aber niemand wußte mir etwas von Finn zu sagen. Es dauerte nicht lange, da begegnete ich einem Trupp Reiter. Sie wünschten mir gute Gesundheit und verwunderten sich sehr, als sie mich erblickten. Ich sah ihnen gar nicht ähnlich, weil ich so viel größer und stärker war als sie.
Ich erkundigte mich nach Finn, ob er noch lebe und nach der Fianna.
›Wir haben sagen hören‹, antworteten sie, ›daß Finn vor langer Zeit gelebt haben soll und viele Bücher berichten davon, wie stark und tapfer er gewesen ist. So zahlreich sind diese Geschichten, die die besten Dichter der Gaelen aufgeschrieben haben, daß wir sie dir unmöglich hier jetzt alle erzählen können. Auch von Finns Sohn ist in diesen Geschichten die Rede. Er muß schön, stark und strahlend gewesen sein, aber dann ist ein junges Mädchen gekommen und hat ihn fortgelockt ins Land der Jugend, so sagt man.‹
Als ich sie so reden hörte, wurde mir klar, daß weder Finn noch einer meiner Kameraden der Fianna noch lebten. Da sank mir das Herz, und ich fühlte mich müde und traurig. Ich verlor keine Zeit und wandte mich nach Almhuin in Leinster. Und wie groß war mein Verwundern, als ich dort die Hügelfeste von Finn nicht mehr sah, noch seine große Halle, sondern nur ödes Land, überwuchert von Unkraut und Nesseln.«
Groß war der Schmerz, der Oisin bewegte, als er dies erzählte.
»Ach Patrick«, fuhr er fort, »so war es doch eine schlimme Reise für mich geworden. Nichts von Finn und der Fianna zu erfahren, bedeutet, daß ich immer elend sein werde.«
»Oisin, fasse nur Mut«, sagte Patrick, »wenn du weinst, so erflehe mit deinen Tränen die Gnade Gottes. Finn und die Fianna sind lange schon tot. Ihnen ist nicht mehr zu helfen.«
»Das ist es ja gerade«, sagte Oisin, »Finn geschlagen und besiegt! Wenn ich nur wüßte von wem. Wessen Hand mag wohl den Sieg über so viele gute Krieger davongetragen haben.«

»Es war Gott, der Finn besiegte«, sagte Patrick, »und nicht die starke Hand eines Feindes, und was die Fianna angeht, so sind alle ihre Männer verdammt, in der Hölle mit ihm für immer zu leiden.«
»O Patrick«, sagte Oisin, »was ist das für ein Ort, den du Hölle nennst, zeig mir den Weg dorthin. Denn es gibt keinen Ort, an dem sie gefangen sind und von dem ich sie nicht befreien könnte.«
»Wir wollen uns nicht streiten«, sagte Patrick, »erzähl lieber noch, was geschah, als du hörtest, daß es die Fianna nicht mehr gibt.«
»Das ist rasch gesagt«, antwortete Oisin, »ich wollte wieder fort. Da sah ich jenes Steinbecken, in dem die Männer der Fianna ihre Hände zu kühlen pflegten. Und als ich es sah, überkam mich solch ein Verlangen, wieder einmal meine Hand dort ins Wasser zu legen, daß ich vergaß, was Niamh mir gesagt hatte und ich vom Pferd stieg. In diesem Moment kamen all die Jahre wieder zurück, die seit meiner Abwesenheit verstrichen waren. Ich stürzte zu Boden. Das Pferd rannte fort. Es ließ mich zurück als einen alten Mann. Schwach und hinfällig fand ich mich vor. Fast blind, ohne Energie und Verstand. Dies, Patrick, ist meine Geschichte! Und es ist keine Lüge an dem, was ich dir erzählt habe.«

Das Motiv von der Last der im Diesseits vergangenen Zeit, die sich in dem Augenblick auf die Schultern des aus der Anderswelt Heimkehrenden legt, da er mit dem Fuß heimischen Boden berührt und ihn zu Staub zerfallen läßt, treffen wir in zahlreichen frühen Sagas an.
Es lebt fort bis hin zu den bäuerlichen Erzählern im 19. und 20. Jahrhundert, die unter den Strohdächern die Tradition des Feenglaubens lebendig erhielten.
Klar tritt der Unterschied zwischen realer Zeit und Zeit der Anderswelt in einer sonst eher harmlosen Geschichte hervor, die im County Sligo noch heute erzählt wird.

DANIELS BRAUTFAHRT

Es war einmal ein Bootsmacher in Sligo, ein junger Bursche, gut bei Stimme und tüchtig im Trinken, der hatte sich in eine Dienstmagd in Ballingtogher verliebt. An einem Mittwochabend war's, da wanderte er von der Stadt hinaus auf das Dorf, um seine Aileen zu besuchen. Es war schon dunkel geworden, und der junge Mann kam vom Weg ab und stürzte in einen der Seen, die in dieser Gegend liegen. Er konnte nicht schwimmen, das Wasser schlug also über ihm zusammen und er sank tiefer und tiefer. Als er sich von dem ersten Schreck erholt hatte und ihm klar wurde, daß er nicht einmal im Begriff stand zu ertrinken, wurde es ihm ganz leicht und froh. Er empfand es als gar nicht so unangenehm, im Wasser immer weiter abwärts zu gleiten. Er atmete dabei, als befände er sich auf trockenem Land, und je tiefer er gelangte, desto klarer und leuchtender wurde das Wasser um ihn. Endlich stand er auf einem ebenen Fleck auf dem Grund. Er sah sich um und stellte fest, daß er sich in einem schönen Land befand, mit grünen Feldern, blühenden Hecken und Bäumen, die dichtes Laubwerk trugen. Sofort kam ein kurzgewachsener, dicker alter Mann auf ihn zu und fragte ihn, woher er komme. Daniel erzählte ihm, daß er auf dem Weg zu seinem Schatz gewesen und dabei in den See gestürzt sei.

»Herzlich willkommen«, sagte der Mann und führte ihn in ein schmuckes Haus, in dem eine ausgelassene Gesellschaft beisammensaß. Sie sangen, erzählten und tranken und hatten nichts dagegen, daß Daniel sich zu ihnen setzte. Auch er wußte so manche Geschichte, und für das Bier kamen sie auf, und also verbrachten sie die Zeit in bestem Einvernehmen miteinander.

Nachdem vielleicht ein oder zwei Stunden vergangen sein mochten, wandte sich Daniel an den dicken alten Mann und sagte:

»Wäret Ihr wohl so freundlich, mir den Weg nach Ballingtogher zu zeigen. Ich bin ohnehin schon spät dran gewesen. Ich fürchte, meine Aileen wird zu Bett gehen, wenn ich mich nicht bald bei ihr sehen lasse.«

Seine Gastgeber versuchten ihn zu bewegen, doch noch etwas zu bleiben, wie das gute Sitte ist in einer solchen Runde, aber schließlich merkten sie, daß es ihm dringlich war, seinem Mädchen an diesem Abend noch einen Kuß zu geben und ließen ihn ziehen. Der alte Mann führte ihn über einen ebenen Pfad, griff plötzlich nach oben und hob einen Stein in die Höhe. Und siehe da, es war der Herdstein in der Küche jenes Hauses, in dem Aileen in Diensten stand. Das Mädchen saß am Feuer und weinte. Sie war sehr erschrocken, als sie ihren Daniel so plötzlich vor sich sah, und er hatte alle Mühe, ihr klarzumachen, daß er kein Geist sei, denn es waren seit seinem Verschwinden nicht etwa ein, zwei Stunden vergangen, wie er meinte, sondern ein ganzer Monat.

Wichtig scheint es, darauf hinzuweisen, daß Geschichten mit solchen Zeitsprüngen nicht nur in Irland erzählt werden.
Aus dem deutschen Sprachraum kommt die Sage vom »Mönch zu Heisterbach«.*
Ein junger Kleriker wird, als er über den Sinn des Lebens nachdenkt, von vielerlei Zweifeln bedrängt. Die biblischen Worte »Dem Herrn ist ein Tag wie tausend Jahre und tausend Jahre sind ihm wie ein Tag!« (eine genaue Definition der Anderszeit) haben ihn beschäftigt, als er im Klostergarten umherspazierte. Vertieft in seine Gedanken, verläßt er den Garten und streift eine Weile durch den benachbarten Wald. Als er das Vesperglöckchen läuten hört, eilt er schnell zurück und klopft an die Klosterpforte. Ein unbekannter Bruder öffnet und fragt ihn nach seinem Begehren. Er gibt keine Antwort, sondern hastet zur Kapelle, um die Messe nicht zu versäumen. Aber an seinem Platz sitzt schon ein anderer. Von allen Mönchen, die im Chor singen, ist kein einziger ihm mehr bekannt. Den anderen Brüdern ist er ebenso fremd wie dem Pförtner. Als er seinen Namen nennt, kann sich niemand an ihn erinnern. Erst mit Hilfe der Klosterchronik kann man feststellen, daß der letzte Mönch dieses Namens vor dreihundert Jahren im Wald verschwunden war.
Als bekannt vorausgesetzt werden kann hier die Sage von Rip van Winkle, der sich unvorsichtigerweise auf der Jagd in der Wildnis von unheimlichen Jägern (in altholländischen Kostümen) zum Trinken verleiten läßt und scheinbar darauf sogleich, tatsächlich aber mit einem Zeitsprung von vielen Jahren in seinen völlig veränderten Heimatort zurückkehrt.

Weniger vertraut dürfte Lesern in Europa die japanische Geschichte von Urashima Taro sein, einem ergebenen Sohn, der mit seiner Mutter zusammenlebt und deswegen nicht heiratet, weil er nicht genug verdient, um auch noch eine Ehefrau zu ernähren. Von einer Schildkröte wird Urashima in ein Königreich unter den Wellen gelockt, heiratet dort ein hübsches Fischweib und verbringt mit dieser ein paar schöne Tage. Doch dann plagt ihn sein Gewissen. Er beginnt, sich Sorgen um seine arme Mutter zu machen. Er bittet, sie besuchen zu dürfen. Seine Geliebte hört solche Bitten zwar gar nicht gern, läßt ihn aber schließlich ziehen. Sie gibt ihm einen Korb mit, den er nicht öffnen soll. Als er an Land kommt, findet er dort alles völlig verändert. Die Hütte, in der seine Mutter gelebt hat, ist verschwunden. Keiner der Menschen, die er gekannt hat, ist noch am Leben. In seiner Verzweiflung öffnet er den Korb. Nebel weht ihm ins Gesicht. Er spürt wie er altert. Seine Gestalt wird gebeugt, seine Glieder schmerzen. Nach ein paar Minuten ist er zu Staub zerfallen. Zweihundert Jahre sind, seitdem er von daheim fortging, verflossen. Indem er den Korb öffnete, ist die Last der Zeit, die bei den Sterblichen vergangen ist, über ihn gekommen.*

Eine Variation des Motives vom Zeitsprung erleben wir in der nächsten Geschichte. Hier benutzt ein mächtiges Feenwesen den Unterschied in den Zeiten von Diesseits und Jenseits, um einen Sterblichen zu bestrafen.

JOHN CONNORS UND DER FEENKÖNIG

Einst lebte ein Mann mit Namen John Connors nahe Killarney, und er hatte sieben kleine Kinder, alles Töchter und keinen Sohn. Als ihm darauf abermals eine Tochter geboren wurde, war der Mann so zornig, daß er sich weigerte, vom Feld heimzukommen, um nach der Mutter und dem Neugeborenen zu sehen. Als nun die Zeit herankam, da das Kind zu taufen war, wollte er auch nicht hingehen und fragen, wer da Pate stehen würde. »Nein«, sprach er, »mich kümmert das alles nicht.«

Einige Jahre darauf jedoch wurde ihm ein Sohn geboren. Einige Frauen kamen aufs Feld gelaufen, um ihm die frohe Nachricht zu bringen. Connors war so froh, daß er den Spaten, den er bei sich hatte, zerbrach, nach Hause eilte, Brot und Fleisch kommen ließ und sich dann anschickte, mit Freunden ein großes Fest zu feiern. »Es gibt doch im ganzen Kirchspiel keinen«, sprach er zu seinem Weib, »der es wert wäre, Pate meines Sohnes zu werden. So will ich, wenn es Nacht wird, ins nächste Dorf reiten und mich dort nach einem Paten umsehen.«

Bei Nacht sattelte er sein Pferd, stieg auf und ritt ins nächste Dorf, um dort einen Freund und dessen Frau als Paten zu bitten. Das Dorf, zu dem er ritt, hieß Beaufort und lag südlich von Killarney. Am Weg gab es ein Gasthaus, und dort machte Connors Rast, lud die Gäste ein, mit ihm zu trinken und ritt dann weiter. Als er ein paar Meilen hinter sich gebracht hatte, traf er einen Fremden auf einem weißen Pferd. Es war ein Gentleman, das sah man gleich an den roten Kniehosen, dem Schwalbenschwanz und dem Zylinder.

Der Fremde grüßte John Connors artig und fragte dann: »Wie kommt es, daß du noch so spät unterwegs bist?« »Ich bin unterwegs nach Beaufort«, antwortete Connors, »dort will ich die Paten für meinen Sohn suchen.«

»Dann bist du in die Irre geritten«, erklärte der Fremde, »du hättest die Abzweigung einschlagen sollen, die nun schon eine Meile hinter dir liegt. Kehr um und halte dich nach links.«

John Connors tat, wie ihm der Fremde geraten hatte, aber an die Abzweigung, von der die Rede gewesen war, kam er nicht. Er ritt noch etwa eine halbe Stunde dahin, als er abermals diesen Gentleman traf, dem er vorhin schon begegnet war, und dieser fragte ihn:

»Bist du nicht der Mann, den ich vor kurze schon einmal getroffen habe und der nach Beaufort wollte?«

»Genau der bin ich.«

»Du hast die Abzweigung abermals verfehlt. Du mußt umkehren und nach etwa einer Meile nach rechts abbiegen.«

Connors tat, wie ihm geheißen und ritt mehr als eine Stunde, ohne daß er an eine Abzweigung gekommen wäre. Schließlich traf er den Fremden zum dritten Mal, und diesmal sagte der Gentleman:

»Es ist nun schon spät geworden. Um diese Zeit werden deine Freunde in Beaufort schon längst schlafen. Bis zu meinem Haus ist es nicht weit. Du kannst bei mir übernachten. Morgen ist auch noch ein Tag.«

John Connors dankte dem Fremden und sagte, er wolle gern mit ihm gehen, und dieser führte ihn zu einem schönen Schloß, hieß ihn absteigen und eintreten. Der Gentleman ließ gutes Essen auftragen. Nach dem Mahl zeigte er Connors sein Nachtlager und sprach:

»Nun leg deine Kleider ab und schlaf gut bis zum Morgen.«

Als Connors eingeschlafen war, nahm der Fremde die Kleider, formte eine Puppe, die John Connors ähnlich sah, zog ihr Johns Kleider an und band sie dann auf das Pferd. Er führte das Tier vor das Tor und jagte es davon.

Das Pferd suchte seinen heimatlichen Stall und erreichte das Dorf am nächsten Morgen.

Die Leute sahen das Tier, das scheinbar einen Toten trug und meinten, John Connors sei etwas zugestoßen. Sie begannen zu weinen und zu klagen. Man holte ihn vom Pferd, wusch ihn und legte ihn auf einen Tisch. Die Nacht über hielt das halbe Dorf Totenwache, wie es üblich war. Am nächsten Morgen wurde eine Messe für seine arme Seele gelesen und ein großes Begräbnis für ihn ausgerichtet.

Am anderen Morgen erwachte John Connors – doch in der Welt der Sterblichen waren inzwischen drei Wochen vergangen – der Gentleman stand vor seinem Bett und sprach:

»Höchste Zeit, daß du erwachst, John. Dein Sohn ist schon getauft. Deine Frau meinte, du würdest nie wiederkommen. So ließ sie Paten durch den Priester suchen. Dein Pferd hat sich von hier davongemacht und ist heimgelaufen.«

»Habe ich denn lange geschlafen?«

»Drei volle Tage und Nächte hast du im Bett gelegen.«

John Connors richtete sich auf und sah sich nach seinen Kleidern um, konnte sie aber nirgends entdecken.

»Wo sind meine Kleider?« fragte er.

»Ich weiß nichts von deinen Kleidern, guter Mann, aber je eher du aufstehst, desto besser.«

Der arme John war nun völlig verwirrt.

»Wie soll ich denn ohne meine Kleider heimkommen, he? Wenn ich wenigstens ein Hemd hätte, könnte es noch angehen, aber ohne einen Fetzen am Leib kann ich mich doch nicht unter die Menschen wagen!«

»Halte keine langen Reden«, antwortete der Gentleman, »nimm dieses Laken um, und dann fort mit dir. Ich habe keine Zeit, mich lange mit deinesgleichen aufzuhalten.«
Da wurde es John angst und bange, er packte das Laken und lief hinaus.
Als er ein gutes Stück Wegs zurückgelegt hatte, sah er sich um, konnte aber kein Schloß mehr entdecken. Hinter ihm lagen nur Felder und Weiden. Nun trug sich all dies zu an einem Sonntag, und Connors bemerkte in einiger Entfernung Leute, die zur Messe gingen. Da lief er wieder in die Felder hinein, aus Scham, es möchte ihn jemand so sehen. Er hielt sich auf den Feldern und lief nahe der Bäche, bis er einen Hügel erreichte. Dort suchten drei oder vier Jungen nach einem Schaf, das sich verlaufen haben mußte. Sie sahen Connors und erkannten in ihm den Mann, den man vor drei Wochen begraben hatte. Da liefen sie schreiend ins Dorf zurück und erzählten dort, sie hätten John Connors gesehen, mit nichts als einem Laken bekleidet. Nun ist es in Irland Sitte, die Kleider eines Verstorbenen mit Weihwasser zu besprengen und sie an die Armen zu verschenken. Man glaubt, daß sie dann der Tote auch in der anderen Welt tragen kann. Derjenige aber, der sie erhält, muß sie dreimal zu einer Messe anlegen und soll sie jedesmal mit Weihwasser besprengen, danach kann er sie tragen, wie und wann er will.
Als die Frauen im Dorf hörten, was die Jungen erzählten, gingen einige von ihnen zur Witwe und sagten: »Es ist deine Schuld, daß der Geist deines Mannes nackt umgeht. Du hast gewiß seine Kleider nicht an die Armen gegeben.«
»Wohl habe ich sie an die Armen geschenkt«, sagte die Witwe, »aber es mag wohl sein, daß der Mann, dem ich sie gab, sie nicht zur Messe getragen hat, und deshalb muß mein armer Mann nun in der anderen Welt nackt umhergehen.«
Dann lief sie auf der Stelle zu dem Armen, der die Kleider bekommen hatte. Als sie eintrat, saß der Mann gerade beim Frühstück.
»Du bist ein verdammter Heide«, schalt sie ihn aus, »ich hätte nie gedacht, daß du meinen armen alten John nackt in der anderen Welt herumlaufen läßt. Warum hast du die Kleider, die ich dir gab, nicht erst dreimal zur Messe getragen und sie mit Weihwasser besprengt, wie sich das gehört, he?«

»Wie kannst du so etwas sagen«, entgegnete der Mann, »es ist alles so geschehen, wie es die Sitte will.«
Da ging die Frau beruhigt heim.
Nun lebte noch ein Onkel von John Connors in demselben Dorf. Er war ein reicher Bauer und hatte eine Magd und einen Knecht. Der Torfabstich war nicht weit vom Haus entfernt, und als das Mädchen einmal zu der Grube ging, um Torf zu stechen, sah sie nicht weit davon einen Mann mit einem Laken um die Schulter stehen. Sie sah noch einmal hin und erkannte, daß es John Connors war. Das Mädchen schrie auf, rannte verängstigt davon und erzählte im Haus, was ihr zugestoßen war. Der Bauer und sein Knecht lachten nur, und der Knecht wurde nun ausgeschickt, um nachzusehen, ob das Mädchen die Wahrheit gesprochen habe. Tatsächlich: in der Torfgrube saß der Geist des John Connors mit einem Laken um die Schultern. Niemand wollte nun mehr zu dem unheimlichen Ort gehen, und das Gerücht verbreitete sich, John Connors sitze dort und bewache den Torf.
Früh am Abend ließ John Connors' Weib ihre Kinder niederknien und einen Rosenkranz für die Seele ihres Vaters beten. Danach gingen sie zu Bett. Es dauerte nicht lange, da hörten sie ein Klopfen an der Tür. Die arme Frau fragte, wer denn draußen sei. Eine vertraute Stimme antwortete:
»Dein Mann steht vor der Tür. Laß mich herein.«
»Möge der allmächtige Gott und die Heilige Jungfrau deiner Seele Ruhe schenken«, schrie das Weib, und die Kinder bekreuzigten sich und krochen unter die Bettdecken. Sie fürchteten sich sehr, er könne durch das Schlüsselloch hereinkommen.
John aber ging draußen zum Fenster und schlug gegen die Scheiben. Die arme Frau hastete zum Fenster und sah das Gesicht ihres Mannes. Sofort begann sie wieder, um die Erlösung seiner Seele zu beten, er aber rief:
»Mach mir doch auf, oder wirf mir wenigstens ein paar Kleider heraus. Ich sterbe fast vor Kälte.«
Als er sah, daß sie nichts bewegen würde, ihm aufzutun, ging er zum Haus seines Onkels. Als er an dessen Tür kam, lag drinnen die ganze Familie auf dem Boden und betete für das Seelenheil von John Connors. Er klopfte, und die Magd stand auf, um nachzuse-

hen, wer draußen sei. Sie schob den Riegel zurück und öffnete die Tür einen Spalt breit, aber als sie gewahr wurde, wer da stand, schlug sie die Tür sofort wieder zu.

»John Connors' Geist geht um. Ich bleibe nicht länger hier. Ich will fort«, schrie sie hysterisch. Die ganze Familie floh eiligst ins Bett, ohne sich auszuziehen. John Connors aber hörte nicht auf, an die Tür zu pochen, doch niemand öffnete.

Also lief er zum nächsten Haus weiter. Es war der Doktor, der dort wohnte, und John dachte bei sich: Ich werde zu ihm gehen und ihm alles sagen, vielleicht, daß er ein Einsehen hat.

Aber auch hier kam ihm zuerst der Diener entgegen und lief schreiend zu seinem Herrn:

»John Connors' Geist steht unten an der Tür. Er hat nichts an außer einem Laken!«

»Du warst schon immer ein Narr«, sagte der Doktor zu seinem Diener, »und je älter du wirst, um so schlimmer wird es damit. Es gibt keine Geister.«

»Und doch steht Connors' Geist vor Eurer Haustür!« rief der Diener triumphierend und dabei am ganzen Leibe zitternd.

Um seinen Diener zu überzeugen, trat der Doktor an ein Fenster im ersten Stock. Er sah hinaus – und bei Gott, dort unten stand tatsächlich ein Geist. Er wandte sich hastig um und wies seinen Diener an:

»Daß du mir die Tür nicht aufmachst. Tatsächlich steht er da. Das geht nicht mit rechten Dingen zu.«

Als er merkte, daß ihn auch der Doktor nicht einlassen werde, fluchte John Connors schrecklich.

»Gott steh uns bei«, murmelte der Doktor hinter dem Fenster, der Johns laute Flüche dort vernahm, »seine Seele muß verdammt sein, denn wäre sie jetzt im Fegefeuer, so würde sie nicht fluchen und schwören, sondern beten, was das Zeug hält. Er ist verdammt. Die Leute in diesem Nest werden noch ihr blaues Wunder erleben. Ich bleibe nicht länger hier. Morgen packe ich meine Sachen und reise ab.«

John ging nun zu dem Haus des Priesters, denn er dachte sich: wenigstens der Herr Pfarrer wird doch vernünftig sein. Die Haushälterin öffnete ihm. Doch als sie sah, wer da vor ihr stand, schrie sie auf und rannte davon. Doch ließ sie wenigstens die Tür hinter sich offen stehen, wenn auch nicht mit Absicht, sondern vor Schreck. Als sie zur Treppe stürzte, fiel sie hin, und der Lärm erregte die Aufmerksamkeit des Priesters, der nachsehen kam, was da geschehen sei.

»O Vater«, schrie die Haushälterin, »John Connors' Geist ist in die Küche eingedrungen, und er hat nichts an als ein Laken!«

»Das kann nicht sein«, erwiderte der Priester, »noch keiner ist aus dem Jenseits zurückgekommen.«

Er hatte den Satz kaum vollendet, als der Geist auch schon vor ihm stand.

»Im Namen Gottes«, sagte der Priester, »bist du tot oder lebendig? Du mußt tot sein, denn ich habe in deinem Haus eine Totenmesse gelesen. Der offene Sarg stand auf dem Tisch, und ich war auch bei deinem Begräbnis dabei.«

»Wie könnt Ihr nur so närrisch sein, wie all die anderen Leute im Dorf. Ich lebe ...", rief John Connors, »wer sollte mich denn getötet haben?«

»Gott, der jedem Leben einmal ein Ende setzt. Und wenn du nicht tot bist, wie konnte ich dann zu deinem Begräbnis gerufen werden?«

»Das war alles ein Mißverständnis«, erklärte ihm John, »wenn ich tatsächlich tot wäre, wie könnte ich dann mit Euch reden?«

»Aber wenn du lebendig bist, wo sind deine Kleider?«

»Das weiß ich auch nicht. Sie sind mir abhanden gekommen.«

»Geh in die Küche«, sagte der Priester, »ich werde dir Kleider bringen, und dann wirst du mir erzählen, was geschehen ist.«

Als er wieder wie ein Mensch gekleidet war, erzählte John Connors seine ganzen Erlebnisse von Anfang an.

»Ah«, sagte der Priester, »nun beginne ich zu begreifen. Das war Daniel O'Donoghue, der Prinz von Loch Lein. Er hat dir diesen Streich gespielt. Warum hast du auch keinen Paten aus unserem Kirchspiel genommen? Für den Rest deines Lebens wird dir das eine Lehre sein, und du wirst Sohn und Tochter gleich achten, hoffe ich. Du warst wohl nicht zufrieden mit dem Willen Gottes, obwohl es doch jedes Menschen Pflicht ist, alles so hinzunehmen, wie Gott es fügt. Vor drei Wochen hat man deine Leiche zu Grabe getragen, und zu all dem ist es nur gekommen, weil du stolz und hochmütig warst.«

»Ach ... und deshalb wollte mich meine Frau nicht hereinlassen. Bitte, Hochwürden kommt doch mit mir und redet ihr gut zu, damit sie mir die Tür auftut.«

Der Priester und John Connors gingen zu dem Haus und klopften an, aber die Antwort war nur ein Gebet. Der Priester ging ans Fenster und machte der Frau ein Zeichen, sie solle öffnen.

Frau Connors öffnete die Tür, als sie jedoch ihren Mann hinter dem Priester sah, schrie sie auf und fiel in Ohnmacht, und auch die kleinen Mädchen, die um sie standen, sanken bewußtlos zu Boden.

Als sich die Frau erholt hatte, versuchte der Priester, sie davon zu überzeugen, daß ihr Mann noch am Leben sei, aber sie wollte es so lange nicht glauben, bis er sie bei der Hand faßte. Dann betastete sie sein Gesicht und sein Haar und war endlich überzeugt.

Als der Priester alles aufgeklärt hatte, ließ er die Familie allein. Und nie mehr später – sofern das noch nötig war – ist John Connors in ein anderes Dorf gegangen, um einen Paten für eines seiner Kinder zu suchen.

Wofür John Connors bestraft wird – für die Mißachtung der weiblichen Kinder, für den Bruch mit der alten Sitte, den Taufpaten aus dem eigenen Dorf zu nehmen – sagt die Geschichte scheinbar recht deutlich. Aber der groteske Erzählstil, der die Situationskomik weidlich auskostet und am Ende auf die Moralpredigt aus dem Mund des Priesters nicht verzichtet, verdeckt, daß es hier »hinter den Kulissen« um etwas sehr Ernstes geht. Wovon die Geschichte tatsächlich handelt, sind die Probleme eines Menschen, der sich mit dem Wilden und mit der Wildnis eingelassen hat oder von ihr überwältigt worden ist, und der danach seine liebe Not damit hat, daß die zivilisierte Welt, die mit dem Wilden, der »Welt jenseits des Zaunes«, also der umfriedeten Ordnung, nichts zu tun haben will, ihn zurückweist. Der Zeitsprung dient hier lediglich dazu, diesen Bezug wenigstens unterschwellig anzudeuten. Verräterischer sind Sätze zu Anfang der Geschichte, in denen davon die Rede ist, daß John Connors selbst bei einem so wichtigen Ereignis, wie sie die Geburt eines Kindes darstellt, nicht heimkommt, sondern draußen auf dem Feld bleibt. Und daß die Mißachtung der Mädchen, die ihm geboren werden, mehr und anderes ist, als ein hochmütiges Aufbegehren gegen den unerforschlichen Willen des Gottes der Christen, wird der Leser begreifen, wenn er das letzte Kapitel dieses Buches gelesen hat. Connors ist neugierig auf die Anderswelt, setzt sich ihr aus. Er verstößt mit der Ablehnung der Mädchen und dem Bruch einer alten Sitte zugleich auch gegen Traditionen der Anderswelt. Er gerät gewissermaßen zwischen Borke und Baum. So ist diese Geschichte, löst man sich von dem ausdrücklich Gesagten, das Psychogramm eines Menschen aus der irischen Landbevölkerung, in dessen Bewußtsein das Heidnisch-Vorchristliche noch rumort, während ihn die neue, mit dem Christentum etablierte Ordnung nicht voll befriedigt, welhalb er sich an ihr stößt, aneckt. Aus Angst, nirgends mehr dazuzugehören, macht er schließlich durch Vermittlung des Priesters seinen Frieden mit Gesetz und Ordnung.

Für die Kelten war die Zweiteiligkeit aller Dinge — und somit auch der Zeit — von großer Bedeutung. Im Wechsel von Tag und Nacht, von Hell und Dunkel manifestierte sich, wie freilich auch bei anderen Völkern, für sie ein Grundprinzip des Seins überhaupt.

Wie die 24 Stunden in eine dunkle und eine helle Hälfte zerfallen, so auch das Jahr. Am 1. Mai begann die helle Hälfte, am 1. November die dunkle. Der Sommer, beginnend mit dem Mai, war die Jahreszeit, in der man die Winterwohnungen gegen die Sommerwohnungen vertauschte, die Herden höher hinauf auf Hügel und Berge getrieben wurden und man sich im Freien vergnügte. Am 1. November (Samain) kehrte man heim, verbrachte den Winter vor dem Herdfeuer, hörte Geschichten. Alle Freizeitbeschäftigungen spielten sich nun im Haus ab. Auch die Fianna war nur von Beltaine (1. Mai) bis Samain (1. November) auf der Jagd oder auf Kriegszügen und quartierte sich über den Winter bei der Bevölkerung ein, sofern sie nicht an einen Königshof gerufen wurde.

»Winter ist die dunkle Seite des Jahres. Die Natur schläft. Die Erde ist wüst und unwirtlich. Noch heute wird der Januar in Wales ›der schwarze Monat‹ genannt. November, als Beginn der Winterhälfte, gilt in Schottland, Cornwall und in der Bretagne als dunkel oder schwarz. Die Schotten bezeichnen den tiefsten Winter als ›an Dùdlachd‹, was soviel bedeutet wie das Zwielichtige, Unheimliche. Es ist die Jahreszeit des Todes, der Todeslustbarkeit, bei der ein König mit geschwärztem Gesicht präsidiert, dessen Amtsembleme ein Schwert, eine Sense oder eine Sichel waren. Nun gab es

aber bei den Kelten noch eine größere Zeiteinheit, nämlich einen Fünfjahres-Abschnitt, der aus 60 Monaten bestand, plus zwei interkalendarischen Monaten: Der eine am Beginn des Zyklus, der andere in seiner Mitte.
Es entstanden so zwei Abteilungen von jeweils zweieinhalb Jahren. Die erste Hälfte des Fünfjahreszyklus begann mit dem Winter (Samon), die zweite mit dem Sommer (Giamon). Also auch hier wieder die anfangs erwähnte Zweiteilung.*
Sie setzte sich fort bei den Monaten: Sechs hatten 30 Tage und galten als MAT (irisch: maith und walisisch: mad) = gut; die anderen sechs hatten nur 29 Tage und wurden mit AN MAT (nicht gut) bezeichnet.
Auch der Monat war zweigeteilt in eine helle und eine dunkle Hälfte von jeweils fünfzehn bzw. vierzehn Tagen.
Die Trennungslinien zwischen zwei Zeitperioden galten als unheimlich und ungeheuer oder anders ausgedrückt: sie hatten eine besonders starke magische Besetztheit.
Zu Samain taten sich nicht nur die Feenhügel auf, weil ja auch die Wesen der Anderswelt nun ihre Winterquartiere beziehen mußten; da die schwarze, die Totenzeit begann, kehrten die Toten in die Welt zurück und wurden sichtbar. Selbst die Trennungslinie zwischen den Geschlechtern war für die Samainzeit vorübergehend aufgehoben. In Schottland verkleideten sich zu Samain Jungen als Mädchen und Mädchen als Jungen.
»›Zwischen den Zeiten‹, wenn die alte Zeit vergangen und die neue noch nicht angebrochen ist, stehen die Dinge außerhalb der Normalität, die Ordnung ist verkehrt und zugleich auch in ihrer Weiterexistenz bedroht.«
Ein freilich sehr schwacher Abglanz solcher Vorstellung spiegelt sich noch heute in der Art wie wir Sylvester feiern.
In der Samainnacht versuchte man zu erkennen, wer im kommenden Jahr sterben und wer wen heiraten werde. Haselnuß- und Apfelbaumzweige, also Teile von Pflanzen, die mit der Unterwelt in Beziehung stehen, werden dabei zu den verschiedensten Praktiken des Weissagens benutzt.
Die kosmische Unordnung, die an den Zeiträndern entsteht, macht verständlich, warum in der Samainnacht Pflüge, Karren und Gartentore verschleppt und versteckt werden.
Man stellt selbst eine abgemilderte Form des Chaos her, damit nicht ein noch viel mächtigeres Chaos über einen hereinbricht.
Begann mit Samain die dunkle Hälfte des Jahres, so war der Maiabend der Anfang der hellen Hälfte. Wo jemand am Maitag noch auf Wesen der

Anderswelt stieß (Kapitel 2, »Das gebückte Mütterchen«), wurde er ein Opfer der immer vorhandenen Gefahr an den Bruchstellen. Im übrigen galt der Maitag als günstiger Zeitpunkt, um sich gegen Zauber und magische Einflüsse zu sichern, beispielsweise, indem man an die Frontwand der Stallungen Ebereschenzweige nagelte.

Die sexuellen Freizügigkeiten, die sich noch bis in die Neuzeit hinein unter dem Maibaum abzuspielen pflegten, scheinen sich schlecht mit der Vorstellung der Römer zu vertragen, daß es Unglück bringe, im Mai zu heiraten. Für viele Länder Mitteleuropas gilt der Aberglaube, Ehen, im Mai geschlossen, hielten nur einen Sommer. Und ein frühes irisches Gesetzbuch schreibt Beltaine als das ordnungsgemäße Datum für eine Scheidung vor. Noch im 16. und 17. Jahrhundert wetterten Moralprediger in England immer wieder über die Maivergnügungen, bei denen junge Burschen und Mädchen im Wald miteinander schliefen, um am nächsten Morgen mit Birkenzweigen geschmückt heimzukommen. Ein solcher Sittenrichter nannte den Maibaum ein »zum Himmel stinkendes Idol« und empörte sich darüber, daß von hundert Mädchen, die an solchen Festlichkeiten teilnähmen, höchstens ein Drittel am anderen Morgen noch unschuldig sei — und dieses Drittel rekrutierte sich aus den Häßlichsten.*

Der scheinbare Widerspruch zwischen den Warnungen vor einer Ehe im Mai und überschwenglich fröhlich praktizierter Sexualität zu Beltaine erklärt sich wohl daraus, daß der Mai-Tag und Mai-Abend ein Liebesfest war, aber eines der freien Liebe. In vielen Mailiedern drückt sich Spott und Verachtung gegenüber der Ehe als einer Institution aus, in der die Liebe sterbe. Und in einem provenzalischen Gedicht erklärt eine Ehefrau, der ihr Mann Vorwürfe macht, weil sie auf dem Maifest mit anderen Männern flirtet: Schweig und fort mit dir, denn in meinen Armen liegt Kalenda Maya — der erste Mai. Verhöhnt wurden denn am ersten Mai auch nicht die Ledigen, sondern die Spröden oder jene, die nicht wahrhaben wollten, daß die Sexualität dem Menschen Freude macht.*

In Wales schmückten die jungen Burschen das Haus des Mädchens, in das sie verliebt waren und mit dem sie schlafen wollten, am Maitag mit Blumen und Bändern, vor die Tür einer Prüden nagelten sie einen Pferdeschädel oder sie stellten eine männliche Strohpuppe auf.

(Bezeichnend für die vielfältigen Beziehungen von Mythen und solchen jahreszeitlichen Bräuchen ist die Tatsache, daß Esyllts, Isoldes, Ehemann, dem sie mit Tristram oder Tristan — übrigens auch bei einer Art Maifest

– davonläuft, den Namen March oder Mark, nämlich Pferd trägt!)
Es gab aber nun neben Samain und Beltaine * *noch zwei weitere wichtige Fixpunkte im Jahresablauf der Kelten, nämlich den 1. Februar (St. Brigit's Nacht)*, der den eigentlichen Winter vom Frühjahr abteilt und den 1. August, das Fest Lugnasad, den Trennpunkt von Sommer und Herbst.*
St. Brigit, das christliche Fest, fiel zusammen mit Imbolc, einem alten heidnischen Frühlingsfest. Lugnasad war das Fest der ersten Früchte, des Erntens, fast ebenso wichtig wie Beltaine und Samain. Bis zum 1. November mußten in Irland alle Ernten in der Scheuer sein. Was auf dem Halm oder am Ast blieb, war für den Pooka bestimmt.
Zusammenfassend läßt sich sagen, daß somit die Einteilung des keltisch-gälischen Jahres vor allem am Ablauf des Vegetationszyklus, der Aussaat und der Ernten orientiert war.
Fragen wir abschließend, worin nun eigentlich die Anderszeit besteht? Wie sich aus zahlreichen Zeugnissen archaischer Kulturen belegen läßt, kannte die frühere Menschheit »eine Perspektive der Wahrnehmung, in welcher ein Ereignis ist, was es ist, ohne Beachtung des Zeitpunktes, an dem es sich befinden mag.«
Für diesen Zustand hat die Volkskunde den Begriff der »Traumzeit« geprägt.
Jene Formel, mit der zahlreiche Märchen beginnen, definiert sie durch Umschreibung so:
»Es war einmal zu einer Zeit, und eine gute Zeit war es, aber es war nicht meine Zeit, noch deine Zeit, noch irgend jemandes Zeit.«
»Anderszeit« entsteht nun offensichtlich durch den immer noch im Menschen vorhandenen Wunsch, sich der rational abgeleiteten, aber als mechanisch-monoton empfundenen Uhrzeigerzeit, durch deren Einsetzung manche jener Erlebnisgehalte verlorengehen, die in der magischen Traumzeit erfahren wurden, zu entziehen. So genommen scheint das Verlangen nach »Anderszeit«, wie es sich in den voranstehenden Geschichten ausdrückt, ein nicht zu unterdrückender Urwunsch menschlichen Seins.

V. KAPITEL

IN WELCHEM DER LESER
AN ABENTEUERLICHEN REISEN
ÜBER LAND UND MEER TEILNIMMT,
ER UNTER ANDEREM
BIS ZU DEN INSELN DER SELIGEN
UND INS LAND DER EWIGEN
JUGEND GELANGT

Tod, alter Seemann, auf zum Ankerlichten!
Dies Land hier sind wir müde, drum voraus.
Mag unser Blut zu Tinte sich verdichten,
sind unsre Herzen doch ein Strahlenhaus . . .

Charles Baudelaire

. . . und manchmal flogen sie auch durch die Luft
hinüber in die Anderswelt.

unbekannter irischer Autor
des 9. Jahrhunderts

Zum Repertoire der alten gälischen Geschichtenerzähler, das uns aus dem Book of Leinster bekannt ist, gehörten neben Geschichten von Abenteuern, von der Liebe, von Entführungen, Visionen, Empfängnissen, Geburten, Morden, Massakern und Belagerungen als eigenständige Kategorie auch Geschichten von Reisen.

Diese Reiseerlebnisse (immrama) werden von den Abenteuergeschichten (echtrai) ausdrücklich unterschieden. Es handelt sich dabei nämlich um Reisen besonderer Art, um Reisen, bei denen eine Anzahl von Inseln der Anderswelt oder ein Wunderland im Westen besucht werden.*

Die überlieferten immrama-Texte sind nicht eben zahlreich:

Da ist die auf die vorchristliche Zeit zurückgehende Geschichte des Bran, der durch eine schöne Frau, die ihm einen blühenden Apfelzweig überbringt, zu einer Reise in das Land der Frauen verlockt wird.

Da sind vier weitere Reisegeschichten, die sich alle schon zu einer Zeit abspielen, in der Irland bereits christlich geworden ist.

Die Geschichte von Ui Chorra handelt von drei Brüdern, die sich in den Dienst des Teufels gestellt und die Kirchen von Connacht geplündert haben. Der Älteste von ihnen hat eine ihn aufrüttelnde Vision von Himmel und Hölle. Er bereut und baut die Kirchen wieder auf.

Zusammen mit seinen beiden Brüdern begibt er sich, um Buße zu tun, in einem aus Häuten zusammengenähten Boot zu einer Reise hinaus aufs offene Meer. Kaum ist das Land außer Sicht, da ziehen die Männer Segel und Ruder ein und vertrauen ihr Schicksal dem Wind und der Meeresströmung an.

Nach zahlreichen Abenteuern gelangen die drei Brüder schließlich zu einer Insel, auf der Tote und Lebendige in friedlicher Gemeinschaft leben.

Die Geschichte von der Reise des Snedgus und Mac Riagla beginnt mit der

Ermordung eines tyrannischen Königs durch die Männer von Ross. Der Bruder des Königs setzt alle an dieser Tat Beteiligten in einem Haus fest und will sie dort verbrennen lassen, unterläßt aber schließlich die grausame Bestrafung und sucht in dem Straffall den Rat des Heiligen Columcille von Iona.

Zwei Priestermönche, Snedgus und Mac Riagla, überbringen das Urteil des weisen Mannes. Die Straftäter sollen zu jeweils zwei Mann in kleinen Booten auf dem Meer ausgesetzt werden. Gott wird sie dann richten.

Das Urteil wird vollstreckt. Die beiden Priester aber beschließen, sich freiwillig derselben Pilger- und Büßerfahrt zu unterziehen.

Nachdem sie drei Tage auf dem Meer umhergetrieben sind, gelangen sie zu einer wunderbaren Insel. Sie treffen dort die Männer von Ross wieder. Sündlos leben sie jetzt zusammen mit Enoch und Elias, »die die Erde verließen, ohne je den Geschmack des Todes auf der Zunge verspürt zu haben«, in einer Art christlicher Anderswelt. Mit den Heiligen erwarten die Sünder, geläutert durch die Strapazen und Schrecken der Seefahrt, den Tag des Jüngsten Gerichts.

Es sind diese immrama gewesen, die auch die »Vita« und die »Navigatio Sancti Brendani« (die Seefahrt des Heiligen Brendan) entscheidend mit beeinflußt haben. Letztere ist in einem Manuskript aus der Mitte des 10. Jahrhunderts überliefert, bei dem es sich aber um eine Kopie handelt. Als Entstehungszeit des Originals nimmt man die Jahre zwischen 900 und 920 n. Chr. an.*

Auch in diesen beiden Schriften geht es um die Suche nach einer Anderswelt, nach einem »gelobten Land«.

In der »Navigatio« erreicht Brendan mit seinen Gefährten das Land der Verheißung. Ein angenehmes Klima herrscht dort. Die Gefährten finden wohlschmeckende Früchte. Exotische Pflanzen blühen. In einem Gewaltmarsch von vierzig Tagen stoßen sie ins Landesinnere vor.

Obwohl das Land im Text eine Insel genannt wird, mutet es an wie ein Kontinent.

Die Mönche kommen an einen sehr breiten Fluß, der offenbar schwierig zu überqueren ist.

Da taucht ein junger Mann auf und belehrt sie darüber, daß sie nicht weiterforschen sollen. Das Land der Verheißung, so erklärt er ihnen, werde in seinem ganzen Ausmaß erst Brendans Nachfahren von Gott enthüllt werden.

Die Reisenden kehren daraufhin um. Sie marschieren zur Küste zurück, schiffen sich dort wieder ein und segeln heim nach Irland.
Wenn es sich bei der »Navigatio«, wie häufig zu beweisen versucht worden ist, tatsächlich um die Beschreibung einer Mönchsreise nach Amerika handelt, dann hätten wir mit diesem Manuskript die früheste Kunde über die Erforschung der Neuen Welt von Europa aus vor uns.
Schon im späten Mittelalter ist der Text als Beschreibung einer geographischen Reise in legendärer Sprache aufgefaßt worden.
Als solcher hat er möglicherweise Kolumbus in der Vorstellung bestärkt, es müsse sich mit einer Fahrt über den Atlantik ein Seeweg nach Indien finden lassen.
Gleichzeitig, vielleicht auch erst kurz nach der »Navigatio« ist die »Reise des Maildun« niedergeschrieben worden. Gewisse Motive aus der »Navigatio« stehen hier neben solchen von eindeutig heidnisch-keltischer Herkunft, neben Mustern wie wir sie aus den früheren »immrama« schon kennen.
Ob man die »Navigatio« ausschließlich als einen Bericht über eine frühe, transatlantische Entdeckungsfahrt anzusehen hat, scheint neuerdings wieder fraglich.
Gewiß hat es seit dem 8. Jahrhundert weitere Seereisen von Irland aus gegeben: nach England, nach Gallien, nach Norden, über die Shetlands hinaus, bestimmt auch bis nach Island und möglicherweise von dort aus sogar bis ins nordöstliche Nordamerika.
Es war in Irland, wo wahrscheinlich die Wikinger zum erstenmal etwas von Island hörten. Als dann die Nordmänner Naddod und Gardar Svavarson als erste von Skandinavien aus Island erreichten, fanden sie im Südosten der Insel die aufgegebenen Wohnstätten irischer Mönche vor.
Gewiß werden schon allein die Reisen bis Island als Wunder empfunden worden sein, und angesichts der noch recht primitiven Boote läßt sich da in einem sehr realen Sinn von Wundern reden. Es scheint nun, daß unter die Erlebnisberichte von solchen Fahrten andere Texte gemengt worden sind, die sich ursprünglich auf eine ganz andere große Reise bezogen haben: auf die Reise der Seele durch die Welt des Jenseits.
Die Gebrüder Rees schreiben dazu:*
»In den religiösen Systemen Ägyptens, Indiens und anderer Länder sind Priester unter anderem auch die Bewahrer des Wissens über die Wanderung der Seele nach dem Tod. Es war zwingend, daß jene, die schon auf der

Schwelle des Todes standen, mit solchem Wissen vertraut wurden. Selbst das mittelalterliche Christentum brachte ein ›Buch von der Kunst des Sterbens‹ hervor. ›Das Tibetanische Totenbuch‹ im besonderen wirft ein Licht auf Reisen unserer Art. Dieses Buch stellte eine Reihe von Zuständen dar, die der Geist oder die Seele nach dem Tod durchlaufen. Gedanken werden zu Dingen. Haltungen nehmen die Form von Wesenheiten an. Der Gestorbene sieht ein wunderbares Panorama halluzinatorischer Visionen ... zunächst berühren ihn Vorstellungen von Glück und Freude, die aus der Saat der Impulse und dem Atem einer höheren oder göttlichen Natur stammen.

Dann, wenn ihn Visionen überkommen, die aus den entsprechenden Elementen der unteren oder animalischen Natur stammen, werden ihn diese erschrecken, und er wird versuchen, vor ihnen zu fliehen – genau so wie die irischen Seefahrer vor manchen Inseln, an die sie gelangen.

Unter den mannigfachen Begriffsinhalten in der langen Kette von Symbolen des Totenbuches der Tibeter tauchen unter anderem auch die vier Elemente (Feuer, Wasser, Erde und Luft), die vier Farben und ein Ensemble von ›vier Ordnungen‹ auf. Es gibt friedliche Gottheiten und zornerfüllte Gottheiten mit schrecklichen Tierfratzen, deren Aussehen an die in Ui Chorra geschilderten Folterszenen erinnern.

In den ›Reisen‹, so meinen wir, haben sich die zerfledderten Überreste eines mündlich überlieferten keltischen ›Totenbuches‹ erhalten, das behauptete, die Geheimnisse des Jenseitigen wenigstens teilweise aufgeklärt und die Stationen der Pilgerfahrt der Seele beschrieben zu haben.«

Gleichgültig, ob einen die immrama-Texte dazu verlocken, die geographischen Orte zu enträtseln, die in der Sprache der Legende zwar blumig, aber doch klar erkennbar dargestellt werden, oder ob man sie als eine Beschreibung der Seelenzustände nach dem Tod betrachtet – Voraussetzung ist so oder so eine genaue Kenntnis des Originaltextes.

Hier folgt zunächst die vollständige Übersetzung der »Reise des Maildun«. Die Queste mit dem Ziel einer Anderswelt, aber auch die christliche Visions- und Bußliteratur, parodiert eine Satire mit dem Titel »Die Vision des Mac Conn Glinne«, die im 12. Jahrhundert von einem unbekannten irischen Autor verfaßt wurde. Das Kapitel schließt ab mit einem Text aus Kerry, der erst in unserem Jahrhundert aufgezeichnet worden ist. In ihm wird erzählt, wie ein irischer Bauer, aufgestachelt von seiner Begierde nach Tabak, in einer Nacht nach Amerika und wieder zurück gelangt.

DIE REISE DES MAILDUN

Ein Bericht über die Abenteuer des Maildun und seiner Mannschaft und über all die Wunderdinge, die sie während ihrer Reise von drei Jahren und sieben Monaten auf dem westlichen Meer erblickten.

Mailduns Kindheit und Jugend. Er beginnt seine Reise, um die Plünderer, die seinen Vater erschlugen, zu suchen

Es war einmal ein bekannter Mann aus dem Stamm der Owennacht*, Allil Ocar Aga mit Namen, kräftig, tüchtig und ein gerechter Herr in seinem Reich. Eines Tages, da sein Haus unbewacht war, landeten Räuber an der Küste und suchten seine Hofstatt heim. Er floh in die Kirche von Dooclone. Die Plünderer setzten ihm nach, erschlugen ihn und verbrannten dann die Kirche über seinem Leichnam.

Nun hatte aber Allil bei einem Zug in die Fremde bei einer Bauerstochter ein paar freudenreiche Nächte verbracht, und sie war schwanger geworden. Als das Mädchen vom Tod ihres Geliebten hörte, bekam sie Angst, daß die Leute ihr übel nachreden würden. Sie ging zur Königin des Nachbarreiches, bei der sie einmal als Magd gedient hatte und vertraute ihr an, was da unter ihrem Rock wuchs. Die Königin hieß sie bei ihr bleiben, bis sie das Kind zur Welt gebracht hatte, nahm es zu sich und gab es als das ihre aus. Das fiel nicht schwer, da sie selbst um diese Zeit niedergekommen war. So schlief das Kind dieser Bauerndirne, die es mit Allil getrieben hatte, in derselben Wiege wie der Königssohn, und dieselben prallen, blaugeäderten Brüste nährten es. Später trank es aus demselben Becher wie die Königskinder. Es war wohlgeraten und schöngliedrig, deshalb schöpfte niemand Verdacht.

Als es nun zu einem jungen Mann heranwuchs, stellte sich auch heraus, daß es aufgeweckt, gescheit, großzügig, ausdauernd und also ein guter Sportler war.

Beim Ballspiel, beim Wettlauf und Weitsprung, im Steinwurf, Schachspiel, Rudern, Reiten und im Umgang mit dem Schwert übertraf der junge Bursche bald alle Gleichaltrigen.

Eines Tages, als die jungen Männer wieder zu ihren Wettkämpfen zusammenkamen, sagte einer in gehässigem Ton, so daß jeder es hören konnte:
»Es ist doch eine Schande, daß bei jedem Wettspiel, sei es zu Wasser oder zu Lande, ein Kerl uns schlägt, den der Esel im Galopp verloren hat und von dem man nicht einmal weiß, zu welchem Volk oder Stamm er gehört.«
Der Junge, dem dies galt, hatte den Namen Maildun erhalten. Er knirschte mit den Zähnen, ballte die Fäuste, und darauf lief er von den Spielenden fort, denn ihm galt es bis dahin für selbstverständlich, daß er der Sohn des Königs und der Königin sei.
Er trat vor die Königin, erzählte, was sich da zugetragen hatte und sprach:
»Nun, da mir klar ist, daß ich dein Sohn nicht bin, will ich weder essen noch trinken, bis ich in Erfahrung gebracht habe, wer mein Vater und meine Mutter sind.«
Die Königin versuchte ihn zu beruhigen und sagte: »Was regst du dich nur so auf? Kümmere dich doch nicht darum, was da geredet wird. Wer solches schwatzt, muß selbst nicht so sicher sein, ob der ihn gezeugt hat, den er Vater nennt. Der Neid spricht aus ihm.«
»Das mag schon sein«, erwiderte Maildun, »aber nun ist es mir wichtig geworden zu wissen, wem ich es zuzuschreiben habe, daß ich in dieser Welt bin.«
Die Königin sah ein, daß man ihm alles nicht länger verschweigen könne und brachte ihn zu seiner leiblichen Mutter, und der stellte er abermals dringlich die Frage nach seinem Vater.
»Welch eine törichte Frage, mein Kind«, antwortete die Frau, »selbst wenn du alles über deinen Vater wüßtest, würde dir solches Wissen nur Gram und nicht Glück bringen. Er starb, ehe du zur Welt kamst.«
»Wie dem auch sei«, erwiderte Maildun, »ich bitte Euch, nennt mir seinen Namen.«
Da gab die Frau nach und weihte ihn ein in das Geheimnis.
Bald darauf brach Maildun auf und zog in die Gegend, in der sein Vater ein bekannter Mann gewesen war, und die drei leiblichen Söhne der Königin, mit denen er zusammen erzogen worden war, begleiteten ihn.

Als die vom Stamm der Owennacht hörten, wer da gekommen war, hießen sie die vier jungen Männer höflich willkommen und erwiesen ihnen alle Ehre. Also hätte Maildun wohl zufrieden sein können und es sich gut gehen lassen.
Einmal nun übte sich eine Anzahl junger Männer im Hof vor der Kirchenruine von Dooclone, eben jener Kirche, in der Mailduns Vater erschlagen worden war. Sie schleuderten Handsteine über das verkohlte Gebälk des Kirchendaches.
Maildun war auch dabei.
Da sprach Brickna, der Sohn des Küsters zu ihm: »Du tätest besser daran, den Mann zu rächen, der hier zu Tode gekommen ist, statt dich damit zu vergnügen, Steine über sein Gebein sausen zu lassen.«
»Wer ist hier zu Tode gekommen?« fragte Maildun.
»Kein anderer als Allil Ocar Aga, dein Vater.«
»Und wer hat ihn erschlagen?«
»Plünderer, die mit Schiffen gekommen sind. Sie haben auch diese Kirche angezündet.«
Als Maildun das hörte, wurde sein Sinn verstört. Er ließ den Stein fallen, den er in der Hand gehalten hatte, nahm seinen Mantel, griff sich Schwert und Schild und ging fort, um nach den Plünderern zu forschen. Es gab nicht viele Leute, die Genaueres wußten, und unter denen, die Wissen hatten, hielten es die meisten für klüger zu schweigen. Endlich war aber doch jemand für Gold bereit, den Mund aufzumachen. Da stellte sich heraus, daß es ein weiter Weg dorthin war, wo die Flotte der Plünderer lag, und nur über See konnte man hingelangen.
Maildun war entschlossen, die Plünderer aufzuspüren und den Tod seines Vaters zu rächen.
Unterdessen nannten ihn die Leute schon einen, der weiß, daß es nicht geht und es doch tut. Er machte sich nichts daraus, und wenn ihn jemand damit neckte, meinte er nur, ihm gefalle dieser Beiname so übel nicht.
Er lief nach Corcomroe* zu dem Druiden Nuca und ließ sich von diesem erklären, wie man ein gutes curragh bauen könne, und Schutzzauber für eine weite Reise in einem solchen Fahrzeug übers Meer erbat er gleich mit.

Der Druide erklärte ihm, was er tun müsse. Er bestimmte den Tag, an dem Maildun mit dem Bau des Bootes beginnen sollte und den Tag des Aufbruchs zu seiner Reise. Dann schärfte er dem jungen Mann ein, daß es entscheidend für einen günstigen Ausgang des Unternehmens sei, sechzig Gefährten mit an Bord zu nehmen, keinen mehr und keinen weniger. Maildun baute ein großes curragh aus drei Häuten und warb seine Mannschaft an. Mit ihm fuhren seine beiden besten Freunde, Germane und Diuran Lekerd. Am festgesetzten Tag stachen sie in See.
Sie waren noch nicht allzu weit von der Küste entfernt, als Maildun seine drei Ziehbrüder auf dem Strand auftauchen sah. Sie winkten und forderten ihn auf, noch einmal anzulegen.
»Nichts da«, rief Maildun, »wir kehren nicht um. Wir sind genau die rechte Zahl Männer.«
»Dann springen wir ins Wasser und schwimmen hinter drein«, riefen sie ihm vom Strand aus zu, »und wenn wir dabei ertrinken, ist es deine Schuld.«
Als sie nun tatsächlich aufs Meer hinaus, gegen das curragh hin, zu schwimmen begannen, ließ Maildun wenden und sie an Bord holen, weil er nicht wollte, daß sie in den Wellen umkämen.

Die erste Insel/Nachrichten von den Plünderern

Sie segelten einen Tag und eine Nacht und den ganzen nächsten Tag auch noch, bis die Dunkelheit wieder fiel. Um Mitternacht machten sie im Mondlicht zwei öde kleine Felseninseln aus, mit zwei großen Häusern darauf, nahe der Küste.
Von See aus hörten sie Leute ausgelassen lachen, und die Toasts der Zecher mischten sich mit den Stimmen der Krieger, die mit ihren Taten prahlten. Als sie nun genauer darauf achteten, was da geredet wurde, hörten sie einen Krieger zu einem anderen drinnen im Haus sagen:
»Der Größte bin ich, der Tapferste, der Stärkste, der mit dem meisten Ruhm. Ich war es, der Allil Ocar Aga erschlug und Dooclone über seiner Leiche niederbrannte. Bisher hat noch niemand gewagt, ihn zu rächen. Wenn jemand eine Tat vorzuweisen hat, die mehr zählt, so möge er sie nennen.«

»Sieh da«, sprachen Germane und Diuran zu Maildun, ihn verlokkend, »gewiß hat der Himmel unser Schiff zu diesem Platz gelotst. Hier ist leichter Sieg. Laß uns nicht lange fackeln. Rennen wir ihnen unsere Schwerter durch den Leib und verfahren wir mit ihren Leichen so wie sie mit deinem Vater verfahren sind. Gott hat uns unsere Feinde überantwortet auf Tod und Verderb.«
Während sie aber noch so redeten, kam Wind auf, und bald wurde aus dem Wind ein wilder Sturm. Der trieb ihr Schiff die ganze Nacht und noch einen guten Teil des nächsten Tages auf den großen grenzenlosen Ozean hinaus. Sie sahen nichts mehr von der Insel, der sie so nahegekommen waren. Sie wußten überhaupt nicht mehr, wo sie jetzt fuhren. Da sprach Maildun:
»Holt die Segel ein, hört auf, euch mit Rudern anzustrengen. Mag doch das Boot dahintreiben, wo es Gott gefällt.«
Und so geschah es.
Dann wandte Maildun sich an seine Ziehbrüder und sprach zu ihnen:
»Unglück hat uns heimgesucht, weil wir das Gebot des Druiden mißachtet und euch mit ins Boot genommen haben. Gewiß wird uns daraus noch Nachteil und Unheil erwachsen.«
Seine Ziehbrüder antworteten nichts, sondern schwiegen beschämt.

Die Insel der Riesenameisen

Drei Tage und drei Nächte sahen sie kein Land. Am Morgen des vierten Tages, als es noch dunkel war, hörten sie ein Geräusch von Nordosten, und Germane sagte:
»Das hört sich an, als seien es Wellen, die sich auf einem Strand brechen.«
Dann war Tag. Sie sahen das Land und hielten darauf zu. Während sie noch eine Fahrrinne ausloteten, sahen sie drüben große Scharen Ameisen. Sie wimmelten nur so zum Strand hin. Eine jede war so groß wie ein junges Pferd. Auch Menschen gab es auf der Insel. Aber alle hatten sie so einen gefährlich hungrigen Blick. So als warteten sie nur darauf, das Boot samt Besatzung zu verschlingen. Also ließ Maildun das curragh wenden und segelte rasch davon.

Die Insel mit den Terrassen der Vögel

Wieder sahen sie drei Tage und drei Nächte lang kein Land. Aber am Morgen des vierten Tages hörten sie an dem veränderten Geräusch, daß sich den Wogen Widerstand bot.
Als es nun graute, erblickten sie vor sich eine hohe Felseninsel mit Felsterrassen ringsum. Die Terrassen wuchsen wie Reihen von Bäumen mit weitausladenden Zweigen, die irgendwann versteinert worden sind, und darauf hockten tausende von Vögeln. Es wurde darüber beraten, wer von der Mannschaft an Land gehen und herausfinden solle, ob die Vögel zahm oder gefährlich seien.
Die Männer sahen sich auf der Insel genau um, fanden aber nichts, was man hätte fürchten müssen. Darauf fingen sie eine Anzahl von Vögeln als Proviant und brachten sie an Bord.

Ein Ungeheuer

Sie segelten weiter und kamen am vierten Tag zu einer großen sandigen Insel. Ein furchterregendes Tier stand auf dem Strand und starrte unverwandt. Es hatte etwa die Gestalt eines Pferdes, aber seine Beine waren wie die eines Hundes, und es hatte große scharfe Klauen mit blauer Färbung. Als Maildun das Ungeheuer eine Weile betrachtet hatte, sagte er: »Es gefällt mir nicht«, und er schärfte seinen Gefährten ein, es nicht aus den Augen zu lassen, denn er ahnte, daß es Böses im Sinn hatte. Sie hielten aber weiter auf die Insel zu.
Zuerst schien es so, als freue sich das Untier, Besuch zu bekommen. Es hoppelte vergnügt über den Strand, aber plötzlich richtete es sich drohend auf.
»Mit dem ist nicht zu spaßen«, sagte Maildun, »besser, wir lassen ihn in seiner Einsamkeit. Kehren wir um. Kurs aufs offene Meer.«
So geschah es.
Als das Ungeheuer sah, daß sie nicht landen wollten, geriet es vor Enttäuschung erst recht in Wut. Es kam ganz nahe ans Wasser, hob große runde Kieselsteine auf und schleuderte sie gegen das Boot. Maildun und seine Freunde befanden sich aber schon so weit entfernt, daß ihnen die Steinwürfe nichts mehr anhaben konnten.

Nachdem sie lange gesegelt waren, kam eine breite flache Insel in Sicht. Einer sollte an Land gehen und sich dort umschauen. Alle fürchteten sich im Stillen davor. Da fiel das Los auf Germane. Zu ihm sprach sein Freund Diuran:

»Ich werde mit dir kommen, und wenn das nächste Mal das Los auf mich fällt, begleitest du mich. So werden wir uns beide nicht so sehr fürchten vor dem Ungewissen.«

Also gingen sie zusammen.

Die Insel war groß. In einiger Entfernung von der Küste entdeckten sie einen breiten grünen Rennkurs und darauf die Abdrücke von Pferdehufen so groß wie die Segel eines Schiffes oder wie ein Eßtisch.

Sie fanden auch Nußschalen, die waren so groß wie Kriegerhelme.

Wenngleich ihnen niemand begegnete, war ihnen doch klar, daß hier Wesen von gewaltiger Größe leben mußten.

Nach diesen seltsamen Funden waren sie bestürzt und verständigten ihre Gefährten durch Winken und Gesten davon. Diese hießen sie, rasch zurückzukommen ins Boot.

Sie waren noch nicht weit fort vom Land, als sie durch einen dünnen Nebelschleier hindurch sahen, daß eine gewaltige Menschenmenge von See her auf die Insel zurückkehrte. Die gesamte Bevölkerung schien da im Anmarsch. Es waren Riesen, und sie hatten den Blick von Dämonen. Unter lautem Gebrüll sprangen sie leichtfüßig über die Kämme der Wellen, gingen an Land und schickten sich gleich an, dort ein Pferderennen auszutragen. Die Pferde liefen bei ihnen rascher als der Wind. Immer wieder brach die Menge in begeisterte Anfeuerungsrufe aus. Das Merkwürdige war nun, daß Maildun und seine Männer das Pfeifen, Johlen, die Peitschenhiebe und die Kommandos der Reiter so deutlich hörten, als stünden sie selbst mit unter den Zuschauern und befänden sich nicht weit draußen auf dem Meer.

»Sieh mal, das graue Pferd dort.« »Der Braune liegt jetzt vorn.« »Ohne Bedeutung. Auf den Apfelschimmel müßt ihr achten.« »Pah, ich hab auf den Rappen gesetzt.«

Solche Stimmen überlaut im Ohr, steuerte die Mannschaft hinaus auf den Ozean, und sie waren sicher, einer Versammlung von Dämonen ansichtig geworden zu sein.

Der Palast der Einsamkeit

Sie litten Hunger und Durst, denn sie segelten eine ganze Woche ohne Land zu erblicken, bis sie schließlich an eine hochaufragende Insel kamen mit einem großen prächtigen Haus nahe dem Wasser. Das Haus hatte zwei Türen. Die eine öffnete sich gegen Land hin; die andere gegen die See. Letztere war mit einem großen flachen Stein verschlossen. In dem Stein aber befand sich eine Öffnung, durch welche die Wellen, wenn sie dort anschlugen, jeweils eine große Zahl von Lachsen in das Haus spülten.

Die Reisenden landeten und liefen durch das ganze Haus, ohne eine Menschenseele zu treffen. Sie schauten in ein großes Zimmer, in dem ein schön gefügtes Ruhebett stand, und es gab drei weitere Zimmer, in denen offenbar die übrigen Familienangehörigen wohnten. In jedem der Räume stand vor dem Bett eine Schale aus Kristall. Die Reisenden fanden auch Lebensmittel und Bier. Sie aßen und tranken sich satt und dankten Gott, daß er sie vor Hunger und Durst errettet hatte.

Die Insel mit dem wunderbaren Apfelbaum

Bald litten sie wieder Hunger, bis sie an eine Insel kamen mit einem hohen runden Hügel am Ufer. Ein einzelner Apfelbaum wuchs dort, sehr groß und schlank und alle seine Zweige waren gerade und lang und reichten den ganzen Abhang hinunter bis zum Wasser.

Als das Boot nahe genug herangebracht worden war, griff Maildun nach einem der Zweige. Für drei Tage und drei Nächte hielt das Fahrzeug vor der Küste, und während der ganzen Zeit hielt er diesen Zweig fest und ließ seine Finger durch das Blattwerk gleiten, bis er endlich am dritten Tag unter den Blättern sieben Äpfel fand. Es waren Zauberfrüchte, denn jeder dieser Äpfel gab den Reisenden Speis und Trank für vierzig Tage und vierzig Nächte.

Die Insel der blutdürstigen Vierfüßler

Als nächstes kam eine wunderschöne Insel in Sicht, auf der sie in einiger Entfernung eine Menge großer Tiere erblickten, die aussahen wie Pferde. Die Reisenden beobachteten sie genau, während sie näher heranfuhren. Da sahen sie, daß eines der Tiere zuschnappte und einen großen Fetzen Fleisch aus dem Leib jenes Tieres herausbiß, das neben ihm stand. Gleich darauf beobachteten sie noch ein weiteres Tier bei solch wildem Beißen. Gierig fraßen sie alle vom Fleisch des anderen, und der Boden der Insel war über und über mit Blut bedeckt, das über den Küstenabhang ins Meer rann.

Noch ein Untier

Die nächste Insel war von einer Mauer umgeben. Als sie sich näherten, richtete sich hinter den Steinen ein dickes riesiges Tier mit borkiger Haut auf und rannte mit der Geschwindigkeit des Windes über die Insel dahin. Darauf erklomm es den höchsten Punkt, stellte sich auf einen flachen Stein, und sie sahen, wie sich die Knochen unter der Haut drehend bewegten, während sich die Haut darüber nicht rührte.

Dann schien das Tier müde von diesem seltsamen Tun und ruhte sich aus. Es begann seine Haut vom Körper zu lösen und sie flatterte wie ein Segel, aber die Knochen unter der Haut bewegten sich nicht.

Danach rannte das Untier wieder auf der Insel umher, und sie hatten den Eindruck, es erfrische sich dabei. Abermals erklomm es den höchsten Punkt, und während nun sein Unterkörper völlig regungslos blieb, bewegte es den Oberkörper in kreisenden Bewegungen als laufe da ein flacher Mühlstein. Maildun und seine Männer beschlossen nach diesen merkwürdigen Beobachtungen, nicht auf der Insel zu landen. Sie steuerten wieder auf das offene Meer hinaus. Als das Untier sie aber fliehen sah, stürzte es hinab zum Strand und versuchte, seinen Kopf weit vorzustrecken und nach ihnen zu schnappen. Es hob runde Steine auf und schleuderte sie gegen das Boot hin. Einer dieser Steine durchschlug Mailduns Schild und blieb auf dem Kiel des curragh liegen.

Jetzt sank ihnen der Mut, denn sie wußten nicht, wo sie einen Platz finden sollten, um sich auszuruhen. Sie segelten lange Zeit. Hunger und Durst plagten sie und sie beteten inbrünstig um Hilfe. Als sie sich schon verloren gegeben hatten und ganz erschöpft waren von all den Mühsalen, sichteten sie Land.

Es war eine große und schöne Insel mit zahlreichen Obstbäumen, an denen viele goldfarbene Äpfel hingen. Unter den Bäumen erblickten sie eine Herde gedrungener kräftiger Tiere, rot, etwa mit dem Aussehen von Schweinen. Als sie näherkamen, stellten sie fest, daß die Tiere sehr wild taten und ihre rote Färbung von den Flammen herrührte, die aus ihren Leibern sprühten.

Einige Tiere näherten sich einem Baum, schlugen trommelnd mit den Hinterläufen an den Stamm und schüttelten so die Äpfel herab, die sie dann auffraßen.

Am Abend, nach Sonnenuntergang, zogen sich diese Tiere in tiefe Höhlen zurück und waren bis zum nächsten Morgen nicht mehr zu sehen.

Große Scharen von Vögeln trieben auf dem Wasser rings um die Insel. Vom Morgen bis Mittag schwammen sie immer weiter vom Land fort auf die See hinaus, aber am Mittag machten sie kehrt und bis zum Abend waren sie wieder an Land, genau zu der Stunde, in der die schweineähnlichen Tiere sich in ihre Höhlen verkrochen hatten. Und nun machten sich die Vögel daran, von den schönen Äpfeln zu fressen. Maildun meinte, man solle dort landen und ein paar von den Früchten holen. So schwierig und gefährlich könne das wohl nicht sein, wenn es die Vögel auch wagten. Zwei der Männer wurden ausgeschickt, um die Insel zu erforschen. Sie stellten fest, daß die Erde unter ihren Füßen heiß war, aber sie brachten auch ein paar Äpfel mit zurück.

Als der Morgen graute, verließen die Vögel wieder die Insel und schwammen aufs Meer hinaus, und die wilden Tiere kamen aus ihren Höhlen hervor und schlugen mit ihren Hinterbeinen wieder gegen die Bäume. Die Mannschaft blieb in ihrem curragh den ganzen Tag, aber sobald die Schweine abgezogen und die Vögel auf Land eingefallen waren, landete Maildun mit einigen Männern. Sie pflückten von den Äpfeln die ganze Nacht hindurch, bis sie soviel beieinander hatten wie sie auf ihrem Boot mitführen konnten.

Der Palast der kleinen Katze

Nach einer langen Zeit des Ruderns war ihr Vorrat an Äpfeln zur Neige gegangen und wieder hatten sie nichts zu essen und zu trinken. Sie hatten unter einer heiß brennenden Sonne zu leiden und das Salz des Meeres machte ihre Nasenlöcher wund und ihre Augen wurden entzündet. Endlich kamen sie an eine Insel. Ein großer Palast stand darauf. Um den Palast zog sich eine Mauer, weiß, ohne Makel, als sei sie aus weißgebranntem Kalk oder aus Kreidefelsen errichtet worden und dort, wo sie gegen die See hinsah, war die Mauer so hoch, daß sie bis an die Wolken zu reichen schien.

Das Tor der äußeren Mauer stand offen, und um einen Innenhof war eine Anzahl schneeweißer Häuser gruppiert. Maildun und seine Leute betraten das größte dieser Häuser und gingen durch alle Zimmer, ohne jemanden anzutreffen. Aber in dem größten der Gemächer entdeckten sie eine kleine Katze, die zwischen einer Reihe von Marmorsäulen spielte, und dabei sprang sie immer von der Spitze der einen Säule auf die Spitze der nächsten. Als sie den Raum betraten, sah sie die Katze einen Augenblick an, wandte sich dann aber wieder ihrem Spiel zu und kümmerte sich nicht weiter um sie.

Als sie sich umschauten, entdeckten sie drei Reihen mit kostbaren Edelsteinen, die wie Friese um die Wand liefen. In der ersten Reihe steckten goldene Broschen. Die zweite Reihe bildeten silberne und goldene Armringe, die dritte Reihe Schwerter aus Gold und Silber.

An den Wänden standen mehrere Ruhebetten, alle reinlich weiß und reich verziert. Essen stand auf dem Tisch, ein gebratener Ochse, ein gebratenes Schwein und viele Trinkhörner voll gutem berauschenden Bier.

»Hier steht ein Essen für uns bereit«, sagte Maildun.

Die Katze hörte bei diesem Satz auf zu spielen und blickte die Männer an.

Maildun sagte zu seinen Gefährten, sie sollten nur zugreifen, und alle setzten sich, aßen und tranken und danach streckten sie sich faul auf den Betten aus.

Als sie erwachten, gossen sie alles Bier, was noch übriggeblieben war, in ein Gefäß, und auch das, was an Speisen übrig war, packten sie ein und nahmen das Bier und die Nahrungsmittel mit.

Da sagte einer von den Männern:

»Sollten wir nicht auch einen von den großen Armreifen mitnehmen?«

»Auf keinen Fall«, sagte Maildun, »seien wir froh, daß wir hier essen und schlafen konnten. Nehmt euch nur nicht zuviel heraus, denn bestimmt ist ein so vornehmes Haus nicht ohne Wächter.«

Nun war aber da einer von drei Ziehbrüdern, der kümmerte sich nicht um Mailduns Befehl und ließ einen Armreifen mitgehen. Aber die Katze setzte ihm nach und holte ihn draußen vor dem Haus ein. Sie berührte ihn wie ein brennender Pfeil und im nächsten Augenblick war von ihm nichts mehr übrig als ein Häufchen Asche.

Maildun aber nahm den Armreifen, um ihn zurückzubringen. Unter beruhigenden Reden ging er an der Katze vorbei und hängte den Reifen wieder an seinem Platz in dem Schmuckfries an der Wand.

Darauf sammelte er die Asche des Toten, brachte sie zum Strand und streute sie ins Meer. Darauf begaben sich alle wieder in das curragh und setzten die Reise fort. Sie waren alle traurig über den Verlust ihres Gefährten.

Die Insel Schwarz und Weiß

Am Morgen des dritten Tages kamen sie zu einer weiteren Insel, die genau in der Mitte durch eine Messingmauer geteilt war. Auf beiden Seiten der Mauer sahen sie große Schafherden, und alle Tiere auf der einen Seite waren schwarz und die auf der anderen Seite weiß.

Ein großer Mann war damit beschäftigt, die Schafe zu teilen und von Zeit zu Zeit nahm er ein Schaf und warf es mit Schwung auf die andere Seite der Mauer. Wenn er ein weißes Schaf unter die schwarzen warf, wurde es im Augenblick auch schwarz, und wenn er ein

schwarzes unter die weißen warf, wurde es ebenfalls weiß. Die Reisenden waren bestürzt über das, was sie da sahen und Maildun sprach:
»Gut, daß wir das wissen. Wir wollen etwas aufs Land werfen und sehen, ob es auch seine Farbe ändert. Wenn dem so ist, wollen wir lieber diese Insel meiden.«
Er nahm ein Stück schwarzer Baumrinde und warf es unter die weißen Schafe, und kaum hatte es die Erde berührt, so war es auch schon weiß.
Dann warf er einen hellfarbigen Zweig zu den schwarzen Schafen und dieser wurde im Augenblick schwarz.
»Nur gut, daß wir auf unserem Boot geblieben sind«, sagte Maildun, »wären wir an Land gegangen, unsere Haut hätte gewiß auch diese oder jene Farbe angenommen.«
Diese Vorstellung erschreckte sie sehr und sie segelten weiter.

Die Insel des brennenden Flusses

Am dritten Tag kam eine große breite Insel in Sicht, auf der sie eine Herde Schweine sich tummeln sahen, und sie schlachteten ein kleines Ferkel. In der Mitte der Insel erhob sich ein hohes Gebirge, und sie beschlossen, es zu ersteigen, um die Insel zu überblicken. Germane und Diuran Lekerd wurden zu dieser Aufgabe ausgewählt. Als sie noch ein gutes Stück von dem Gebirge entfernt waren, kamen sie an einen breiten flachen Fluß und setzten sich am Ufer hin, um sich auszuruhen. Germane tauchte die Spitze seiner Lanze in das Wasser. Sofort war sie verbrannt, so als hätte er sie in einen Schmelzofen gehalten. Da wagten sie sich nicht weiter. Auf dem anderen Ufer des Flusses sahen sie eine Herde mit Tieren, die kamen ihnen vor wie übergroße Ochsen ohne Hörner, und ein Mann von gewaltiger Körpergröße befand sich bei der Herde.
Germane schlug mit seinem Speer auf den Schild, um sie aufzujagen.
»Warum erschreckst du meine armen Kälber?« fragte der Hirte mit dröhnender Stimme.
Germaine war erstaunt, daß es sich bei solch riesigen Tieren um Kälber handelte und statt auf die Frage des Hirten einzugehen,

fragte er zurück, wo denn die Mütter dieser Kälber seien. »Auf der anderen Seite des Gebirges«, erwiderte der Einheimische.
Germane und Diuran warteten nicht ab, bis er noch etwas sagen konnte. Sie kehrten zu ihren Gefährten zurück und berichteten ihnen, was sie gehört und gesehen hatten. Die Mannschaft verließ die Insel und schiffte sich ein.

*Der Höllenmüller**

Die nächste Insel, die sie erreichten, war nicht weit von der letzten entfernt. An Land stand eine riesige Mühle. Nahe der Tür erkannten sie den Müller, einen bärenstarken untersetzten Mann. Und zahllose Fuhrwerke mit Korn beladen kamen zu der Mühle. Sobald aber die Körner gemahlen waren, zogen die Leute, die das Getreide gebracht hatten, gen Westen davon.
Große Rinderherden weideten auf einer Ebene, die sich ausdehnte so weit das Auge reichte und zwischen ihnen hindurch bewegten sich Wagenzüge mit allen Kostbarkeiten, die man sich nur denken kann. Auch sie schüttete der Müller, sobald die Wagen bei ihm ankamen in das Mahlwerk seiner Mühle, und der Staub, der herauskam, wurde in den Westen geschickt.
Maildun und seine Leute redeten mit dem Müller und fragten ihn, wie denn seine Mühle heiße und was all das zu bedeuten habe. Der Müller wandte sich ihnen nur flüchtig zu und erklärte mit ein paar Worten:
»Dies ist die Mühle von Inver-tre-Kenand, und ich bin der Müller der Hölle. Alles Getreide und alle Schätze der Welt, angesichts derer Menschen dennoch Unzufriedenheit empfinden und sich beklagen, werden hierhergeschickt, auch jede Kostbarkeit und jedes Vermögen, das Menschen vor Gottes Angesicht zu verbergen trachten. All das mahlt die Mühle von Inver-tre-Kenand zu Staub und dann wird es in den Westen geschickt.«
Mehr war von ihm nicht zu erfahren, denn er hatte wieder in seiner Mühle zu tun. Und die Reisenden, voller Verwunderung und Staunen, liefen so schnell wie sie konnten zu ihrem curragh und segelten davon.

Danach waren sie noch nicht lange gesegelt, als sie zu einer weiteren großen Insel kamen, auf der viele Leute lebten. Sie waren alle schwarz, und zwar sowohl ihre Haut wie auch ihre Kleider, ja selbst ihr Kopfschmuck war schwarz.

Sie gingen umher, seufzten und weinten und rangen die Hände und dies in einem fort.

Das Los, an Land zu gehen und sich umzuschauen fiel auf Mailduns zweiten Ziehbruder. Und als er sich unter die Leute mischte, wurde ihm ebenfalls so traurig zumute und er begann zu weinen und zu jammern wie die anderen.

Zwei Männer wurden ausgesandt, um ihn von Land zurückzuholen, aber es gelang ihnen nicht, ihn unter den Klagenden aufzuspüren. Was aber schlimmer war, nach geraumer Zeit schlossen sie sich den anderen an und begannen wie diese zu weinen und zu lamentieren.

Maildun bestimmte vier Männer, die sollten jene, die auf der Insel waren, wenn nicht anders mit Gewalt zurückholen. Er sagte ihnen:

»Wenn ihr landet, so legt eure Mäntel um euren Kopf und bedeckt damit Mund und Nase, damit ihr die Luft dieses Landes nicht einatmet. Schaut nicht nach rechts noch nach links, nicht auf die Erde noch in den Himmel, sondern achtet nur auf die Männer, die ihr holen sollt.«

Sie taten wie ihnen geheißen, und als sie auf jene beiden stießen, die Mailduns Ziehbruder nachgeschickt worden waren, ergriffen sie sie und brachten sie mit Gewalt zurück. Aber den anderen konnten sie nicht finden.

Als man die beiden anderen fragte, was sie denn auf der Insel so Trauriges gesehen und warum sie geweint hätten, erklärten sie:

»Das können wir nicht sagen. Wir wissen nur, daß wir das taten, was die anderen auch getan haben. Es war wie ein Zwang, dem wir uns nicht entziehen konnten. So, als ob wir keinen eigenen Willen mehr hätten.«

Und darauf segelten die Reisenden von dieser Insel fort, und sie ließen Mailduns zweiten Ziehbruder dort zurück.

Die Insel mit den vier kostbaren Wänden

Das nächste Land war eine hochaufragende Insel, die von vier Mauern in vier Teile geteilt wurde. In der Mitte der Insel liefen die Mauern zusammen. Die erste Mauer war aus Gold, die zweite aus Silber, die dritte aus Kupfer und die vierte aus Kristall. In der ersten Abteilung lebten die Könige, in der zweiten die Königinnen, in der dritten die jungen Männer, in der vierten die jungen Mädchen. Als die Reisenden landeten, kamen ihnen die Mädchen entgegen, führten sie zu einem Haus und gaben ihnen zu essen. Diese Speise, die sie aus einem kleinen Kessel schöpften, sah aus wie Käse, und sie nahm jeweils den Geschmack an, den der Betreffende, der sie aß, am liebsten hatte. Nachdem sie nun gegessen hatten bis sie satt waren, verfielen sie in einen tiefen, ohnmachtähnlichen Schlaf, so als seien sie vergiftet worden. Drei Tage und drei Nächte schliefen sie. Als sie am vierten Tag erwachten, fanden sie sich auf ihrem curragh auf offener See wieder. Weder von der Insel noch von den Mädchen war etwas zu sehen.

Der Palast mit der Kristallbrücke

Sie kamen nun zu einer kleinen Insel mit einem Palast darauf. Davor war eine kupferne Kette ausgespannt, an der hingen viele silberne Glocken. Unmittelbar vor dem Tor befand sich eine Quelle. Über sie wölbte sich eine Brücke, über die man in den Palast gelangte.

Die Gefährten gingen zu dieser Brücke und wollten sie überqueren. Aber jedesmal, wenn sie einen Fuß darauf setzten, stürzten sie rückwärts zu Boden.

Nach geraumer Zeit kam eine schöne junge Frau aus dem Palast mit einem Eimer in der Hand. Sie hob ein Stück Kristall aus dem Brückenbogen, ließ den Eimer durch das Loch hinab, füllte ihn mit Wasser und ging dann in den Palast zurück.

»Das wäre die rechte Frau für unseren Maildun«, meinte Germane.

»Dieser Maildun würde mir schon gefallen«, hörten sie sie noch sagen, ehe sie die Tür hinter sich schloß.

Darauf begannen die Silberglöckchen so fein und gleichmäßig zu klingeln, daß die Reisenden alle in einen festen ruhigen Schlaf verfielen, und sie schliefen bis zum nächsten Morgen. Als sie wieder erwachten, sahen sie die junge Frau aus dem Palast kommen und wieder schöpfte sie Wasser aus der Quelle.

»Diese Frau ist wie für Maildun geschaffen«, sagte Germane.

»Wunderbar sind die Kräfte Mailduns«, sagte die junge Frau, ehe sie die Tür wieder hinter sich schloß. Sie blieben an diesem Ort drei Tage und drei Nächte, und jeden Morgen kam das Mädchen wieder, um den Eimer zu füllen. Am vierten Tag aber war sie besonders schön gekleidet und trug einen goldenen Reif in ihrem gelben Haar und Schuhe aus Silber an ihren schmalen weißen Füßen. Sie hatte einen weißen Umhang um die Schultern, der vorn mit einer silbernen mit Gold besetzten Brosche verschlossen war und darunter trug sie auf ihrer schneeweißen Haut ein Kleid aus feiner weißer Seide.

»Meine Liebe dir, Maildun, und deinen Gefährten«, sagte sie und darauf nannte sie einen jeden bei seinem Namen. »Herzliche Freundschaft euch allen. Wir wußten seit langem, daß ihr auf diese Insel kommen würdet.«

Dann führte sie sie zu einem großen Haus am Meer und veranlaßte, daß ihr Boot auf den Strand gezogen wurde. Sie fanden in dem Haus bequeme Betten, eines war für Maildun allein und auf den übrigen hatten immer drei Männer Platz. Die Frau gab ihnen dann etwas aus einem Gefäß zu essen, das sah aus wie Käse; zuerst legte sie Maildun vor und dann erhielten seine Gefährten die dreifache Portion. Und jeder spürte nun den Geschmack seiner Lieblingsspeise im Mund. Wieder holte sie aus der Quelle Wasser und gab ihnen davon zu trinken. Und sie wußte genau, wieviel jeder bekommen mußte, damit er satt und nicht mehr durstig war.

»Dieses Mädchen wäre die rechte Ehefrau für unseren Maildun«, sagten die Gefährten. Und während sie so redeten, ging sie fort, den Eimer in der Hand. Als sie gegangen war, fragten die Gefährten Maildun: »Wollen wir sie fragen, ob sie deine Frau werden will?«

Er sprach: »Was für einen Vorteil hätte es, wenn ihr sie fragtet?«

Am nächsten Morgen kam sie wieder, und sie sagten: »Warum bleibst du nicht hier bei uns? Warum schläfst du nicht mit Maildun? Warum nimmst du ihn nicht zum Mann?«

Sie erwiderte, allen Frauen, die auf der Insel lebten, sei es verboten, mit Sterblichen zu schlafen. Sie müsse sich diesem Gebot fügen, sonst begehe sie eine Sünde.
Also ging sie wieder aus dem Haus, und als sie ihnen am nächsten Morgen wieder zu essen und zu trinken brachte, sprach sie:
»Morgen werdet ihr endgültig eine Antwort auf eure Fragen bekommen.« Darauf ging sie fort, und die Männer legten sich schlafen.
Als sie erwachten, fanden sie sich in ihrem curragh auf hoher See in der Nähe eines steilen Felsens, und als sie sich umschauten, sahen sie weder das Mädchen noch die Kristallbrücke, noch die geringste Spur von der Insel.

Die Insel der sprechenden Vögel

Eines Nachts, kurz nach diesen Abenteuern, hörten sie in der Ferne gegen Nordosten hin ein Murmeln von Stimmen, so, als ob eine große Anzahl von Menschen Kirchenlieder sänge. Sie segelten in diese Richtung, um herauszufinden, was es damit auf sich habe, und gegen Mittag am nächsten Tag sichteten sie eine Insel, sehr hochaufragend und zerklüftet. Sie war voller Vögel, einige schwarz und einige braun, andere wieder gesprenkelt, und alle schrien und redeten mit menschlichen Stimmen. Von dort war der Gesang zu ihnen gedrungen.

Der alte Einsiedler und die menschlichen Seelen

In einiger Entfernung stießen sie auf eine weitere kleine Insel mit vielen Bäumen, einige standen einzeln, andere bildeten kleine Wäldchen, und auf den Zweigen saßen Scharen von Vögeln. Sie sahen auch einen alten Mann, dessen Körper über und über bedeckt war mit weißem Haar als ob dies sein Kleid sei. Und als sie landeten und mit ihm redeten, fragten sie ihn auch, zu welcher Rasse er denn gehöre.
»Ich bin einer der Männer aus Irland«, erwiderte er, »an einem bestimmten Tag vor langer langer Zeit habe ich ein kleines curragh bestiegen und bin über See auf Pilgerfahrt gegangen. Ich war noch

nicht weit von der Küste entfernt, als mein Boot zu schwanken begann und kenterte. Also schwamm ich an Land zurück, besserte mein Fahrzeug aus, stach Grassoden ab, lud sie hinein und begann dann meine Reise abermals. Unter Gottes Führung gelangte ich hierher. Ich lud die Grassoden aus. So bildete sich diese Insel. Zuerst war kaum Platz genug da für einen Menschen. Doch Jahr für Jahr vergrößerte sie Gott um ein Stück in der Länge und in der Breite. Nun ist sie schon so klein nicht mehr. An einem bestimmten Tag Jahr um Jahr befiehlt er einem einzelnen Baum aufzusprießen, bis endlich einmal die ganze Insel bewaldet sein wird. An meinem Haar, das den ganzen Körper bedeckt, mögt ihr erkennen, wie alt ich bin. Die Vögel, die ihr in den Zweigen sitzen seht«, fuhr er fort, »sind die Seelen all meiner Kinder und Nachkommen, Männer und Frauen. Sie sterben in Erin und kommen dann hierher, um mir Gesellschaft zu leisten. Gott in seiner großen Gnade hat auch eine Bierquelle aus dem Boden sprudeln lassen, und jeden Morgen bringt mir ein Engel einen halben Kuchen, ein Stück Fisch und einen Krug Bier aus eben dieser Quelle. Auch meine Nachkommen werden so verpflegt. So leben wir und werden hier weiterleben bis zum Tag des Jüngsten Gerichts.«
Maildun und seine Gefährten wurden freundlich bewirtet von dem alten Pilgrim. Und als sie nach drei Tagen und drei Nächten wieder aufbrachen, prophezeite er ihnen, alle, bis auf einen Mann, würden die Heimat wiedersehen.

Die Insel der großen Schmiede

Nachdem sie abermals lange auf den Wellen umhergeworfen worden waren, sahen sie in der Ferne Land. Und als sie sich dieser Küste näherten, hörten sie dort Geräusche, die kamen ihnen vor wie die Laute eines Blasebalgs und wie Hämmern.
Jeder Schlag schien Maildun so laut, als arbeiteten da ein Dutzend Männer mit Vorschlaghämmern.
Als sie nähergekommen waren, hörten sie die Schmiede mit lauter Stimme reden.
»Wann kommen sie denn nun endlich?«
»Psst, still doch.«

»Was sind das eigentlich für Wesen, die da kommen?« erkundigte sich ein Dritter.
»Winzlinge. Sie rudern auf unsere Küste zu in einem Zwergenboot.«
Als Maildun dies hörte, wandte er sich an die Mannschaft:
»Wir müssen sofort umkehren, aber wenn wir jetzt wenden, würde es ihnen auffallen. Rudert doch einfach rückwärts. So wollen wir sie täuschen.«
Wieder begannen die Schmiede sich zu unterhalten.
»Sie müßten doch längst herangekommen sein?«
»Sie werden sich ausruhen, denn näher ist ihr Boot unterdessen nicht gekommen, aber gewendet haben sie auch nicht.«
Bald darauf fragte der erste Schmied:
»Was machen sie jetzt?«
»Ich glaube«, sagte jener, der beobachtete, »sie fliehen. Es kommt mir so vor, als seien sie weiter von der Küste entfernt als vorhin.«
Da stürmte der erste Schmied aus der Werkstatt hervor. In der Hand hielt er eine Zange, mit der er ein glühendes Eisen gepackt hatte. Im Nu stand er auf dem Strand. Er holte weit aus und schleuderte das glühende Eisen gegen das curragh hin. Aber das Geschoß schlug weit von der Stelle, an der sich das Boot nun befand, ins Wasser. Es zischte und siedete dort, wo das Eisen versunken war. Die Gefährten aber ruderten noch eine Weile mit aller Kraft. So gelangten sie unbehelligt auf das offene Meer hinaus.

Das Glasmeer

Nach einer Zeit kamen sie in eine Meeresgegend, in der schien das Wasser wie grünes Kristall. Es war ruhig und völlig durchsichtig. Der Sand auf dem Grund funkelte im Sonnenlicht. Einen ganzen Tag segelten sie auf dem Glasmeer. Sie bewunderten den Glanz und die Herrlichkeit und ganz erfüllt waren sie von Freude.

Ein schönes Land unter den Wellen

Die Freude fiel von ihnen ab, und sie kamen auf ein anderes Meer. Das Wasser hatte hier die Beschaffenheit eines Wolkenschleiers. So leicht und durchsichtig war es, daß sie zuerst fürchteten, es werde sie und ihr Boot nicht tragen. Sie beugten sich über den Rand des Bootes. Da erblickten sie unten ein schönes Land mit vielen Häusern, umgeben von Obstgärten und Wäldern. An einer Stelle stand ein einzelner Baum, und auf seinen Ästen saß ein Tier, das sie wild und drohend anglotzte. Um den Baum graste eine Herde Ochsen, und ein Mann, bewaffnet mit Speer und Schild, stand Wache dabei. Plötzlich sah er auf und wurde das Tier in den Ästen des Baumes gewahr. Da rannte er fort, so rasch er konnte. Das Tier streckte seinen Hals vor. Seine Augen schossen wie Pfeile aus ihren Höhlen hervor. Mit seinen Tatzen griff es sich den größten Ochsen aus der Herde, hob ihn zu sich auf den Baum und verschlang ihn im Nu. Mit trommelnden Hufen preschten die anderen Ochsen davon.

Als Maildun und seine Gefährten das sahen, fuhr Angst in sie, und die Angst nistete in ihren Leibern und lähmte sie. Die Vorstellung, daß sie nicht würden über den Baum mit dem Tier in den Zweigen hinfahren können, ohne daß ihr Boot kenterte, ergriff von ihrer Vorstellung Besitz, aber nach mancherlei Schwierigkeiten und Gefahren verlor sich die Angst wieder und sie kamen sicher vorbei.

Eine Insel, von einer Mauer aus Wasser umgeben

Als sie nun zu der nächsten Insel kamen, bemerkten sie voller Erstaunen, daß sich um das Land das Wasser gleich einer Mauer auftürmte. Als die Bewohner der Insel die Reisenden sahen, liefen sie zusammen und riefen:

»Seht mal, da kommen wieder welche.«

Viele Männer und Frauen sah die Mannschaft. Die Männer trieben große Herden von Rindern, Pferden und Schafen zusammen. Die Frauen aber versuchten, die Gefährten im Boot mit riesigen Nüssen zu bewerfen. Diese fielen neben dem Boot ins Wasser und trieben dort, und die Männer sammelten eine große Anzahl davon ein und behielten sie als Notvorrat an Nahrung.

Als das Boot abdrehte, hörte das Geschrei an Land auf. Aber sie hörten noch, wie sich zwei unterhielten.

»Wo sind sie jetzt?« fragte der eine.

»Sie sind fort. Es waren doch vielleicht andere, als wir erwartet hatten.«
Nach dem, was Maildun gesehen und gehört hatte, nahm er an, daß den Leuten auf dieser Insel geweissagt worden war, ihr Land werde von Plünderern überfallen werden, und daß die Bewohner ihn und seine Gefährten zunächst für die Feinde gehalten hatten, die sie erwarteten.

Ein Bogen aus Wasser in der Luft

Auf der nächsten Insel sahen sie etwas ganz Erstaunliches, nämlich einen großen Strom Wasser, der am Strand in die Luft spritzte und sich wie ein Regenbogen über die ganze Insel hin spannte. Sie gingen darunter hindurch, ohne naß zu werden. Große Mengen von Lachsen fielen aus dem Wasserbogen über ihren Köpfen herab, so daß die ganze Insel nach Fisch roch, und sie hatten alle Mühe und bekamen schmerzende Rücken, bis sie all diese Fische eingesammelt hatten, so viele waren es.
Von Sonntagabend bis Montagnacht hörte der Fluß nicht auf zu fließen, sondern überspannte die Insel mit einem Wasserbogen. Und die Reisenden nahmen so viele Fische mit wie ihr curragh faßte, und darauf segelten sie wieder hinaus auf den Ozean.

Die silberne Säule in der See

Als nächstes kamen sie an eine riesige silberne Säule, die im Meer stand. Sie hatte acht Seiten, und jede Seite war etwa so breit wie das Blatt eines Ruders. Die Säule erhob sich aus dem Meer, ohne daß da eine Insel gewesen wäre, und sie konnten auch nicht ihren Fuß im Wasser darunter ausmachen, noch sahen sie ihr oberes Ende in der Höhe.
Ein silbernes Netz hing von ihr ins Wasser herab, und die Maschen des Netzes waren so groß, daß ein curragh unter vollen Segeln hindurchfahren konnte. Als sie vorüberfuhren, berührte Diuran eine Masche mit der Speerspitze und hieb mit einem Schlag seines Schwertes ein Stück davon ab.
»Besser, du zerstörst dieses Netz nicht«, sagte Maildun, »denn mich

dünkt, was du da siehst, ist das Werk eines großen Künstlers.«
»Was ich getan habe«, rechtfertigte sich Diuran, »geschah zu Ehren des Gottes, an den ich glaube und damit man unsere Abenteuergeschichte uns auch glaubt. Ich will das Silber auf den Altar der Kirche von Armagh legen, wenn wir je wieder nach Erin zurückkehren sollten.« Das Stück Silber wog zweieinhalb Unzen, wie später die Leute in Armagh feststellten.
Danach hörten die Gefährten, wie jemand auf der Spitze der hohen Säule redete, aber sie verstanden nicht recht, was er sagte, noch konnten sie ausmachen, in welcher Sprache er sprach.

Die Insel, die auf einer Säule steht

Die Insel, die sie darauf sahen, nannten sie »Einfuß«, und zwar deshalb, weil sie auf einer einzigen Säule in der Mitte ruhte. Sie umrundeten sie ganz, konnten aber keinen geeigneten Landeplatz finden. Am Fuß der Säule, tief unter der Wasserlinie, sahen sie eine Tür, wohlgesichert und verschlossen, und sie stellten sich vor, daß dort wohl der Eingang zur Insel sein müsse. Sie riefen laut um herauszufinden, ob jemand dort wohne. Aber es kam keine Antwort. Also fuhren sie weiter.

Eine Inselkönigin fesselt Maildun mit ihrem magischen Zwirnknäuel

Die nächste Insel, an die sie gelangten, war sehr groß. Auf der einen Seite erhob sich ein sanft ansteigendes mit Heide überwuchertes Gebirge, der Rest war eine mit Gras bewachsene Ebene. Nahe der Küste stand ein großer Palast, verziert mit Schnitzereien und Edelsteinen und umgeben von einem starken Wall. Nachdem sie gelandet waren, gingen sie auf das Schloß zu und setzten sich auf eine Bank vor dem Torweg, der durch den äußeren Wall führte. Und als sie durch die offene Tür sahen, erblickten sie im Hof eine Anzahl sehr hübscher junger Mädchen. Nachdem sie eine Weile dort gesessen hatten, erschien in einiger Entfernung ein Reiter und kam rasch auf den Palast zu, und als er näher heran war, erkannten sie, daß es eine Frau war, jung und prächtig gekleidet. Sie trug einen blauen Kopfschmuck, einen mit Silber abgenähten purpurnen

Mantel und ihre Handschuhe waren mit Goldfäden verziert. Eines der Mädchen kam heraus und hielt ihr Pferd, während sie abstieg, und ging dann wieder in das Schloß. Kaum war sie dort verschwunden, da kam ein anderes Mädchen heraus und sprach zu Maildun und seinen Gefährten:
»Seid willkommen auf dieser Insel. Kommt doch mit hinein. Die Königin lädt euch ein. Sie will euch empfangen.«
Sie folgten dem Mädchen, und die Königin hieß sie willkommen und nahm sie freundlich auf. Dann führte man sie in eine große Halle, wo ein üppiges Mahl bereitstand und hieß sie Platz zu nehmen. Eine Schüssel mit erlesenen Speisen und eine Karaffe mit Wein wurden vor Maildun hingestellt, während ein Teller und eine Trinkschale an den Plätzen seiner Gefährten standen. Sie aßen, tranken, ließen es sich wohlergehen und legten sich dann schlafen. Am nächsten Tag sprach die Königin zu Maildun und seinen Gefährten:
»Bleibt doch hier in unserem Land. Warum wollt ihr ewig über die Meere irren von Insel zu Insel? Hier werdet ihr nie krank oder alt werden. Ihr werdet immer jung bleiben und ein angenehmes Leben führen.«
»Ehe man eine so gewichtige Entscheidung trifft«, sagte Maildun vorsichtig, »müßte man etwas mehr darüber wissen, wie es hier bei Euch zugeht und was Ihr in Eurem Leben gesehen und erfahren habt.«
»Das ist schnell erklärt«, sagte die Königin. »Der König, der früher diese Insel regierte, war mein Ehemann, und die hübschen Mädchen, die ihr hier seht ... sie sind unsere Kinder. Mein Mann starb. Und da er keinen Sohn hinterließ, regiere ich jetzt die Insel. ... Jeden Tag begebe ich mich auf die Große Ebene und erledige die Verwaltungsangelegenheiten und die Rechtsprechung.«
»Wirst du heute auch gehen?«
»Ja, gewiß doch, auch heute«, antwortete sie, »aber ihr könnt ruhig bis zum Abend hier in diesem Haus bleiben. Ihr sollt nicht mit Arbeit und Problemen behelligt werden.«
Sie blieben während dreier Monate des Winters auf der Insel. Die Monate kamen ihnen vor wie Jahre, und es regte sich in ihnen die Sehnsucht, in ihr Heimatland zurückzukehren. Einmal sprach

einer der Gefährten zu Maildun: »Sind wir nicht lange genug hier gewesen? Das Leben dünkt mich schal. Wir sollten an die Heimfahrt denken.«
»Was du sagst, ist weder recht noch vernünftig«, erwiderte Maildun, »wo könnten wir es besser antreffen als hier, wo wir gehätschelt und verwöhnt werden wie sonst nirgendwo?«
Aber damit gaben sich seine Gefährten nicht zufrieden. Sie murrten. »Es liegt auf der Hand«, sprachen sie, »Maildun hat gut reden. Er hat jemanden, mit dem er schläft. Unsereiner mag sehen, wo er bleibt. Sollen wir etwa die Mädchen der Königin entjungfern? Das wäre beschwerlich. Nein, wir wollen heimfahren.«
Maildun genoß seine Lust. Aber als sie ihre Entschlossenheit bekundeten abzureisen, sagte er, er wolle mitkommen.
An einem bestimmten Tag – die Königin war auf der Großen Ebene, um Recht zu sprechen – machten sie ihr Boot bereit und schoben es ins Wasser. Als die Königin davon hörte, was geschehen war, lief sie zum Palast zurück und kam gleich darauf mit einem Wollknäuel wieder. Sie warf das Knäuel gegen das curragh hin aus und hielt das Ende des Fadens in ihrer Hand. Wie magisch angezogen, fing Maildun das Knäuel auf und hielt es fest. Und die Königin vermochte langsam und ohne Anstrengungen mit Hilfe des Fadens das Boot wieder an die Stelle zurückzuholen, von der es ausgefahren war. Als nun die Männer gelandet waren, ließ sie sich von Maildun versprechen, daß er sich nie mehr davonmachen werde.
Die Reisenden blieben auf der Insel, aber entschieden gegen ihren Willen. Sie unternahmen mehrere Fluchtversuche, aber immer wieder holte sie die Königin mit ihrem magischen Wollknäuel zurück.
Nach neun Monaten hielten die Männer Rat und sprachen:
»Ach, in Wahrheit steht es doch so: Maildun will diese Insel gar nicht verlassen. Er liebt die Königin viel zu sehr.«
Maildun sagte:
»Es ist wie ein Zauber. Ich habe selbst keine Macht über mich. Wenn sie das nächste Mal das Knäuel wirft, sollte es ein anderer auffangen. Bei ihm wird es vielleicht nicht an den Händen kleben bleiben wie bei mir.«
Darauf einigten sie sich, und bei ihrem nächsten Fluchtversuch

hielten sie es so. Aber es machte keinen Unterschied. Das Knäuel klebte bei dem anderen so fest an den Händen wie bei Maildun. Doch Diuran zog sein Schwert und hieb die Hand des betreffenden Mannes mit einem Streich ab. Da fiel das Knäuel in die See, und sie waren frei.
Froh legten sie sich in die Ruder und setzten ihre Reise fort.
Die Königin aber klagte und weinte, und mit ihr weinten die Töchter, aber das war alles vergebens, denn was ein Mann ist, so hat er zwar Freude, bei einer Frau zu liegen, aber danach hat er um so mehr Freude, aufzubrechen in die unbekannte Ferne.

Die Insel mit den berauschenden Weinfrüchten

Sie wurden nun wieder lange Zeit zwischen den Wellen umhergeworfen, bis endlich eine Insel in Sicht kam, die dicht bewaldet war. Die Bäume sahen aus wie große Haselnußsträucher und trugen eine Art von Früchten, wie sie die Reisenden noch nie zuvor gesehen hatten. Sie sahen etwa aus wie Äpfel, nur hatten sie eine rauhere Schale.
Nachdem die Mannschaft alle Früchte eines kleinen Baumes abgepflückt hatte, warfen sie das Los, wer sie als erster versuchen sollte. Das Los fiel diesmal auf Maildun. Also nahm er einige von den Früchten und preßte den Saft aus in ein Gefäß und trank ihn. Sogleich fiel er in einen tiefen Schlaf, aber der Zustand glich mehr einer Trance, nicht so friedlich, wie man sonst Schlaf empfindet.
Maildun lag regungslos da, er atmete nicht mehr und hatte roten Schaum vor dem Mund. Und für vierundzwanzig Stunden wußte keiner der anderen Männer, ob er noch lebte oder tot sei.
Als er am nächsten Tag erwachte, bat er seine Leute noch mehr von den Früchten einzusammeln, denn nichts sei so angenehm, wie das berauschte Gefühl, daß man empfinde, wenn man den Saft getrunken habe. Sie preßten also den Saft in Gefäße und von da an vermischten sie ihn mit sehr viel Wasser. So empfand man zwar, wenn man das Getränk zu sich nahm eine angenehme Beschwingtheit, verfiel aber nicht davon in Trance.

Die Insel, zu der sie dann kamen, war größer als die meisten anderen. Auf der einen Seite wuchs ein Wald mit Eiben und großen Eichen, auf der anderen Seite lag eine mit Gras bewachsene Ebene mit einem kleinen See in ihrer Mitte. Ein schön gefügtes Haus stand dort und eine Kirche, und zahlreiche Schafherden zogen über die Insel hin.

Die Reisenden gingen zur Kirche und trafen einen Einsiedler mit schneeweißem Bart, und Maildun fragte ihn, wer er sei und woher er komme. Er antwortete:

»Ich bin einer der fünfzehn Männer, die dem Beispiel des Meisters Brendan von Birra gefolgt sind und über den weiten Ozean hin auf Pilgerschaft gingen. Nach langer Wanderung haben wir uns hier auf dieser Insel niedergelassen. Meine Gefährten sind einer nach dem anderen gestorben. Ich allein bin übriggeblieben.«

Der alte Pilger zeigte ihm Brendans Reisetasche, die er und seine Freunde mitgebracht hatten, und Maildun küßte sie und beugte in Verehrung seine Knie. Der Alte erklärte ihnen, solange sie auf der Insel seien, könnten sie sich Hammelfleisch braten, aber sie sollten nichts davon verschwenden.

Eines Tages, als sie auf einem Hügel saßen, und über die See hinblickten, sahen sie eine große schwarze Wolke aus Südwesten näher und näher kommen. Sie behielten sie scharf im Auge und erkannten zu ihrem Erstaunen, daß es ein gewaltiger Vogel war. Ganz deutlich konnten sie erkennen, wie er mit seinen mächtigen Schwingen schlug. Als er die Insel erreicht hatte, ließ er sich auf einer kleinen Erhebung über dem See nieder. Den Männern wurde es Angst, denn sie sagten sich, wenn er sie sähe, werde er sich auf sie stürzen und sie hinaus aufs Meer verschleppen. Also versteckten sie sich unter Bäumen und ließen den Vogel nicht aus den Augen. Er schien schon sehr alt zu sein. Er hielt in einer Kralle den Ast eines Baumes, den er mit von der See hereingebracht hatte, und dieser Ast war so groß wie eine ausgewachsene Eiche. Der Ast war über und über mit frischem grünen Blattwerk bedeckt und Früchte hingen daran, die sahen aus wie Trauben, nur viel größer.

Der mächtige Vogel hockte für geraume Zeit auf dem Hügel und

schien ziemlich erschöpft nach seinem Flug, und schließlich begann er von den Früchten zu fressen. Nachdem sie ihn noch etwas beobachtet hatten, wagte sich Maildun näher an den Hügel heran. Er wollte prüfen, ob das Tier Böses im Sinn habe, aber der Vogel machte keine Anstalten, sich auf ihn zu stürzen. Das machte auch die anderen Männer kühner, und sie folgten ihrem Anführer.
Die ganze Mannschaft lief mit erhobenen Schilden um das Tier herum, und es regte sich immer noch nicht. Da trat einer von den Männern unmittelbar vor es hin und brach Früchte von dem Ast ab, den er in seinen Klauen hielt. Der Vogel nahm davon nicht im geringsten Notiz.
Am Abend desselben Tages, als die Männer übers Meer nach Südwesten schauten, von woher der große Vogel angeflogen war, sahen sie in der Ferne zwei weitere Vögel, fast ebenso groß wie der erste herankommen. Sie flogen in großer Höhe, stießen endlich herab und ließen sich ebenfalls auf der Erhebung neben dem anderen Tier nieder.
Sie waren offenbar jünger, und auch sie wirkten erschöpft.
Sie plusterten ihr Gefieder auf und begannen dann, dem alten Vogel Federn auszureißen. Darauf fraßen auch sie von den Früchten.
Am Vormittag des anderen Tages ging das genauso weiter. Und immer, wenn die beiden Jungen Früchte gepickt hatten, spieen sie Steine aus, die in den See fielen, dessen Wasser die Farbe von rotem Wein annahm. Plötzlich stürzte sich der alte Vogel ins Wasser und badete sich dort, und als er dann wieder zurückkam, achtete er darauf, sich nicht an der Stelle niederzulassen, an der die ihm von den Jungen ausgerissenen Federn lagen.
Am Morgen des dritten Tages sahen die Männer, daß die Jungen wieder dabei waren, dem alten Vogel das Gefieder auszureißen und dieses zu Mustern auf dem Hügel auszulegen. Damit fuhren sie fort bis zum Mittag. Dann, nachdem sie sich etwas ausgeruht hatten, schlugen sie heftig mit ihren großen Schwingen, erhoben sich in die Luft und waren bald gegen Südwesten hin verschwunden.
Der alte Vogel aber fuhr fort damit, sein Gefieder zu pflegen bis zum Abend. Dann schüttelte er sich und stieg in die Luft und umkreiste dreimal die Insel, als wolle er seine Stärke prüfen. Zum

Erstaunen der Männer wirkte er nun gar nicht mehr alt. Sein Federkleid war dicht und glänzend. Er trug den Kopf hoch und sein Blick war munter. Ebenso rasch wie die anderen flog er nun davon.
Es schien Maildun und seinen Gefährten ganz klar, daß dieser Vogel sich einer Art Verjüngungskur unterzogen hatte, eben von der Art, wie es beim Propheten heißt, wenn er schreibt: »Deine Jugend wird wiederhergestellt werden wie dies beim Adler geschieht.« Diuran, nachdem sie sich darüber klar geworden waren, sprach zu seinen Freunden:
»Warum baden wir nicht in diesem See? Vielleicht werden wir dann auch verjüngt wie dieser Vogel.«
Aber die anderen sprachen:
»Nicht doch, gewiß hat der Vogel das Gift des Alters und des körperlichen Verfalls im Wasser zurückgelassen.«
Diuran beharrte auf seinem Willen, und er sagte den Gefährten, er wolle es mit einem Bad versuchen, die anderen könnten es ja halten wie sie wollten.
Also sprang er in den See, schwamm darin herum und spülte auch seinen Mund mit dem Wasser aus. Als er herauskam, war er gesund und munter und sah um viele Jahre jünger aus. Zeit seines Lebens bekam er nie graues Haar noch verlor er einen Zahn. Für ihn stand fest, daß dies mit dem Bad in dem See zusammenhing.
Die anderen aber wagten sich nicht ins Wasser. Da sie nun schon eine ganze Zeit auf dieser Insel verbracht hatten, versorgten sie sich mit Hammelfleisch, verabschiedeten sich von dem alten Priester und steuerten wieder einmal auf die Weite des Ozeans hinaus.

Die Insel des Lachens

Die nächste Insel, zu der sie gelangten, war völlig eben. Sie erkannten von See her eine große Menschenmenge. Alle waren damit beschäftigt, Kinderspiele zu spielen, und dabei lachten sie in einem fort. Die Reisenden losten, wer hinüber zur Insel fahren und sich dort umschauen sollte. Das Los fiel auf Mailduns dritten Ziehbruder.
In dem Augenblick, da sein Fuß den Boden der Insel berührte, schloß er sich den Menschen dort bei ihren Spielen an und verfiel

wie diese in ständiges Lachen. Seine Gefährten warteten lange auf ihn, aber sie wagten sich nicht an Land. Und als endlich gewiß schien, daß er nicht zurückkommen werde, fuhren sie davon.

Die gesegnete Insel

Sie kamen nun zu einer kleinen Insel mit hohen Feuertürmen überall. Die Türme bewegten sich ständig. In einem der Türme stand eine große Tür offen, und wann immer die Männer bei der Bewegung des Turmes in die Tür hineinschauen konnten, sahen sie darin alles, was auf der ganzen Insel vor sich ging.
Und dies war es, was sie erblickten: Viele Menschen von schöner Gestalt, in schönen Kleidern. Sie feierten vergnügt und tranken aus goldenen Bechern. Die Reisenden hörten sie laut singen, und nach allem, was man sah und hörte, waren sie ständig froh und heiter. Aber Maildun und seine Freunde wagten sich dort nicht an Land. So viel Fröhlichkeit und Glück war ihnen unheimlich.

Der Einsiedler auf dem Seefelsen

Darauf sahen sie lange Zeit während einer Fahrt gen Süden gar nichts, was erwähnenswert gewesen wäre, bis sie etwas wahrnahmen, das ihnen zunächst wie ein großer weißer Vogel vorkam, der sich auf den Wellen wiegte. Aber als sie ihr Boot näher heranbrachten, stellten sie fest, daß es ein Mann war. Er war sehr alt. Weißes Haar bedeckte seine Blöße. Er stand auf einem breiten Fels und warf sich beständig auf die Knie nieder und hörte nie auf zu beten.
Als sie sahen, daß es ein heiliger Mann war, ließen sie sich von ihm segnen. Darauf sprachen sie mit ihm. Sie fragten ihn, wer er denn sei und wie er auf diesen Felsen gekommen wäre. Da gab der Alte ihnen den folgenden Bericht:
»Ich wurde geboren und wuchs heran auf dem Tory Island vor der Küste von Donegal. Später wurde ich als Koch in das dortige Kloster aufgenommen. Ich war ein böser Mensch. Ich verkaufte die Lebensmittel, die mir anvertraut waren und schaffte mir von dem Erlös Dinge an, an denen ich meine Freude hatte. Ich tat noch Schlimmeres. Ich legte einen unterirdischen Gang zur Kirche hin

an und stahl von Zeit zu Zeit goldbestickte Kleider, Buchumschläge und andere Kostbarkeiten.

Bald war ich sehr reich. Ich wurde stolz und hochmütig.

Eines Tages wurde ich ausgesandt, um für einen Bauern, dessen Leiche vom Festland herübergebracht worden war, ein Grab zu schaufeln. Kaum hatte ich mit der Arbeit begonnen, da hörte ich in der Erde unter meinen Füßen eine Stimme sagen:

›Grab dieses Grab nicht!‹

Ich war erschrocken, hielt inne, aber nachdem ich mich gefaßt hatte, kümmerte ich mich nicht weiter um das merkwürdige Gerede und schaufelte weiter. Kaum hatte ich aber wieder angefangen, da vernahm ich die Stimme wieder:

›Ich bin ein frommer Mann und mein Körper ist mager und leicht. Leg nicht diesen schweren Leib eines Sünders auf mich!‹

Trotzig erwiderte ich:

›Nichts wird mich daran hindern, dieses Grab auszuheben, und selbstverständlich wird auch die Leiche des Bauern hier beigesetzt.‹

›Wenn du das tust, wird dir das Fleisch von den Knochen fallen, du wirst sterben und innerhalb von drei Tagen zur Hölle fahren. Die Leiche wird auch nicht dort liegenbleiben, wo sie von dir begraben worden ist.‹

›Was gibst du mir, wenn ich die Leiche nicht hier begrabe?‹ fragte ich.

›Ewiges Leben im Himmel‹, erwiderte die Stimme.

›Und wie kann ich sicher sein, daß du auch die Wahrheit sagst?‹

Die Stimme antwortete:

›Die Erde, die du aushebst, ist Ton. Achte darauf, ob er sich verändert, und dann wirst du wissen, ob ich die Wahrheit rede. Du wirst sehen, daß du diesen Mann hier über mir gar nicht begraben kannst, selbst, wenn du es versuchen solltest.‹

Die Stimme hatte kaum geendet, als sich der Ton in weißen Sand zu verwandeln begann. Als ich das sah, brachte ich den Körper fort und begrub ihn anderswo.

Geraume Zeit danach fertigte ich mir ein neues Boot aus Häuten, malte es ganz rot und stach damit in See. Als ich an der Küste einer bestimmten Insel vorbeikam, war ich so erfreut über den Anblick des Landes von der See aus, daß ich mich entschloß, dort zu leben.

Ich kehrte um, nahm all meine Schätze an Bord – Silberbecher, goldene Armreifen und Trinkhörner – und brach abermals auf. Zuerst hatte ich Glück. Die Luft war klar, die See ruhig und glatt. Aber eines Tages erhob sich plötzlich der Wind, ein Sturm raste heran. Ich wurde weit aufs Meer hinausgetrieben und verlor die Küste aus den Augen. Kurz darauf ließ der Sturm nach und mein Boot fuhr wieder ruhig und leicht dahin. Da war es mir, obwohl immer noch eine gute Brise wehte, als bleibe mein Fahrzeug plötzlich stehen. Ich stand auf, um die Ursache in Erfahrung zu bringen. Zu meinem größten Erstaunen sah ich nicht weit von mir einen alten Mann auf einem Wellenkamm sitzen.

Er redete zu mir, und als ich die Stimme vernahm, war es mir, als ob ich sie schon einmal gehört hätte. Mir wurde Angst, ich begann zu zittern. Das Zittern überkam mich, ich wußte nicht warum.

›Wohin willst du?‹ fragte der Alte.

›Ich weiß nicht‹, erwiderte ich, ›ich weiß nur, daß ich gern in meinem Boot hier auf den Wellen hintreibe.‹

›Du wärest ganz schön erschrocken‹, erwiderte der alte Mann, ›wenn du die Truppen sähest, die in diesem Moment um dich sind.‹

›Von was für Truppen sprecht ihr?‹

Er antwortete:

›Soweit man von hier aus schauen kann, lagern sich über den Wolken ob deines Geizes, ob deiner Diebestaten, ob deines Stolzes und ob deiner übrigen Verbrechen und Laster, Scharen von Dämonen.‹

Er fragte dann:

›Weißt du, warum dein Boot stehengeblieben ist?‹

Ich schüttelte den Kopf und er sagte:

›Ich habe es angehalten; es wird sich nicht vom Fleck rühren, bis du mir versprichst, das zu tun, worum ich dich bitte.‹

Ich erwiderte, vielleicht stehe es ja gar nicht in meiner Macht, seinen Wunsch zu erfüllen.

›Es steht in deiner Macht‹, antwortete er, ›solltest du dich etwa weigern, werden sich die Schleusen der Hölle über dir auftun.‹

Er kam dann nahe an das Boot heran, berührte mich und hieß mich, zu beschwören, daß ich tun wolle, was er von mir verlange.

›Wirf all die gestohlenen Schätze ins Wasser‹, befahl er mir. Das schmerzte mich sehr, und ich sagte:
›Wie schade, daß all diese kostbaren Dinge verloren sein sollen.‹
Er erwiderte: ›Sie werden keineswegs verloren sein. Jemand wird kommen und sie verwahren. Tu jetzt, wie ich dir gesagt habe.‹
Obwohl es mir widerstrebte, warf ich also alles über Bord und behielt nur eine kleine hölzerne Tasse zurück.
›Du wirst jetzt deine Reise fortsetzen‹, wies er mich an, ›und sobald du auf festen Boden stößt, wirst du dort bleiben.‹
Er gab mir dann sieben Kuchen und eine Tasse Trinkwasser als Reiseproviant, darauf fuhr das Boot weiter, und ich verlor ihn bald aus den Augen. Erst jetzt fiel mir ein, daß es dieselbe Stimme gewesen war, die ich schon einmal gehört hatte, als ich das Grab schaufelte. Ich war ebenso erstaunt wie bedrückt über diese Feststellung. Ich legte meine Ruder fort und überließ mich in meinem Boot dem Wind und der Strömung. Es war mir gleichgültig, wohin es mich treiben werde. Lange wurde ich auf den Wellen umhergeworfen und wußte nicht, in welche Richtung die Fahrt ging.
Schließlich hielt mein Boot an. Ich war verwirrt. Ich sah nirgends Land. Ich erinnerte mich aber daran, was der alte Mann mir gesagt hatte und entdeckte schließlich einen kleinen Felsen, der nur wenig über die Meeresoberfläche herausragte.
Ich betrat den Felsen, und in diesem Augenblick schien es so, als ob die Wellen zurückzuckten und als ob der Felsen sich höher aus dem Wasser heraushebe. Mein Boot trieb davon. Ich habe es nie mehr gesehen. Seither lebe ich hier auf diesem Felsen. In den ersten sieben Jahren ernährte ich mich von den sieben Kuchen und dem Trinkwasser, das mir der alte Mann mit auf die Reise gegeben hatte. Dann waren die Kuchen aufgebraucht. Ich fastete drei Tage und hatte nichts, um meine Lippen zu netzen. Am Abend des dritten Tages kam ein Otter und brachte mir einen Lachs aus dem Meer, aber obgleich ich großen Hunger hatte, konnte ich es doch nicht über mich bringen, den rohen Fisch herunterzuschlingen; er wurde wieder von den Wellen davongespült.
Ich blieb abermals drei Tage ohne Nahrung. Am Nachmittag des dritten Tages brachte der Otter wieder den Lachs. Und dann sah ich ein zweites Tier vor mir, das Brennholz herbeitrug. Als genug

vorhanden war, blies es einfach mit seinem Atem in den Haufen, und das Feuer brannte. Ich briet den Lachs und aß, bis mein Hunger gestillt war.
Der Otter brachte mir jeden Tag Fisch. So lebte ich über sieben Jahre hin. Der Felsen wurde auch mit der Zeit größer und größer, bis er die Ausmaße hatte, die Ihr jetzt seht. Am Ende der sieben Jahre brachte der Otter keinen Fisch mehr, und ich fastete drei Tage. Nach dem dritten Tag wurde mir ein halber Kuchen aus Weizenmehl und eine Scheibe Fisch geschickt. Am selben Tag fiel eine Tasse Trinkwasser vom Himmel und ein Becher mit gutem Bier wurde vor mich auf den Fels gestellt.
Und also habe ich gelebt, gebetet und Buße getan für meine Sünden bis zu dieser Stunde.«
Das war es, was der alte Mann berichtete.
Am Abend dieses Tages erhielt ein jeder aus der Mannschaft ebenfalls einen halben Kuchen, eine Scheibe Fisch und fand einen Becher besten Biers vor sich stehen.
Am nächsten Morgen sagte der Einsiedler zu ihnen:
»Ihr werdet eure Heimat sicher erreichen. Und du, Maildun, wirst auf einer Insel unterwegs jenen Mann treffen, der deinen Vater erschlagen hat. Aber du wirst ihn nicht töten und auch nicht auf andere Art an ihm Rache nehmen. Gott hat dich in all den Gefahren, durch die du gegangen bist, behütet, obwohl du große Schuld auf dich geladen hast und eigentlich den Tod durch seine Hand verdient hättest, deshalb vergib auch du deinen Feinden.«
Darauf nahmen sie Abschied und segelten fort.

Erste Anzeichen für die Nähe der Heimat

Bald darauf sahen sie ein schönes Land mit großen Viehherden, die in den Hügeln grasten, aber nirgends entdeckten sie Häuser oder Menschen. Sie blieben geraume Zeit auf dieser Insel und taten sich gütlich am Fleisch der Kühe und Schafe. Als sie eines Tages auf einem Hügel standen, kam ein Falke vorübergeflogen. Zwei aus der Mannschaft beobachteten genau seinen Flug und sie riefen Maildun zu:
»Hast du den Falken gesehen? Wetten, daß er aus Irland stammt?«

»Prägt euch die Richtung gut ein, in die er fliegt!« befahl Maildun. Und sie sahen, daß er schnurgerade immer nach Südosten zog. Da gingen sie auf der Stelle an Bord, legten ab und steuerten ebenfalls in diese Richtung. Nachdem sie den ganzen Tag gefahren waren, sichteten sie im Abenddunst Land, und es schien ihnen Erin.

Maildun trifft seinen Feind und kehrt heim

Als sie näherkamen, stießen sie auf eine kleine Insel. Jetzt erkannten sie, daß es dieselbe Insel war, zu der sie am Anfang ihrer Reise gekommen waren, jene Insel, auf der sie den Mann hatten prahlen hören, er habe Mailduns Vater erschlagen, jene Insel, zu der sie damals nach einem heftigen Sturm nicht zurückgefunden hatten.
Jetzt aber gelang es ihnen zu landen, und sie gingen auf das große Haus zu. Nun wollte es der Zufall, der eine große Macht ist, daß die Leute dort gerade beim Abendessen saßen. Maildun und seine Gefährten hörten von draußen mit an, wie sie sich unterhielten.
Sprach der eine zum anderen:
»Das wäre gar nicht gut, wenn dieser Maildun jetzt auftauchen würde.«
»Ach was«, sagte der andere, »da mach dir mal keine Sorgen. Dieser Maildun ist längst irgendwo auf dem weiten Ozean umgekommen.«
»Da wäre ich nicht so sicher«, sagte ein Dritter, »wer weiß, vielleicht weckt er dich noch eines schönen Morgens aus dem Schlaf.«
»Angenommen, er käme jetzt«, fragte ein anderer, »was würden wir dann machen?«
Der Herr des Hauses antwortete, und sofort erkannte Maildun an der Stimme, wer das war.
»Das ist schnell gesagt«, erwiderte der Mann drinnen, »Maildun hat große Heimsuchungen und Strapazen bestanden. Wir mögen einst Feinde gewesen sein; wenn er jetzt käme, würde ich ihn willkommen heißen und ihn freundlich empfangen.«
Als Maildun das hörte, betrat er das Haus und sprach:
»Hier bin ich ... Maildun, der heimgekehrt ist von so weiten Reisen hin über das Meer!«

Der Herr des Hauses hieß ihn herzlich willkommen samt seinen Gefährten; neue Kleider gab man ihnen, und sie tafelten und ruhten sich aus, bis sie alle Entbehrungen und Strapazen vergessen hatten.
Sie berichteten von all den Wundern, die Gott ihnen enthüllt hatte, und es war wie der Weise sagt: All dies wird ein Quell des Vergnügens sein, wenn man in der Zukunft daran zurückdenkt.
Nach einigen Tagen fuhr Maildun heim in sein Land. Und Diuran Lekerd nahm die fünf Halbunzen Silber und legte sie, wie er versprochen hatte, auf den Hochaltar der Kirche in Armagh.

DIE VISION DES MAC CONN GLINNE*

Cathal, König von Munster, war ein guter König und ein großer Krieger. Aber es kam dahin, daß ein gesetzloses wildes Biest in seinem Körper Behausung nahm, weshalb er ständig Hunger verspürte, der nicht gestillt werden konnte. Schon zum Frühstück verschlang er nun gewöhnlich ein ganzes Schwein, eine Kuh und ein Kalb und drei Dutzend Weizenkuchen und trank dazu ein ganzes Faß frisches Bier aus. Wenn er aber irgendwo ein Festmahl hielt, bedeutete das den Ruin für den ganzen Bezirk, der all die Nahrungsmittel für den gefräßigen König aufzubringen hatte.
Nun lebte in Armagh ein berühmter junger Gelehrter mit Namen Anier Mac Conn Glinne, der hörte von der seltsamen Krankheit des Königs Cathal und von den Unmengen an Essen und Getränken, an Weizenmehl, Bier und Met, die am Königshof verbraucht wurden. Also machte er sich dorthin auf, um sein Glück zu suchen und den König von seinen Leiden zu kurieren.
Er war zeitig am Morgen auf den Beinen, krempelte die Ärmel seines Hemdes hoch und hüllte sich in seinen faltenreichen Mantel. In seine rechte Hand nahm er einen knorrigen Stock, sagte seinen Freunden Lebewohl und ging fort.
Er reiste über Land, quer durch ganz Irland, bis er an das Haus des Pichan kam. Dort blieb er, erzählte Geschichten, und alle wurden vergnügt.
Aber Pichan sprach:

»All die Fröhlichkeit, die du uns schenkst, macht mich tief im Herzen nicht froh.«
»Was nagt dort?« fragt Mac Conn Glinne.
»Weißt du nicht, Mann, daß heute abend Cathal mit seinem ganzen Hofstaat hier einfällt? Der Hofstaat macht Mühe, aber der König macht Kummer. Seine Freßsucht ist nur einer der Plagen zu vergleichen, die Gott über das Ägypterland kommen ließ. Dreierlei müßte wenigstens zur Stelle sein: Ein Sack Hafer, ein Sack Äpfel und ein Sack voller Kuchen. Dererlei stopft er als Vorspeise in seinen Rachen, der Unersättliche.«
»Wie wäre es«, sprach Mac Conn Glinne, »wenn ich den König von seiner Freßsucht heilte!«
»Das ganze Land würde dir die Füße küssen, aber davon wird keiner reich. Also besser, ich verspreche dir je ein weißes Schaf aus jedem Pferch zwischen Carn und Cork.«
»Einverstanden und abgemacht«, antwortete Mac Conn Glinne.
Cathal, der König, kam mit seinem Gefolge und einem Trupp Berittener. Kaum hatte der König sich hingesetzt und auch nur die Schnürsenkel gelöst, da begann er auch schon, jeden Apfel in Reichweite in sich zu stopfen.
Pichan und die Männer von Munster blickten traurig und sorgenvoll drein, weil sie ihre Zweifel hatten, ob Mac Conn Glinne gelingen werde, was er versprochen hatte.
Der aber stand auf, griff nach einem Wetzstein, stopfte ihn sich in den Mund und begann, darauf herumzukauen.
»Bist du närrisch, mein Junge, oder was ist dir?« fragte Cathal.
»Ach ... nichts weiter«, war die Antwort, »es schmerzt mich, Euch allein essen zu sehen.«
Da schämte sich der König und warf ihm einen Apfel zu, und man sagt, es seien zuvor drei Halbjahre vergangen, seitdem er sich das letzte Mal habe zu einer solchen Wohltat hinreißen lassen.
»Erlaubt mir, daß ich mir etwas wünsche«, bat Mac Conn Glinne.
»Genehmigt bei meiner Ehre«, sagte der König.
»Dann wünsche ich mir, daß Ihr eine Nacht mit mir fasten sollt.«
Der Gedanke allein war furchtbar für den König, aber er hatte den Wunsch bei seiner Ehre zugestanden, und wo kämen wir hin, wenn auf ein Königswort kein Verlaß mehr wäre.

Am Morgen bestellte Mac Conne Glinne saftigen Schinken, zartes Roast Beef, Honig in einer Wabe und englisches Salz, das man in einem schön polierten Gefäß aus Silber herbeitrug. Ein Feuer brannte im Kamin: ohne Rauch, ohne Gestank, ohne Funken.
Mac Conne Glinne spießte Fleischstücke auf und schickte sich an, sie über dem Feuer zu rösten. Dann rief er:
»Seile und Schnüre her... und starke Männer!« Die Stricke wurden gebracht, und die stärksten Krieger kamen.
Er hieß sie, den König ergreifen und ihn so festbinden, daß dieser sich nicht mehr bewegen konnte. Dann setzte er sich vor ihn hin, nahm das Messer aus dem Gürtel, schnitt ein Stück von dem gerösteten Fleisch ab, tauchte es in Honig und führte es vor dem Mund des Königs spazieren.
Als der König sah, daß er nichts bekommen und vierundzwanzig Stunden würde fasten müssen, schrie und schalt er und befahl, man solle Mac Conn Glinne töten.
Aber das wagte keiner.
»Nur ruhig«, sagte der, »es ist nicht der König, der da befiehlt. Es ist das gesetzlose, wilde Biest, das aus ihm spricht.«
»Herr König«, fuhr Mac Conn Glinne fort, »letzte Nacht hatte ich eine Vision. Ich muß Euch davon erzählen.«
Und während er zu rezitieren begann, führte er Fleischbrocken um Fleischbrocken an dem Mund und der Nase des Königs vorbei und aß sie am Ende selbst. Dies aber war es, was er sang, wenn er gerade nicht zu kauen hatte:

Einen See aus frischer Milch sah ich,
In der Mitte einer lieblichen Ebene.
Darin lag ein wohlgefügtes Haus auf einer Insel,
Das Dach mit Butter gedeckt,
Puddings, frisch gekocht,
Dienten als Dachrost.
Zwei weiche Türpfosten aus Schlagsahne,
Als Betten herrliche Schinken,
Die Zaunstangen – Käse,
Würste die Balken.
Wahrlich, ein reich gefülltes Haus war dies,
Mit genügend Vorrat für den Hunger des stärksten Essers.

»Als ich nun diese Vision hatte«, erzählte Mac Conn Glinne, »hörte ich, wie mir jemand ins Ohr flüsterte:
›Geh keinen Schritt weiter, Mac Conn Glinne. Du weißt doch, was das Essen angeht, verträgst du nicht viel.‹
›Was ist da zu tun?‹ fragte ich, denn die Vision hatte mich recht freßgierig werden lassen.
Da forderte die Stimme mich auf, weiterzugehen, bis ich zu der Einsiedelei des Zauberdoktors käme. Dort würde mir schon der Hunger werden, den es für eine solche Fülle leckerer Speisen braucht. Im Hafen auf dem See entdeckte ich ein hübsches Boot aus Rindfleisch. Das Heck war aus Fett, der Bug aus Butter, die Ruder aus Streifen von Wildfleisch. Ich ruderte hin über die Weite des Frischen Milchsees, durch die Strömung von Brühe, an den Flußmündungen aus Pastete vorbei, über die Strudel von Buttermilch, vorüber an den Inseln aus Käse. Ich umschiffte vorsichtig die Vorgebirge aus altem Quark, bis ich zu Füßen des Buttergebirges wieder festen Boden betrat und im Land der Früh-, Viel- und Alles-Fresser vor der Eremitage des Zauberdoktors stand.
Wunderbar wahrlich sah diese Einsiedelei aus. Umgeben war sie von siebenhundert Stapeln, aufgesetzt aus gut abgehangenen Schinken. Statt Dornen auf jeder Stakete des Zaunes sah ich leuchtendes Fett. Das Tor war aus Sahne, die Riegel bestanden aus Dauerwurst.
Auf dem Hof traf ich den Türsteher Speckbursch, einen Mann aus dem Butterklan, in weichen Sandalen aus altem Frühstücksspeck, mit Beinkleidern aus Kochfleisch, einem Hemd aus Roast Beef, den Gürtel aus Lachshaut, den Helm aus Griesbrei, so saß er auf einer Stute aus Speck. Deren vier Hufe waren aus Haferbrot, ihre Ohren aus Quark, und sie hatte Augen aus Honig im Kopf. In der Hand hielt er eine Peitsche. Die Peitschenschnüre waren vierundzwanzig feine weiße Puddings, und allein jeder saftige Tropfen, der von einem der Puddings herabfiel, hätte einen gewöhnlichen Sterblichen satt werden lassen.
Als ich weiterging, stieß ich auf den Zauberdoktor. Statt in Handschuhen steckten seine Hände in Rumpsteaks, denn er war gerade dabei, in seinem Haus Ordnung zu schaffen, an dessen Wänden Kutteln hingen.

In der Küche saß der Sohn des Zauberdoktor mit einem Fischhaken aus Fett in der Hand, der hing an einer Schnur aus Rindermark. Damit angelte der Bursche in einem Teich voller Wein. Mal landete er einen Schinken, dann wieder einen zarten Rehrücken. Schließlich aber stürzte er vor lauter Gier nach noch üppigeren Fängen in den Teich und ertrank. Ich trat in ein Nebenzimmer. Ein Sofa stand dort. Aber wie konnte ich ahnen, daß es aus nichts als aus Butter bestand. Ich setzte mich und versank in dem goldgelben Brei bis zu den Haarspitzen. Acht Männer hatten alle Mühe, mich wieder herauszuhieven.

Endlich führte man mich vor den Zauberdoktor. ›Was fehlt dir?‹ fragte er mich.

›Ach, ständig wünsche ich mir, ein großes Stück von jeder Fleischsorte, die es auf der Welt gibt, liege vor mir, um endlich einmal voll und ganz den Hunger stillen zu können, der in mir zwackt.‹

›Wahrlich‹, meinte der Doktor, ›das ist ein böses Übel. Aber ich will dir ein Rezept verraten, das wird dich und einen jeden, dem es so geht wie dir, von der Freßsucht heilen.‹

›Also, was verschreibt ihr?‹ fragte ich ungeduldig. ›Wenn du heute abend heimkommst, so wärme dich erst einmal vor einem rotglühenden Eichenfeuer gut durch. . . . Mach dann dreimal neun Brocken, ein jeder so groß wie ein Fasanenei. In jedem Brocken soll ein Anteil Mehl aus jeder Getreideart sein: Weizen und Hafer, Gerste und Roggen. Dazu gibst du etwas Soße, einen winzigen Tropfen, soviel eben wie zwanzig Männer sich auftun, die nicht unter dieser Krankheit leiden.

Ehe du nun immer einen Brocken ißt, trinkst du jeweils einen guten Schluck dick-sahniger Milch. Und hast du den Brocken heruntergeschlungen, so vergiß nicht, noch einmal Sahne nachzuschütten. Ist dies geschehen, dann wirst du so sicher wie das Amen in der Kirche von deiner Freßsucht geheilt sein. Und nun geh'‹, fuhr er fort, ›im Namen des fetten Käses, möge der saftige Schinkenspeck deinen Weg glätten. Die gelbkremige Sahne sei mit dir, ein Kessel voller Kartoffelsuppe erleuchte dein Angesicht . . . !‹ «

Als nun Mac Conn Glinne seine Vision rezitiert hatte, mit der Aufzählung der herrlichen Fleischsorten und der Beschreibung des Duftes der in Honig getauchten Brocken, die am Spieß steckten,

kam das gesetzlose Biest, das im König saß, aus dessen Bauch heraufgestiegen und setzte sich lauernd auf dessen Lippe.
Da bewegte Mac Conn Glinne seine Hand, in der er die Spieße hielt, gegen den Mund des Königs hin, wo das gesetzlose Biest hockte und danach gierte, davon zu fressen. Mac Conn Glinne aber achtete darauf, daß er mit den Spießen nicht weiter als eine Armlänge an die Lippen des Königs herankam. Das gesetzlose Biest sprang aus dem Mund hervor, verbiß sich in den Spieß. Mac Conn Glinne aber legte jenen Spieß, nach dem es geschnappt hatte und an dem es nun hing, in die Glut des Herdfeuers und stellte den Kessel des königlichen Haushaltes darauf. Also saß das gesetzlose Biest gefangen. Dann räumte man das ganze Haus leer, bis sich schließlich außer dem Kessel, dem Spieß und dem Feuer nicht einmal das Bein einer Küchenschabe darin befand und zündete es an allen vier Ecken an.
Als da nur noch ein rotlodernder Turm aus Flammen war, flüchtete das gesetzlose Biest auf die Dachbalken, und als es ihm schließlich auch dort zu brenzlig wurde, sprang es auf in die Luft, und es ward auf Erden nie mehr gesehen, wohl aber in der Hölle.
Dem König aber richtete man ein Bett mit Federkissen, und Musikanten und Sänger, Barden und Gaukler unterhielten ihn von Mittag bis Mitternacht. Dann verfiel er in einen tiefen, wohltätigen Schlaf. Als er danach erwachte, war er endgültig geheilt. Aus Dankbarkeit schenkte er Mac Conn Glinne eine Kuh aus jedem Bauernhof und ein Schaf aus jedem Gehöft in Munster. Zudem machte er ihn zum Vorschneider und Speisenabschmecker an der königlichen Tafel.
Also ward Cathal, König von Munster, von seiner Freßsucht befreit, und Mac Conn Glinne gewann dabei großen Ruhm.

SEÁN PALMERS REISE MIT DEN FEEN NACH AMERIKA

Seán Palmer lebte in Rinneen Bán. Er besaß eine kleine Farm und ein Fischerboot. Er fischte im Sommer. Er war verheiratet und hatte drei erwachsene Kinder.
Nun hatte Seán den Tabak sehr gern. Er war ein starker Raucher,

Zu dieser Zeit gab es auf dem Land nur wenige Geschäfte, und sie lagen weit auseinander.
So waren die Leute auf die Eierfrau angewiesen, die einmal im Monat vorbeikam, die Eier aufkaufte und ihnen im Tausch all das anbot, was man in einem Haushalt auf dem Land braucht: Tabak, Seife, Nähnadeln und Stricknadeln.
Diese Frauen verkauften den Tabak nach einem Maß, das man einen Finger nannte. Der Mittelfinger der rechten Hand von der Spitze bis zum Knöchel, diese Spanne bezeichnete man als »einen Finger Tabak«, und dafür zahlte man einen Penny.
Nun geschah es, daß zu jener Zeit, zu der unsere Geschichte spielt, die Eierfrau, die gewöhnlich Rinneen Bán besuchte, länger ausblieb als gewöhnlich, und Seán Palmer mußte ohne seinen geliebten Tabaksqualm auskommen.
Wie bei allen starken Rauchern, so hatte auch bei Seán die erzwungene Abstinenz von dem nervenberuhigenden Kraut die Wirkung, daß der sonst tatkräftige und fleißige Mann völlig verändert wurde. Zwei Tage saß er auf dem Holzklotz vor dem Küchenfeuer, brummte, knurrte und verfluchte die Eierfrau, die dran schuld war, daß er nicht zu seinem geliebten Kraut kam.
Am Abend des dritten Tages, nachdem er mehr als zwanzigmal vom Holzklotz aufgestanden und zur Küchentür gegangen war, in der Hoffnung, die Eierfrau werde sich früher oder später doch noch blicken lassen, redete er sein Weib so an:
»Mary«, sagte er, »ich halte das nicht länger aus. Das Ende meiner Geduld ist gekommen. Ich glaube, ich gehe hinüber in den Laden von Seán Murphy The Locks und hole mir dort einen Finger Tabak. Mit mir unter einem Dach läßt's sich nicht mehr gut aushalten, wenn noch eine Nacht vergeht, ohne daß ich mir eine Pfeife angezündet habe.«
Seán The Locks betrieb ein kleines Geschäft, etwa eine Viertelmeile nach Süden von jenem Fleck, auf dem heute das Dorf Waterville steht – damals gab es das Dorf noch nicht – und handelte mit Lebensmitteln und Tabak.
»Die Kartoffeln kochen schon, Seán«, sprach seine Frau, »und du solltest dich besser dort drüben an den Tisch setzen und erst dein Abendbrot essen, ehe du dich auf den Weg machst.«

»Yerrah, Weib«, sagte Seán, »ich kann keinen Tisch sehen, ich kann keine Kartoffeln riechen. Ich bin blind vor Verlangen nach Tabaksrauch. Noch diese Minute mache ich mich auf den Weg zu Seán The Locks Laden, und die Kartoffeln können warten, bis ich zurück bin.«

Er stand auf, griff sich seinen Schwarzdornstecken und ging fort; bekleidet war er nur mit seinem Jackett und mit ein Paar Flanellhosen. Er trug weder Schuhe noch Strümpfe, denn beides zogen die Männer nur an, wenn sie zur Messe oder in die nächste Stadt auf den Markt gingen.

Als er sich dem Kai näherte – es gibt da einen kleinen Kai am Stadtrand in der Senke von Rinneen Bán, wo die Fischerboote anlegen und ihre Fänge an Land setzen – kam es ihm vor, als ständen da neben der Straße zwei Männer, und er ging auf sie zu.

»Das ist Seán Palmer«, sagte der eine Mann zu dem anderen.

»Ich weiß, was mit ihm los ist, und wo er hin will. Er hat keinen Tabak«, hörte Seán den anderen sagen. Die beiden Männer schienen sich darüber im klaren zu sein, daß Seán ihnen zuhören konnte.

Als er auf Rufweite herangekommen war, grüßte er sie, und sie erwiderten seinen Gruß.

»Du hast keinen Tabak, nicht wahr, Seán«, sagte der eine der beiden Fremden, »siehst du die Männer dort unten? Steig zu ihnen hinunter, sie werden dir bestimmt etwas Tabak geben.«

Am Kai hatte ein kleines Boot festgemacht, in dem zwei Männer saßen. Seán zögerte.

»Ich glaube, es ist schon zu spät, um noch zu Seán The Locks Laden hinüberzugehen«, erwiderte er, »daheim steht das Essen auf dem Tisch und wartet auf mich. Wenn sie mir nur eine Pfeife voll Tabak geben würden, die mein Verlangen bis zum Morgen besänftigt, wäre ich schon zufrieden.«

»Geh hinunter zu ihnen«, sagte einer der beiden Fremden, »sie geben dir Tabak, soviel du nur willst.«

Seán stieg hinunter zum Kai. Das Boot war dicht an die Mauer herangezogen. Zwei Männer saßen darin. Seán redete sie höflich an und sagte, er werde ihnen ewig dankbar sein, wenn sie so freundlich wären, ihm mit etwas Tabak auszuhelfen.

»Tabak sollst du bekommen und nicht zu knapp«, sagte der eine, »steig zu uns ins Boot und setz dich hin.«
Als er ins Boot stieg, dachte Seán bei sich:
»By Gor, das nenne ich Glück. Es ist ein altes Sprichwort: ein Hund, der frei herumläuft, fühlt sich besser als ein Hund an der Leine.«
»Ah, da bist du ja, Seán«, sagte einer der beiden Männer im Boot, und Palmer wunderte sich schon etwas, daß er ihn mit dem Vornamen anredete. Woher kannte er den? Aber der andere sagte weiter:
»Hier, nimm und bedien dich und rauch, bis du zufrieden bist!«
Und mit diesen Worten drückte er Seán, was diesen abermals erstaunte, seine eigene Pfeife in die Hand. Sie brannte und hatte einen guten Zug. Seán bedankte sich, sog den Rauch tief ein und war bald ganz von Tabaksqualm umnebelt. Er saß da, paffte begierig, schaute nicht nach rechts und links und glich einem Mann, der in einen Traum versunken ist.
»O Mann, ich lebe wieder!« sprach er zu sich selbst. »Ist das nicht Weihrauch fürs Herz? Das ist die köstlichste Pfeife Tabak, die ich je in meinem Leben geraucht habe!«
Es dauerte nicht lange, da machten die beiden Männer im Boot ihren Kameraden, die oben am Straßenrand gestanden hatten, ein Zeichen, herunterzukommen und ins Boot zu steigen. Und kaum waren sie an Bord, da gingen auch schon die Segel hoch, und das Kommando wurde gegeben: Hinaus auf See, Jungens!
Pfeilschnell legte das kleine Fahrzeug von der Kaimauer ab.
»By Gor«, sprach Seán zu sich selbst, »die haben es so eilig wie das Gas, das der Kohl in den Därmen eines armen Mannes macht, wohin auch immer sie unterwegs sein mögen.«
Weder Seán noch einer der vier Männer im Boot sprachen ein Wort, während das Boot nur so dahinschoß über die Wasserfläche, und es dauerte nicht lange, da sah Seán Lichter . . .
»Yerrah«, sagte Seán zu einem der Männer, »sind das dort drüben die Lohar-Höfe?«
»Gott steh dir bei«, erwiderte der Mann, »warte noch einen Augenblick und du wirst noch ganz andere Häuser zu Gesicht bekommen als die von Lohar.«
»Beim Arsch eines Esels«, sagte Seán, »das müssen die Lohar-Höfe sein, und dort gegen Westen hin liegt dann Rinneen Bán.«

»Gott steh dir bei«, antwortete einer der Männer aus dem Boot, »weißt du tatsächlich nicht, wo wir hier sind? Wir halten auf den Kai von New York zu. Schau nur, all die Schiffe hier im Hafenbekken, die vielen Leute dort auf der Straße, und die Häuser so hoch wie Türme, so . . . Achtung, wie legen an. Fertig. Jetzt kannst du an Land gehen, Seán.«

Seán starrte völlig verwirrt auf das, was da vor ihm lag, und es dauerte einige Zeit, bis er seine Ruhe und Gelassenheit wiedergewonnen hatte. Dann jedoch ging er an Land. Er mischte sich unter die Menschen auf dem Kai, obwohl er niemanden kannte, und es wollte ihm so vorkommen, als starrten ihn alle an.

»Oh, guter Himmel«, sagte er zu sich selbst, »kein Wunder, daß alle zu mir hinschauen. Ich in meinen Flanellhosen und ohne Schuhe und Strümpfe. Warum habe ich nur meinen Mantel nicht angezogen, als ich von daheim fortging.«

Ein Mann kam an ihm vorbei, als er da auf der Kaimauer stand und in die Menge starrte.

»Auf meinen Eid«, sagte der Mann, während er vorüberging, »aber dieser Bursche da hat eine gewisse Ähnlichkeit mit Seán Palmer aus Rinneen Bán.«

»Guter Gott«, sagte Seán zu sich selbst, »das ist doch einer von denen, die nach Amerika ausgewandert sind. Freilich, das war Andy Pickett aus Rinneen Ban. Den habe ich gekannt, ehe er fortging, und wenn er jetzt in Amerika ist, dann bin ich auch in Amerika. Ich glaube, er hat mich erkannt.«

»Beruhige dich«, sagte einer der Männer aus dem Boot, »du bist wirklich und wahrhaftig in Amerika und hör mal Seán . . . ein Bruder von dir lebt doch hier in New York, oder?«

»Das stimmt«, sagte Seán, »aber New York ist eine große Stadt, und wie soll ich armes Greenhorn herausfinden, wo er wohnt?«

»Nur Mut«, sagte der Mann, »komm mit. Wir finden ihn schon.«

Zwei Männer begleiteten Seán, während die beiden anderen im Boot zurückblieben. Man spazierte durch die Hauptstraßen der Stadt und plötzlich blieben Seáns Begleiter vor einem Gebäude stehen. »Dein Bruder Paddy wohnt in diesem Haus«, sagte einer der beiden Männer zu Seán. »Klopf an die Tür und sag den Leuten drinnen, du wolltest Paddy Palmer sprechen.«

Seán tat wie ihm geheißen, und auf sein Klopfen hin kam ein Diener an die Tür.
»Wohnt hier Paddy Palmer aus Rinneen Bán?« fragte Seán.
»Gewiß doch«, bekam er zur Antwort.
Seán folgte dem Diener die Treppe hinauf in eines der oberen Stockwerke.
»Dies hier ist sein Zimmer«, sagte der Diener. »Sie können gleich hineingehen«, und ließ ihn stehen. Seán betrat das Zimmer, und als Paddy ihn in seinem Jackett, in Flanellhosen, ohne Schuhe und Strümpfe vor sich sah, meinte er eine Erscheinung aus der anderen Welt zu erblicken, will sagen, er hielt den Bruder für tot, und glaubte, dessen Geist komme ihn besuchen.
»Gott im Himmel, Seán!« rief er aus. »Woran bist du nur gestorben?«
»Auf Treu und Glauben«, erwiderte Seán, »ich bin höchst lebendig.«
»Wann bist du denn hier in Amerika angekommen?« fragte Paddy.
»Vor einer Viertelstunde unten am Kai«, erwiderte Seán.
»Und wann bist du von zu Haus fortgefahren?« fragte Paddy weiter.
»In Rinneen Ban so etwa vor einer halben Stunde.«
»Und was für ein Schiff hast du benutzt? Waren viele Leute an Bord?«
»Warte eine Minute, und ich werde dir meine Geschichte erzählen«, sagte Seán. »Ich hatte keinen Tabak mehr, und kurz ehe die Dunkelheit hereinbrach, machte ich mich auf zu Seán The Locks Laden, um dort etwas Tabak zu kaufen. Aber als ich Rinneen Kai erreichte ...«, so begann er, und erzählte seinem Bruder das ganze unheimliche Erlebnis.
»Setz dich einen Augenblick. Ich will Abendessen für uns bestellen«, sagte Paddy, »während du ißt, will ich schnell in den Laden im Haus nebenan hinüberspringen und dir etwas Tabak holen, und wenn ich zurückkomme, gebe ich dir meinen besten Anzug. Du siehst unmöglich aus in den alten Sachen. Ich kann mir morgen einen neuen Anzug kaufen.«
Seán setzte sich an den Tisch, als das Essen kam, und er war gerade fertig, als Paddy mit einer ziemlich großen Kiste Tabak unter dem Arm zurückkehrte.

»Nun, Seán«, sagte er, »mit dem Tabak hier wirst du mindestens ein halbes Jahr auskommen.«
Darauf griff er in die Tasche seiner Hose und zog ein Bündel Dollarscheine heraus.
»Und hier sind ein paar Dollar für dich«, sagte er, »ich wollte sie dir eigentlich erst zu Weihnachten schicken, aber da du ja gerade hier bist, gebe ich sie dir, das spart mir die Mühe, sie in einen Briefumschlag zu stecken und dir zu schicken.«
Auf mein Wort, dieser Paddy machte seinem Bruder ein sehr nobles Geschenk.
»Tja«, sagte Seán, »du bist sehr anständig zu mir gewesen, Paddy. Ich bin dir ja auch sehr dankbar, aber jetzt muß ich gehen. Die zwei Männer warten unten auf der Straße wohl immer noch auf mich, und es wäre nicht höflich, sie noch länger warten zu lassen.«
Paddy packte seinen besten Anzug in ein Stück braunes Packpapier, legte die Kiste mit dem Tabak dazu und überreichte Seán das Paket.
»Auf Wiedersehen, Seán«, sagte er, »Gott lasse deinen Weg kurz werden.«
Unten auf der Straße traf Seán die beiden Männer aus dem Boot wieder.
»Nun Seán«, sagte der eine von ihnen, »hat sich der Besuch gelohnt?«
»Bei meiner Seele«, erwiderte Seán, »das will ich meinen. Ich habe hier ein Bündel Dollars im Wert von sieben Pfund, eine große Kiste Tabak und einen schönen Anzug.«
»Gib mir das Paket, Seán«, sagte der Mann, »ich werde es im Boot verstauen.«
Während sich dieser Mann mit dem Paket entfernte, sagte der andere zu Seán:
»Hör mal ... hast du nicht auch eine Schwester in Boston wohnen?«
»By Gor, du hast recht«, antwortete Seán, »irgendwo in den Vereinigten Staaten wohnt eine Schwester von mir ... wird wohl Boston sein.«
»Sie lebt in Boston«, versicherte ihm der Mann, »ich kenne das Haus, in dem sie wohnt, und wenn du sie besuchen möchtest, will ich dich gern begleiten und dir helfen, dich in der fremden Stadt

zurechtzufinden. Der andere Mann holt uns noch ein. Komm, wir machen uns auf den Weg.«

»Bei meiner Seele«, sagte Seán, »freilich würde ich meine Schwester Cait gern wiedersehen. Warum eigentlich nicht?«

Sie brachen auf, und im Nu waren sie in Boston. Wie sie so durch die Stadt liefen, blieb Seáns Gefährte plötzlich vor einem Haus in der Hauptstraße stehen. »So Seán«, sagte er, »hier sind wir jetzt in Boston. In diesem Haus wohnt deine Schwester Cait, geh und klopf an die Tür.«

Das tat Seán. Eine Frau mittleren Alters öffnete und fragt: »Wen möchten Sie sprechen?«

»Ich möchte bitte zu Cait . . . zu Cait Palmer.«

»Die bin ich«, sagte die Frau.

»Guter Gott«, rief Seán aus, »erkennst du deinen Bruder Seán nicht mehr?«

»Yerrah, Seán«, sagte sie erschrocken, »wann bist du denn gestorben?«

Sie dachte, als sie ihn so barfuß und in seinen Flanellhosen vor sich sah, er sei auf Besuch aus der Anderswelt.

»Bei meiner Seele«, sprach Seán, »ich bin doch nicht tot. Ich bin herrlich am Leben. Ich bin den ganzen Weg von Rinneen Ban herübergekommen, um dich zu besuchen. Ich bin auch schon in New York bei Paddy gewesen. Wie das alles zugegangen ist, wird er dir erzählen, wenn ihr euch das nächstemal trefft.«

»Was du nicht sagst, Seán . . . wann bist du denn in Rinneen Ban abgereist?«

»So etwa zur Abendbrotzeit heute abend«, berichtete er, »ich wollte zu Seán The Locks Laden gehen, um mir etwas Tabak zu kaufen . . . ach was, es würde zu lange dauern, dir das alles zu erklären. Frag Paddy danach, wenn ihr euch trefft. Ich war bei ihm zum Essen in New York. Er war sehr freundlich zu mir. Er schenkte mir ein Kistchen voll Tabak, einen neuen Anzug und ein Bündel Dollarnoten. Die kann ich mit heimnehmen, verstehst du?«

Darauf öffnete auch Cait ihre Geldbörse und drückte ihm einen Zwanzig-Dollar-Schein in die Hand . . . »Hier, Seán«, sagte sie, »nimm das, mehr Geld habe ich nicht im Haus, aber ich werde dich zu Weihnachten nicht vergessen. Ich schicke dir einen Scheck.«

Seán verabschiedete sich von der Schwester und ging wieder hinunter auf die Straße, wo seine beiden Gefährten auf ihn warteten.
»Nun, Seán«, sagte einer der beiden Männer zu ihm, »was ist bei deiner Schwester Cait herausgesprungen?«
»Bei meiner Seele!« erwiderte Seán, »es hat sich gelohnt. Sie hat mir eine Zwanzig-Dollar-Note gegeben.« Die drei Männer machten sich nun auf den Weg zurück nach New York, und als sie sich der Stadt näherten, blieb Seán plötzlich stehen und rief: »Guter Gott... wo ist meine Pfeife? Sie muß mir aus dem Mund gefallen sein, oder habe ich sie in Boston liegen gelassen. Ich muß sie doch dem Mann auf dem Boot zurückgeben, und jetzt habe ich sie verloren. Dabei war es doch eine so schöne Pfeife. Zu ärgerlich ... das!«
»Mach dir keine Sorgen wegen der Pfeife«, sagte einer der beiden Männer, »das ist nicht so schlimm. Eine neue Pfeife ist schnell beschafft.«
Als sie nun durch New York gingen, räusperte sich der Mann zur Linken – sie hatten ihn in die Mitte genommen – und fragte: »Übrigens, Seán, du kennst doch wohl Cait Stroghair O'Shea aus Lohar?«
»Gewiß doch. Wir waren enge Freunde, ehe sie nach Amerika auswanderte. Wenn ich ganz ehrlich sein soll, ich war einmal sehr heftig in sie verliebt und hätte sie um ein Haar geheiratet.«
»Möchtest du sie wiedersehen? Sie lebt hier in dieser Gasse, und ich kenne auch das Haus, in dem sie wohnt.«
»Ich glaube, ich möchte lieber nicht«, antwortete Seán zaghaft, »meine Kleider sind ziemlich schäbig. Ich würde mich schämen, ihr in diesem Aufzug unter die Augen zu treten.«
»Daran soll es nicht scheitern«, bekam er zur Antwort, »ich laufe rasch hinunter zum Boot und hole dir neue Kleider«, sagte der Mann, der ihn zuvor gefragt hatte, »das dauert gar nicht lange, außerdem haben wir keine Eile.«
Gesagt, getan. In einer düsteren Ecke zog Seán sich dann um, und als er sich herausgeputzt hatte, brachten die beiden Männer ihn zu dem Haus, in dem Cait Stroghair O'Shea wohnte. Seán klopfte an, und Cait ließ ihn herein. Sie erkannte ihren alten Freund im ersten Augenblick, wie sich alle sofort erkennen, die sich einmal geliebt

haben, begrüßte ihn mit einem »tausendfach Willkommen« und fragte ihn, wie lange er schon in Amerika sei.
»Ich bin schon seit ein paar Jahren hier!« Er wollte sie nicht wissen lassen, daß er erst an diesem Abend angekommen war. Das hätte seinem Besuch zu viel Bedeutung gegeben.
»Ich fahre heute wieder nach Irland zurück«, fuhr er fort, »aber zuvor wollte ich dich noch sehen.«
»Das ist freundlich von dir, Seán«, sagte sie, »und wann genau fährst du nach Irland zurück?«
»Noch heute nacht. Ich reise in wenigen Stunden ab.«
»Ach, Seán«, sagte sie, »wenn ich das früher gewußt hätte, daß du nach Irland zurückfährst, so hätte ich gewiß versucht, es so einzurichten, daß wir die Reise auf demselben Schiff machen.«
Sie holte ihre Geldbörse hervor und gab Seán eine Fünfzehn-Dollar-Note.
»Nimm das als kleines Geschenk für meinen Bruder Corn mit«, sagte sie, »... und hier ist auch noch etwas für dich.« Sie drückte ihm einen Fünf-Dollar-Schein in die Hand. »Damit du auf dem Schiff während der Überfahrt mit deinen Kameraden auf mein Wohl anstoßen kannst. Übrigens, Seán«, sagte sie, »hast du eigentlich je geheiratet?«
Er drückte sich um die Antwort, indem er zurückfragte, ob sie denn verheiratet sei.
»Wer weiß, Seán«, sagte sie lächelnd, »vielleicht klappt's noch einmal mit uns beiden.«
»Das weiß man nie«, erwiderte Seán und verabschiedete sich von ihr, »die seltsamsten Dinge werden wahr.«
Darauf ging er wieder hinunter auf die Straße, wo seine beiden Gefährten immer noch geduldig auf ihn warteten.
»Nun, Seán«, fragten sie, »wie ist's bei Cait Stroghair gegangen?«
»Wir sind recht gut miteinander ausgekommen«, antwortete er, »wir hatten ein freundliches Gespräch, und sie gab mir fünfzehn Dollar für ihren Bruder Corn und fünf Dollar für mich, damit ich auf dem Boot auf ihre Gesundheit anstoßen kann.«
»Komm jetzt«, sagten die beiden Männer, »unsere Zeit läuft ab. Wir müssen zurück mit dem Boot.«
Sie liefen zum Kai von New York, suchten ihr Boot und fanden

darin die beiden Männer wartend, so wie sie sie verlassen hatten. Die Segel wurden gehißt, und dann legten sie ab. Ein Mann sprach in leisem Tonfall mit dem, der das Steuer hielt:
»Es ist jetzt keine Zeit zu verlieren, setz alle Segel.«
Und das kleine Boot schoß auf die See hinaus wie ein fallender Stern.
Sie waren noch nicht lange auf dem offenen Meer, als Seán plötzlich die verlorene Pfeife wieder zwischen seinen Zähnen spürte.
»Meine Seele dem Teufel!« rief er aus. »Ist das die verlorene Pfeife, oder ist sie es nicht?«
»Sie ist es«, sagte einer der Männer, »schau nach, ob sie noch brennt, und wenn ja, dann rauche sie nur, solange es dir Spaß macht.«
Die Pfeife brannte tatsächlich, und bald sah Seán Rauchwölkchen vor seinem Gesicht aufsteigen.
»Ach«, rief er aus, »das alte Sprichwort hat schon recht: bei einem glücklichen Mann braucht es nichts als nur geboren zu werden.«
Gar nicht lange, und Seán sah Land aus dem Meer aufsteigen, und bald war er sicher, daß dies dort drüben die Häuser der Küste waren.
»Bei meiner Seele«, fragte er einen der Männer erstaunt, »sind das die Höfe von Lohar, die ich dort in der Ferne sehe?«
»In der Tat, diesmal sind sie es.«
»Ich habe ja diesem Boot allerlei zugetraut«, sagte Seán, »aber ich dachte, wir seien erst ein paar Meilen vor New York, und nun sind es nur ein paar Ruderschläge bis Rinneen Bán Kai.«
Das Boot näherte sich dem Kai wie eine donnernde Woge.
»Steig aus, Seán«, forderten ihn die Männer auf, »heil und sicher sind wir wieder in Irland.«
Seán griff sich sein Paket und sprang an Land. Als er sich umdrehte, um der Bootsmannschaft zu danken, war weit und breit kein Boot mehr zu sehen. Es schien, als habe das Meer es verschlungen.
Seán ging die Straße vom Pier hinauf, da hörte er die Hähne krähen. Als er daheim ankam, klopfte er laut an der Küchentür.
»Steh auf und mach diesem Schurken von einem Vater auf«, rief drinnen Seáns Weib ihrer ältesten Tochter zu. Sie waren schon lange zu Bett gegangen und hatten fest geschlafen. »Er hat die halbe Nacht in Seán The Locks Laden Karten gespielt. Ach diese Mannsbilder!«

Das Mädchen öffnete und sah vor sich einen fremden Mann in einem eleganten Yankee-Anzug mit einem Panamahut auf dem Kopf und an den Füßen ein Paar auf Hochglanz polierte Glacéschuhe. Da schrak sie zurück und lief kreischend ins Schlafzimmer. Ihre Mutter sprang aus dem Bett, kleidete sich an und kam in die Küche. Sie erkannte ihren Seán sofort, denn inzwischen hatte er ein paar Klumpen Torf auf das Feuer geworfen und es loderte hell. Die Frau musterte Seán einige Zeit von Kopf bis Fuß, und als sie sich von ihrem Erstaunen erholt hatte, sagte sie:
»Guter Gott, Seán, wo bist du nur die ganze Nacht gewesen? Und wie kommst du zu den feinen Kleidern, die um deine Knochen schlottern?«
»Nicht, wie du denkst«, antwortete Seán, »ich habe sie drüben von meinem Bruder Paddy geschenkt bekommen.«
Sie sah ihn noch einmal genau an, denn sie dachte, er habe den Verstand verloren.
»Und schau her«, fuhr er fort, »es gibt Beweise, daß ich in New York gewesen bin. Sieh dir hier diese Kiste mit Tabak an, die mir Paddy mitgegeben hat. Das reicht für ein halbes Jahr. Und dann das ...«, er griff in die Hosentasche und zog eine Handvoll Dollarnoten hervor. »Er hat mir auch Geld geschenkt. Und in Boston bin ich auch gewesen. Dort habe ich meine Schwester Cait besucht. Auch sie hat mir etwas Geld gegeben. Als wir dann nach New York zurückkamen, habe ich noch bei unserer alten Nachbarin Cait Stroghair O'Shea hereingeschaut. Sie ist gut beieinander und hat mir 15 Dollar für ihren Bruder Corn mitgegeben und außerdem noch eine Fünf-Dollar-Note, damit ich unterwegs auf ihre Gesundheit anstoßen kann.«
Seáns Frau nahm den Kasten voll Tabak und begann ihn zu untersuchen. Sie war zur Schule gegangen und konnte lesen und schreiben. Sie sah die Worte New York in großen Buchstaben auf dem Deckel und zudem auch das Datum, an dem der Tabak verpackt worden war.
»By Gor, Seán«, rief sie aus, »was du erzählst, ist ja auch noch wahr! Diese Kiste stammt aus New York. Daran ist nicht zu rütteln, aber wie, im Namen des Himmels, hast du es fertiggebracht, in so kurzer Zeit hin und zurück zu fahren?«

Da erzählte ihr Seán die ganze Geschichte, so wie ich sie euch erzählt habe, und am nächsten Morgen, nach dem Aufstehen – nicht sehr zeitig, nehme ich an, denn freilich war er nach der langen Reise rechtschaffen müde – frühstückte er, zog seine großartigen neuen Kleider an, auch die Schuhe und den Panamahut und spazierte in diesem Aufzug auf dem Gelände seiner kleinen Farm umher.
Und als die Nachbarn den elegant gekleideten Herrn sahen, überlegten sie, wer das wohl sein könnte. Keiner verfiel darauf, daß der Mann in dem schönen Anzug Seán war. Erst nach einiger Zeit wagten sich die Nachbarn näher heran, um festzustellen, wer das sei und erkannten Seán.
Im Laufe der Zeit kamen auch Briefe aus Amerika für Seáns Nachbarn in Rinneen Bán und die Leute oben in Lohar, von Andy Pickett und Cait Stroghair O'Shea, und in den Briefen stand, jawohl, Seán Palmer sei bei den Verwandten und Bekannten in Amerika gewesen und habe mit ihnen gesprochen.

Mit der voranstehenden Geschichte von Seán Palmer wird einmal mehr deutlich, wie ein Mangel dazu führt, daß das Wunder Ereignis und als Realität geglaubt wird. . . .
Die Kraft eines Mangels ist schließlich auch hier so stark, daß die rational bestimmte Ordnung, die allgemein akzeptierten und gültigen Gesetzmäßigkeiten von Raum und Zeit überwunden werden. So genommen, ist also auch Seán Palmers Reise eine »Seelenfahrt«, und es fällt von dieser Geschichte aus unseren Tagen ein erklärendes Licht auf die Entstehungsbedingungen und die psychologischen Zusammenhänge in jenen klassischen immrama-Texten. In der Geschichte von Maildun sucht ein junger Mann den Mörder seines Vaters und sucht dabei in übertragenem Sinn auch seine Identität.
Erst durch die Umwege, durch das Erfahren bestimmter Seelenzustände, ist er schließlich »reif« dazu geworden, auf Rache zu verzichten.
Reife, so ließe sich die Botschaft dieser Geschichten zusammenfassen, ist ohne Entfernung von dem Vertrauten, ohne Ablösung, die kritische Distanz gewinnen hilft, nicht denkbar.
Die Reise in eine räumliche Ferne ist zugleich die Reise in das Ferne,

Verdrängte und doch bohrend Rumorende in der eigenen Innenwelt. Unter solchen Umständen verbinden sich reale Bilder, Gerüchte über das Sosein des Fernen mit Phantasmagorischem zu einer letztlich unaufhebbaren Einheit.

Das Wunderbarste dieser Texte ist wohl darin zu sehen, daß wir Zeuge werden, wie die Phantasie des Menschen in der Lage ist, einen Zwang aufzulösen und Freiheit herzustellen. Phantasie ist hier eben nicht Vehikel zur Flucht, sondern Seismograph dafür, was dem Menschen zu einem erfüllten, sinnvollen und menschenwürdigen Dasein fehlt. Sie wird zum drängenden, nicht abweisbaren Hinweis darauf, welche Mängel auch in der Wirklichkeit behoben werden müßten.

VI. KAPITEL

WORIN
GESCHICHTEN VON LIEBE UND TOD
VERSAMMELT SIND,
DEREN VERBORGENER SINN
ERFORSCHT WIRD

»Nun nehme ich an, daß viele Leute meinen werden, ich beschäftigte mich mit einem Spielzeug und nähme mir ebensoviel Freiheit beim Ausdeuten der Fabeln von Geschichten heraus wie Dichter, wenn sie ihre Geschichten erfinden ... aber das ist nicht meine Absicht. Ich weiß wohl, aus welchem biegsamen Stoff eine Fabel besteht, wie leicht man sie hierhin und dorthin verbiegen und wie man mit ein bißchen Kühnheit und Abweichung von ihrem tatsächlichen Sinn ihr eine Bedeutung zulegen kann, an die bei ihrer Entstehung nie gedacht worden ist. All dies habe ich gebührlich untersucht und erwogen ...«

Francis Bacon

Schon einmal haben wir auf unserer Reise durch die Anderswelt Geschichten gehört, in denen von den Bedingungen und den Gefahren die Rede gewesen ist, die sich immer dann ergeben, wenn irdische Menschen sich in Wesen aus der Anderswelt verlieben oder von ihnen begehrt werden.
Auch in den folgenden Geschichten geht es um Liebe, um die Verlockung irdischer Männer durch Frauen aus der Anderswelt, aber in geradezu bestürzender Weise sind hier Liebe und Tod miteinander verbunden.
Die wild-chaotischen Seiten von Lust und Leidenschaft treten deutlicher hervor. Und ohne daß dies ausdrücklich gesagt würde, spürt man zwischen den Zeilen die Furcht des Menschen angesichts seiner Vergänglichkeit.
In der Liebe möchte er diese Angst vergessen. Doch gerade seine Fähigkeit, neues Leben hervorzubringen, gemahnt ihn zugleich an den Tod.
Nur, indem er sich als von seiner Vernunft bestimmtes Wesen aufgibt, sich seiner Triebhaftigkeit ausliefert, erfährt er Lust – läuft aber gleichzeitig Gefahr, von dem Animalisch-Chaotischen zerstört zu werden.
Deutlicher als irgendwo anders wird in diesen Geschichten die Anderswelt als das Reich der Seele erkennbar.
Die beiden ersten Texte stammen aus dem Fenier-Zyklus, den Geschichten um die Fianna (fian = Krieger).
Dermot O'Dyna galt als ein großzügiger, außerordentlich tapferer Mann. Er war ebenso stattlich wie mutig und wurde oft auch Dermot mit dem hellen Gesicht, Dermot mit den weißen Zähnen genannt. In der Tradition von Munster gilt er als in Kerry gebürtig. Tatsächlich aber stammte er aus Leinster, und seine Vorfahren waren nach Munster eingewandert.

WIE DERMOT ZU SEINEM LIEBESFLECK KAM

Einst, in alter Zeit, zogen in Erin vier Männer auf die Jagd. Dermot, Goll, Conan und Osgar waren ihre Namen. Kampferfahrene, starke, kluge Männer waren es. Sie gehörten der Fianna an, jener Mannschaft, deren Anführer der große Fin McCul war.

Mit Einbruch der Dunkelheit hatte es zu regnen begonnen, und wenn dies auch Männer waren, die im Krieg ohne Murren bei jedem Wetter im Freien nächtigten, so fragten sie sich doch, warum sie die langen Stunden der Finsternis trübselig unter triefenden Bäumen hocken sollten, wenn vielleicht gar nicht weit entfernt ein Strohdach auf sie wartete. Sie machten sich also auf die Suche nach einer menschlichen Behausung, und nach einiger Zeit entdeckten sie in einem schmalen Tal, das keiner von ihnen je zuvor betreten hatte, eine einsame Hütte, aus deren Schornstein Rauch aufstieg.

Dermot stieß schon von weitem den Ruf der Freundschaft aus, um den Bewohnern zu verstehen zu geben, daß sie nichts zu befürchten hätten.

Ein alter Mann trat aus der Hütte. Er begrüßte die Fianna-Männer freundlich und hieß sie herzlich willkommen, als sie ihn um ein Quartier für die Nacht baten.

So traten die vier über die Schwelle. Hell lohte drinnen das Herdfeuer, vor das sie hintraten, um ihre Kleider zu trocknen.

Der Alte wohnte nicht allein in der einsamen Hütte. Ein junges Mädchen war bei ihm. Sie hatte kupferrotes Haar, schöne runde Brüste und auf ihrem Gesicht lag ein seltsam zärtlich verlockendes Lächeln, das die Männer ihre Brauen heben ließ.

Außerdem beherbergte die Hütte auch noch eine Katze und einen prächtigen Hammel.

Der Hammel lag ruhig und schwer in einer Ecke und glotzte die Gäste aus großen, dummen Augen an. Die Katze hatte sich ihren Ruheplatz nicht weit von der Feuerstelle an der Kaminwand gesucht. Sie schnurrte zufrieden vor sich hin.

Das junge Mädchen hängte sogleich einen großen Topf über das Feuer, und auf den weißgescheuerten Tisch, der mitten im Raum stand, stellte sie vier hölzerne Schalen und daneben legte sie die Löffel. Ein würziger Geruch stieg aus dem Topf, und den hungri-

gen Fianna-Männern lief das Wasser im Mund zusammen. Endlich war es soweit. Eine kräftige Bohnensuppe dampfte auf dem Tisch, und das Mädchen hieß die Gäste zuzugreifen.
Die Männer ließen sich das nicht zweimal sagen. Sie setzten sich selbstbewußt auf die Schemel um den Tisch und wollten sich gerade eine reichliche Portion schöpfen, da erhob sich plötzlich der Hammel, nahm einen kurzen Anlauf und sprang mit einem Satz auf den Tisch, doch so geschickt, daß dabei weder der Topf noch die Schalen umgestoßen wurden.
Dermot schüttelte unwillig den Kopf. Ehe sie essen konnten, mußte das Tier wieder herunter. Der scharfe Geruch des Hammels störte ihn.
Der alte Mann und seine Tochter machten sich unterdessen in einem Nebenraum zu schaffen, wohl um den Gästen das Nachtlager zu richten.
Ärgerlich versuchten die Fianna-Männer, den Hammel vom Tisch zu stoßen. Jedesmal, wenn sie zupackten und das störrische Tier stießen, schlug es so kräftig aus, daß die Männer torkelten, ja schließlich selbst zu Boden fielen.
Endlich glückte es Goll, den Hammel mit einem überraschenden Ruck vom Tisch zu werfen. Aber das sollte den vier Gefährten schlecht bekommen.
Bis jetzt hatte der Hammel mit ihnen gespielt. Nun aber wurde er wütend und teilte nach allen Seiten so harte Stöße aus, daß nach wenigen Augenblicken alle vier stolzen Fianna-Helden mehr oder minder ächzend und stöhnend auf dem Rücken lagen.
Goll hatte der Hammel gar seine beiden Vorderpfoten triumphierend auf die Brust gesetzt.
Wie nun die Männer sich recht jammervoll noch am Boden wälzten, erschien aus dem Nebenraum der Alte. »Sieh da«, sprach er, »euch ist es wohl schlecht ergangen. Katze, warum hast du das zugelassen? Komm, binde den dummen Hammel fest, damit er nicht noch mehr Unheil anrichtet.«
Die Katze hatte neben dem Herd gelegen, eingesponnen in warmes Wohlbehagen. Auf die Worte des Alten hin sprang sie mit einem Satz dem Hammel in den Nacken, krallte sich in sein Ohr und lenkte ihn in seinen Winkel zurück, wo sie ihm mit wenigen ge-

schickten Bewegungen einen festen Strick so um seine Hörner wand, daß er sich nicht mehr von der Stelle zu rühren vermochte.
Die vier Fianna-Männer erhoben sich. Sie rieben sich ihre Beulen und blauen Flecke und murmelten leise Flüche vor sich hin.
Dermot aber sprach zu dem Alten:
»Wir wollen nicht länger bei Euch bleiben. Noch nie sind wir derart erniedrigt worden ... von einem Hammel noch dazu! Und das vor den Augen eines schönen Mädchens. Wir danken Euch für Eure Bereitwilligkeit, uns Gastfreundschaft zu erweisen. Aber Euer Haus muß verhext sein. Offenbar sind wir nicht die rechten Männer, mit diesem Zauber fertig zu werden. Lieber wollen wir in Regen und Dunkelheit lagern, als uns hier womöglich noch weitere Erniedrigungen einhandeln.«
Der Alte lachte leise, hob seine Hand und sprach:
»Beruhigt euch, Fianna-Männer. Ihr braucht euch nicht zu schämen. Kein gewöhnlicher Hammel hat euch zu Boden geworfen. Auch die Katze, die euch an Kraft und Geschicklichkeit übertroffen hat, ist keine gewöhnliche Katze. Bleibt also ruhig unter diesem Dach, bis die Nacht vorüber ist. Die Niederlage eben wird eurem Ruf als starke tapfere Krieger nicht abträglich sein.«
»Ja bleibt«, fügte das Mädchen hinzu, und sie blickte dabei besonders Dermot mit ihren Sternaugen bittend an. Dermot senkte den Kopf. Der Macht dieser Augen war schwer zu widerstehen.
Doch Goll war nicht so rasch zu beschwichtigen, weder von einem alten Mann noch von einem schönen Mädchen.
»Nein«, rief er zornig, »mit ein paar guten Worten und einem schönen Blick kann diese Schande nicht getilgt sein! Wir verlangen genau zu wissen, wer es ist, vor dem unsere Kräfte so erbärmlich versagten?«
»Ich hätte es euch lieber verschwiegen«, antwortete der Alte, »aber wenn ihr so schwer gekränkt seid, will ich Licht in das Geheimnis lassen, in der Hoffnung, es möge euch nicht noch mehr beunruhigen. Der Hammel – das ist die Welt. Sie ist stärker als selbst vier Fianna-Männer zusammen. Ihr unterlegen zu sein, braucht sich niemand zu schämen. Und die Katze ...? Nun, die Katze ist allerdings das einzige Wesen, dem selbst die ganze Welt nicht standhalten kann. Die Katze nämlich ... das ist der Tod.«

»Der Tod!« sprach Dermot entsetzt, »Männer laßt uns eilig gehen.«
»Fürchtet euch nicht«, sprach der Alte weiter, »ihr könntet nirgends vor ihm sicherer sein. Solange ihr unter diesem Dach wohnt, schläft der Tod. Kommt jetzt, es ist spät. Ich will euch eure Nachtlager zeigen. Wir haben nur drei Räume unter diesem Dach. Dort hinten, in diesem Verschlag, stehen die Schafe. Hier, in dem großen Raum, wo das Feuer wärmt, schlafe ich, denn ich bin der Herr des Hauses. Ich bin uralt und brauche nun einmal viel Wärme. Ihr müßt also mit dem dritten Raum vorliebnehmen, in dem meine Tochter schläft. Dort haben wir euch ein Strohlager bereitet. Das Bett des Mädchens steht neben der Tür. Vier Fianna-Männer sind wohl über jeden Zweifel erhaben, der Ehre eines unschuldigen jungen Mädchens zu nahe zu treten. Kommt jetzt. Ihr werdet müde sein.«
Die vier Gefährten taten wie ihnen geheißen und fanden nebenan eine Schütte duftenden Gerstenstrohs, darauf legten sie sich nieder. Sie wären wohl keine gesunden kräftigen Männer gewesen, wenn sie nicht die Erwartung, daß ein schönes junges Mädchen sich bald darauf in derselben Kammer, nur wenige Schritte von ihnen entfernt, zur Ruhe legen würde, wachgehalten und ihnen eine große Unruhe ins Blut geträufelt hätte.
Nach einiger Zeit hoben die vier Gefährten erstaunt ihre Köpfe. In dem bisher nachtschwarzen Raum erstrahlte ein weiches, alles durchdringendes Licht, und sie erkannten, daß dieser Glanz von dem Mädchen ausging, das eben eingetreten war, sich auskleidete und sich anschickte, ins Bett zu gehen.
Eine Weile verhielten sich die vier Gefährten ganz ruhig. Ein jeder hoffte, die anderen seien schon eingeschlafen. Goll war der erste, über den das Verlangen Gewalt gewann. Vorsichtig erhob er sich, schlich zu dem Bett des Mädchens hin und flüsterte:
»Laß mich zu dir, schöner Glanz. Ich will, daß du mein wirst. Ohne deine Liebe finde ich keinen Schlaf!« Das Mädchen sah ihn mit ihren weichen verlockenden Augen an und flüsterte zurück:
»O Goll, einmal habe ich dir gehört, aber nie, nie wieder darf es geschehen. Ich weise dich ab. Lege dich wieder auf dein Lager.«
Zähneknirschend tappte Goll zurück und grub sich ins Stroh.
Wieder war es eine Weile still.
Dann versuchte Osgar sein Glück.

Er war noch nicht bei dem Bett des Mädchens angelangt, da hörte er auch schon eine bekannte Stimme sagen: »Auch dich kann ich nicht lieben, Osgar. Auch deine Liebste bin ich schon einmal gewesen. Aber das ist vorbei und wird nie wieder sein.«
Wiederum nach einer Weile stand Conan auf und schlich sich dorthin, wo er das Bett des Mädchens vermutete. Er meinte es besonders schlau anzustellen und sagte schmeichelnd:
»Schöne Feenprinzessin. Niemand belauscht uns. Unwiderstehlich ist deine Anmut. Du bist schön wie die von der Morgensonne gerötete Wolke über dem Slieve Blom. Wenn du dich mir hingibst, will ich dein Lob singen bis an mein Lebensende.«
»Lieber Conan«, antwortete das Mädchen, »deines Lobes bedarf ich nicht. Ich bin wie ich bin, ob mit oder ohne dein Lob. Ich mag dich nicht mehr, nachdem ich dir einmal gehört habe.«
Conan war verwirrt. Er knurrte einen Fluch. Aber was sollte er tun! Liebe läßt sich nicht erzwingen. Also stampfte auch er wieder zu seinem Strohlager zurück.
Dermot lag auch noch wach. Er dachte: Wenn sie alle anderen abgewiesen hat, kann ich mir wohl Hoffnung machen.
Also stand er auf und schlich zu dem Bett. Das, was er dort sah, verschlug ihm den Atem.
Das Mädchen hatte sich aufgerichtet. Ihr kupferrotes Haar fiel über ihre schönen runden Brüste. Sie streckte ihre Arme aus. Die weiße Haut schien in der Dunkelheit zu strahlen. Doch dabei flüsterte sie:
»Dermot, mein Liebster, mein Schönster. Auf dich habe ich gewartet. Wie gern würde ich mit dir schlafen, aber auch dich muß ich abweisen, denn nie kehre ich zu jenen zurück, die mich schon einmal besessen haben. Um das zu begreifen, mußt du wissen, wer ich in Wahrheit bin und wie ich heiße. Mein Name ist Jugend. Deshalb gehöre ich jedem Menschen nur einmal. Aber ich liebe dich, Dermot, und es wird mir schwer, dich wegzuschicken. Nicht ohne ein Zeichen meiner Liebe sollst du von mir gehen. Komm, beuge deinen Kopf zu mir herunter.«
Dermot gehorchte. Das Mädchen strich ihm mit einer zärtlichen Bewegung über die Stirn und sagte:
»Ich habe deine Stirn gezeichnet, Liebster. Fortan wird kein Mädchen und keine Frau dich anschauen können, ohne dich zu lieben.

Und jetzt geh, Dermot, und laß mich allein.« Sie beugte sich zurück. Der Glanz erlosch, und durchs Dunkel tastete sich Dermot zurück zu seiner Schlafstätte. Er tat kein Auge mehr zu in dieser Nacht, so müde er auch war.
Und fortan vermochte kein Mädchen Dermot zu widerstehen. Wenn er nur ein Mädchen oder eine Frau anblickte, fielen sie ihm zu, wie das Gras vor der Sichel fällt, und deswegen hieß Dermot O'Dyna von dieser Nacht an »der mit dem Liebesfleck«.

DIE TOCHTER DES KÖNIGS ÜBER DAS REICH HINTER DEN WELLEN

In einer verschneiten Winternacht kam die Fianna von einer Jagd heim. Gegen Mitternacht hörten die Männer ein Klopfen an der Tür und hereinkam eine Frau, wild und häßlich, mit strähnigem Haar, das ihr bis auf die Fersen herab hing. Sie ging zu Finns Lager und bat, er möge seine Decke zurückschlagen und sie bei sich liegen lassen. Aber als er sie anschaute und bemerkte, wie häßlich sie war, wies er sie ab. Da stieß sie einen lauten Schrei aus, trat an Oisins Lager und bat den, er möge sie zu sich ins Bett nehmen. Auch er wies sie ab. Abermals stieß sie einen Schrei aus und trat nun an das Lager, auf dem Dermot schlief.
»Laß du mich bei dir liegen«, bat sie.
»Du siehst furchterregend aus, wild und häßlich. Dein Haar fällt bis auf die Fersen. Aber komm. Ich nehme dich trotzdem zu mir ins Bett«, antwortete ihr Dermot.
»O Dermot«, sagte sie, »ich bin sieben Jahre lang über das Meer gereist und nie fand ich ein Lager für die Nacht. Laß mich erst eine Weile am Feuer wärmen, dann will ich mich zu dir legen.«
Also ging sie zum Feuer, beugte sich über die zusammengesunkene Glut, und als sie sich gewärmt hatte, legte sie sich zu ihm.
Das war etwas seltsam, denn nun spürte er an seiner Brust ein Paar runde feste Brüste und an seinen Schenkeln die glatte weiche Haut ihrer Schenkel, und als er mit der Hand über ihren Leib fuhr, war da kein altes Weib, sondern ein schönes junges Mädchen, das bei ihm lag. Erstaunt sah er ihr jetzt ins Gesicht und stellte fest: es war nicht

länger runzlig, sondern glatt, weich und lieblich anzusehen. Da empfand er Lust darauf, mit ihr zu schlafen, aber zuvor fragte er sie flüsternd, was es mit ihrer Verwandlung auf sich habe, und sie erwiderte:

»Weißt du nicht, Dermot, daß aus dem Tod neues Leben hervorgeht so wie auf den Winter der Frühling folgt?«

Danach spielten sie alle Spiele der Liebe miteinander, und als Dermot endlich mit ihr schlief, war es ihm, als schlafe er bei einer Frau aus Blumen. Danach lagen sie ruhig beieinander. Da fragte sie:

»Bist du noch wach, Dermot?«

»Ich bin hellwach wie von einem Wunder«, erwiderte er.

»Wo möchtest du, daß das schönste Haus stehen sollte, das du je gesehen hast?« fragte sie ihn.

»Dort drüben auf dem Hügel, wenn ich die Wahl hätte«, sagte er, und dann fiel er in Schlaf.

Am nächsten Morgen kamen zwei Männer der Fianna von draußen herein und berichteten, auf dem Hügel stehe ein prächtiges Haus an einer Stelle, an der habe gestern gewiß noch kein Haus gestanden.

»Steh auf, Dermot«, sagte die fremde Frau da, »jetzt sollst du nicht länger schlafen. Betrachte das Haus, das dein Wunsch war.«

Also sprang er auf von seinem Lager und rieb sich die Augen, streckte sich wohlig und sprach:

»Wahrlich, dort steht ein Haus, und es stand gestern nicht da. Ich will gehen und es betrachten, aber du mußt mich begleiten.«

»Das will ich gern tun«, erwiderte sie, »wenn du mir versprichst, nie davon zu reden, wie ich ausgesehen habe, als ich hier bei Nacht zur Tür hereinkam. Redest du aber dreimal davon, so wird ein Unglück geschehen, und ich muß fort.«

»Ich verspreche dir, es soll nie wieder davon die Rede sein«, sagte Dermot.

Und sie gingen zu dem Haus, und es war drinnen alles bereitet nach Wunsch und zur Freude von Auge und Herz.

Sie verweilten dort drei Tage, und als diese Zeit herum war, sagte die Frau: »Ich merke, du wirst unruhig, Dermot, weil du von deinen Freunden in der Fianna getrennt bist.«

»So ist es«, gab er zu.

»Also geh zu ihnen, und wenn du zurückkommst, werden die Speisen und die Getränke dir unter diesem Dach wieder so köstlich schmecken wie am ersten Tag«, sagte sie.
»Aber wer kümmert sich um meinen Windhund und die drei Jungen, die die Hündin geworfen hat, wenn ich gehe?«
»Mach dir nur deswegen keine Sorgen«, sagte die Frau. Darauf nahm er Abschied von ihr und ging zur Fianna, und dort begrüßten ihn seine Freunde, denn sie hatten ihn schon sehr vermißt. Aber sie waren auch neidisch auf ihn, weil er nun ein prächtiges Haus besaß und eine Frau, die sie abgewiesen hatten. Als nun die Frau vor dem Haus stand, während Dermot fort war, kam Finn, der Sohn des Cumhal vorbei, und die Frau hieß ihn willkommen.
»Bist du mir gram, Königin?« fragte er.
»Komm herein«, sagte sie, »und nimm einen Schluck Wein.«
»Gern folge ich deiner Einladung, wenn du auch mir einen Gefallen tust«, sagte Finn.
»Welchen Wunsch würde man dir nicht erfüllen«, antwortete sie, »du weißt, daß es gute Sitte ist, daß es einem Gast an nichts mangelt.«
»Also bitte ich dich um einen von den drei jungen Hunden von Dermot.«
»Das ist wahrlich nicht allzu viel verlangt«, sagte sie, »such dir nur den aus, der dir am besten gefällt.«
Also wählte er einen von den Hunden, und nachdem die Frau ihn bewirtet hatte mit Wein, ging Finn seines Weges.
Gegen Abend kam Dermot zurück, und die Windhündin traf ihn schon an der Tür und bellte einmal laut.
Er schaute nach den Jungen und stellte fest, daß eines fehlte. Große Wut überkam ihn, und er sprach zu der Frau:
»Erinnere dich einmal daran, wie du ausgesehen hast, als ich dich aufgenommen habe. Ich habe dich in mein Bett genommen, und was tust du ... du trägst nicht besser Sorge um mein Eigentum.«
»Das hättest du besser nicht sagen sollen, Dermot«, erwiderte sie.
»Verzeih mir«, sagte er.
Da vergaben sie einander und schliefen in dieser Nacht wieder in einem Bett.
Am Morgen ging Dermot abermals zu seinen Kameraden, und die

Frau blieb im Haus und nach geraumer Zeit sah sie Oisin vorbeikommen. Sie hieß ihn willkommen, bat ihn herein, aber er wollte sich darauf nur einlassen, wenn sie ihm einen von den jungen Hunden schenke.

Das tat sie, und voller Genugtuung trug er den Hund mit sich davon.

Als Dermot am Abend zurückkam, bellte die Windhündin zweimal, und als er feststellte, daß abermals ein Hund fehlte, sagte er zornig zu der Frau:

»Hättest du dich daran erinnert, wie du aussahst, als ich dich unter meine Decke nahm, hättest du gewiß nicht zugelassen, daß auch noch ein zweites Junges mir genommen wurde.«

Am nächsten Tag ging er abermals zu der Fianna, und diesmal war es Caoilte, der vorbeikam, als die Frau allein war und ihr einen jungen Hund abschwatzte. Als Dermot am Abend heimkam, stieß die Hündin drei gellende Schreie aus, und als er entdeckte, daß nun kein einziges von den Jungen mehr da war, sprach er zornig:

»Ach, Frau, hättest du dich daran erinnert, wie du aussahst, als du zu mir kamst, wäre ich dieses Hundes gewiß nicht verlustig gegangen.«

»Dermot, was redest du da!« antwortete sie.

Er bat um Verzeihung und wollte ins Haus gehen, aber da war die Frau fort, und es war auch kein Haus mehr zu sehen, nur ödes Gelände.

Großer Kummer überkam ihn, und er beschloß, solange in der Welt zu suchen, bis er die Frau wieder gefunden hätte.

Er wanderte durch einsame Täler, und das erste, was er fand, war die Windhündin, die tot dalag.

Also nahm er ihren Kadaver auf die Schulter, denn er hatte sie sehr geliebt. Nach einer Weile stieß er auf einen Kuhhirten, den fragte er, ob er eine Frau habe vorbeikommen sehen.

»Gestern morgen ist eine Frau hier vorbeigekommen«, erzählte der Hirte, »und sie ist rasch gelaufen.«

»Wohin ist sie gegangen?« fragte Dermot.

»Diesen Pfad, der hinunter zum Strand führt. Darauf habe ich sie nicht mehr gesehen.«

Also folgte Dermot diesem Weg, bis er am Strand stand. Auf dem Meer sah er ein Schiff. Er stützte sich auf seinen Speer und tat einen

Sprung. Da war er an Bord des Schiffes, und das Fahrzeug fuhr und fuhr, bis sie in ein anderes Land gelangten. Als er dort ausstieg und einen Hügel erklomm, wurde er sehr müde; er legte sich ins Gras und schlief ein. Als er erwachte, war das Schiff nicht mehr zu sehen. »O weh«, sagte er zu sich selbst, »wie soll ich hier fortkommen?«
Doch nach einer Weile sah er ein Boot näherkommen, in dem ein Mann saß. Er nahm den Kadaver der Windhündin auf die Schulter und ging hinunter zum Boot. Als er neben dem Mann in dem Boot stand, ging es merkwürdig zu.
Zuerst ging es über das Meer, aber dann tauchte das Boot unter die Wellen. Sie waren in einem anderen Land. Dermot sah sich plötzlich auf einer weiten Ebene stehen. Er ging unruhig und unsicher umher. Er fand einen Blutstropfen.
Er hob ihn vorsichtig auf und verwahrte ihn in einem Tuch.
»Den wird wohl die Windhündin verloren haben«, sagte er. Nach einiger Zeit fand er noch einen zweiten Tropfen und schließlich einen dritten und verwahrte sie alle sorgfältig in seinem Taschentuch. Eine alte Frau stand vor ihm, die war damit beschäftigt, Binsen zu schneiden, und sie raffte die Binsen zusammen, als habe sie den Verstand verloren.
Er trat auf sie zu und fragte sie, ob sie eine Neuigkeit für ihn habe.
»Die kann ich dir nicht sagen, bis ich nicht alle Binsen, die ich brauche, zusammen habe«, antwortete sie.
»Sag sie mir doch, während du sie zusammenraffst.«
»Ich bin sehr in Eile.«
»Wie nennt man denn den Ort, an dem wir uns befinden?«
»Es ist das Land hinter den Wellen.«
»Und zu was brauchst du die Binsen?«
»Des Königs Tochter ist heimgekommen«, erklärte sie ihm, »sieben Jahre war sie verzaubert. Nun ist sie krank und die berühmtesten Ärzte, die man zusammengerufen hat, wissen sich keinen Rat. Aber ein Lager aus Binsen würde ihr Erleichterung verschaffen.«
»Zeig mir, wo die Tochter des Königs wohnt«, bat Dermot die Alte.
»Gern«, sagte die Frau, »ich werde dich unter den Binsen verstecken und dich auf meinem Rücken zu ihr tragen.«
»Das wird wohl nicht gehen«, meinte Dermot, »ich bin reichlich schwer. Es wird deine schwachen Kräfte übersteigen.«

Aber sie nahm ihn auf den Rücken und trug ihn mit sich fort, und sie stand nicht still, bis sie in dem Krankenzimmer standen. Dort setzte sie das Bündel Binsen ab.

Die Tochter des Königs hinter den Wellen erkannte Dermot sofort, noch ehe er die Binsen abgestreift hatte.

»Ach, komm her zu mir«, rief sie, »drei Teile der Krankheit sind von mir gewichen, aber noch bin ich nicht völlig gesund. Immer, wenn ich an dich dachte, Dermot, habe ich auf meiner Reise einen Blutstropfen verloren.«

»Ich habe die drei Tropfen hier in dem Taschentuch«, sagte Dermot, »nimm sie in einem Trank zu dir, und du wirst geheilt sein.«

»Das würde nichts nützen, denn ich habe das Einzige auf der Welt nicht, das ich brauche, und es ist etwas, was ich nie bekommen werde.«

»Was ist es denn?« fragte Dermot.

»Es ist etwas, das weder du, noch irgendein anderer irdischer Mann würde beschaffen können.«

»Wenn man es irgendwo findet, so hole ich es dir«, sagte Dermot.

»Es ist der Becher des Königs Magh an Ionganaith, der Ebene der Wunder.«

»Sag mir, wo man diesen Becher findet«, sprach Dermot, »immerhin, so viele Männer, die stärker und geschickter wären als ich oder die mich davon abhalten könnten, das Zauberutensil zu beschaffen, gibt es nun auch wieder nicht auf der Welt.«

»Das Land liegt nicht weit hinter der Grenze«, erklärte sie ihm, »aber zuvor muß man über einen Fluß, und wenn du über den Fluß setzt in einem Schiff und du hast den Wind im Rücken, dauert es Jahr und Tag, ehe du die Ebene der Wunder erreichst.« Dermot brach sogleich auf, und er kam an den Fluß. Am Ufer ging er auf und ab. Er sann darüber nach, wie er hinübergelangen könne. Schließlich sah er einen kleinen roten Mann, der mitten im Fluß stand.

»Fürchte dich nicht, Dermot«, rief der ihm zu, »komm her, und ich werde dich auf meine Hand nehmen und hinüberbringen.«

Dermot tat wie ihm geheißen, und der kleine rote Mann brachte ihn sicher ans andere Ufer.

»Du willst doch zum König der Ebene der Wunder«, sagte der

kleine rote Mann, »du willst dort diesen Becher holen. Besser, ich gehe mit dir.«
Also schritten sie aus, bis sie zu der Hügelfeste des Königs kamen, und Dermot rief, man möge ihm den Becher herausschicken oder einen Recken, gegen den er kämpfen könne.
Was aber kam, war freilich nicht der Becher, sondern zweimal achthundert Krieger. Aber nach drei Stunden hatte er sie alle besiegt. Abermals wurden neunhundert Krieger gegen ihn aufgeboten. Binnen vier Stunden war er auch mit denen fertig geworden. Da kam der König selbst heraus. Er stand unter dem Tor und sagte: »Wo ist der Mensch, der Tod und Verderben über die besten Männer meines Königreiches bringt?«
»Das bin ich, Dermot, ein Mann aus der Fianna von Irland.«
»Warum hast du das nicht gleich gesagt«, erwiderte der König, »wenn ich das gewußt hätte, wäre meinen Männern nie und nimmer befohlen worden, gegen dich anzutreten. Sieben Jahre vor deiner Geburt wurde mir geweissagt, du würdest kommen, um sie zu vernichten. Was willst du nun?«
»Ich will den Zauberbecher... nichts mehr und nichts weniger.«
»Keiner hat ihn bisher bekommen«, sagte der König, »aber dir gebe ich ihn gern.«
Also erhielt Dermot den Becher und schied vom König in Freundschaft. Erst als er wieder zurück zum Fluß ging, kam es ihm in den Sinn, daß er sich nicht mehr um den kleinen roten Mann gekümmert hatte.
Jetzt fürchtete er, er werde ihn auch am Fluß nicht mehr antreffen. Aber der kleine rote Mann war zur Stelle und brachte ihn abermals sicher über das unheimliche Wasser, an dem die Zeit stillsteht.
»Ich weiß ja, was du vorhast«, sprach der kleine rote Mann, als sie am Ufer des Landes hinter den Wellen angekommen waren. »Du willst die Tochter des Königs heilen, die sich in dich verliebt hat. Du mußt zu einer Quelle gehen und dort Wasser schöpfen. Und in dieses Wasser läßt du die drei Blutstropfen fallen. Wenn sie diesen Zaubertrank zu sich nimmt, wird sie gesunden. Aber noch etwas wird dabei geschehen: Du wirst sie danach nicht mehr lieben.«
»Meine Liebe zu ihr wird nie vergehen!«
»Sie wird vergehen«, sagte der kleine rote Mann, »es hat keinen

Zweck, sich in diesem Punkt etwas vorzumachen, denn die Frau wird es merken und der König auch. Aber er wird dich reichlich belohnen. Nimm nichts von seinen Geschenken an, sondern bitte ihn nur um ein Schiff, das dich sicher nach Irland heimbringt. Weißt du denn, wer ich bin?« – »Ich habe keine Ahnung.«
»Ich bin der Bote aus der Anderswelt«, sagte der kleine rote Mann. »Ich bin gekommen, um dir zu helfen, weil du so entschieden versucht hast, jemand anderem zu helfen.«
Nun, Dermot hielt sich an das, was ihn der kleine rote Mann geheißen hatte, und als die Königstochter den Trank mit den drei Blutstropfen getrunken hatte, war sie tatsächlich geheilt, aber auch Dermots Liebe war vergangen, und sie wußten es beide. Im Palast aber war es mit dem Wehklagen vorbei, Musik wurde gespielt, weil die Tochter des Königs wieder gesund war. Dermot aber lehnte alle Schätze ab, die man ihm als Belohnung schenken wollte und verlangte lediglich ein Schiff, das ihn heim nach Irland brachte.

Denken wir noch einen Augenblick darüber nach, was die Ereignisse dieser Geschichte bedeuten. Ganz offensichtlich ist, daß es sich hier um die Begegnung zwischen einem Mann und einer Frau handelt, die aus Gesellschaften stammen, in denen Männern und Frauen jeweils verschiedene Rechte eingeräumt werden. Die namenlose Frau baut das wunderbare Haus. Sie bestimmt über das Eigentum (die drei jungen Hunde), über das der Mann das Verfügungsrecht beansprucht. Zugleich aber sind die Windhündin und deren Junge Teile ihrer selbst, gewissermaßen die Insignien der Wildheit, die sie in der zivilisierten Welt aufrichtet.
Dermot, wie auch seine Kameraden, sind von dieser Frau fasziniert, aber Dermot ist nicht bereit, ihre Rechte, die nicht mit denen der weiblichen Rechte in der Gesellschaft korrespondieren, in der er lebt, zu achten. Deshalb verliert er die Frau und das Zauberhaus, das sie für ihn errichtet hat. Vorangegangen ist ihre dreimalige Demütigung durch die Anspielung auf die ursprüngliche Gestalt, in der sie sich den Gefährten und Dermot zeigte. Was Dermot offenbar nicht begreift, ist eine mythische Bedingung, der sie unterliegt und auf Grund derer sie zunächst in der Personifizierung der häßlichen Alten auftaucht.
Wenn später seine Liebe zu ihr eben dann erlischt, als er ihr geholfen hat,

ihre »Krankheit« zu überwinden, so liegt diesem Handlungsmotiv ebenfalls eine tiefere psychologische Einsicht zu Grunde. Die Frau wird durch seine Fähigkeiten von jenem Element des Wild-Chaotisch-Todesnahen geheilt, aber eben das ist es, was er letztlich vor allem in ihr geliebt hat. Und wenn der »kleine rote Mann« der einzige ist, der ihm dazu verhelfen kann, in jenes Reich der Anderswelt einzudringen, in dem der Erlösung bewirkende Becher zu finden ist, dann ist das wohl so zu verstehen, daß Dermot, um die Königstochter zu erlösen, sich eben jener Triebkräfte erinnern muß, die in der Männergesellschaft, in der er sich gewöhnlich bewegt, verschüttet worden sind. Letztlich aber, und darin liegt die Tragik des Geschehens, ist ihm seine Rolle in der Männerwelt wichtiger als die Akzeptierung des Kreatürlichen, das die verlockende, des Zaubers fähige, fremde Frau verkörpert. Er darf die »Geschenke der Anderswelt«, die ihm angeboten werden, nicht annehmen, wenn er zu seinen Gefährten zurückgelangen will.

In der folgenden Geschichte handelt ein Mann ganz anders: er ist von der Macht des Es, vom Zauber der Lust, so verzückt, daß er die Regeln aller Konvention und Zivilisiertheit mißachtet. Die Folge ist die Katastrophe. Das Chaos schlägt über ihm zusammen. Es vernichtet ihn.

DER TOD DES KÖNIGS MUIRCHERTACH

Eines Tages saß Muirchertach, der König von Irland, nach einer Jagd auf einer Hügelkuppe. Da stand plötzlich ein wunderschönes Mädchen in einem grünen Umhang neben ihm. So schön war sie und so groß war sein Verlangen, sie zu besitzen, daß er bereit war, ganz Irland hinzugeben, wenn sie nur eine Nacht mit ihm schlafe. Er fragte sie, wer sie sei, und sie erwiderte, sie sei die Freude des Muirchertach und wisse um geheime Orte, die weder ihm noch sonst einem Mann in Irland bekannt seien.

»Ich will dir Macht geben über mich, Mädchen«, versprach er ihr.

»Und ich will mich dir hingeben«, versprach sie ihm, »aber ich stelle Bedingungen. Nie will ich jene Frau zu Gesicht bekommen, die die Mutter deiner Kinder ist. Nie soll ein Pfaffe mit mir unter ein und demselben Dach sein. Nie sollst du meinen Namen erwähnen.«

Der König war mit diesen Bedingungen einverstanden, aber er

fragte noch einmal, welches nun ihr Name sei, denn er wollte verhindern, daß er durch eine zufällige Nennung des Namens sein Versprechen verstoße. Und dies war ihre Antwort:
»Seufzer heiß ich, Sturm, rauher Wind, Winternacht. Schrei, Klage und Stöhnen.«
Um ihr zu Gefallen zu sein, verbannte der König die Königin und seine Kinder aus seiner Königshalle in Cleteech, und statt ihrer wurden Leute geladen, die sich auf die verschiedensten magischen Künste verstanden.
Auch den Hl. Cairnech verbannte der König von seinem Hof. Der Priester aber war darüber so erzürnt, daß er mit eigener Hand ein Grab grub und sprach:
»Der, dessen Grab dies ist, soll verdammt sein, und wahrlich, dies ist das Ende des Reiches und seiner Fürstenschaft.«
Der König saß auf seinem Thron, und das fremde Mädchen saß zu seiner Rechten, und da die Nacht, in der er mit ihr geschlafen hatte, so herrlich gewesen war wie keine, die er mit einer anderen Frau verbracht hatte, wußte er, daß sie Mächte hatte über großen Zauber und fragte sie, woher solcher Zauber stamme.
Sie sprach:
»Ich glaube an Gott wie andere Menschen auch. Ich stamme ab von Adam und Eva, und dennoch kann ich große Wunder tun.«
»So zeig uns auch bei Tag deine Künste, wie du es, als du mich liebtest, in der Nacht schon getan hast«, sagte der König.
Da ließ sie das Wasser des Flusses Boyne zu Wein werden, schuf Schweine aus Farnkräutern. Aber beim Anblick und bei der Versenkung in all diese Wunder verzehrte sich die Lebenskraft des Königs. Was sie zauberte, waren Träume und doch auch wieder nicht zu unterscheiden von den Bildern des wirklichen Lebens.
Zwei Heere traten in einer Schlacht gegeneinander an. Die Krieger des einen Heeres trugen blaue Rüstungen, die des anderen hatten keine Köpfe auf den Schultern. Und Muirchertach beteiligte sich an den Gefechten zwischen solchen Traumgeschöpfen, die in Wirklichkeit nichts anderes waren als Steine, Farne, Torfhaufen.
Dann, in der siebenten Nacht nach dem Tag, an dem er dem Mädchen begegnet war – es war der Abend des Mittwochs auf Samain –, erhob sich ein großer Sturm.

»Dieser Wind hat ein Seufzen«, sprach der König, »wie der Sturm einer Winternacht.«

»Das bin ich«, sprach das schöne Mädchen, »Winternacht ist mein Name. Seufzen, Sturm und Winternacht. Weißt du auch, daß du nun verloren bist?«

»Nur zu recht hast du, Mädchen«, erwiderte er, »ich weiß, daß du die Wahrheit sprichst.«

Seinen Großvater hatte er in dessen eigenem Haus verbrannt, und es war ihm geweissagt worden, daß er auf dieselbe Art umkommen werde.

Schreckliche Träume von Feuer und Wasserfluten sah der König in dem verzauberten Schlaf, in den er nun versank.

Und der Sturm erregte das Feuer, und mit dem Sturm ritten die Feinde des Königs heran, um Rache zu nehmen. Die Königshalle hatte Feuer gefangen. So wehrte niemand den Rächern. Erst als sie schon im Palast waren, erfuhr der König davon. Hoch fuhr er voller Angst aus seinem Zauberschlaf und versteckte sich vor seinen Feinden in einer Kiste mit Weinschläuchen. Ein brennender Deckenbalken stürzte herab und traf seinen Schädel. Ohnmächtig sank er zwischen den Schläuchen nieder. Das Leder riß von den Pfeilschüssen der Feinde. Ströme von rotem Wein spieen die Schläuche aus. Im Wein ertrank König Muirchertach.

In den beiden letzten Geschichten fallen Stichworte, die eine Verbindung der geheimnisvoll auftauchenden Frauen zu Jahreszeiten herstellen. Die Tochter des Königs in dem Reich hinter den Wellen erwähnt in der Liebesnacht das Aufeinanderfolgen von Winter und Frühling. Das Mädchen, deren Reiz König Muirchertach verfällt, nennt sich Winternacht und Wintersturm. Noch deutlicher wird die Verbindung von Jahresablauf als »love, copulation und death« (Liebe, Zeugung und Tod) und den Jahreszeiten in einer folkloristischen Version der Tristan-und-Isolde-Geschichte, die allerdings nicht aus Irland selbst, sondern aus dem benachbarten, keltischen Wales stammt.

Nicht lange nach der großen Jagd auf den Eber der Anderswelt, als das Reich zur Ruhe gekommen war, traf am Hofe Arthurs die Nachricht ein, daß Trystan, Sohn des Trallwch, und Esyllt mit der weißen Haut, die Frau des March, als Gesetzlose in den Eichenwäldern von Celyddon im Norden umherzögen, mit niemandem in ihrer Begleitung außer Golwg Sommertaggesicht, der Dienerin Esyllts, und Trystans Pagen, der in einem Beutel Kuchen trage und Wein in einem Krug. Als Haus hatten sie Bäume, als Bett die Blätter, und mit dem Kuchen und dem Wein und ihrer Liebe zueinander, war ihnen ein Jahr wie eine Woche und eine Woche ein ganzer Sommer.

March kam persönlich zu Arthur an den Hof, um gegen Trystan Klage zu erheben. »Herr«, sprach er, »ich weiß nicht, wie Ihr die Vorfälle beurteilt. Aber jedenfalls seid Ihr mir verpflichtet, denn ich bin Eurer Schwester Sohn und Euer Cousin, während jener nur der Sohn eines Cousins ist. Also stehe ich Euch näher als er. Ihr müßt die Schande rächen, die über mich gebracht worden ist.«

»Das will ich gern tun«, sprach Arthur, »aber bitte bedenke, daß dieser Mann einer der unermeßlich reichen Häuptlinge dieser Insel ist.«

»Herr«, erwiderte March, »es betrifft Eure Ehre so gut wie meine. Er ist Euer Lehnsmann und als solcher darf er Euch nicht herausfordern.«

»Wollen sehen, ob er es wagt«, sagte Arthur. Noch am selben Tag rief er seine Krieger zusammen, ritt in den Norden und umstellte mit ihnen die Eichenwälder von Celyddon auf allen Seiten. Trystan schlief, denn es war dunkle Nacht, als die Krieger herankamen, aber Esyllt hörte den Waffenlärm und die gedämpften Stimmen der Krieger hinter jedem Busch und Strauch. Sie berührte Trystan am Arm und er erwachte.

»Frau«, sagte er, »warum zitterst du, während ich in deiner Nähe bin?«

»Nicht um mein Leben fürchte ich«, sagte sie zu ihm, »ich fürchte für das deine. Sie haben auf allen Seiten diesen Wald umstellt. Sie haben gewiß vor, uns zu verderben.»

»Du mußt wissen«, sprach Trystan, »es gibt eine Prophezeiung, wer immer mein Blut vergießt oder wessen Blut ich vergieße, der muß sterben. Außerdem, viele dieser Krieger sind meine Freunde.«
Und er schlug zu ihrer Sicherheit eine Höhlung in den Eichenstamm, wo Stechpalme und Efeu sie verbargen und dann ging er auf jene Stelle zu, an der das Stimmengemurmel am lautesten klang. Und sein Schwert war wie ein Blitz in seiner Hand und sein Schild wie eine Gewitterwolke auf seinem Rücken. Und dort, vor all den Kriegern, traf er auf March. »Herr«, sprach er, »Ihr und ich, wir haben Streit. Zieht Euer Schwert, damit wir die Sache zwischen uns abmachen.«
Aber March wußte wohl, daß wer immer Trystan tötete, damit auch seinen eigenen Tod herbeiführte. Also rief er seine Männer und hieß sie, Trystan ergreifen und ihn als Gefangenen vor Arthur bringen. Seine Männer aber wußten nicht, warum er dies befahl und hielten ihn für einen Feigling.
»Schande auf unsere Bärte«, sprachen sie, »wenn wir für einen Mann kämpfen, der nicht für sich selbst zu kämpfen bereit ist.«
Und Trystan entkam ihnen unverletzt.
Abermals führte March Klage vor Arthur.
»Nun«, sagte der, »es ist gekommen, wie ich es vorhergesehen habe. Jetzt bleibt nur noch eines zu tun übrig. Wir müssen den besten Harfenspieler der Insel in einiger Entfernung von ihm spielen lassen. Wenn dann sein Gemüt weich gestimmt ist, schicken wir Dichter und Preisredner zu ihm, um seinen Zorn endgültig zu besänftigen. Darauf können wir mit ihm reden.«
So geschah's, und als Trystan den Klang der Harfen vernahm, der zu den Wipfeln der Bäume aufstieg, sandte er seinen Pagen aus, ließ den Spieler zu sich kommen und beschenkte ihn mit Gold und Silber. Dann kamen die Dichter und Sprüchemacher und priesen seine Ehre so laut, daß die Blätter und Zweige davon zu rascheln und zu knistern begannen. Und auch sie ließ er zu sich bitten, und für den besten unter ihnen nahm er sein eigenes Halsband ab und schenkte es dem Mann, während die anderen mit Gold und Silber belohnt wurden. Und jetzt, da sein Herz sanft geworden war, erschien Gwalchmei vor ihm mit einer Botschaft von Arthur.
So höflich setzte Gwalchmei seine Worte, daß sie Trystan bestimm-

ten, den König aufzusuchen, und Arthur nahm ihm und March das Versprechen ab, Frieden zu halten, bis ein Urteilsspruch in ihrem Streitfall ergangen sei.
Darauf sprach Arthur mit jedem von ihnen getrennt und versuchte einen jeden zu bewegen, die Frau herauszugeben. Aber keiner der beiden Männer war dazu bereit. Da sah Arthur sich genötigt, sein Urteil zu verkünden, und es lautete also: Er bestimmte, daß Esyllt solange bei dem einen bleiben solle wie Blätter an den Ästen hängen und bei dem anderen sollte sie für die Zeit sein, in der die Bäume keine Blätter haben. Und March, der Sohn des Meirchion durfte als erster wählen, für welche Zeit er Esyllt beanspruchte.
»Herr«, sprach er freudig, »das fällt mir leicht.« Und er entschied sich dafür, Esyllt während der Zeit bei sich zu haben, in der die Bäume keine Blätter haben, denn der kurze Tag des Winters scheint oft länger als der lange Tag des Sommers und die Nächte sind länger zu dieser Zeit, während die Wochen und Monate langsamer zu vergehen scheinen.
Arthur ritt mit seiner Streitmacht in den Wald, um Esyllt die Wahl Marches bekanntzugeben.
»Ach, Herr«, rief sie, »was habt Ihr doch für einen weisen Spruch gefällt!«
»Wie das?« fragte Cei, der immer geradeheraus war.
Als Antwort aber sang sie diesen Vers:

Drei Bäume tragen ihr Grün das ganze Jahr
Stechpalme, Efeu und Eibe fürwahr.
Da sie ihre Blätter niemals verlieren,
wird mich auch March nie mehr hofieren!

Und so also verlor March, Sohn des Meirchion Esyllt für immer und alle Zeiten und Trystan gewann sie für die Zeit, die auf Erden ihm gegeben war.

Bizarr und doppelsinnig wirken alle voranstehenden Geschichten. Man wird die Vermutung nicht los, daß die vordergründige Handlung lediglich Folie für einen Sinnzusammenhang im Hintergrund ist, auf den es vor allem ankommt.
Reale Welt und Anderswelt erweisen sich in diesen Geschichten als polare

Positionen menschlicher Existenz: Hier Zivilisation, dort Wildnis; hier Gesetz und Konvention, dort Freiheit und Aufbegehren gegen die Anpassung.

Und immer wieder sind es die Frauen, die die scheinbar so festgefügte, sittenstrenge Ordnung, über die Männer herrschen, durch ihr Auftauchen in Gefahr bringen. Risse tun sich auf, Abgründe werden sichtbar. Das Institutionalisierte und Etablierte zerbricht, versteckte Wünsche kommen zum Vorschein und werden plötzlich ausgelebt.

Durch alle Kapitel hin sind Feenglaube und Anderswelt mit der Kompensation eines Mangels in Verbindung gebracht worden. Diese Theorie hat auch in bezug auf die Geschichten von Liebe und Tod ihre Gültigkeit.

Es soll nun versucht werden, die Eigenart des Mangels, der sich in diesen Geschichten ausdrückt, genauer zu kennzeichnen.

Zumindest in der abendländisch-westlichen Welt ist die Entwicklung von der Vor- und Frühzeit zur Moderne hin so verlaufen, daß der Mensch seine Verstandeskräfte immer weiter ausbildete , um sich von der übermächtigen Natur zu befreien.

Beherrschte zunächst die Natur mehr oder minder vollständig den Menschen, so wurde im Laufe dieser Entwicklung schließlich ein Punkt erreicht, an dem sich der Mensch einbilden konnte, nun seinerseits die Natur vollständig zu beherrschen. Dieser Prozeß wurde durch das Christentum gefördert. Man denke an einen Satz wie: »Machet Euch die Erde untertan«, der nicht nur als Missionsauftrag verstanden wurde.

Der Preis für eine immer weiter zunehmende Ausbildung und Vervollkommnung der vom Menschen erdachten und geschaffenen »zweiten Natur« war eine in gleichem Maße immer weiter zunehmende Entfremdung von der ersten, der ursprünglichen.

Seit geraumer Zeit wächst die Einsicht, daß ein solcher Preis zu hoch sein könnte, nicht nur, weil die Verfügbarkeit über Maschinen und Computer und der mit ihnen erzeugte zivilisatorische Komfort eben nicht das erhoffte Mehr an Humanität oder menschenwürdigen Lebensverhältnissen gebracht hat, sondern auch, weil er die Zerstörung der Lebensgrundlagen der Menschheit mit einschließt.

Die Zurückdrängung des Wilden, zunächst an und dann hinter den Zaun, hat nicht vermocht, es aus der Welt verschwinden zu lassen. An der Vordertür ausgesperrt, ist es gewissermaßen zur Hintertür wieder hereingekommen. Zeugung, Geburt und Tod, also der Ablauf der menschlichen

Existenz, aber auch in der Folge der Jahreszeiten sind fortbestehende Tatsachen, bei denen das Verhaftetsein mit der Natur noch heute den Menschen in Erinnerung gebracht wird, auch wenn sie darauf häufig mit Unsicherheit und Verdrängung reagieren.
Es ist ein immer wieder kritisch beleuchteter Tatbestand, daß der moderne Mensch Sterben und Tod nicht sehen will, weil er der damit verbundenen Angst nicht gewachsen zu sein meint.
Es ist auch kein Zufall – um bei einem ungleich harmloseren Vorgang anzuknüpfen –, daß in der heutigen Gesellschaft bei aller bestehenden Sicherung gegenüber Natureinflüssen soviel vom Wetter die Rede ist. Schon geringfügige Verschiebungen in der Folge der Jahreszeiten, also der als verfrüht oder verspätet empfundene Beginn von Frühling, Sommer, Herbst und Winter, ziehen viele Kommentare und abergläubische Spekulationen nach sich.
Hier wird Angst sichtbar, von etwas doch wieder betroffen zu werden, gegen das man sich völlig gesichert meint, an dem man aber gerade somit nur entfremdet teilhat.
Das will auch sagen: Zwar vollzieht sich der jahreszeitliche Wechsel trotz aller Herrschaft des Menschen über die Natur wie eh und je. Jeder nimmt ihn wahr, selbst in der denaturierten Industrielandschaft, jeder spürt auch, daß er in seinem körperlichen und seelischen Befinden davon beeinflußt wird; aber von den ehemals praktizierten jahreszeitlichen Ritualen sind nur noch Erinnerungsreste geblieben: ohne die Furcht überwindende Wirkung, die sie ehedem gehabt haben, ohne ihren verbindlichen Sinn.
Was aber hat das mit der Vorstellung von der Anderswelt und dem Feenglauben, was hat es mit den voranstehenden Geschichten zu tun? Um den Zusammenhang klar zu machen, muß noch einmal etwas weiter ausgeholt werden.
Erinnern wir uns zunächst daran, daß in den meisten Geschichten, die wir kennengelernt haben, eine Frau aus der »Anderswelt« kommt oder mit der Anderswelt in engem Zusammenhang steht.
Erinnern wir uns weiter, daß am Beginn der durch archäologische Spurensicherung beglaubigten Geschichte in Europa der Kult einer Muttergottheit steht, der auf für uns zunächst merkwürdige Weise die Vorstellung von Sterben und Leben, von Tod und Wiedergeburt miteinander verknüpft.*
Diese vor-indogermanische Göttin bzw. der Glaube an sie war schon zu

einer Zeit der Menschheitsentwicklung existent, in der statt der heute bestehenden vaterrechtlichen Gesellschaftsordnung eine mutterrechtliche bestand oder diese in einer abgeschwächten Form noch vorhanden war.

In der griechischen Mythologie der klassischen Zeit hat sich diese Gottheit schon in verschiedene Gestalten aufgespalten. Es folgt dann der im Kommentar zu Kapital I ausführlicher beschriebene Umdeutungsprozeß, in dem fortbestehende mutterrechtliche mit den sich nun immer mehr durchsetzenden vaterrechtlichen Vorstellungen zunächst kompromißhaft harmonisiert werden.

In der homerischen Epoche wird die Vorstellung vom Tod als Rückkehr in den Schoß der Großen Mutter, aus dem die Wiedergeburt erfolgt, nun mit dem Ablauf der Jahreszeiten in Verbindung gebracht und in eine mythopoetische Geschichte umgesetzt, die zugleich Grundlage für den Kult der eleusischen Mysterien wurde. Da diese Geschichte gewissermaßen das Urbild vieler späterer Mythen und Märchen ist, wollen wir sie uns noch einmal genau vergegenwärtigen.

»Eines Tage, als Kore (griechisch: das Mädchen) auf einer Wiese Blumen pflückte, öffnete sich zu ihrem Entsetzen die Erde neben ihr, und Hades, der Gott der Unterwelt, kam auf einem Hengst heraus, ergriff sie und nahm sie mit in sein schreckliches Königreich. Der Boden verschloß sich hinter ihm, so daß es keine Spur gab, die man hätte verfolgen können, um das Mädchen zu finden. Nur Hekate, die Mondin, hatte die beiden beobachtet. Dann erschien Demeter und suchte ihre Tochter. Als sie nach ihr rief und keine Antwort erhielt, bekam sie Angst. Sie hielt auf der ganzen Welt nach ihr Ausschau, aber keiner hatte sie gesehen. Demeters Trauer war so groß, daß sie die Erde mit Unfruchtbarkeit schlug; nichts wuchs mehr. Schließlich fragte sie Hekate und die Mondin sagte ihr, was geschehen war. Demeter wandte sich an Zeus und verlangte, daß Hades, sein Bruder, ihr das Kind zurückgebe. Als Zeus sah, daß sie jedes Wachstum zerstörte, und daß die Menschen aussterben würden, schickte er Hermes in das Königreich des Hades, um Kore zurückzufordern; sie konnte aber nur zurückkehren, wenn sie im Königreich der Toten keine Nahrung zu sich genommen hatte. Hermes stieg hinab und verlangte nach dem Mädchen. Hades hatte es zur Königin seines Königreiches gemacht und ihr Name lautete jetzt Persephone. Sie war jedoch so unglücklich gewesen, daß sie nur geweint hatte und sich weigerte, etwas zu essen. Gerade aber, als Hermes sie zurück in die Welt ihrer Mutter führen wollte, tauchte der Gärtner des

Hades auf und beschwor, daß er gesehen habe, wie sie sieben Granatäpfel (in einigen Versionen sind es drei Kerne) aß. Deshalb durfte sie zwar zu ihrer Mutter zurückkehren, mußte aber von nun an jedes Jahr eine Zeitlang in der Unterwelt verbringen.«*

Bei den keltischen Stämmen, die kurz vor der Zeitenwende nach Irland einwanderten, war die Verehrung der alten Muttergottheit in Form der Triade, der dreigesichtigen Frau (Jungfrau, Mutter, Alte) lebendig, wenngleich daneben männliche Gottheiten verehrt wurden.*

Die voranstehende Version von Trystan und Esyllt belegt, daß die griechische Vegetationsmythe in den keltischen Kulturkreis gelangt war, freilich nicht ohne sich mit regionalen mythologischen Vorstellungen zu verbinden. Sie wurde dort je nach dem vorherrschenden Stil der Zeit entsprechend umgemodelt. Unserer Fassung sind die Einflüsse des ritterlichen Zeitideals deutlich anzumerken.*

Im übrigen wird, wenn man die Kore/Persephonegeschichte betrachtet hat, klar, warum Sterbliche, die in die Anderswelt gelangen, dort nichts essen oder trinken dürfen, soll ihnen die Möglichkeit zu einer Rückkehr ins Diesseits offenbleiben.

In der aus Irland stammenden Geschichte der »Tochter des Königs über das Reich hinter den Wellen« sind Anklänge an die Persephone-Mythe nicht zu übersehen. Das »Reich hinter den Wellen« ist die Anderswelt, aber als solche auch das Totenreich. Wenn das geheimnisumwitterte weibliche Wesen in dieser Geschichte zunächst als häßliche Alte auftritt und erst kurz vor der Umarmung mit dem Sterblichen wieder zum Mädchen (Kore) wird, so taucht damit die alte Wiedergeburtsvorstellung auf, während Dermots Reise in die Anderswelt ganz deutlich gewisse Ähnlichkeiten mit dem Einstieg des Orpheus in die Totenwelt hat. Hier wie dort verliert der Held am Ende die Geliebte.

Nun kennt aber die griechische Mythologie noch eine andere Göttin, deren Nachfolgegestalten bis ins Mittelalter hinein in Europa, insgeheim wohl gerade wegen der Beziehung dieser Gestalt zum Vegetationsablauf, verehrt wurde.

Es ist Artemis, bei den Römern Diana, noch später, in Überblendung mit Aphrodite, Frau Venus genannt. Artemis, nach klassischer griechischer Vorstellung die Schwester des Apoll, war eine Jagdgöttin, das Mädchen mit dem silbernen Bogen. Als ihr Symbol galt die silberne Sichel des Neumondes.*

Hervorgegangen war ihr klassisches Bild aus einer dreifaltigen Mondgöttin. Sie wurde mit der Geburtshilfe in Zusammenhang gebracht, hatte Todespfeile in ihrem Köcher. Sie galt als jungfräulich und grausam, was sich in der Mythe von Aktaion ausdrückt, der sie nackt bei einem rituellen Bade überraschte und dafür mit dem Leben bezahlte.
Aktaion scheint der Heilige König eines vorhellinistischen Hirschkultes gewesen zu sein, der am Ende seiner Regierungszeit von fünfzig Monaten, der Hälfte des Großen Jahres, in Stücke gerissen wurde.
Einen ähnlich grausamen Ritus berichtet J.G. Frazer in »The Golden Bough« im Zusammenhang mit der römischen Diana Nemorensis, der Diana des Waldes, aus Nemi in den Albaner Bergen bei Rom. Der Priesterkönig in dem Waldheiligtum gelangte durch den Mord an seinem Vorgänger in Besitz dieses Amtes und wurde später durch einen ihn Ermordenden abgelöst.
Die Darstellung ist mythologisch, nicht historisch. Sie will sinnbildlich verstanden sein und könnte die Ablösung eines alten (Mond-) Jahres durch das neue bedeuten.
Jedenfalls war seit kretischer Zeit Artemis oder (römisch) Diana »die Frau der wilden Dinge«. Sie war aber auch parthenos, also Jungfrau, im Sinn einer freien, keinem Mann untertanen Frau. Dies mag später zum Fortleben ihrer Aura der Grausamkeit und des Schreckens nicht unwesentlich beigetragen haben. Aus der Sicht einer von Männern beherrschten Welt war eine Frau, die sich dem Willen der Männer nicht fügte, unheimlich.
Die Mythologie der kontinentalen Kelten kennt eine Diana Arduinna, eine Herrin über die Tiere, der der Eber zugeordnet war, oder genauer die Bache, jenes zerstörerische Jungtier, das in mondhellen Nächten durch die Wildnis jagte und nur unter Lebensgefahr verfolgt werden konnte.
Die keltische Diana verehrte man unter anderem auch als Quellgöttin. Daher wohl auch die Fähigkeit jener geheimnisvollen, ungebundenen Frau, deren Reiz König Muirchertach verfällt, und die das Wasser der Boyne in Wein zu verwandeln versteht. Nachfolgebilder von ihr sind jene schöne Dame ohne Gnade, die in einer schottischen Sage Thomas Learmond (Tom der Reimer) im Schatten der Eildon-Berge mit der Himmelskönigin verwechselt oder jene Zauberfrau, die Gewain, ein Ritter der Tafelrunde König Arthurs, im Schloß des Grünen Ritters trifft und mit der einen Flirt zu beginnen er sich hütet.

König Muirchertach aber wird ihr hörig mit Haut und Haar, doch mit der Konsequenz, daß solches Sicheinlassen mit einer wild-chaotischen Sexualität seinen Tod herbeiführt, der ihn nicht zufällig zwischen Weinschläuchen, Attributen des Dionysos, ereilt.
Diana-Artemis-Frau Venus führt auch oft auf einer weißen Stute reitend, die durch die Samainnächte tobende Jagdkavalkade an. Ihrem Zug begegnet in den schottischen Wäldern der junge Tamlane, nachdem er leichtsinnigerweise entgegen der Uhrzeigerrichtung, also im Verlangen nach Anderszeit, über einen Feenhügel geritten ist.
So verfällt er dem Charme jener Feenkönigin und wird vorübergehend deren Geliebter. Aus ihrem Bann erlöst ihn seine irdische Braut, die brave, aber etwas langweilige Janet, Tochter des Earl of March, dadurch, daß sie den Feen in der nächsten Haloween- (= Samain-) Nacht auf einem Kreuzweg mit einem Rosenkranz und Weihwasser entgegentritt.
Nach all diesen Bildern und Geschichten stellt sich die Frage, warum das Wilde bzw. jene die Wildheit verkörpernde weibliche Gestalt auf die Menschen über alle Zeiten hin eine solche Faszination ausgeübt hat?
Oder anders gefragt: Was führt Menschen dazu, sich um Tabus und Verbote nicht scherend, solche Vorstellungen zu tradieren und sie in ein bestimmtes Grundmuster variierenden Geschichten weiterzureichen?
Hans Peter Duerr bietet dazu die Meinung an, »daß man nur zahm werden könnte, wenn man zuvor wild gewesen sei«, daß man nur dann in der Lage sei, im umfassendsten Sinn der Wortbedeutung zu leben, *wenn man sich mit der über den Menschen verhängten Notwendigkeit zu* sterben *einmal intensiv vertraut gemacht habe.*
Er weist auf die Initationsriten der auch in Zentraleuropa bis ins späte Mittelalter hinein fortlebenden Geheimbünde, wie dem der »Nachtbuben« oder der »Knabenscharen« in der Schweiz hin, »deren Mitglieder einstmals als Kinder in der Wildnis ›sterben‹ mußten, um als Erwachsene in die Ordnung ›wiedergeboren‹ zu werden.«
Wenn man sich der Sinnesfeindlichkeit des Christentums seit Paulus erinnert, wenn man sich klarmacht, daß das Christentum eine Religion ist, die das vaterrechtliche Prinzip im Laufe seiner Entwicklung immer mehr betonte und dabei die Frau als Verführerin oder gar als Hexe denunzierte, bekommt man eine Ahnung davon, wo der Kardinalmangel liegt — und warum die Wildnis etwas so Verlockendes bekam, weshalb sich der Feenglaube in manchen Regionen so lange hielt, wieso in den Feengeschich-

ten die weiblichen Gottheiten über die Zeiten hin eine so dominierende Rolle spielten.

In Irland bestand bis in die Mitte unseres Jahrhunderts hinein, zumindest in den gälischen Kerngebieten, eine Gesellschaft, deren Menschen vollständig oder vorwiegend von der Landwirtschaft, von der Viehzucht oder vom Fischfang lebten. Für sie müssen mythische Vorstellungen, die im Matriarchat wurzeln und an den Vegetationsrhythmus gebunden waren, im Vergleich mit dem Christentum eine größere Attraktivität gehabt haben.

Schon die frühen christlichen Missionare im Gefolge des Hl. Patrick haben das eingesehen. Eben deshalb versuchten sie, Göttinnen und Heldinnen, die im Bewußtsein der keltischen Bevölkerung eine wichtige Rolle spielten, in christliche Heilige umzufunktionieren, was in einigen Fällen wenigstens vordergründig gelang (Brigitte).

Die Bindung an das alte Bewußtsein, an einen Glauben, der das Kommen und Gehen der Jahreszeiten personifizierte und in Ritualen und Mythen feierte, blieb aber als Unterströmung weiter bestehen. Und zwar solange, wie sich die vorwiegend agrarische Struktur der Gesellschaft erhielt.

Es ist dies im übrigen ein Vorgang, der sich nicht nur in Irland und in bestimmten Gegenden der Britischen Insel beobachten läßt.

Es ist erstaunlich, wieviele Geschichten sich in thematisch geordneten Sammlungen des frühen 19. Jahrhunderts aus Deutschland, Österreich und der Schweiz finden, in denen uns mythologische Frauengestalten begegnen, hinter denen wir unschwer das Artemis-Diana-Epona-Frau Venus-Vor-Bild erkennen. Und zwar tauchen diese Geschichten eben vor allem in jenen Regionen auf, die von der modernen Zivilisation relativ spät durchdrungen worden sind.

So läßt sich denn die Frage, warum gerade in Irland Geschichten über die Wesen der Anderswelt, die Feen, sich in solcher Vielfalt bis in unsere Tage (und somit fast ein Jahrhundert länger als auf dem Kontinent) erhielten, damit beantworten, daß auf der Grünen Insel vier Faktoren zusammenwirkten: ein früher, aber auch in der Epoche des Christentums mächtiger heidnischer Götterglaube, der anschauliche und eindrucksvolle Personifizierungen und Rituale einer Vegetationsmythe hervorbrachte; eine Agrargesellschaft, in der der Mensch nachdrücklicher als anderswo an seine Abhängigkeit vom Zyklus der Jahreszeiten, dem Werden und Vergehen in der Natur, erinnert wurde; besondere geschichtliche Bedingungen, bei denen sich ein Zusammenhang zwischen der Tradierung von

Mythen und Märchen und der nationalen Identität herstellte und andauernde Konfrontation des Menschen mit als übermächtig empfundenen Naturphänomenen. Von dieser Erklärungslinie her wird auch verständlich, warum wir Heutigen einerseits die Feengeschichten gern belächeln, andererseits aber auch von ihnen fasziniert werden.

Das Lächeln ist damit leicht gedeutet, daß wir uns gern als vernünftige, aufgeklärte, Aberglauben verwerfende, rational-orientierte Wesen sehen, die sich darüber klar sind, daß es im materiellen Sinn freilich keine Feen gibt. Die Faszination, die trotz solcher Überzeugungen besteht, ist etwas schwieriger zu deuten. Sie hängt meiner Ansicht nach eben damit zusammen, daß wir im Verlauf einer vorwiegend rational-technisch orientierten zivilisatorischen Entwicklung heute einen Punkt erreicht haben, an dem wir unsere Entfremdung von der Natur immer stärker als Mangel empfinden.

Die Häßlichkeit und Grausamkeit einer zweiten, vom Menschen erfundenen und geschaffenen Natur, wie sie uns beispielsweise in den wüstenhaften Stadtlandschaften entgegentritt, die Furcht, durch die Technik, die ihre Eigengesetzlichkeit entwickelt, vielleicht für immer die Lebensgrundlagen der Menschen zu zerstören, hat unsere Sensibilität für das Natürlich-Kreatürliche geschärft. Sollen wir nun dieser Stadtlandschaft und der Technik den Rücken kehren? Sind Märchen Opiate? Türen in eine neue Innerlichkeit? Oder sind sie nicht auch Seelenlandschaften, so wie die Städte Landschaften unserer geistigen Fähigkeiten und Möglichkeiten sind? Verkörpern Märchen nicht ebenso einen Teil unseres Selbst wie die technische Welt auch? Anderswelt setzt immer das Bestehen von Welt voraus.

Die Gestalten und Mechanismen des Geschehens in den Feengeschichten sind Symbolen und deren Deutungen in der Psychoanalyse verwandt. Wenn wir Verschiebungen von Ort und Zeit traumhaft erleben, ist dies für uns nicht erstaunlich. Die Psychotherapie geht davon aus, daß Träume heilen oder zumindest das Leben in ein gewisses Gleichgewicht bringen. Gegenüber starken äußeren Bedrohungen gilt es von daher, nicht nur praktisch-rational zu reagieren, sondern die seelischen Kräfte zu stärken, emotionale Defizite zu beseitigen. Beschäftigung mit Feenmärchen und Feenglauben, mit der Anderswelt, verhilft uns zur Wahrnehmung unserer Wünsche und Ängste, zur Einsicht in Grundbedingungen menschlicher Existenz.

ANMERKUNGEN UND QUELLENANGABEN

WORIN NACHGELESEN WERDEN KANN,
WOHER DIE IN DIESEM BAND VERSAMMELTEN
TEXTE STAMMEN?
UND WO NOCH ALLERLEI WISSENSWERTES
AUSGEBREITET WIRD

S. 11: »Die Folklore Irlands . . .«

Ich habe meine Auswahl und Darstellung bewußt auf Irland beschränkt.

Eine Ausweitung des Themas auf Schottland, Wales, England, die Bretagne und womöglich noch auf Norwegen und die Inseln im Nordatlantik hätte die Zahl der Geschichten nahezu ins Unendliche ausgeweitet und durch die Notwendigkeit, auf regionale Besonderheiten eingehen zu müssen, den Rahmen eines Bandes von noch handlichem Umfang gesprengt.

Es läßt sich sagen, daß die irisch-gälische Vorstellung von der Anderswelt gewissermaßen als pars pro toto für im Kern ähnliche, sich im Detail variierende Vorstellungen Traditionen in Wales, Schottland, England und der Bretagne gelten kann.

Vergleiche zwischen der Folklore und Mythologie Irlands und der dieser Regionen habe ich im Text hin und wieder gezogen.

S. 11: »Otherworld, übersetzt: Anderswelt . . .«

Die entsprechenden keltischen Bezeichnungen sind: »Mag Mell« = »herrliche Ebene«, »Tir na nOg« = »Land der Jugend«, »Tir Tairngire« = »Land des Versprechens«. In der isländischen und norwegischen Mythologie und Folklore kommen ähnliche Bezeichnungen vor, nämlich »Odainsakr« = »Feld der Nichttoten« und »Land lifanda manna« = »Land der (ewig-) lebenden Wesen«.

Die Einwohner dieses Landes waren die Feen. Über die Lage von Tir na nOg sind die Angaben märchenhaft, blumig ungenau.

Häufig scheint man angenommen zu haben, daß es am Westrand des Atlantik liege.

Dies mag wiederum damit zusammenhängen, daß dies der Ort des Sonnenuntergangs ist, der mit dem Totenreich in Verbindung gebracht wird.

Eine Spielart der Anderswelt ist O' Brasil, ein Land, das alle sieben Jahre aus der azurnen See auftaucht.

Mit »Tir-fa-Thon« = »Land unter (hinter) den Wellen« verbindet sich die Vorstellung von einer Todesgöttin, deren langes Haar eine Welle ist.

S. 19: ». . . das ›Yellow Book of Lecan‹«

In ihm ist die Geschichte von Etain enthalten. Der Text war nicht vollständig überliefert, da in diesem Manuskript Seiten fehlten. In den vierziger Jahren unseres Jahrhunderts machte Dr. Best eine erstaunliche Entdeckung.

Bei der Durchsicht alter irischer Handschriften in der Philipps Collection in Cheltenham, stieß er auf lose Pergamente, deren Schrift ihm vertraut vorkam. Es war der bis dahin vermißte Teil des »Yellow Book«. Auch diese Blätter befinden sich heute in der Nationalbibliothek in Dublin. Sie sind in Eriu XII publiziert worden.

S. 20: »Die Landung«

Für die Erzählung der Auseinandersetzung zwischen den Tuatha de Danaan und den Söhnen des Miled habe ich auf die Sammlung von Lady Gregory, God and Fighting Men, London 1904 zurückgegriffen. Sie nennt als wissenschaftliche Quellen: O'Curry, Manners and Customers of Ancient Irish; MSS. Materials; Atlantis: Du Jubainville, Cycle Mythologique; Hennessy, Chronicum Scotorum; Atkinson, Book of Leinster; Annals of the Four Masters; Nennius, Hist.Brit.; Zimmer, Glossae Hibernacae; Whitley Stokes, Three Irish Glossaries; Revue Celtique and Irische Texte; Gaedelica; Nutt, Voyage of Bran; Proceedings Ossianic Society; O'Beirne Crowe, Amra Columcille; Dean of Lismore's Book; Windisch, Irische Texte; Hennessy and others in Revue Celtique; Kilkenny Archaeological Journal; Keatinge's History; Oyia; Curtin's Folk Tales; Proceedings Royal Irish Academy; MSS Series; Dr. Sigerson, Bards of Gael and Gall; Miscellanies, Celtic Society.

S. 21: »Teamhair«

Teamhair na Riogh ist das Tara der Könige. An der Straße von Dublin nach Navan liegen zwei Hügel. Auf dem östlichen der beiden Erhebungen liegt eine mittelalterliche Kirche. Das ist der Hügel von Skreen. Der westliche, 155 Meter über dem Meeresspiegel, ist »das Tara der Könige«. Dieser Zusatz ist nötig, weil der Ortsname in Irland mehrfach auftaucht.

In frühen irischen Manuskripten wird Tara als Königssitz, Begräbnisstätte und Versammlungsort häufig erwähnt.
Angaben finden sich besonders in den Dinnshenchas, einer Sammlung von Legenden um irische Ortsnamen in Prosa und Versform, die in verschiedenen mittelalterlichen Manuskripten auftauchen, deren frühestes das Book of Leinster ist.
So soll sich der Name des Rath Gráinne von der Tochter des Cormac herleiten, der Heldin der großen Liebesgeschichte »Die Flucht von Diarmuid und Gráinne«.
Im Rath na Riogh, der Formen eines normalen Ringforts zeigt, gibt es auch Überreste, die auf ein rechteckiges Haus (Teach Cormaic) hindeuten; nördlich davon liegt der sogenannte Grabhügel der Geiseln.
Im »Rath der Synoden« sollen der Heilige Patrick, der Heilige Brendan und der Heilige Adamnán Kirchenversammlungen abgehalten haben.
Leider haben archäologisch unversierte Schatzsucher im vorigen Jahrhundert wichtige Strukturen stark beschädigt.
Grabungen, die zunächst ab 1957 von Prof. Séan P.O. Riordáin und nach dessen Tod von Ruaidhrí De Valera dort durchgeführt wurden, haben zu folgenden Ergebnissen geführt:
Frühestes Fundobjekt ist ein später verändertes Ganggrab aus der Zeit um 2000 v. Chr.
Am Grabhügel der Geiseln liegen etwa vierzig Begräbnisstätten der frühen Bronzezeit.
Weitere Funde stammen aus der Zeit zwischen dem ersten und dritten Jahrhundert n. Chr. Sie deuten darauf hin, daß ein Kontakt zu der Welt der Römer, wahrscheinlich hauptsächlich nach Britannien, aber auch zum Festland, nach Gallien, bestanden hat. Im einzelnen wurden ein römisches Siegel, ein Schloß und Glasstücke gefunden.
Hingegen gibt es keine archäologischen Hinweise auf die Synoden, nach denen der Platz seinen Namen hat. Immerhin bestätigte sich, daß es in Tara bis etwa zur Zeit der Einführung des Christentums in Irland (432/462 n. Chr.) größere Haushaltungen und Werkstätten gegeben hat, von denen sich Spuren des Eisenschmelzens und Emaillierens im Boden erhielten.

Obwohl das heutige Tara für den archäologisch ungeübten Besucher ein eher enttäuschendes Bild bietet, scheint sich sein Ruf und Ruhm, den die mythologischen Geschichten überliefern, zu bestätigen.

Die Fünfzahl war in der keltischen Tradition wichtig. Von daher spielte Tara als Ort in Meath (Mide = Mitte) der vier Provinzen Ulster, Leinster, Connacht und Munster als magischer Mittelpunkt des Landes eine besondere Rolle.

Tara war von daher auch Trutzburg gegenüber einer als unheimlich und bedrohlich empfundenen Anderswelt.

Das spiegelt sich in einem Brandub genannten Brettspiel, bei dem ein Königszeichen, das auf Tara steht, von vier Hilfszeichen umgeben wird.

Ein solches Spiel, das wahrscheinlich mit zweimal vier Zugfiguren auf einem Brett mit 49 Feldern gespielt wurde, konnte aus einer Seebehausung in Westmeath geborgen werden.

Um ein mittleres Viereck (Tara) liegen die Felder mit den Hauptorten der vier Provinzen. Das Königszeichen steht für den König von Irland. Seine vier Verteidiger sind die Gebietskönige der vier Provinzen, die von vier Feinden angegriffen werden.

Alwyn und Brinley Rees meinen, daß die Übereinstimmung zwischen den fünf Invasionen Irlands und den fünf Provinzen, die im Lebor Gabála Erenn (Buch der Invasionen) zum erstenmal genannt werden, wohl nicht zufällig ist. Fünf bezogen auf das Gebiet ergibt sich aus den vier Himmelsrichtungen + dem Zentrum. Den fünf Teilen wird ein Netz von Aufgaben und Eigenschaften zugeordnet, das so aussieht:

Westen *(Connacht)* Lernen, *Grundlagen, Lehren, Allianz, Richten, Chroniken, Ratschläge, Geschichten, Historie, Wissenschaft, Anmut, Beredsamkeit, Schönheit, Bescheidenheit (wörtlich: Erröten), Beute, Fülle, Reichtum.*

Norden *(Ulster)* Schlacht, *Wortstreit, Härte, rauhe Plätze, Streitigkeiten, Hochmut, Unergiebigkeit, Stolz, Gefangenschaften, Überfälle, Härte, Kriege, Konflikte.*

Osten *(Leinster)* Wohlstand, *Vorräte, Bienenkörbe, Wettbewerbe, Turniere, Haushälter, Edle, Wunder, gute Sitten, gute Manieren, Glanz, Überfluß, Würde, Stärke, Reichtum, viele*

Künste, Ausrüstung, viele Schätze, edle Stoffe, grün gemusterter Stoff, Gastfreundschaft.

Süden *(Munster)* Musik, *Wasserfälle, Jahrmärkte, Edel, Plünderer, Weisheit, Subtilität, Musikantentum, Melodie, Sänger und fahrende Dichter, Ehre, Wissen, Lernen, Lehren, Kriegerschaft, fidchel-Spiel, Vehemenz, Wildheit, Poesie, Advokaten, Bescheidenheit, Code, Gefolge, Fruchtbarkeit.*

Zentrum *(Meath)* Königschaft, *Hofmeister, Würde, Primat, Stabilität, Establishment, Unterstützung, Zerstörung, Kriegerschaft, gute Wagenlenker, Soldaten, Fürstlichkeit, Hochkönig, Ollavenschaft (Sängerschaft), Met, Brote, Ale, Ruhm, Prosperität.*

Hier noch einige Angaben zu den verschiedenen metaphysischen Berufen der Kelten.

Druiden waren Schamanen (Seelenführer und Seelenheiler), Priester, Dichter, Philosophen, Ärzte, Richter und Propheten in einer Person.

Ihr Werdegang sah verschiedene Zwischenstufen vor. Zu den Studienfächern des Barden oder fili gehörten Poetik, Kompositionslehre, Rezitationskunst, Grammatik, Philosophie und Ogham-Kunde.

Ogham war nämlich nicht nur eine Schrift, sondern auch eine Art Geheimsprache, in der die verschiedenen Aspekte, Eigenschaften und Nutzungsmöglichkeiten von Bäumen in Versen gemerkt wurden.

Es gab 8 »Häuptlings«-Bäume (Birke, Erle, Weide, Eiche, Bergesche, Hasel, Apfel und Esche).

Sie bildeten die Anfangsbuchstaben des sogenannten Beth-Luis-Nion-Alphabets, das auch als Kalender benutzt werden konnte. Hinzu kamen acht Bauernbäume und acht Sträucher.

Nach einem siebenjährigen Studium in diesen Fächern wurde aus dem fili ein ollamh. Er mußte dann noch Kenntnisse in Genealogie und Rechtswesen erwerben und in der Lage sein, historische Ereignisse in eine poetische Form zu kleiden, ehe er zum Doktor der Rechte aufstieg. Erst dann war er würdig, Beschwörungen, Weissagungskunst und magische Praktiken näher kennenzulernen.

S. 22: »Sceilig Michill . . .«

Es dürfte sich um Skellig Michael, eine 12,8 km von der Küste von Kerry entfernte, steil 210 m aus dem Meer aufragende Felseninsel handeln, auf deren Gipfel ein fast vollständig erhaltenes frühes Kloster liegt. (Sechs Bienenkorbhütten, roh behauene Kreuze und Grabsteine.) Die Anlage stammt wahrscheinlich aus dem 7. Jahrhundert. In Irland hat sich die Vorstellung erhalten, daß in mondhellen Nächten sich die Seelen der Toten, die in das Land der Jugend unterwegs sind, über dem Felsen zeigen.

Auf vorchristliche Vorstellungen scheint auch der Brauch zurückzugehen, zu ähnlichen der Küste vorgelagerten Felseninseln Pilgerfahrten zu unternehmen und unter ungeheueren Anstrengungen bis zum Adlernest, hoch über dem Ozean, aufzusteigen. Oben mußte sich der Pilger zudem rittlings auf einen überhängenden Felssteg setzen und ein Kreuz küssen, das jemand irgendwann zuvor in den Fels gehauen hatte. Eine solche Pilgerfahrt zu Lebzeiten ersparte der Seele nach dem Tod das Fegefeuer.

S. 23: »Ich bin der Wind auf der See . . .«

Ein ganz ähnlicher Vers findet sich im indischen Bhagavad Gita. Dort erklärt sich Sri Krischna als »die göttliche Saat, ohne die nichts, sei es belebt oder unbelebt, existiert«.

Amairgen tritt hier als eine Art kosmischer Gaukler auf. Durch ihn erhalten die Dinge erst ihre Wesensart. Der Sinn des Verses ist ganz eindeutig die Proklamation eines neuen Zeitalters.

S. 25: »Eriu, Fodhla und Bamba . . .«

die alte Triade gallischer Gottheiten, die dreigesichtige Muttergöttin überhaupt, hier aber wohl auch Kriegsgöttinnen.

S. 26: »Sohn des Dagda . . .«

Der Dagda wörtlich »guter Gott«, war auch unter der Bezeichnung der Große Vater bekannt. Seine Attribute sind die Keule und der Kessel. Letzterer ist ein Attribut der keltischen Anderswelt. »Von diesem Kessel ging keiner ungesättigt fort«.

Schon hier wird klar, wie die Anderswelt mit der Aufhebung eines Mangels (Hunger) oder der Angst vor einem Mangel zusammenhängt.
Der Dagda vermochte das Wetter und die Ernten zu regeln. Er ist eine jener typischen Männergottheiten, die die weibliche Muttergottheit mit diesen Eigenschaften abgelöst hatten.
Mit seiner Keule kann er Lebende töten und Tote wiederbeleben. Er zieht sie hinter sich drein und zeichnet so die Grenzen zwischen zwei Provinzen.
Das korrespondiert mit Thors Hammer und dem Donnerkeil des Gewittergottes Indra.
Eine Verbindung besteht auch zu den Sucellos, dem »guten Schläger« der Gallier.
Gewisse Legenden lassen erkennen, daß hinter dem Bild des Dagda das der Weißen Göttin steht. Während eines Krieges mit den Fomoriern wird der Dagda von Lugh, dem Merkur unter den keltisch-irischen Göttern, als Spitzel und um eine Schlacht hinauszuschieben in das Lager des Feindes geschickt.
Die Fomorier schließen mit ihm einen Waffenstillstand und bereiten für ihn eine gewaltige Portion Haferbrei. Dies um ihn zu verspotten, denn seine Vorliebe für Haferbrei war sprichwörtlich. Sie füllen den Kessel des Königs mit acht Maß Milch, ebensoviel Mehl und Fett, fügen dann Ziegenfleisch und Schaffleisch sowie Wein hinzu.
Dieses Gemisch wird gekocht und in ein Loch im Boden geschüttet. (Karikatur des Kessels des Überflusses.)
Dann befiehlt man dem Dagda, alles aufzuessen. Andernfalls soll er erschlagen werden.
Er nimmt einen Löffel, der so groß ist, daß ein Mann und eine Frau darin hätten miteinander schlafen können. Als das Loch leer ist, streckt er sich auf dessen Boden aus und schläft ein. Es folgt eine groteske Beschreibung über sein Liebesspiel mit einer der Töchter des Landes, die ihm am Ende befriedigt verspricht, ihre Zauberkünste gegen ihr eigenes Volk einzusetzen.
Das erinnert an eine andere Episode, bei der der Dagda zu Samain (1. November) ein Stelldichein mit einer Frau hat. Er findet sie breitbeinig im Fluß Unius in Connacht stehen und

Wäsche waschen, schläft mit ihr, und sie verspricht ihm dafür ihren Beistand in einer bevorstehenden Schlacht. Es ist klar, daß die Joyce'sche Anna Livia Plurabelle-Episode in »Finnegans Wake« hier ihr Vorbild hat. Bei der Frau handelt es sich um Morrigan, die Kriegsgöttin, die Furie der Schlachten.

S. 29: »Apfelbäume ...«

Zweige von Apfelbäumen spielen als Insignien der Anderswelt und des Wunders häufig eine Rolle.

Sie bedeuten Fruchtbarkeit, Unsterblichkeit. Schon in der griechischen Mythologie muß Herakles die Äpfel der Hesperiden deswegen holen, weil sie Unsterblichkeit verleihen.

Der wunderbare Apfel, den Conle, Sohn des Conn, von einer Frau in der Anderswelt erhält, ist Speis und Trank für einen Monat und wird doch nicht aufgezehrt.

Gna, der Bote Friggas, überbringt König Rerir in der skandinavischen Mythologie einen Apfel. Er und seine Frau essen davon, und es wird ihnen ein Kind geboren.

In Irland, Wales und Schottland und auf der Isle of Man wird der Apfel für Prophezeiungen benutzt. Die Ikonen der ägäischen Religion (Graves) zeigen die Mondfrau, den Sternensohn und die Schlange unter einem Obst(Apfel)baum.

S. 33: Samainabend

Samain = gaelisch Oiche Shama, die Nacht vom 31. Oktober auf den 1. November. In England und den USA auch Haloween.

Lady Wilde schreibt in »Ancient Legends, Mystic Charmes and Superstitions of Ireland«:

»Mai-Tag im Irischen Là-Beltaine, der Tag des Baalsfeuers genannt, war ein großes Freudenfest. Aber die Feen haben große Macht um diese Zeit. Kinder, Vieh und Milch müssen sorgfältig vor ihnen geschützt werden.

Unter das Butterfaß und die Wiege muß man Kohlenschlacke legen. Pfingstrosenblätter werden auf die Schwelle gestreut, dann können die Feen nicht ins Haus.

Manchmal erschien am 1. Mai eine schneeweiße Färse unter dem Vieh, das war ein Zeichen für außergewöhnliches Glück.

In der Mainacht sind die Feen bei bester Laune und überall hört man Musik ihrer Dudelsackspieler und auf den Feenhügeln tanzen sie.«

S. 34: »da Maeve regierte in Connacht . . .«

Anspielung auf den sogenannten Ulster-Zyklus, in dem Cuchulain oder Cucullin die Hauptperson darstellt.

King Conor Mac Nessa ist der König von Ulster und Maeve die Königin von Connacht. Traditionell werden diese Geschichten auf das erste christliche Jahrhundert datiert.

Maeve oder Medb ist eine Sterbliche, die sich aber auch in ständiger Auseinandersetzung mit Ethal Anbual, dem König der Sidh (Feen) von Ulster befindet. Sie führt den Rinderraub von Cuailagne an, bei dem der Braune und Weiße Stier gefangen werden.

Maeves Grab ist ein bisher ungeöffnetes, prähistorisches Grab über der Bucht von Sligo im Nordwesten von Irland.

S. 36: »Aine«

Eine Feengöttin, deren Name sich zusammen mit dem ihrer Schwester Fennel mit dem Knock Aine (und dem Knock Fennine) an den Ufern des Logh Gur verbindet.

S. 38: »Midhir und Etain«

Lady Gregory, a.a.O.; O'Curry, Manners and Customs, Whitley Stokes, Dinnsenchus; Nutt, Voyage of Bran; De Jubainville, Epopée Celtique.

Katherine Briggs nennt die Geschichte »ein schönes Beispiel für die poetische Behandlung des heroischen Feenthemas . . . die Herausforderung zu Schachspielen kommt in keltischen Legenden und Märchen häufig vor. In den frühen Geschichten ist Metamorphose oder Reinkarnation häufig.«

Abgesehen von dem anthropomorphen Aspekt, der in vielen Feengeschichten eine Rolle spielt, wissen wir durch klassische Autoren von solchen Vorstellungen bei den Galliern auf dem Kontinent.

S. 40: »Eochaid Feidlech, der Hochkönig . . .«

Die Art der Darstellung läßt vielleicht nicht hinreichend klar werden, daß zwischen der ersten Episode, die damit endet, daß Etain in eine Fliege verwandelt wird, und ihrer Entdeckung durch Eochaid Feidlech oder Airem schätzungsweise tausend Jahre vergangen sind.

In den später aufgefundenen Teilen des Yellow Books of Lecan läßt Eochaid eine Frau suchen, weil sich seine Untertanen weigern, einem unverheirateten König weiter Tribut zu zahlen.

S. 42: »Oghamschrift«

In frühgeschichtlicher Zeit (5. bis 6. Jahrhundert n. Chr.) gab es eine Schrift, die aus Gruppen von ein bis fünf Strichen oder Kerben bestand. Diese Zeichen wurden an der Ecke oder quer über die Ecke eines Steines eingeritzt; zugrunde liegt das lateinische Alphabet. Die Inschriften haben ausschließlich Erinnerungscharakter. In Irland sind über 300 Ogham erhalten, davon allein 250 in den Grafschaften Kerry, Cork und Waterford.

In einer anderen Version der Geschichte heißt es an dieser Stelle: »Eochaid zog auf seine königliche Rundreise durch Irland und ließ Etain zurück, damit sie für Ailell sorge, auf daß sein Grab gegraben, Klagen für ihn gesungen und sein Vieh hingemacht werde, sofern er sterbe.«

Die Tatsache, daß der Viehbestand eines Gestorbenen getötet wurde, ist interessant für unsere Vorstellungen über die Religion zu vorchristlicher Zeit.

S. 45: ». . . von eben geschlachteten Schweinen . . .«

Die mythopoetischen Assoziationen zum Stichwort Schwein sind: In Griechenland opferten Frauen Schweinefleisch der weiblichen Erd- und Muttergottheit. Adonis steht in Verbindung mit dem Eber. Der Geist des Getreides war ein Schwein. Das Schwein spielt in den Kulten von Attis, Adonis und Demeter eine Rolle. Die Kreter verehrten Schweine. Schweine wurden im griechischen Thesmophoria zur Zeit der Oktoberaussaat geopfert. Die Schweine wurden in einer unterirdischen

Kammer begraben. Die Überreste der Tiere des letzten Jahres wurden fortgenommen und mit der Saat vermischt.
In Wales glaubt man, daß das Schwein an Samain erscheint; während einer Sonnenfinsternis ahmten die Leute das Grunzen der Schweine nach.
Muic-inis, Schweine-insel ist ein alter Name für Irland. Ein schwarzes Schwein bringt Unglück, und Krankheit kann abgewendet werden, indem man dreimal um den Schweinestall läuft.

S. 48: »hundert von jeder Art von Vieh . . .«
Denen im Untergrund mag das Vieh des Eroberervolkes vielleicht wichtigste Beute gewesen sein. Daß sie ständig vom Hunger bedroht waren, dafür zeugen auch die Geschichten der Wechselbälger.
Dahinter mag stehen: »In schlechten Zeiten, wenn sie sahen, daß ihre Kinder schwach wurden und verkümmerten, stahlen sie sich zu reichen Farmen und ließen dort ihre Neugeborenen anstelle der Babies der Eroberer zurück – eine doppelte Rache für die Unterdrückung«. So Georges Mc Hargue in »The Impossible People«, New York 1972.

S. 48: »Eibenholz«
Zauber, bei dem mit Zeichen versehenes Holz einer gewissen Baum- oder Strauchart eine Rolle spielte, war häufig. Es gibt ein Baumalphabet, in das der geheime Name Gottes eingeschlossen ist.
Bekannt ist ein geheimnisvolles mittelalterliches, im »Book of Hergest« enthaltenes Gedicht aus Wales mit dem Titel »Cad Goddeu – Schlacht der Bäume«.
Graves setzt es in Beziehung zu einem in »Myrvyrian Archaiology« veröffentlichten Text aus dem vorchristlichen Britannien, in dem von einer Schlacht von Achren (Bäume) die Rede ist, die um ein weißes Reh und einen Welpen, welche Amathaon ap Don aus der Unterwelt brachte, geführt wird. »Und da war ein Mann in der Schlacht, der nicht besiegt werden konnte, solange sein Name nicht bekannt war, und da war auf der anderen Seite

eine Frau, genannt Achren, deren Partei war auch nicht zu überwinden, wenn man ihren Namen nicht wußte.«

Das Ausspähen von Geheimnamen der Götter des Feindes war eine bei den Römern geübte Praxis.

Graves analysiert nun die beiden Texte als Hinweis auf eine »geistige« Schlacht zwischen dem Volk der Don, dem in der irischen Überlieferung die Tuatha de Danaan entsprechen würden, und Arawn, dem König von Annwfn oder Annwn, der britischen Unterwelt, die das mythologische Bild für eine nationale Gräberstätte, vielleicht die von Avebury, sein könnte.

Seine komplizierte Argumentationskette scheint nicht immer schlüssig, zumal er seine allein von der Mythologie ausgehenden Spekulationen nie mit den Erkenntnissen der Archäologie vergleicht.

Es ist richtig, daß in dem zwischen 1000 und 1250 n. Chr. niedergeschriebenen »Mabinogion«, welches für Wales etwa dieselbe Rolle spielt wie der Mythologische Zyklus bzw. das »Buch der Invasionen« für Irland, Pwyllm der Prinz von Dyved, Arawn dem König der Unterwelt, begegnet, der auf einem großen weißen Pferd und begleitet von einer Koppel weißer Hunde mit roten Ohren, ein Reh verfolgt.

Der Rollentausch des diesseitigen Königs und des Mannes aus dem Jenseits scheint mir keltisch-gallischen Ursprungs, jedenfalls beeinflußt von den Totenreichvorstellungen der kontinentalen Kelten. Jeffrey Gantz hat in seiner Einleitung zu der Penguin Classics-Ausgabe des »Mabinogions« darauf hingewiesen, daß all seine Geschichten einem bestimmten Muster folgen, dem Wettstreit zweier Männer um eine Frau.

Die Bedeutung gewisser Namen (Arawns Feind Havgan = Sommerweiß) könnte darauf hindeuten, daß das Drama der Personen für das Drama der Vegetationsmythe bzw. des Jahresablaufes steht.

S. 49: »König Cormac . . .«

Lady Gregory, a.a.O., Whitley Stokes, Irische Texte, Ser. 3, I, 183. (EIL, 1107)

Mit König Cormac Mac Airt, dessen Regierungszeit 254 n. Chr.

begann und der 277 starb, wird in Tara Co Meath Ráth na Riogh (die Königliche Einfriedung) in Zusammenhang gebracht. Die Anlage würde dann aus dem dritten Jahrhundert nach Christus stammen.

S. 50: ». . . was Traurigkeit ist, oder Eifersucht . . .«
Zwei weitere Episoden »Die Reise des Bran« und »Das Abenteuer des Conle« stehen in Kapitel I (Sagas aus alter Zeit) des Bandes »Irischer Zaubergarten«. In »Die Reise des Bran« erscheint ebenfalls ein Bote mit einem Zweig weißer Apfelblüten, mit dem Manannan seinen Bruder Bran nach Emhain, der Insel der Frauen, rufen läßt.
Jene Fee, die sich in Conle, den Rotschopf, Sohn des Conn der Hundert Schlachten, verliebt hat, ruft ihn ebenfalls auf, zur »Ebene der Freude« zu kommen, »wo Boadhagh (Bodb Dearg, der Sohn des guten Gottes, Dagda) für immer König ist, ein König, in einem Land ohne Weinen und Klagen . . .«.

S. 51: »bronzene Mauer . . . Haus aus Silber . . .«
In all den frühen Sagen finden sich solche Angaben, die vielleicht nicht nur als Ausschmückungen des Wundercharakters der Anderswelt zu verstehen sind, sondern auch auf den Reichtum der britischen Inseln an Edelmetallen in früher Zeit verweisen.

S. 51: »mit geheizten Steinen . . .«
Dies scheint die Beschreibung einer römischen Bodenheizung, wie sie die Iren vielleicht in Britannien sahen. Sie erschien ihnen offenbar so wunderbar, daß sie hier als Inventar eines Gebäudes in der Anderswelt auftaucht. Wie unter dem Stichwort Tara erwähnt, haben zwischen dem irischen Königssitz und dem römischen Britannien nachweisbar Kontakte bestanden.

S. 53: »einen goldenen Becher . . .«
Man hat hier eines jener schon aus vorchristlicher Zeit stammenden Bilder vor sich, die später in die Gralsvorstellung eingingen. Man vergleiche die Eigenschaft dieses Bechers mit den Attributen des Grals.

S. 54: »Tadg auf Manannans Insel«

S. Hayes O'Grady, Silva Gaedelica.

Der Anfang der Geschichte klingt wie der Bericht von einem Wikingerüberfall. Die ersten Überfälle dieser Art in Irland beginnen um das Jahr 795 n. Chr. Andererseits ist dies eine jener Geschichten vom Typ der echtrai (Abenteuer) oder immrama (Reisen), in denen Erfahrungen bei realen Abenteuerfahrten mit Wunschvorstellungen kombiniert werden. Die Tradition solcher Geschichten setzt sich fort in der »Reise des Mael Dúin« aus dem 10. Jahrhundert, die unter Umständen wiederum das Vorbild für die berühmte »Navigatio Brendani« darstellt. (Der Heilige Brendan von Bir starb 565, St. Brendan von Clonfert 576.) Sie reicht bis hin zu den Reisen der Königssöhne in gälischen Zaubermärchen.

S. 62: »Laegaire in der Ebene des Glücks«

S.H. O'Grady, Silva Gaedelica; Alfred Nutt and Kuno Meyer, The Voyage of Bran, Son of Febal, 2 Bände, London 1895–97.

S. 65: »Kommentar«

Für meine Analyse der Geschichten aus dem Mythologischen Zyklus habe ich folgende Werke benutzt:

Myles Dillon and Nora Chadwick, The Celtic Realm. London 1967.

Alwyn Rees and Brinley Rees, Celtic Heritage, Ancient traditions in Ireland and Wales, London 1961.

Proinsias MacCana, Celtic Mythology, London–New York 1970.

Robert Graves, The White Goddess, London 1960.

Katharine M. Briggs, The Vanishing People, A study of traditional fairy beliefs, London 1978.

Irish Sagas, Lectures in honour of Thomas Davis, broadcasted from autumn 1953 till spring 1954 by Radio Eireann, edited by Myles Dillon, Cork 1968.

E.O. James, Religionen der Vorzeit, Köln 1960. Sibylle von Reden, Die Megalith-Kulturen – Zeugnisse einer verschollenen Urkultur, Köln 1978.

Herbert Kühn, Erwachen und Aufstieg der Menschheit, Frankfurt/Main, 1966.

S. 80: »Der arme Junge aus Castlerea«
Lady Wilde, Ancient Legends of Ireland, London 1888.

S. 82: »Billy Mac Daniel und der Clurican«
T. Crofton Croker, Legends of the South of Ireland, London 1825.

S. 90: »Far Darrig und der Tinker, der keine Geschichte wußte«
Letitia Maclintock, Dublin University Magazine, Dublin 1878.

S. 91 ». . . hinter sich eine Leiche«
Kern des in dieser Geschichte von den vier Männern aus der Anderswelt mit dem Leichnam vollzogene Rituals scheint mir die vom Erzähler in ihrem Sinn nicht mehr begriffene Zeremonie, den Gott des alten Jahres am Ende der Saturnalien zu töten, ihn in die Erde zu senken, damit er mit den Saaten wiederaufersteht.
Bei den Griechen wurden beispielsweise Abbilder des Dionysos häufig in Bäume gehängt, um so gute Wein- und Getreideernten zu erzielen. Dieser alte Glaube lebte in Nordwesteuropa fort. Die Erinnerung, die als erschreckend empfunden wurde, wird in dieser Geschichte aus dem 19. Jahrhundert als Gruseleffekt eingesetzt.
Der Leser vergleiche diese Geschichte mit der später wiedergegebenen Version, nämlich dem Märchen von dem Geschichtenerzähler in Verlegenheit. Auch dort werden solche Tötungs- und Wiederauferstehungsvorgänge beschrieben, allerdings offenbar mit genauerem Wissen um ihre ursprüngliche Bedeutung.

S. 93: »Der Geschichtenerzähler in Verlegenheit«
Joseph Jacobs, Celtic Fairy Tales, published by David Nutt, London 1891, S. 87.

S. 102: »Pferdegöttin Epona«
Die Hügelfigur auf dem sogenannten Dragon Hill bei Uffington, Oxfordshire, England, stellt ein Weißes Pferd dar. Sie markiert wahrscheinlich einen Platz an dem regelmäßig zeremonielle Spiele oder Stammeszusammenkünfte stattfanden.
Eine in Aulerii, England, gefundene Goldmünze aus dem 1. vorchristlichen Jahrhundert hat auf der Rückseite eine ganz ähnliche Pferdefigur.

S. 103: »Das gebückte Mütterchen«
»Irische Elfenmärchen«, übersetzt von den Brüdern Grimm, Kassel, 1825; erschienen bei Fleischer in Leipzig 1826.
Die Grimms wählten aus dem Band »Fairy Legends and Tradition of the South of Ireland« von Crofton Croker, der 38 Geschichten enthielt, 27 aus. Konrad Sandkühler schreibt in seinem Nachwort zu einer Neuausgabe: »Ihre Sprache trägt den Stempel der Begeisterung und wirkt, trotz gelegentlicher Übersetzungsfehler heute noch ebenso frisch und bezaubernd wie beim ersten Erscheinen des Werkes.«
Schön auch der darin zitierte Ausspruch eines Iren auf die Frage, ob er an Elfen glaube: »Glauben tue ich an Gott und die Gebote, aber die Elfen sind wirklich da!«

S. 106: ». . . in meinem faltigen, zusammengesteckten Rock verwickelte«
Wenn man davon ausgeht, daß es objektiv eine solche Erscheinung nicht gibt, sondern sie vielmehr auf intensiver Einbildung beruht, wäre es interessant zu erfahren, wie ein Psychoanalytiker den hier ja von der alten Frau auch noch ungemein genau beschriebenen Vorgang beurteilt.
Ich deute ihn so: Durch die Erinnerung an den toten Mann und mit ihm zusammenhängende sexuelle Wünsche entsteht eine Art hysterischer Stau, der zu dieser Lähmung führt. Freilich ist es dabei auch von Bedeutung, daß sich die Geschichte in der ersten Mainacht abspielt, in der in Nordwesteuropa noch bis zum Anfang der Neuzeit die sonst geltenden sexuellen Tabus außer Kraft gesetzt waren. Einzelheiten hierzu siehe auch in Kapitel 4,

in dem auf den Sinnzusammenhang der keltischen Jahreseinteilung noch genauer eingegangen werden wird.

S. 109: »Die Seelenkäfige«
Crofton Croker, Legends of the South of Ireland, a.a.O.
Diese Geschichte ist ein gutes Beispiel für die schließlich immer weiter getriebene Anthropomorphisierung alter magischer Vorstellungen. Jack Dogherty und sein Gegenüber der Merrow oder Wassermann sind in ihrem Wesen und Charakter fast identisch.
Jack erfüllt sich in der Erfindung des Merrows Coomara seinen heimlichen Wunsch nach einem männlichen Trinkkumpan, in dessen Praktik, die Seelen der ertrunkenen Matrosen in Hummerkörbe einzusperren, seine bei der illegalen Bergung von Gütern aus untergegangenen Schiffen entstandenen Schuldgefühle zum Vorschein kommen und schließlich auch durch deren Befreiung verarbeitet werden.

S. 125: »Ethna die Braut«
Lady Wilde, a.a.O.
An dieser Geschichte fällt auf, daß von Ethna manchmal als von der Braut, ein andermal wieder als von der Frau des »großen Herrn« gesprochen wird. Diese Undeutlichkeit ist kein Zufall. Sie verschleiert das tatsächliche Geschehen hinter der erzählten Geschichte. Offenbar handelt es sich darum, daß der Ehemann Schwierigkeiten bei der Entjungferung seiner jungen Frau hat. Diese als peinlich empfundenen Schwierigkeiten werden damit erklärt, daß sich Finvarra des Mädchens bemächtigt habe. Wenn dann der sterbliche Ehemann den Feenhügel aufgraben läßt – ein altes Motiv aus dem mythologischen Zyklus – ist darin ein Verweis darauf zu sehen, daß er, modern gesprochen, erst mit den Mechanismen des Es besser bekannt werden muß, ehe es ihm gelingt, dieses Problem zu lösen.
Der bezeichnende Hinweis auf den tatsächlichen Konflikt, von dem die Geschichte erzählt, findet sich in der Bemerkung: »Er muß den Gürtel an ihrer Hüfte lösen, der mit einer verzauberten Nadel befestigt ist.«

S. 129: ». . . diesen Kessel«

Was O'Donoghue hier zelebriert, ist eindeutig eine Wiedergeburtszeremonie. Das Zerschneiden eines Körpers und die Sammlung der Stücke in einem Kessel kommt auch bei den Praktiken sibirischer Schamanen vor.

S. 130: »O'Donoghue zahlt eine Pacht«

T. Crofton Croker, Fairy Legends of the South of Ireland, a.a.O.

S. 133: »Theorie«

Siehe dazu die Angaben in Standard Dictionary of Folklore Mythology and Legend (Maria Leach/Jerome Fried, New York 1972, Stichwort »fairy«, S. 363).

S. 134: »Sheela-na-gig«

Vgl. John Sharkey, Celtic Mysteries. The Ancient Religion. London 1975.

Der Autor gibt in diesem Band ein Foto einer solchen grotesken Figur aus dem Mauerwerk der Kirche St. Mary and St. David, Kilpeck, Herefordshire, England.

Kommentierend schreibt er dazu: »Die gewöhnliche Charakteristik eines Sheela-na-gig müßte lauten: ein häßliches, maskenähnliches Totenschädelgesicht mit einem riesigen, aufgerissenen Mund, angedeuteten Rippen, riesigen Genitalien, die von den beiden Händen weit auseinandergerissen werden und mit gebeugten Beinen; es läßt unbegrenzte Möglichkeiten für sexuelle Phantasien, ist aber gleichzeitig eine Erinnerung an unseren Ursprung. Solche Figuren vermitteln ein intimes und erschreckendes Bild des Geheimnisses der Geburt und symbolisieren den Moment, in dem die blutige Placenta abgestoßen und neues Leben freigesetzt wird, verweisen aber auch auf die tiefere Bedeutung des grotesken Humors in manchen der keltischen Geschichten.«

S. 135: »John Boglin«

Evan Wentz, Fairy Faith in Celtic Countries, Oxford, 1911, S. 62.

S. 136: »Red Hugh O'Donnell . . .«
Das »Red« verweist wahrscheinlich auf den »Red Branch« in Ulster, der durch Maga, die Tochter des Angus Og mit der Anderswelt verschwägert war und dem auch Cuchulain und Naisi, der Geliebte von Deidre, angehörten.
Die Geschichten dieser Personen werden im Ulster Zyklus erzählt.

S. 137: »Caridwen«
The Mabinogion, translated by Lady Charlotte Guest, London-Toronto 1906, S. 263 ff. Der hier verkürzt wiedergegebene Text heißt »Taliesin«.

S. 140: »Patrick Kennedy«
Gemeint sind die Sammlungen:
Patrick Kennedy, Legendary Fictions of the Irish Celts, The Fireside Stories of Ireland und The Banks of Boro, die zwischen 1866–1870 in Dublin im Druck erschienen und:
Jeremiah Curtin, Irish Folk Tales, collected 1835–1906, ed. Séamus Ó Duilearga, Dublin 1960; sowie Curtins Sammlung Myth and Folk-Lore of Ireland, 1890.

S. 145: Motto:
J. G. Campbell in »Superstitions of the Highlands and Islands of Scotland«, Glasgow 1900, S. 15.

S. 146: »Irland ist . . .«
Katharine M. Briggs, The Vanishing People, A study of traditional fairy beliefs, London 1978, S. 27 f.

S. 147: »Gegend . . .«
Seán Óh Cochaid Maire Ni Neill, Seamus O Cathain, Siscealta O Thir Connaill, Baille Atha Cliath, 1977, Vorwort.

S. 147: »Gaeltach«
Gebiete, in denen nur oder fast nur Gälisch gesprochen wird.

S. 148: »Von der Vielzahl des Hügelvolkes«
Sidhe Scealta No. 2, Béaloideas XXIII, S. 140.

S. 149: »Die Hebamme«
Ibid., No. 16, Béaloideas XXIII, S. 153.

S. 149: »Die Hebamme, die ein Auge verlor«
Ibid., No. 19, Béaloideas XXIII, S. 156–157.

S. 151: »Die Frau, die aus der Luft fiel«
Ibid., No. 15, Béaloideas XIII, S. 152–53.

S. 152: »Der Gruagach«
Ibid., Béaloideas XXIII, S. 239–40. Die Geschichte wurde im Original auf Englisch erzählt.
Es scheint verschiedene Arten des Gruagach zu geben. In den Highlands Schottlands nennt man so eine Feenfrau in Grün mit goldenen Haaren, manchmal sehr schön, manchmal häßlich und hager.
Der männliche Gruagach ist hübsch, schlank und jung. Er ist nackt und führt wie die Brownies, die harmlosen Haushaltsfeen Englands, Hausarbeit aus. Beide Arten trinken gern Milch. In Irland hingegen war der Gruagach ein übernatürliches Zauberwesen, oft auch ein Riese. (Angaben dazu siehe in Lewis Spence, The Fairy Traditions of Britain, London 1946.)
Im Fall dieser Geschichte handelt es sich, da das Feenwesen zu einer schottischen Familie kommt, um die zweite der beiden schottischen Spezien.

S. 153: »Der Große Markus und seine Feenfrau«
Ibid., No. 1, Béaloideas XXVII, S. 2–5.

S. 157: »Der Mann aus Inver und die Feenfrau«
Ibid., No. 24, Béaloideas XXIII, S. 161–166.

S. 162: »Die Feenkuh und ihre Nachkommen«
Ibid., No. 47, Béaloideas XXIII, S. 191–92.

S. 163: »Die Feen schenken Zauberkräfte«
Ibid., No. 70, Béaloideas XXII, S. 210–12.

S. 165: »Eine Münze täglich . . .«
Ibid., No. 71, Béaloideas XXIII, S. 212–13.

S. 166: »Eine freundliche Frau . . .«
Ibid., No. 48, Bealoideas XXIII, S. 192–93.

S. 167: »Der Feenbrotlaib«
Ibid., No. 50, Bealoideas XXIII, S. 194–195.

S. 169: »Eisen und Salz«
Ibid., No. 12, Béaloideas XVII, S. 12.
Die Abneigung der Feen gegen Eisen ergibt sich aus dem, was in Kap. I erklärt worden ist. Salz war vielleicht bei den im Untergrund lebenden sehr rar aber begehrt und wurde vom Herrschaftsvolk als Lockmittel benutzt.

S. 169: »Gesalzenes Zusammengekochtes«
Ibid., No. 62, Béaloideas XXII, Seite 203/4.

S. 170: »Der erste Anruf«
Seanchas Iascaireachta agus Farraige, No. 6 und 24.

S. 170: »Der Bochtóg der Mac Ginleys«
Ibid., No. 26, Béaloideas XXIII, S. 167–8.
Das Wort Bochtóg kommt offenbar nur im Südwesten von Donegal vor. Es bedeutet wörtlich etwa Schutzfee, eine über eine Familie wachende Frau aus der See.

S. 171: »Die Feeninsel von Rathlin O'Birne«
Gaeilge Theilinn, Text 14, S. 266–70.

S. 173: »Das Mädchen aus der See und Eoin Óg«
Seachan Iascainreachta agus Farraige, No. 95, Béaloideas XXXIII, 39–40.

S. 174: »Mit dem Boot entführt«
Sidhe-Scealtha No. 23, Béaloideas XXIII, S. 20–23.

S. 177: »Der Schmied von Bedlam«
Ibid., No. 10, Béaloideas XXIII, S. 144–146.

S. 180: »Du wirst zahlen«
Ibid., No. 37, Béaloideas, XXVII, S. 33.

S. 180: »Steine von einem Feenort«
Ibid., No. 51, Béaloideas XXIII, S. 195.

S. 181: »Der Fremde der den Mann vom Zoll täuschte«
Ibid., No. 75, Béaloideas, XXIII, S. 216–17.
Die Destillation von poteen ging im Geheimen vor sich, an schwer zugänglichen Orten, bei Nacht. Es ist deshalb nicht weiter erstaunlich, daß sie mit phantastischen Erfahrungen in Zusammenhang gebracht wurde.
Die Vorliebe der Feen für Whiskey und die Sitte, die ersten Tropfen des Abzugs ihnen zu opfern, geht wahrscheinlich auf jene Tage zurück, in denen privates Schnapsbrennen noch erlaubt war.

S. 182: »Das Spinnrad und das kleine Volk«
Ibid., No. 34, Béaloideas XXVII, S. 31.

S. 182: »Mit etwas Hilfe . . .«
Ibid., No. 41, Béaloideas XXII, S. 181–82.

S. 183: »Die unerschöpfliche Vorratskiste«
Ibid., No. 46, Béaloideas XXIII, S. 188–91.

S. 188: »Weißdornbüsche«
Der sechste Baum des alten keltischen Baumalphabets ist der Weißdorn. Siehe dazu auch Robert Graves, The White Goddess, a.a.O. S. 174 ff.

S. 190: »Am zweiten Tag der Anthesterien . . .«
Hans Peter Duerr, Traumzeit – Über die Grenze zwischen Wildnis und Zivilisation, Frankfurt/Main 1978, S. 47.
Zum Bild des Schiffes in diesem Text ist noch anzumerken, daß die Vorstellung von der Anderswelt als ein Land jenseits des Meeres u.a. auch zu den sogenannten Bootsbegräbnissen geführt haben mag. Die Norweger gaben ihren Toten kleine Schiffe mit ins Grab oder setzten die Toten auf brennenden Schiffen, die aufs Meer hinaustrieben, bei.
Bis vor gar nicht langer Zeit wurde bei irischen Totenwachen (wakes) ein ziemlich rüdes Spiel gespielt, das »Das Bauen eines Schiffes« genannt wurde.

S. 191: »Zeit zwischen den Zeiten . . .«
Hans Peter Duerr, a.a.O. S. 47.

S. 192: »Ängste eines Lebens . . .«
Sean ÓhEochaidh, Síscéalta Ó Thír Chonaill, Baile Átha Cliath, 1977.

S. 198: »Wochentage«
In Donegal sagen die alten Leute, wenn sie vom »kleinen Volk« reden: »Heute ist Montag, da werden sie uns nicht hören.« Und dies unabhängig davon, ob auch tatsächlich Montag ist.
Aus Cavan-Meath berichtet P. J. Gaynor in Hinblick auf den Sonntag: »Früher glaubten die Leute, daß die Feen alles hören könnten, was sie sagten mit Ausnahme von dem, was am Sonntag gesagt wurde.«
A. Carmichael schreibt in »Carmina Gadelica« II.: »Am Donnerstag dürfen die Feen nicht heraus, weil dies der Tag des Columban ist, Freitag ist der Tag Jesu, Samstag der Tag der Maria, Sonntag der Tag des Herrn.«

S. 199: »Der Tod der Hündin Bran«
Lady Gregory, a.a.O. S. 332.
In diesem Text klingen ganz offensichtlich Erinnerungen an mutterrechtliche Verhältnisse an.

S. 200: »Der Ruf an Oisin«
Lady Gregory, a.a.O. S. 333 ff.

S. 202: »Schriften des Heiligen Patrick«
Die Darstellung folgt: The Course of Irish History. Edited by T.W. Moody and F.X. Martin, Cork 1967. An t-Athair Tomas O Fiarch, Prof. of Modern History, St. Patricks College, Maynooth, S. 61 ff.

S. 203: »Die Vision des Heiligen Patrick«
Nach: The works of St. Patrick, translated by L. Bieler (1953), S. 28.

S. 204: »Oisins Wiederkehr«
Lady Gregory, a.a.O. S. 337.

S. 209: »Daniels Brautfahrt«
Aufgezeichnet nach einer mündlichen Erzählung in Ballintogher vom Autor im Sommer 1970.

S. 210: »Mönch von Heisterbach«
Die Geschichte wird u.a. erwähnt in B. Thorpe, Northern Mythology, 3 Bände, London 1851–52.

S. 211: »Urashima Taro«
Vergleiche K. Seki und R. Adams, Folktales of Japan (Folktales of the World Series) London and Chicago 1963, S. 111–114.

S. 211: »John Connors und der Feenkönig«
Jeremiah Curtin, The Tales of Fairies and of the Ghost World collected from Oral Traditions in Southwest Munster, Bonston 1895, S. 6–17.

S. 220: »Samon . . . Giamon«
Siehe dazu: Alwyn Rees u. Brinley Rees, Celtic Heritage, Ancient tradition in Ireland and Wales, London 1961, S. 85. Dies waren Zeiteinteilungen der kontinentalen Kelten bzw.

Gallier. 1897 wurde in Gallien eine Bronzetafel gefunden, in der die Zeitabschnitte eingetragen waren (Coligny Kalender).

S. 221: »Moralprediger«
Stubbes in »The Anatomy of Abuses« (1583). Zitiert nach J.B. Frazer, The Golden Bough, London 1911–15, Band II, Seite 66.

S. 221: ». . . der erste Mai.«
C.B. Lewis, The Part of the Folk in Making Folklore, Folklore XL VI, 37, S. 61 ff., Survival if a Pagan Cult, Evangelical Quarterly VI (1934), S. 337.

S. 222: »neben Samain und Beltaine . . .«
Zu Samain schreibt Lady Wilde:
»Zu dieser Zeit, wenn die Sonne erstirbt, gewinnt die Dunkelheit große und böse Macht über alle Dinge. Die Hexenfrauen behaupteten, sie ritten mit der Diana von Ephesus, Herodias oder anderen, die mit dem Teufel im Bund sind.
Sie verwandeln Männer in Tiere, reiten mit Toten und jagen über große Entfernungen mit ihren schnellen Geisterpferden.
In der Samain-Nacht können mit gewissen Praktiken die Toten beschworen und dazu gebracht werden, Rede und Antwort zu stehen. Zu diesem Zweck muß man die Leichen mit Blut bespritzen. Man sagt, die Geister liebten das Blut. Die Farbe errege sie, gebe ihnen für gewisse Zeit Kraft und einen lebensähnlichen Zustand.«

S. 222: »1. Februar . . .«
Brigit oder Brid (ie) scheint eine so beliebte gälische Gottheit gewesen zu sein, daß die frühe Kirche es nicht fertig brachte, sie den Leuten auszureden. Also wurde sie St. Bridget of Ireland. Lady Gregory schreibt in »Gods and Fighting Men« (S. 2) über sie: »Brigit . . . war eine Frau der Dichtung und die Dichter verehrten sie . . . sie galt als eine Frau, die zu heilen verstand und wurde mit der Arbeit des Schmiedes in Zusammenhang gebracht. Angeblich hat sie die Trillerpfeife erfunden, mit der

man durch die Nacht pfeifen konnte. Die eine Seite ihres Gesichts war häßlich, die andere recht hübsch. Ihr Name, abzuleiten von Breo-saighit, bedeutet wilder Pfeil.«

Sehr seltsame Vorstellungen – nur zu begreifen aus der paradoxen Eigenschaft von Wendemarken im Zeitablauf – haben auch die zwölf Tage der Weihnacht, die das Wetter des kommenden Jahres vorhersagen. In diesen Tagen verkleidet man sich, setzt Gegenbürgermeister ein, die Hexen sind mächtig.

In Schottland wird in diesen Tagen keine Gerichtssitzung abgehalten. In Irland fahren jene, die an diesen Tagen gestorben sind, ohne das Fegefeuer oder das Ewige Gericht zu durchlaufen, direkt in den Himmel.

Imbolc (1. Februar) wurde mit der heiligen Flamme in Zusammenhang gebracht, die das Land reinigte und die Sonne aus dem Winterschlaf aufwecken sollte. An diesem Tag wurden in Irland Probeehen geschlossen.

Bis vor ein paar Jahren pflegten sich am 1. Februar in Teltown im County Meath junge Männer und junge Frauen zu treffen, zu küssen und zu heiraten. Solche Ehen konnten im Laufe des Jahres wieder aufgelöst werden und sind wahrscheinlich die letzten Überreste der keltischen Sitte, daß Frauen beim Eingehen und bei der Auflösung der Ehe dieselben Rechte genossen wie Männer.

S. 225: »Diese Reiseerlebnisse«

Vgl. dazu: Alwyn u. Brinley Rees, Celtic Heritage, Ancient tradition in Ireland and Wales, London 1961, S. 208.

»Die Zeit, auf die diese Art von Klassifikation zurückgeht, läßt sich schwer bestimmen. Soviel aber kann gesagt werden, daß die zwei ausführlichen mittelalterlichen Versionen, die heute als Liste A und Liste B bezeichnet werden, auf ein Original zurückgehen, das schon im 10. Jahrhundert bestand. ... Liste A umfaßt siebzehn Typen von Geschichten, Liste B fünfzehn, dreizehn Typen kommen in beiden Listen vor.«

Die Bezeichnungen der Typen bzw. die Tatsache, daß die Sänger sich die Geschichten unter solchen Typenbezeichnungen einprägten, wird im »Book of Leinster« erwähnt.

S. 226: ». . . die Seefahrt des Heiligen Brendan . . .«
Vgl. Geoffrey Ashe, Land to the West – St. Brendan's Voyage to America, London 1962, S. 73 ff.

S. 227: »Die Gebrüder Rees schreiben dazu . . .«
Zitiert nach Alwyn u. Brinley Rees, Celtic Heritage a.a.O. S. 325.

S. 229: »Die Reise des Maildun«
P.W. Joyce, Old Celtic Romances, London 1879, S. 79 ff.
Der Herausgeber schreibt dazu:
»Von dieser Geschichte, die nun einer breiten Öffentlichkeit zum ersten Mal vorgestellt wird, steht die älteste Kopie im ›Book of the Dun Cow‹. Sie ist aber unvollständig. Anfang und Ende fehlen. Eine vollständige Version findet sich im ›Yellow Book of Lecan‹ im Trinity College und eine zweite im British Museum (MS. Harl. 5280).
Nach bestimmten Anhaltspunkten, die sich aus der Geschichte ergeben, scheint die Reise zu Beginn des 8. Jahrhunderts stattgefunden zu haben (O'Curry schätzt, im Jahr 700). Ich gehe davon aus, daß Maildun tatsächlich eine solche Fahrt unternahm, die das Rahmenwerk der Geschichte abgegeben hat.«
Von den immrama oder »freiwilligen See-Expeditionen«, zu denen die vorliegende Geschichte gehört, haben sich nach O'Curry (Lect. MS Mat. 289) nur vier erhalten. Alle sind sehr alt. Der bekannteste Text ist der Bericht über »Die Reise des St. Brendan'«, die dieser wohl im 6. Jahrhundert unternahm, und die zu einer bestimmten Zeit in ganz Europa als Erzählung sehr berühmt gewesen ist.

S. 229: »Owenacht«
Es gibt mehrere Stämme dieses Namens im Süden von Irland. Der hier erwähnte Stamm, Owenacht von Ninus, besaß das Territorium im Nordwesten des heutigen County Clare, gegenüber den Aran Inseln.

S. 231: »Corcomroe . . .«
Corcomroe: entspricht einem Gebiet im Nordwesten des heutigen County Clare.

S. 242: »Der Höllenmüller«
Die Episode wird auch in der »Reise der Söhne des O'Corra« berichtet, was darauf hindeutet, daß die Erzähler der »Reise«-Geschichten häufig Anleihen bei anderen Texten machten.

S. 264: »Die Vision des Mac Conn Glinne«
Joseph Jacobs, More Celtic Fairy Tales, London 1894.
Der Herausgeber merkt an:
»Leicht gerafft erzählt von Mr. Alfred Nutt nach Prof. Meyers Ausgabe von ›The Vision‹, die er in Buchform 1892 veröffentlichte. Das Buch enthält zwei Versionen, eine längere aus dem ›Leabhar Breac‹ (Speckled Book), welches aus dem 14. Jahrhundert stammt, eine kürzere aus einem Ms. des 16. Jahrhunderts, die in der Bibliothek von Trinity College aufbewahrt wird.«
Die zweite Version der Geschichte läßt den parodistischen Charakter noch deutlicher hervortreten. Mac Conn Glinne macht sich anheischig, den unglücklichen König dazu zu bringen, zwei Nächte zu fasten. Er rezitiert zwei Gedichte, in denen die herkömmliche Huldigungslyrik des Barden für seine fürstlichen Mäzene parodiert wird. Es folgt dann eine Fabel, in der der Besuch der Feenwesen bei den Sterblichen lächerlich gemacht wird. In Prosa und Versen verspottet der Autor die heroischen und mythologischen Sagas, die Wunder der Anderswelt und die in solchen Texten fast immer vorkommenden schönen Mädchen, deren Anatomie in allen Einzelheiten beschrieben wird. Selbst jene Schreiber, die die Geschichten überlieferten, bekommen ihr Fett mit ab, indem der Autor mit großem Ernst sich widersprechende Versionen bestimmter Episoden einander gegenüberstellt. Unterdessen hat man sich die Not des hungernden Königs vorzustellen.
Die hier gerafft wiedergegebene andere Version endet so:
»Der Gelehrte fuhr mit den verlockenden Fleischbrocken zum

Mund des Königs und schließlich schoß der Dämon der Völlerei hervor aus dem Mund, griff einen der Brocken und versteckte sich unter dem Kochtopf. Der Topf stürzte um, und unter ihm saß der Dämon gefangen. »Gott und der Heiligen Brigitte sei Dank!«, sagte Mac Conn Glinne und legte die rechte Hand über seinen Mund und die linke Hand über den Mund Cathals. Leinentücher wurden um Cathals Kopf gewickelt, und man trug ihn fort. Das Haus wurde gesäubert und niedergebrannt, aber der Dämon entkam ins Nachbarhaus. Mac Conn Glinne rief ihn an, und der Dämon redete, obwohl er eigentlich nicht reden wollte. Er mußte reden.
Hätte er noch drei weitere Halbjahre in Cathals Leib gesessen, so wäre Irland völlig ruiniert worden.«

S. 269: »Seán Palmers Reise mit den Feen nach Amerika«
Tadgh O Murchadha (Murphy), ein Mitarbeiter der Irish Folklore Commission im County Kerry, erfuhr diese Geschichte von William Bradley, dem sie im Juni 1933 von Seán Palmer selbst erzählt wurde.
Bradley wird von Tadhg als »ein kleiner Farmer .. ein großer Steptänzer, ausgelassen, fröhlich und über einen unerschöpflichen Fundus gälischer Geschichten, Anekdoten und Lieder verfügend«, beschrieben.
Rineen Bán ist ein kleines Dorf an der Südwestseite von Ballinskellig Bay im County Kerry.
Die Geschichte findet sich in einem Artikel von R.M. Dorson, Collecting in County Kerry im »Journal of American Folklore«, LXVI, 1953, S. 36–42.
Das Thema einer Reise mit den Feen in ein fremdes Land ist häufig.
Im Archiv der Irish Folklore Commission in Dublin gibt es unter dem Stichwort »Hie Over to England« (London, Dublin, Paris, Spanien, Schottland) ein besonderes Sammelfach für diesen Geschichtentyp. In der Geschichte »Manus O'Mallaghan und die Feen« (Béaloideas X–1941) besucht der Held Spanien und Rom, und der Papst erfüllt ihm einen Wunsch. In einem anderen Text (B. Hunt, »The Voice at the Door«, Folk Tales of

Breffny, London 1912, S. 137–42) entführen die Feen einen irischen Jungen, weil er so gut singen kann. Auf einer Rundreise mit den Feen kommt er nach Amerika, Frankreich und Spanien. In »Bold Blades of Donegal« bzw. der Geschichte »Der Abenteurer« (London, ohne Jahresangabe, Kap. 13, S. 138–50) entführen die Feen einen jungen Burschen aus Irland nach Philadelphia, wo er Tabak einkauft, später gelangt er mit ihnen auch noch nach China und Spanien. Im »Irischen Zaubergarten« findet man die Geschichte von dem Burschen, der mit den Feen nach Lancashire fliegt und dem Tod am Galgen nur dadurch entgeht, daß er eine rote Kappe aufsetzt, mit deren Hilfe er wieder in seine Heimat zurückgelangt.

Weitere Geschichten mit dem Motiv einer Reise in ein fernes Land oder über weite Distanzen sind: »Turas Go nua Eabhrac Oíche Shamhna« (Eine Reise in der Samain-Nacht nach New York). Dieser Text stammt aus den Bluestack Mountains in Donegal.

Eine Version aus Fermanagh in W. Evans-Wetz's »Fairy Faith in Celtic Countries« S. 73; »Guleesh na guss dhu« (Guleesh mit den schwarzen Füßen) aus Dr. Douglas Hydes' Sammlung, Beside the Fire. (Hyde hörte diese Geschichte von Shamus O'Hart, einem Wildhüter in Frenchpark.) Und schließlich »Jamie Freel and the Young Lady«, aufgezeichnet von Miss Maclintock in William Butler Yeats, Irish Folk Stories and Fairy Tales, New York, o. Jahresangabe, S. 49.

Die Vielzahl dieser Versionen belegt, daß die räumliche Isolation in allen entlegeneren Teilen des Landes als ein starker Mangel empfunden wurde.

S. 286: »Wie Dermot zu seinem Liebesfleck kam«

Lady Gregory, a.a.O. S. 251.

Dermot, Goll, Conan und Osgar gehörten der Fianna an. Finn war der letzte und bedeutendste Anführer der Fianna, einer Schutztruppe Irlands. Er war der Sohn von Cumhal (Cual ausgesprochen) Mac Baiscne und seine Mutter war Muirne aus dem Volk der Tuatha de Danaan, also eine Fee.

Er wurde von dem Dichter Finegas erzogen und hatte zwei

magische Fähigkeiten. Er hatte vom Lachs der Weisheit gekostet und besaß seither einen Zauberzahn. Er hatte aus der Mondquelle getrunken und konnte seitdem die Zukunft vorhersagen. Sein Sohn ist Oisin.
Unter dem Dach, in dem die Männer der Fianna schlafen, begegnen sie in der Gestalt der beiden Tiere und des Mädchens der alten Triadengottheit: Jugend, Welt (Mutter), Tod.
Warum die Welt hier als Hammel dargestellt ist, wäre eine Frage, der man weiter nachgehen müßte.

S. 291: »Die Tochter des Königs über das Reich hinter den Wellen«
Lady Gregory, a.a.O. S. 252.
»Das Reich hinter den Wellen« ist eine häufig benutzte Bezeichnung für die Anderswelt.
Interessant und einiger Überlegungen wert sind die Hunde, die die geheimnisvolle Frau an die Freunde Dermots fortgibt.
Es kann kein Zweifel sein, daß es sich um Hunde der Artemis handelt, der »Herrin über die wilden Dinge«.
In der klassischen Artemis-Mythe kommt ein Abschnitt vor, in dem die Göttin in Arkadien Pan trifft, der gerade eine Wildkatze zerlegt und diese an seine Hündinnen und deren Junge verfüttert.

S. 299: »Der Tod des Königs Muirchertach«
Übersetzt und herausgegeben in »Revue Celtique«, XXIII, 396.
Es gibt zahlreiche Motive in den Saga-Zyklen – den Tod des Conaire, des Dermot, des Muirchertach und des Cuchulain –, die an die alte zeremonielle Tötung des Königs erinnern, zu der es kam, wenn seine Macht versagte oder seine Herrschaftszeit abgelaufen war. Diese Sitte, in der sich auch die Ablösung des alten durch das neue Jahr abbildet, ist aus fast allen Ländern der Welt bekannt.

S. 302: »Wie Trystan Esyllt gewann«
Gwyn Jones, Welsh Legends and Folk Tales, London 1955, S. 115 ff.

S. 306: »Kult einer Muttergottheit«
Siehe dazu u.a.: E.O. James, Religionen der Vorzeit, Köln 1957, S. 159 ff.; Sibylle von Reden, Die Megalith-Kulturen, Köln 1978, S. 98 ff.

S. 308: »Eines Tages als Kore . . .«
Zitiert nach Anne Kent Rush, Mond, München 1978, S. 143.

S. 308: »Triade«
Ein Steinrelief der Triade von Fruchtbarkeitsgöttinnen der Kelten, der sogenannten Matronae findet sich in Mümling-Grumbach im Odenwald. Eine schöne Darstellung steht auch im Corinium Museum von Cirencester, England. Dort tragen zwei der Göttinnen Schalen mit Früchten, die dritte trägt ein Blech mit Kuchen oder Brot.

S. 308: »griechische Vegetationsmythe . . .«
In der Mythologie von Wales gibt es mannigfache Parallelen zu griechischen Mythen.
So findet sich die Aktaion-Geschichte im ersten Zweig des Mabinogion in leicht abgewandelter Form wieder. Die Hunde von Arawn, König von Annwynn, weiß mit roten Ohren, sind eindeutig die Hunde der Artemis. Der Raub des Kessels der Wiedergeburt ist gleichzusetzen mit der von Hermes zurückgebrachten Persephone.

S. 308: »Artemis . . .«
Siehe hierzu: Hans Peter Duerr, Traumzeit, a.a.O. § 3 Die Vagina der Erde und der Venusberg; und J.G. Frazer, The Golden Bough, Volume I. u. II. London 1957, S. 1 ff.; Robert von Ranke-Graves, Griechische Mythologie — Quellen und Deutung 1, Reinbek bei Hamburg 1960, S. 71 ff.

ANGABEN ZUR AUSSPRACHE DER IRISCHEN NAMEN

Die Aussprache der irischen Namen bringt für jeden Nichtiren gewisse Schwierigkeiten mit sich. Für Puristen sei ein Satz von Lady Gregory zitiert, die im Anhang von »God and Fightin Men« 1904 schreibt: »Wir wissen wenig darüber, wie tatsächlich die Aussprache in alter Zeit lautete.« Erschwert wird alles auch noch dadurch, daß sich für bestimmte Orts- und Personennamen eine von der englischen Phonetik ausgehende Version eingebürgert hat.

Meine deutschen Lautwerten angepaßte Notierung erhebt keinen Anspruch auf sprachwissenschaftliche Exaktheit. Sie will lediglich dem deutschen Leser eine annähernde Vorstellung vom Wortklang vermitteln. Wo immer möglich, wurde bei Ortsnamen auch die heutige Benennung mit angegeben.

Aedh	—	e (reimt sich auf englisch »day«)
Aine	—	aöh-lle
Angus	—	aön-ges
Aoibhell	—	ivill
Beltaine	—	bel-tein
Bodb Dearf	—	bof derrig
Bri Leith	—	brie leiß (County Longford)
Brugh na Boinne	—	bruch na beun (an der Boyne)
Caoilte	—	quil-te
Cliodna	—	kliew-na
Cluantarbh	—	Clontarf
Conchubar	—	Kon-na-chur
Cuchulain	—	Cu-hullin
Cu Sith	—	ku shie (Feenhund)
Donn	—	doon (wie in englisch »boon)
Dagda	—	dagda
Emain	—	Ävin
Eochaid	—	eo-hie
Eohan	—	owen
Etain	—	eidien

Fodla	–	Fo-la
Leprachaun	–	le-pra-chon
Mag	–	moj
Maildun	–	mälduin
Manannan	–	manennan
Midhr	–	mißir
Midhna	–	mieß-na
Morrigu	–	rorig-hau
Muirchertach	–	murchertech
Niall	–	Njäll
Og	–	og (mit kurzem o)
Oisin	–	eu-schien
Ruidhe	–	rusße
Sceilig Michill	–	skälig meikel
Slieve Mis	–	sliewe mis (County Kerry)
Sidhe Fionnachaidg	–	Schi-fin-ach-a
Slieve Eibhline	–	sliew evlin
Tagh	–	Teig
Teamhair	–	Tjower oder Tawier (Tara)
Tir Nan Og	–	tier-na nogg
Tuathan de Danaan	–	Tua dä Donnan

ÜBERBLICK

ÜBER ALLE 94 GESCHICHTEN,
WOMIT SICH DIE EINE FINDEN LÄSST,
AUF DIE DER LESER GERADE
LUST VERSPÜRT

I. KAPITEL

II. KAPITEL

III. KAPITEL